宗教学新论

宗教思想论

卓新平 著

中国社会科学出版社

图书在版编目(CIP)数据

宗教思想论/卓新平著．—北京：中国社会科学出版社，2020.9 (2021.4 重印)

（宗教学新论）

ISBN 978-7-5203-6027-2

Ⅰ.①宗⋯ Ⅱ.①卓⋯ Ⅲ.①宗教学—文集 Ⅳ.①B920-53

中国版本图书馆 CIP 数据核字（2020）第 033472 号

出 版 人	赵剑英
责任编辑	陈 彪
责任校对	张依婧
责任印制	张雪娇

出　　版	中国社会科学出版社
社　　址	北京鼓楼西大街甲 158 号
邮　　编	100720
网　　址	http://www.csspw.cn
发 行 部	010-84083685
门 市 部	010-84029450
经　　销	新华书店及其他书店
印刷装订	北京市十月印刷有限公司
版　　次	2020 年 9 月第 1 版
印　　次	2021 年 4 月第 2 次印刷
开　　本	710×1000　1/16
印　　张	25.5
插　　页	2
字　　数	380 千字
定　　价	158.00 元

凡购买中国社会科学出版社图书,如有质量问题请与本社营销中心联系调换
电话:010-84083683
版权所有　侵权必究

"宗教学新论"总序

宗教是人类社会及思想史上最为复杂和神秘的现象之一。人类自具有自我意识以来，就一直在体验着宗教、观察着宗教、思考着宗教。宗教乃人类多元现象的呈现，表现在社会、政治、经济、信仰、思想、文化、艺术、科学、语言、民族、习俗、传媒等方面，形成了相关人群的社会传统及精神传承，构成了人类文明和民族文化的重要部分，铸就了人之群体的独特结构和人之个体的心理气质。在人类可以追溯的漫长历程中，不难察觉人与宗教共存、与信仰共舞的史实，从而使宗教有着"人类学常数"之说。因此，对宗教的审视和研究就代表着对人之社会认识、对人之自我体悟的重要内容。从人本及其社会出发，对宗教奥秘的探究则扩展到对无限微观世界和无垠宏观宇宙的认知及思索。

于是，人类学术史上就出现了专门研究这一人之社会及灵性现象的学科，此即我们在本研究系列所关注的宗教学。对宗教的各种观察研究古已有之，留下了大量历史记载和珍贵的参考文献，但以一种专业学科的方式来对宗教展开系统的学理探究，迄今则只有不足150年的历史。1873年，西方学者麦克斯·缪勒（F. Max Müller）出版《宗教学导论》一书，"宗教学"遂成为一门新兴人文学科的名称。不过，关于宗教学的内涵与外延，学术界一直存有争议，目前对这一学科的标准表达也仍然没有达成共识。在宗教学的发展过程中，涌现出一大批著名学者，也形成了各种学术流派，并且由最初的个人研究发展成为体系复杂的学科建制，出现了众多研究机构和高校院系，使宗教学在现代社会科学及人文学科领域中脱颖而出，成绩斐然。20世纪初，宗教学在中国悄然诞生，一些文史哲专家率先将其研究视域扩大到宗教范围，以客观、中立、悬置信仰的立场和方法来重点对中国宗教历史问题进行探究，从而形成中国宗教学的基本理念及原则。随着中国现代学术的发展，宗教学不断壮大，已呈现出蔚为壮观之局面。

宗教学作为跨学科研究，其显著特点就是其研究视野开阔，方法多样，突出其跨宗教、跨文化、跨时代等跨学科比较的意趣。其在普遍关联的基础上深入探索，贯通时空，展示出其内向与外向发展的两大方向。这种"内向"趋势使宗教学成为"谋心"之学，关注人的内蕴世界及其精神特质，侧重点在于"以人为本"、直指人心，以人的"灵魂"理解达至"神明"关联，讨论"神圣""神秘"等精神信仰问题，有其内在的深蕴。而其"外向"关注则让宗教学有着"谋事"之学的亮相，与人的存在社会、自然环境、宇宙万象联系起来，成为染指政治、经济、法律、制度、社会、群体、国际关系等问题的现实学问，有其外在的广阔。而研究者自身的立足定位也会影响到其探索宗教的视角、立场和态度，这就势必涉及其国家、民族、地区、时代等处境关联。所以说，宗教学既体现出其超越性、跨越性、抽象性、客观性，也不可避免其主体存在和主观意识的复杂影响。在这种意义上，宗教学既是跨越国界的学问，也是具有国家、民族等担当的学科，有其各不相同的鲜明特色。除了政治立场、学术方法、时代背景的不同之外，甚至不同学派、不同学者所选用的研究材料、关注的研究对象也互不相同，差异颇大。由此而论，宗教学当然有着其继承与创新的使命，而我们中国学者发展出体现中国特色的宗教学自然也在情理之中。

基于上述考虑，笔者在此想以"宗教学新论"为题对之展开探讨，计划将这一项目作为对自己近四十年研究宗教学科之学术积累的整理、补充和提炼，其中会搜集自己已发表或尚未发表的学术论文，以及已收入相关论文集的论文和相关专著中的文论，加以较为周全的整合，形成相关研究著作出版，包括《经典与实践：论马克思主义宗教学》《唯真与求实：马克思主义宗教观中国化之探》《宗教学史论：宗教学的历史与体系》《宗教社会论》《宗教文明论》《宗教思想论》《世界宗教论》《中国宗教论》《基督教思想》《基督教文化》《中国基督教》《反思与会通》等；在马克思主义宗教观的指导下，梳理探究宗教学的历史和宗教学的体系，进而展开对世界宗教的全方位研究。其"新"之论，一在视野之新，以一种整体论的视域来纵观古今宗教研究的历史，横贯中外宗教学的范围；二在理论之新，即用中国特色社会主义理论的创新之举来重温马克思主义经典作家关于宗教之论，探究马克思主义宗教观在当代中国的新发展、新思路；三为方法之新，不仅批判性地沿用宗教学历史传统中比较科学、合理、行之有效的方法，而且对之加以新的考量，结合当代学术最新发展的成果来重新整合；四在反思之新，这就是重新审视自己以往的旧作，总结自己四十年之久宗教研究在理论与实践上的体悟、收获，以及经验和教训，在新的思考、新的形势下积极调适，增添新思和新言。当然，这一项目立足于思考、探索乃实情，而建构、创新则仅为尝试，且只代表自己一家之言，故此所谈"新论"乃是相对的、开放的、发展的，必须持有锲而不舍、止于至善的精神和毅力来继续往前开拓。由于这一研究项目涉及面广，研究难度较大，论述的内容也较多，需要充分的时间保证，也需要各方面的大力支持，故其进程本身就是不断得到合作、得到鼓励和支持的过程。

在此，作者还要衷心感谢文化名家暨"四个一批"人才工程领导小组将本课题列为"文化名家暨'四个一批'人才项目"计划！也特别感谢中国社会科学出版社在编辑出版本项目课题著作上的全力支持！

卓新平

2019 年 5 月

目　　录

"宗教学新论"总序 …………………………………………………（1）
前言 …………………………………………………………………（1）

第一编　宗教与思想、精神

第一章　宗教作为思想对话的可能桥梁 …………………………（3）
第二章　世界宗教中的人文精神 …………………………………（14）
第三章　基督教哲学与西方宗教精神 ……………………………（38）
第四章　西方宗教精神 ……………………………………………（61）
第五章　论基督教的谦卑精神 ……………………………………（78）
第六章　公共生活中的神圣之维
　　　　——当代中国宗教思想理解 ……………………………（93）
第七章　中国智慧之断想 …………………………………………（106）
第八章　精神世界与精神生活 ……………………………………（111）
第九章　宗教思想中的"生死"问题 ……………………………（122）
第十章　"生"之精神：中国宗教中的生命意义及生存智慧 ……（133）

第二编　宗教与哲学、神学

第十一章　笛卡尔与近现代西方哲学的反思
　　　　　——兼论西方宗教观的发展 …………………………（143）

第十二章　基督教与欧洲浪漫主义 …………………………（160）
第十三章　简论西方哲学神学 ………………………………（181）
第十四章　"汉语神学"之我见 ………………………………（188）
第十五章　学术神学的内涵及其建构 ………………………（203）
第十六章　关于"学术神学"的思考 ………………………（228）
第十七章　中西文化交流中的基督教原罪观 ………………（235）
第十八章　中西天人关系与人之关切 ………………………（243）
第十九章　20 世纪中西哲学思想 ……………………………（260）
第二十章　基督教神学与哲学研究百年之路 ………………（270）
第二十一章　宗教与哲学断想 ………………………………（283）

第三编　宗教与伦理、科学

第二十二章　道德意识与宗教精神 …………………………（295）
第二十三章　中国传统伦理与世界伦理的关系 ……………（302）
第二十四章　中国人精神生活中的宗教道德 ………………（312）
第二十五章　基督教伦理与中国伦理之重建 ………………（322）
第二十六章　中国知识界对宗教与科学关系之论 …………（341）
第二十七章　论科技与宗教 …………………………………（356）

前　言

宗教学是否应该研究宗教哲学、宗教神学、宗教思想精神等涉及价值判断层面的内容，在西方早期宗教学时期曾有过争议。比较狭义的宗教学主张宗教研究应该"中止判断"，故不主张展开这些方面的研究而集中于"纯描述性"的探讨；但这一思路后来被许多坚持全面探究宗教包括宗教本质问题的学者所否定，为此而有了涵括宗教哲学等研究宗教思想范畴的广义宗教学之发展。在当代中国，我们的宗教学研究显然属于这种广义的宗教学，因为我们的学科领域涵盖了涉及宗教价值判断的众多议题，而这种研究对于全面、透彻了解宗教很有必要。因此，笔者在宗教思想理论研究上也有自己的兴趣所在，亦做了相关的专门探究。

宗教思想历史悠久，涉及我们理解宗教所必需的一些根本性问题，如宗教的本质、宗教的价值、宗教思想精神及其在社会伦理道德方面的反映、宗教与科学的关系，以及对宗教自身核心理论探究所必须触及的宗教神学等方面。应该说，这种中外宗教思想之探既有广度，更有深度，会进入人类精神之思的巨大空间，领悟其深邃、玄奥之处。精神性是人类作为万物之灵极为独特也非常典型的特征，其在宗教思想上具有非常突出的体现，因而是我们"认识自己"不可或缺的。此外，宗教思想在宗教领域又是最为活跃、最为核心的层面，留下了丰富而宝贵的人类精神文化财富，故也非常值得我们去发掘、探究、分析、言述。可以说，一部宗教思想史就是人类精神最为主要的心路历程，反映出人类在宗教信仰之旅中的生活、实践、思考、领悟、体会、行动、见证和宣示。其根本意蕴也不离"究天人之际""思神人之间"以及探讨"人与自然""人与社会"之间一些具有本质意义的问题，反映出人之精神的深刻、复杂、超越、沉潜及其现实依存和务实倾向。为此，笔者以前曾组织编辑、出版过《宗教与思想》丛书，旨在从宗教研究层面来思考、解说人类"信与思""在与思""情与思""行与思""灵与思"等关联。最近不少自然科学家也开始投入到对"意识""精神"之源的研究，这自然就会涉及人类宗教信仰的问题，即信仰之思的起源与发展问题，故可引入新的跨学科探究，形成自然科学研究与社会科学研究这两大方面新的结合或对话。从这一新的发展来看，探究宗教思想亦彰显出其新的时代意义。

    在宗教思想的研究中，基督教作为世界第一大宗教，其思想研究占有很大比重。从世界宗教思想史的发展来分析，不难看出基督教思想对整个人类宗教思想的发展进程及问题意识都有着巨大影响，于是，其在这一思想领域的探究中也占有重要位置，乃其关键内容。而且，基督教思想还对整个西方思想文化的发展起到了非常独特的引导作用，故而通称西方文明为基督教思想文明；因为基督教思想的全球传播，迄今仍然深入世界广大地区的思想文化中发挥着"潜在的精神力量"之社会作用。为此，本卷也涉及基督教思想研究的相关领域，认为这一探索举足轻重，不可缺少。不过，这里对基督教思想的研究重点在于其问题意识、基本精神特点等，而不是对整个基督教思想历史的通盘勾勒；而在其思想史方面及其相关重要代表人物的思想之探，我们在"宗教学新论"研究中则还会有专门一卷来对之加以较多阐述。因此，本卷则主要涉及有关基督教思想方面的哲学问题、精神思潮发展、传统神学认知以及当代思想学术界对神学的宗教学意义方面的全新理解等，包括哲学神学、汉语神学、学术神学等发展，作为对基督教思想整体研究中的一个全新方面来展开。对这一新的思路和研讨，完全可以基于实事求是、科学探究的精神来分析、讨论、商榷、争鸣，而不可望文生义来主观臆断。这些思考既关涉当前中国基督教界的"中国神学建设"之对"神学"的定性问题，更是从学理方面就"神学"的语义内涵、历史沿革及现实突破所做的一种具有现实意义和当代学术价值的尝试。因此，当代中国学界也理应对之加以包容和理解。

本文集将从三个方面来展开，其中第一个方面的主题为"宗教与思想、精神"，所触及的研究问题包括宗教作为思想对话的可能桥梁、世界宗教中的人文精神、基督教哲学与西方宗教精神、西方宗教精神、基督教的谦卑精神、公共生活中的神圣之维、对中国智慧之断想、对精神世界与精神生活关系之探以及对宗教思想中的"生死"问题和"生"之精神的关注，并特别论及中国宗教中的生命意义及生存智慧等。第二个方面的主题为"宗教与哲学、神学"，涉及的研究包括对笛卡尔与近现代西方哲学的反思、对基督教与欧洲浪漫主义思潮发展演变的阐述、对西方哲学神学的分析、对当代"汉语神学"的见解、对学术神学的内涵及其建构的说明及对"学术神学"的广延思考，并论及中西文化交流中的基督教原罪观、中西天人关系与人之关切、20世纪的中西哲学思想发展、对基督教神学与哲学研究百年之路的回顾以及关于宗教与哲学的断想等。第三个方面的主题为"宗教与伦理、科学"，所谈论的话题则是从宗教思想与现实社会关联层面来论及道德意识与宗教精神的关系、中国传统伦理与世界伦理的关系、中国人精神生活中的宗教道德、基督教伦理与中国伦理之重建等，此外还专门论及中国知识界对宗教与科学关系的讨论等问题。

第一编　宗教与思想、精神

第一章

宗教作为思想对话的可能桥梁

　　自中国改革开放以来,宗教在中国明显在发展,笔者认为这是一种正常现象。我们现在是在一个多元的世界,人们包括精神诉求在内的各种诉求也会多种多样,势必会有一些人进入宗教领域。由于这个领域以前一度是封闭的,所以现在有一些人进入宗教领域,就可能让社会中其他一部分人感到比较新奇,或者有少部分人感到有些不习惯。其实这都是正常现象,反映出中国社会的转型发展。在这种状况下,我们不能仍停留在以往的思想惯性中,而需以一种开放的心态来关注并研究人类宗教思想的历史与现状。在一个多元的社会中,宗教有可能成为不同民族、不同人群思想对话的桥梁。

　　为什么会这样说呢?我们看看世界历史和中国历史,就会发现大多数人信仰宗教是普遍的发展态势。只是在过去近一百年间,由于各种各样的原因,中国人的宗教信仰显得比其他民族要淡漠一些;加上近现代各种政治思潮吸引了大家的注意力,使得人们对宗教方面不是特别关注。另外,"新文化运动"对宗教的整体评价也比较低,这直接影响到现代中国的公共舆论,并使多数中国人对宗教持回避态度。但实际上这种精神需求仍还存在,在当代中国也不例外。

　　现在的中国,有一个问题老是纠缠不清,即中国到底有没有宗教?其实,中国有宗教存在是个不争的事实。我们可以看到,不同的人对宗教有不同的理解和看法,同一个人对宗教有无的理解也会发生变化,这都是非常正常的。在这个意义上说，宗教信仰在中国从古至今没有中断过，只不过有时候宗教因为遭受打压而从公开转为秘密、从显现转为隐蔽而已。

改革开放以后，中国的社会气氛发生了很大变化，人们有了更多的自由来表达自己的信仰，所以给人们的印象就好像突然一下子冒出来许多宗教一样。其实，我们在改革开放初期做过的部分调研就已经显示，在"文化大革命"期间也确实存在着宗教，只不过当时宗教只能处于地下状态而已。

另一方面，尽管宗教有这么较大规模的发展，但整体来看，有具体宗教归属的人数在中国还是属于少数。对于少数人的信仰，笔者认为我们的社会应该给予充分尊重，对之不能歧视，也没有必要抱有偏见。宗教信仰是正常的诉求，老百姓在现实生活中总会有各种各样的需求，而在经济需求和社会需求满足的基础上，也可能就会有更多精神上的思考及选择。精神上的思考出现多元是人类正常发展的现象。我们希望这个社会的和谐，就是要多元求同、多元共在，这才叫和谐；如果只允许有一种声音、一种信仰、一种精神，这不叫和谐。我们现在承认多元社会，就是倡导社会能够达成多元和谐共构。我们要关注的不是有多少中国人信仰宗教，而是如何在多元信仰的形势下把中国的和谐社会建设好。

再次，我们还有一个讨论得很多的问题：儒家思想究竟是不是宗教？如果儒家思想是宗教，那么信仰宗教的人在中国的比重就还要加大。很多中国人在骨子里，即在其精神气质和人格形成上所受到的濡染、熏陶，就是儒家传统。对于儒家，中国人可以说是有着又恨又爱的复杂心情。中国两千多年的封建社会和儒家确实是有着直接关系的；但是另一方面，儒家思想在中国传统文化中却占据着主要的地位，这也是不争的事实。所以，我们要辩证、客观地看待儒家思想对中国社会文化的影响，包括它的宗教蕴涵所起的作用。

现在有些人认为儒教不是宗教，这种观点可以说完全是一种正常而自然的表露。为什么呢？恰如很多佛教徒也说佛教不是宗教，他们的理由是佛教中并没有对于神的信仰，佛陀按其信仰传统的理解是一个觉悟者，而不是一个神。但我们在现实世界中又看到人们对佛教的各种佛陀、菩萨的顶礼膜拜，能说它不是宗教吗？对于不少犹太人而言，犹太教也不算宗教而乃其民族文化传统。基督教有很多神学家也认为基督教不是宗教，德国有位著名的神学家叫朋谔斐尔（Dietrich Bonhoeffer），他写了很多文章，就是主张要对基督教加以非宗教性的解释。依此就能说基督教不是宗教吗？我们对宗教有狭义的和广义的理解。从狭义的理解，按照组织建构形态来看可能某些宗教就不被看成宗教了；如果从广义层面来讲，对是否宗教的判断不光是看其组织建构层面，更主要的还是涉及人的宗教性问题。因此，判断其是否宗教显然就涉及对宗教的理解及界定的宽泛程度。宗教史家伊利亚德说过，宗教是一种"人类学常数"，就是说宗教和人类文化发展是有密切关联的，迄今还没有发现哪个民族的历史不曾存有宗教。即使有很多人不信仰某一种具体的宗教——在国外也有这类人——但他们还是会有着宗教情怀和宗教性的相关体验。一些中国人既入佛寺又进道观参加敬拜活动，他们没有具体的宗教组织归属，但也不能简单就说他们根本没有宗教信仰。这里，宗教是和人的精神探求、人的文化熏陶密切联系在一起的，对宗教的理解不可忽视其精神、文化蕴涵。

对于我们当今中国社会非常重要的，就是要辩证地看待宗教的作用。宗教在中国社会中是一种双向互动的关系，宗教在社会上的表现可能影响着人们对于宗教的看法，而这个社会怎样看待宗教、对待宗教，反过来也会影响到宗教在社会中的存在及表现。从这个角度来讲，笔者认为宗教首先应当"脱敏"，人们不要把它看作敏感领域或异常存在，而要视其为正常的精神现象。老百姓有各种诉求，包括宗教诉求，这都是正常的，我们的《宪法》也谈到公民有信仰的自由，并对之实施保护。

宗教已经是我们这个社会不可或缺、实际存在的部分。对于宗教思想不能持视而不见、不屑一顾的态度。宗教自改革开放以来所起到的作用与其思想认知密切相关。比如，它扩大了人的视野。改革开放以来，有一部分人信仰宗教正是因为我们打开国门看世界，关注到了世界宗教，这种思想接触使之精神皈依。一方面，我们在批判西方社会及其价值观、反对它的生活方式；但另外一方面，不可否认的事实是，我们现在的生活也明显受到西方社会的影响，其中我们也论及其宗教的渗透，这种影响是好还是坏的确极为复杂，需要辩证地看待，不能绝对化。改革开放以来上千万中国人移民海外，其中绝大多数人去了西方国家。这一现实和我们的认知之间就会有张力。不少宗教的影响既会引人向真善美圣的境界及追求发展，也导致其信者出现了一些盲信、迷信的不良倾向。对此，我们的社会态度是倡导对宗教的积极引导，并且对之依法加强社会管理，在宗教存在中弘扬正气，阻止歪风。这正是要辩证看待宗教的作用并对之加以积极引导的意义所在。

与此同时，我们中国人也能通过宗教信仰的方式重新审视自身的传统文化，尤其包括对中国这百年来究竟有无宗教进行深刻的反省。如果离开儒释道三教，中国传统文化的主体就要减去很多关键内容。而我们现在讲儒释道三教，不可能单独把儒教分出来说其只是"教育"的"教"而非宗教的"教"，但其他二教则是"宗教"的"教"。这的确说不过去，会让人感觉牵强附会，觉得这种区分有些怪怪的。中国历史上并没有明确或强调对"三教"的这种区分。如果科学对待儒释道三教在中国传统文化中的地位及三教之间的信仰关系，就需要认真、科学的历史研究，不可随意信口开河。

宗教除扩大了人们观察他者以及反省自我这样一种视域之外，在一定程度上还能满足人们心灵抚慰的需求，具有一种思想超脱和精神安慰的作用。现实生活中物质的满足及其安慰毕竟有限，社会的保障及其慰藉也一样有限，如生老病死问题，不管人们有多少物力财力、得到多好的社会条件，也不可能一劳永逸或者根本性地解决这些问题。所以，人们想寻求一种彻底的解脱时，也有可能会找到宗教。宗教对之有自己一套信仰理解上的说法，如果由此带来的心理安慰并不对现实社会和政治产生负面影响，而且也确实能使信仰者比较平静地对待生老病死，在某种程度上达到对痛苦及恐惧的解脱，那么为什么硬要说它没有必要呢？

笔者觉得完全可以允许它存在。当遇到天灾人祸时，往往是宗教的安慰能及时有效。不过这里面也有一些骗财、伤害人们身体和精神的现象，对之当然要加以分辨并坚决制止。社会引导在此所起的作用就是弘扬宗教中好的东西，制止宗教中不好的东西，区分其精华和糟粕。我们希望宗教和人类文化向优化、上进的方向发展，而不是向低俗的、迷信的方向发展。社会上有一类人假借宗教之名，而以一种巫术的方式来欺骗民众。巫魅属于宗教早期发展的时段，随着文明宗教的发展，这种成分已越来越少。如果要把这种东西扩大，其复古就是一种倒退、让沉渣泛起。我们更应该看到宗教中那些高雅的、积极超脱的内容，并对之加以提倡。相反，社会中出现那些以骗术欺世的人，甚至还被一些社会名流所追随和吹捧，这说明我们的社会还有问题，应该反省社会，批判以宗教为名行骗者，而不是把棒子打到宗教上。这一点很重要。

宗教信仰者参差不齐，里面也有个别败类，他们本身就缺乏真正的宗教精神，而是拿宗教作为其骗世、混世的一种手段或面具。我们当然要清醒地看到这一点。宗教自身为什么要改革呢？正因为它自身也在不断淘汰那些低劣的、不好的内容，清除其败类，以能跟上时代、与时俱进。其实，宗教界和我们现实社会是一样的，也是一个小的千姿百态的世界。宗教界有一些非常崇高的、非常超凡脱俗的人，我们可以列举不少宗教界的人格典范，作为我们的道德模范，他们境界很高，影响深广。但与此同时，我们也可以列数宗教界中不少干过坏事、缺乏道德修养的人。这些好坏良莠乃一种辩证的共存。就像世界政治生活中既有很伟大的政治家，也有很恶劣的政客那样，我们既不能因为前者就把政治全盘肯定，也不能因为后者就把政治整个否定。今天中国政界的强力反腐举措，让人们看到了希望而不是失望。那么，看待宗教也应该是这样的道理。

马克思说宗教是人们把握世界的一种方式。为什么？因为世界是无限的，面对无限的世界，人的认知不管发展到什么程度，都是相对有限的。但人作为精神的动物，又总是想把握整体、见识一切或解释一切。这种把握整体、见识一切，很难使用科学的语言，而宗教的语言却能采取一种模糊的、猜测的、信仰的把握方式，这种方式和哲学与科学的思维是不同的。有位著名的科学家讲过，在我们今天已知的世界，用自然科学的方法来解释清楚的，能达到多大程度？仅仅达到4%，还有96%是很难解释的。而未知的世界就更难说了。其实人一直在以哲学、宗教的方式来解释问题，如哲学家就一直在以其思辨来解释有些问题，而哲学家的解释基本会使用一种理性的方式。但理性的方式也有它的局限性，并非万能。康德就提出了"二律背反"的问题，使理性解释陷入困境，并因而从纯粹理性批判转向实践理性批判，但他从这个角度的论说就已经在向宗教的解释靠拢了。宗教就是为了想象这个世界的公平、正义，做出那些在现实生活中很难达到的构想，也就是将它放到了彼岸世界，它想到了未来可能的补偿，这样对于意识到其在现实世界无法实现的有些人来说，至少是种安慰，是种激励或解脱。当然，这并非就是肯定它是一种正确的解释或选择，只是要人们冷静地看到它的客观存在。

这类宗教的解脱提出了一个其信仰在终极层面的目标，而使其信仰者在现实层面得到实际上精神意义的解脱或超脱，至于是否真能实现这一终极目标则反而不重要了，有信即可，唯信称义。这就是宗教思想、思维的典型特点。所以有宗教思想家说，终极实在的真理就好像冰湖中的一颗珍珠，能不能得到这颗珍珠是未知的，但如果人投向湖面破冰而入，即投向信仰的那一跃，就已经体现了其人生的现实价值和意义，也就体现了宗教所追求的精神。从这一理解上讲，宗教就不再是那种巫术的、仅仅满足个人私欲的东西，而是为人的精神追求提供了一种信仰的答案。这种答案可能是虚幻的，但宗教界人士说要以"出世"的精神做"入世"的事情，这个"入世"可乃实实在在的，不能简单地说它一点积极的社会意义都没有。故需要积极地看待宗教的这一方面。

信仰的特点就是朝向未来。我们说信仰共产主义，共产主义也是存在于未来的，现在谁也说不清楚实现共产主义到底是什么样子，将在什么时候得以实现，但就是有一批仁人志士相信共产主义，甚至为它忘我奋斗，为它流血牺牲。未来的世界我们不知会怎样，但今天的世界则由此而变得更好。这就是信仰的意义和力量。而宗教界虽是说追求一种出世的精神，由此与政治信仰本质有别，但在现实生活中却也以这种精神而对自己提出了更高的人生要求。这种现实参照和参与对社会是有积极意义的。

宗教的终极目标是强调出世、在彼岸实现。但现实社会中宗教也必须警惕其世俗化的问题。既有这种信仰，那么宗教就要像宗教，要返璞归真，不能流俗、媚俗，更不能披着宗教的外衣去满足个人的私欲、获取追求世俗生活好处的私利。今天中国的宗教界中也出现了某种太功利、太世俗化的表现，个别人把宗教作为一种仅仅谋求现实方面利益——包括政治利益或经济利益——的手段和方式，而把宗教信仰的本真丢掉了，这是很可怕的一件事。

对此需要从两个方面来努力改进。一方面，我们的社会，尤其是政府要依法加强管理，不要容许宗教界出现违法乱纪的死角；另一方面，宗教界要清醒地认识到宗教的追求是什么，在现实中应求得哪一种生存，从而要有必要的清规戒律，使自己洁身自好。宗教团体是可以进行一种争取社会利益、扩大自身经济能力的运作的，但运作的目的不应是个人敛财，不应是为了小团体的发达，而是为了用于整个社会的慈善福利事业。在从事社会事业的时候，就要考虑这是非营利的、公益事业的诉求，还是世俗社会的一种商业运作？这两者是有本质区别的，而宗教界除了自养，原则上必须选择前者。而且，宗教界应该在这方面严于律己，自我要有非常清贫的表现，而为社会增加更多财富。我们知道在此方面诺贝尔和平奖得主、天主教修女特蕾莎是非常典型的，她为世界上的无数贫民无私奉献，为了解决这些底层社会穷人的疾苦，她甚至把诺贝尔奖牌都卖了来做慈善捐助。一直到她去世，自己几乎都是身无分文，连所着衣服都很破旧。这其中就有宗教的一种真精神。宗教在做社会福利和慈善事业时，是有这样一些榜样的。

还有，早在明清之际，中国很多信仰天主教的士大夫就给自己提出了这样一个自律的要求："信者记过不记功。"就是说，他们一天做了多少好事，那是应该的，不必内心惦记；但如果这一天有哪些事做得不对，则一定要记下来，自觉进行自我反省。我们今天的宗教界是不是还有这种精神呢？所以说，回到宗教的这种真精神，既是其自身的修养建设，也会因此赢得社会的理解和好感。笔者或许是在以一种过于理想的方式来看待世界和中国的宗教，而在现实境遇中，笔者却感到宗教发展中仍有不尽如人意之处，因此需要宗教自身不断地革新、发展、深化、进步。而我们的社会一则要鼓励宗教积极向上这一方面的发展，二则要有社会规章制度来监督其社会行为，对今天中国宗教中出现的问题当然可以批评，但不要冷嘲热讽、幸灾乐祸。

应该说，宗教界在精神和思想方面的追求，有着绝对的自由；但同时宗教界的个人和组织也是一种社会存在，其作为社会组织、社会公民，则必须服从社会的法律和规则要求。既然在现实生活中宗教界是作为公民和社会团体来存在，那就没有法外"飞地"，必须同其他社团组织和公民一样来对待，按照《宪法》和法律进行管理。这里没有特权者和额外者，包括宗教界人士。而在管理中，一方面要提高我们管理者的水平，要依法管理，不能乱管、随心所欲地管，对正常的宗教需求要去保护它而不是去破坏它，如果出现了违法的事情就要及时制止或调整，这样就形成了积极的双向互动。现在的问题还包括我们依法管理宗教的水平不是很高，这方面也要加以提高。另一方面，中国今天宗教界人士作为公民、公民团体，自身的公民意识还不太凸显，要自觉将之凸显出来，意识到自己既是宗教界人士，又是社会存在的一分子，因此有着社会的责任，有着公民的权利和义务。其宗教信仰应该是让其对这个社会有更多的贡献，而不是让信徒享受某种破坏社会规范的特权。这方面的教育也是要做的。如果这两个方面能齐头并进，我们的社会与宗教之间就不会有张力了，其关系也就理顺了。

至于对宗教中的极端倾向，笔者曾在《人民日报》发表过文章，专门讲对宗教极端势力的批判。宗教极端势力的确存在，但它不能代表整个宗教。就像政治世界中存在政治极端势力，但它也不能代表整个政治。我们不要因为宗教中出现了极端势力，就把整个宗教看作极端的。相反，我们要看到宗教界的绝大多数是反对这种极端势力的。从全世界宗教来看，某些宗教内出现了极端势力，但现在反对这些极端势力的也主要是其同一宗教中的人士。

宗教极端势力的根本要害是破坏社会秩序，给老百姓的生活带来伤害，当然不应该允许它存在。所以，我们依法打压极端势力，这是理所当然的，这是正义之事，没有丝毫问题。但是，我们不能因为宗教中出了极端势力，就把整个宗教否定掉，这是不公平的，也只会使其问题恶化。对此，我们要掌握分寸，把握好这个度。

从深层次来看，对于国际上为什么会出现宗教极端主义，我们要对它的前因后果进行科学分析。我们要理直气壮地坚决反对和打击宗教极端主义、宗教恐怖主义，但我们对国际上宗教极端主义、宗教恐怖主义得以产生的历史根源和社会背景，尤其对错综复杂的国际形势，要做深刻冷静的分析。国际上整个历史的发展是非常复杂的，各大宗教的纷争有其历史的原因，而且纷争各方彼此的势力也会发生巨大的变化。如就伊斯兰教和基督教的情况来看，中世纪时期的伊斯兰教在和基督教的纷争中曾占上风，只是在近代发展过程中西方的崛起使基督教慢慢占了上风，而伊斯兰教则处于劣势，此后伊斯兰教内部在革新时出现了一些偏激的走向，其中有些则异化发展而成了今天的极端主义。但伊斯兰教的主流是爱好和平的，主张的也是"中道"思想，而且更多是强调以某些更好的方式来面对现代世界。必须看到，极端主义在伊斯兰教中绝不是主流，而只是个别逆流，这种逆流也被伊斯兰世界所谴责。如果觉得因此而是整个伊斯兰世界出了问题，则是很大的偏见。同理，我们对西方大国以政治、军事强权来实施武力干涉也要坚决谴责，反对这种付诸暴力的干涉及其带来的人道主义灾难。总之，无论原因有多复杂，采取极端主义的方式都是绝对错误的。对于社会不公，可以采取别的合法而和平的方式进行批评或抗议，但是不能采取这种伤害整个社会的极端方式，尤其是绝不允许滥杀无辜，这样的偏激和极端就扩大了社会的危害面，而且这种错误的选择会使问题复杂化，会把世界的发展引向危险的道路。

宗教在维护世界和平上一直在起作用。20世纪90年代各大宗教就进行过很多宗教对话，反对宗教战争。著名的天主教神学家孔汉思（Hans Küng）曾经警告国际社会，没有宗教的和平就没有世界的和平。他一直强调并推动宗教的对话，倡导一种"全球伦理"。而宗教界许多领袖也公开提出过，以宗教的名义施行的暴力和战争本身就是对宗教最大的伤害，本身也就是反宗教的。宗教界的这类努力从来就没有停止过，而且继续在发展。国际上有"世宗和"，即世界宗教和平委员会；中国也有"中宗和"，笔者也被邀请担任了中国宗教和平委员会的成员。国际宗教界为了促使宗教和整个世界的和谐，处于不断的努力中，而且也有了很大的成效，从而使今天的世界不至于更糟糕。否则的话，这个世界的状况可能就更加不堪设想了。

为此，我们社会舆论界和新闻界不能越过保持公正这一新闻底线去做一些扩大和激化矛盾的事，更不能故意侮辱宗教。我们要有宗教方面的知识，要懂宗教，同时要尊重宗教。宗教的一些基本权益，符合人类共同利益的东西，就没有必要去触动它——这是一个底线。

笔者研究宗教四十余年，其中许多年也参与了相关宗教工作，但总的感觉是步履维艰。其中最大的困难，就是在我们的社会中迄今对宗教研究和宗教文化的深入理解仍然很不够，由于不少人缺乏对宗教思想特征的关注和兴趣，在理解上有偏差，因而对宗教的研究也更是难以全面而深入地展开。虽然目前状况在不断改善，已经比以前要好多了，但中国当代社会及整个文化氛围，包括中国民众的认知和态度，都仍然表现出对宗教的理解没有出现质的突破。这也就是我们强调深入探究、了解宗教思想的意义之所在。对宗教仍存有以负面评价为主的偏见，甚至对从事宗教研究的人也会贬低性地另眼看待，从而使我们在这一领域明显存在短板。笔者在四十年的研究经历中体会很深，感受颇多，故而为消除，至少能减少这种偏见而不断呼吁，并从马克思主义经典作家的系统论述、中国共产党统一战线的理论与实践、中国特色社会主义宗教理论、世界宗教认知及研究的历史与现状等方面来论述、界说。因为笔者深感，如果这一方面不出现根本改变，那么中国的文化复兴、中国文化走向世界则可能会困难重重，进展缓慢。

产生这一问题的根源之一，主要是过去一百多年间我们国人对中华传统文化和中外宗教认知产生了一些偏差，由于社会、政治等原因，在此百年进程中的中国人对自己过去的历史、对外来的思潮都产生了一种抗力。由于中国的传统宗教和封建社会有着复杂的交织，很多人把中国的落后和传统宗教尤其是儒家绑在一起，因此否定儒家思想和传统宗教，导致对中国传统文化有一种纠结。而外来宗教如基督教的传入又与鸦片战争、不平等条约、殖民化进程联系在一起，于是也被一并抵制。这种偏差有其历史的原因；虽然我们正在经历重新地认知和梳理，但要走的路还很长，相关问题也还远没有得到圆满的解决。

古代中国的宗教在社会上基本都属于正常现象。而在盛唐时期，各种宗教的交流发展曾对世界产生重大影响。对宗教态度出现的真正变化，就始自关于中国有无宗教之争及对宗教的否定性看法，从利玛窦对儒教宗教性质的否定性看法到近现代中国知识界、学术界出现的对宗教整体的否定和批判性看法，给我们留下了许多问题，涉及很多方面。"新文化运动"曾提出了相关问题，但中华文化重建、宗教社会理解等问题并没能得到真正解决。而解决宗教问题非常重要，且乃当务之急，尤其在我们社会改革面向深层次发展之际，如果不正确对待宗教，不妥善、积极、科学地处理好宗教问题，我们的社会是会出大问题的。这并非危言耸听，而乃未雨绸缪。党中央特别指出我们宗教工作的根本是做群众工作，如果不把广大信众积极地拉过来，而使这些人群走向我们的对立面，后果是非常危险的，社会也很难保持稳定。这还涉及我们的国际形象、我们的"一带一路"合作乃至与整个世界的合作以及人类命运共同体的建设。这些问题还没有引起社会的高度重视，我们的任务也就尚未完成。理解宗教的关键，在于对其思想特征、精神意义的透彻洞见，其研究故为一种系统工程、整体审视，涉及许多方面的综合分析和具体阐释。

第二章

世界宗教中的人文精神

在世界宗教发展中,"神""人"关系始终是宗教信奉者思考的焦点之一。宗教不离人的存在,表达了人的渴求和向往。在这一意义上,世界宗教实际上乃以人仰望上苍、追求永恒的方式含蓄地表现出其蕴含的人文精神。但应该承认,由于宗教在其历史传统中以强调超越、终极、永恒、彼岸为重点,在"神""人"关系上主要突出对"神"的敬畏、崇拜和服从,因而在其理论上和实践中亦曾出现过"非人文"或"反人文"的现象,使"人性"处于一种从属、被动、不利的地位。这种对人的"压抑"甚至"迫害"往往使后人念念不忘、记忆犹新。谈起宗教与人文相悖或对立之处,人们则会论及古代宗教以人为祭的残忍、基督教中世纪"宗教裁判所"对人的迫害、宗教禁欲主义对人性的压抑和扭曲、宗教清规戒律对人的约束和管制等。甚至佛教中的"空""无"观念亦被视为反人文的,其"无我""涅槃"之境被指责为连人本身、人的主体都没有了;而道教中人的返璞归真、隐于自然也被看作对"人性"尤其是"个我性"之消解。因此,宗教与人文思想有无关联遂成为人类思想史上的一大话题。近代以来,世俗人文主义以"人本"观念与宗教中的"神本"思想对应,批评宗教缺乏人文精神和人文关怀,由此形成对宗教本真及其蕴涵的一种认知误区。基于其对宗教核心观念乃"神"与"人"根本对立的判断,宗教中"神"的崇高与"人"的渺小有着天壤之别和鲜明对照,因而很难为人的价值、尊严和自由留下空间。于是，宗教与人文主义的关系乃成为问题。人们常常问道，在以有神、敬神为认知和实践基础的宗教中，能否存在一种宗教人文主义？宗教中人的地位、神人关系究竟如何？对这一问题的解答及对这种关系的澄清，遂成为我们讨论基督教与人文主义的认知背景和重要参照。

在"人性"的追求和认知上，宗教思维与近代世俗主义的思考有着继承、扬弃、互补、共融之关系。在其现代表述上虽各有不同，却可以出现殊途同归之结局。布洛克（Alan Bullock）在论及西方人文主义传统时分析了西方思想看待人和宇宙之存在的三种模式，其中：超自然的模式集焦点于上帝，以中世纪神学为代表，人的存在则归属于神之创造；自然的模式集焦点于自然，以自然科学为代表，人的存在乃自然构成，属自然秩序；而人文的模式才真正集焦点于人，以人文主义为代表，人的存在被作为人学、神学和科学认知的出发点。于此，布洛克认为人文主义的认知有三大特点，一是从人的经验出发，二是强调人的自我价值与尊严，三是突出人的批判性思考。其实，这些区别和特点仅能相对而言。超自然与自然、上帝与人并非截然分开，二者之间有着密切的关联。在宗教及其神学的表述中，其谈超自然乃是以自然为对照和参考，其谈神性亦涵盖了人性，宗教并不彻底排除人的经验、人的价值、人的尊严和人的批判性。当然，由于宗教对神圣、超然、绝对、永恒和终极这一层面描述得太美好，故而出现其价值天平的倾斜，确有着对比失衡等缺陷。但在与世俗思想及文化的比较和对话中，宗教对之显然有所弥补，对其传统观念亦多有扬弃或调整。这样，二者的差异并非绝对的。而在近代以来世俗人文主义的发展中，宗教的审视也没有"过时"，其"跟上时代"的脚步声乃清晰可闻。

宗教按其本质乃反映人的精神追求和存在。在其理想境界上，宗教应是一种承认个人及群体现实存在的有限性，从而在灵性精神上追问终极意义、体认人性升华，并以求真为善、虔诚笃信来超越自我、臻于神圣的文化现象。因此，宗教并不脱离人，更不漠视人，而乃对人的关怀，表达了人的向往和追求。这里，宗教表现出强烈的人文意识和旨趣,有着与人文精神及人文主义的不解之缘。但与世俗人文主义不同,宗教在认识、审视和评价"人"时并没有放弃其超然及超越之维,它对人的"有限性"往往比世俗人文主义有着更清楚、更深刻的认知。当世俗人文主义将"人"无限"大写"、把"个人自由"推至极端、对"人"的认识达到"绝对"之后,"人"实际上也会出现另一个方向的嬗变和异化,这乃世俗人文主义始料未及的,也是其根本不足之所在。

具体来看,宗教的存在和意义基于"人"的此在处境,以人的超越或解脱为指归。在此,人的宗教一般体现在两个维度:一是人的"超越追求",即一种纵向打通,指人自下往上的升华和努力,旨在"神人关系"的理想实现。这一维度体现了人对"自我"及其"自然"的超越,在"神人合一"这种"超越性"中亦实现人的完善及人生目的的完成。二是人的"人文关怀",即一种横向贯通,旨在以一种博爱精神和人间关怀来建立和谐友善的"人际关系"。这种在人与人之间的平行关联和彼此关心亦表达了宗教在人世的立足和情趣。宗教以此来正视并承认人的"此在"和"当下"处境,从而体现出宗教关注现实和不离世人的"内在性"。在这两个维度中,虽然其发展走向各异,却始终有着对人的关注和关爱。由此可见,宗教中的人文因素和人生体验同样也颇为突出、非常鲜明。从宗教而论及人文精神,从二者的积极关系而谈到一种宗教人文主义,既是可能的,亦是必要的。

一 宗教对人生处境的关注

欧洲文艺复兴运动以来,"人"被重新发现。从此,世俗人文主义从乐观精神和积极意义上谈论人的处境和作为,认为人乃以"大写之人"的姿态立于天地之间,人作为"宇宙的精华、万物的灵长"而可以笑傲江湖、叱咤风云,干出一番惊天动地的大事业。而宗教信仰中的"神"在其看来则不过是这种大写之人的"形象""倒影"而已。随着"巨人"的诞生和成熟,自然就会出现"上帝死了"、宗教膜拜及崇敬的"神像"荡然无存之场景。然而，反省人类近代数百年的发展，使人深感上述乐观、浪漫的"人"观与人的现实处境相距甚远。从"神"的地位来审视、理解"人"，显然会暴露这种见解的浅薄和虚假。其实，这种"人"观在一定程度上并没远离人类思想史上对"人"的某些认知，例如从"人"的视域来观察、评价世界，早在古希腊思想中已见端倪，普罗泰戈拉关于"人是万物的尺度，是存在者存在的尺度，也是不存在者不存在的尺度"之论即成千古名言。此外，对人之作为的乐观审视，在中国古代先贤"人定胜天""制天命而用之"的豪迈中已可感悟。尽管如此，宗教对人生处境冷静、悲观甚至可能令人失望的分析评价却顽强地存活下来，并保持其广远的影响力。究其原因，则可能在于宗教对人生处境的分析更为深刻、更接近真实。而且，这种言述本身并没有放弃人，没有失去对人的同情、关注和眷顾。因此，宗教反映的人生处境不乏其人文情怀，它有着一种与世俗人文主义不同维度、不同情趣的人文主义。

宗教在对人生处境的分析、描述中，较为突出地展示了人类生存状况的有限、痛苦乃至悲惨。这曾被斥为其"不人道"或"反人道"的明证，却未曾察觉到其深蕴的人文关怀和恻隐之心。实际上，对人的"痛苦"揭之愈深，宗教中"拯救"观念的人文蕴涵则愈为明显。"痛苦"与"拯救"乃宗教人文主义中的辩证统一、有机共构。因此，宗教对人生处境之"苦""罪"等描述，并不是要蔑视人、放弃人、否定人，而旨在对人的同情、关怀和救渡，有着鲜活的人文主义色彩。

在世界宗教中，佛教在描述人生处境时较为突出人之"苦"。佛教提出的"四谛"原理，其核心即论及人生是苦，以及如何从苦中解脱。"四谛"之一为"苦谛"，讨论人的痛苦、苦性，此乃"四谛"之首条，亦为最根本之条。在此，佛教提出了"五苦""八苦""十苦"等概念，详尽阐述了人生是苦的主题，以体悟人之"苦海无边"，从而指出跳出"苦海"之必要及其人生意义。在佛教看来，"苦"乃人生的现实处境，人无法回避人生即苦这一生存真实。在身体层面，人的生、老、病、死是苦，无人能幸免；而在精神层面，人更有怨憎会、爱别离、求不得、五盛阴之苦。但承认现实并不是让人绝望，而是在识得真实的基础上寻求救渡。按照佛教的说法，只有让众生了解到种种苦相，并进而认识清诸苦之原因，这样才可能把握集谛、灭谛和道谛之真理，从而去消灭痛苦，得到解脱。如果人根本"不知苦之本际"，则无法走上"正道"。由此可见：佛教并非消极、绝望地谈人之"苦"，其论"苦"之根本仍基于对人生处境的正视和对人之命运的关怀；佛教更不是就"苦"论苦且止于苦，而乃以"苦"为起点，由"苦"致"觉"，引导人们走上一条解脱之路。

基督教则以"罪"之存在来看待人生处境，指出人的此在所具有的不足和局限。基督教讲人的"原罪"和"本罪"，以唤醒人的"罪感"意识。不过，基督教亦因谈论人之罪而被指责为对人生的根本否定，似乎缺少一种人文关怀。对此，唐君毅在分析犹太教和基督教思想时，曾将之称为"非人文主义"或"超人文主义"的。在他看来，基督教"是要人把一切文饰在外的东西，全部剥除，而只把人性之最深本质上的罪，暴露在上帝或父之前，祈其救赎"。①这样，他认为在基督教的视域中，人乃失去了一切，一无依恃，人所能展示的也只有其罪孽。唐君毅还进而指出，基督教思想归根结底乃"神本"的，而且这一"神本"含义上的上帝是"超越"性的，其超越使"上帝与人相距弥远"，人已无能力"达于上帝之自身"。与"超越""全能"的上帝相比较，人之心性因充满原罪而无法自救，故"只能蒙受上帝之恩典，……而人对上帝，遂终为一上帝恩典所动之被动的存在"。②唐君毅指责基督教过分突出人的"罪性"和"被动性"，"使人纯成为一全无自作主宰力的存在"，这一观念在天主教中如此，而在经过近代宗教改革后的新教中亦然。其实，基督教论人之罪乃有其前因与后果。其前因在于基督教肯定人乃神根据自己的形象所造，人之本真作为"神的肖像"应具有真善美等积极因素，可以窥见其潜在的神性本质。但真实

---

① 唐君毅：《中国人文精神之发展》，台湾学生书局1974年版，第55页。
② 同上书，第56页。

之中的人因为一种"堕落"而失去其正面和积极意义上的神性本质，"神的肖像"被遮蔽或扭曲，此即人的"罪"或"犯罪"。基督教指出人的"罪"并非承认或放任人的"堕落"和"沉沦"，其后果也是要通过基督的"拯救"来"恢复"人之本质曾有的神性因素，还原其受造时本有的"神的肖像"。当然，唐君毅在此亦发现基督教与西方人文主义有着关联，甚至承认基督教对后来人文主义的发展起过"诱导""启发"作用。其一，他认为基督教的"原罪观"乃提出了"人性平等"的思想，这种"原罪面前的人人平等""启迪了人从另一方面认识其在宇宙的重要性，与自我的尊严之路"。在此，基督教"打破了一切从外在的阶级、职业、种族、地位、知识、才能、表面的礼文与世俗的道德行为，来看人的一切的观点"；它不以"人之外表"而以人的"内心""内在"来判断人，从而达到了这种"人性平等"之认知。其二，他指出基督教所描述的人之祈求救赎的心境乃表达出人的"自我意识"之萌生。这种心境虽然"在本质上是苍凉的"，却使人"有其自我独体之呈露"，它让人认识到自我的"绝对重要性"和"可能的无上尊严"，因而启发出作为西方近代人文主义思想根源之一的"个人主义"。其三，唐君毅还宣称基督教"三位一体"的教义带来了"重人精神"。他按黑格尔之说而视"圣灵之概念乃精神之概念"，并认为这种精神既超越亦内在于人心，其本质表现出对人心的感召和对人的重视。[1] 不过，基督教从人生处境看神人关系和关联乃与这种人文主义本质有别，并不会像世俗人文主义那样将"人""神"等同，或以"人"来取代"神"。相反，"神""人"之间在此总有一种张力，人对其真实存在的认识及由此达到的"自知之明"一方面使人不会放弃超越自我的努力，另一方面也让人警惕那自比神明的僭越。

在基督教对人之处境的界说中，"罪"及"犯罪"不只是"实践"或"行为"层面上的理解，而更是对人之生存状态的深刻体认和把握。"始祖偷吃禁果"的象征故事不仅仅讲述了人因滥用意志自由而做出弃

---

[1] 参见唐君毅《中国人文精神之发展》，台湾学生书局1974年版，第54—55页。

善从恶的具体选择，更重要的是要指出人生处境的真实状态和"罪"在此之深层次喻义。在此，基督教的"原罪论"显然有着一种人文主义的关照。一方面，"罪"在基督教的视域中乃一种关系的破裂，即人与神之间关系被破坏，这包括个体之人的失落状态和人类整体的不正常处境，世人在这种处境中失去了绝对的尺度，找不到与神圣超越之本真的存在关系。另一方面，"罪"亦指人的追求"未中的"，即"偏离"了目标。"罪"在希腊文《圣经》中 harmatia 这一语词含义本指射箭没有射中目标，其引申意义则被基督教用来表示人之奋斗中常有的失败、挫伤，说明人生之旅的艰难曲折。按照这种理解，基督教以"罪"来描述人并不是要否认人生，而乃对人生真实处境生动、深刻的体认和领悟。在其看来，人生是人以其有限对无限、以相对对绝对、以短暂对永恒、以局部对整体的旅程，人一直在途中，故有未达目标之感，而且这种感觉会世代相传，有其延续性。毋庸讳言，基督教对"罪"的强调会使人感受到自我的有限、渺小和微不足道，由此而形成了基督徒较为典型的忍辱负重、谦卑苦修的深沉个性和悲剧精神。但也必须承认，基督教以"罪"来真实描述人的生存处境、状态和地位，在其展示的悲剧之状中却透出了一种警醒、积极、努力的精神，而这种自我体认更是为基督教中的"殉道精神""拯救精神"和"超越精神"提供了基础和可能。[①]

　　印度教在其"梵我合一"或"梵我同一"的教义中，以一种"有我"的思想而对人的处境和解脱加以了说明，在印度教的宗教观中，有一种以"梵"（Brahman）为宇宙万物本质和一切存在终极的一元共在。这里，宇宙乃天、地、人、神等共结一体的众生世界。按其本原，"世间万物都是梵"；而按其现象，这个众生世界则是"梵"自我幻化、分离而致的幻化世界"摩耶"。人本有与神相仿的不死灵魂，人可以通过其信仰和修行而上达神界。但人因"摩耶"世界的吸引而失落梵之真相，丢掉本原自我，陷入不尽的纷争、冲突、痛苦和磨难之实存处

[①] 参见卓新平《基督宗教论》，社会科学文献出版社 2000 年版，第 201—205 页。

境。关于人的"解脱",印度教从人的灵魂精神层面和现实人生层面加以指引,从而既有彼岸亦有此岸的维度。从人的灵魂精神层面来看,印度教认为人体中寄寓着一种灵魂,称"阿特曼"(Atman),这种阿特曼乃不受限制、独存自明的纯意识"我",亦称"大我"或"真我"。印度教进而将"我"与绝对本体的"梵"相等同,并认为"梵就是阿特曼(我),阿特曼(我)就是梵","梵"乃真实唯一的存在。"梵"即"自我"或"神我",亦称"宇宙性灵"。奥义书指出:"此外我即大梵,包括智、意、生命、眼识、耳识、地、水、风、空、光、非光、欲望和非欲望、法与非法世界万物而构成。一个人归于哪一类取决于其业,善业归善人,恶业归恶人,原我由其欲所成其人,有欲必有志,有志必有业,有业必有果。"[1]因此,灵魂会在人的"轮回转世"中永恒存在,而"业""果"的关联则离不开人的行为。为了进一步说明"梵"与世界、"灵魂"与肉体的关系,印度教乃从两个方面来界说"梵"与"我",此即"二梵"和"二我"说。所谓"二梵"指无形之梵与有形之梵,前者为"真理中之真理"——绝对之梵,后者则乃客观世界与主观世界的基础,即为其本原,乃其"此我":"婆罗门、刹帝利、众世间、众天神、众生灵,是诸一切,皆是此我。"[2]所谓"二我"则指"我"作为"梵"的意识而可分为"主我"和"众我":"主我"即客观的"大我"、与梵同一的"外我"(指肉体外的"遍我"或"胜我"),乃本质和客观表现;"众我"即微观的"小我",是作为肉体内"意识"或"个我"(灵魂)的"内我"(指肉体内的"生命"或"命我"),乃形式和主观表现。[3]正是在"众我"或"小我"现象上,"我"与人的现实存在挂上了钩。为了回归宇宙终极,达到与"梵"的绝对合一,人必须冲破现世的束缚和障碍,通过宗教信仰和修行来克服孤立

---

[1] 龙达瑞:《大梵与自我——商羯罗研究》,宗教文化出版社 2000 年版,第 152—153 页。

[2] 巫白慧:《印度哲学——吠陀经探义和奥义书解析》,东方出版社 2000 年版,第 172—173 页。

[3] 参见巫白慧《印度哲学——吠陀经探义和奥义书解析》,第 173 页。

"小我",归入无限"神我"。从人的现实生存层面来看,印度教指出现实人生亦有四个正当目的,即实现"法""欲""利"和"解脱"这四个目标。其中:"法"指"人们按照普遍的道德规范与行动准则而必须履行的与自己的特定社会角色相应的职责与义务";"欲"指"现世的感官享受,其中一个重要方面是指情爱";"利"指"实际的政治、经济利益,包括获取财富、赢得功名、权力和地位等等"。这三种目标与现实人生关系密切,不可分割。"印度教认为,每个人都应该在'法'的指导下去争取自己现世的'欲'和'利'。否则就是'非法'。"①"印度教有前提地肯定'利'和'欲'方面的现世的幸福,这就是在奉行'法'的条件下来保证来世的幸福。"②而要实现从现实人生层面到灵魂精神层面的回归,则需实现"解脱"这人生第四大目标。"所谓解脱,就是从生死轮回中中断开来,从业力的束缚中解脱出来,从包括自我、世界在内的所有对象世界的束缚中超脱出来。解脱的人已与梵界冥合为一体,如同河流汇入海洋,已失去梵与我的界限,失去孤立自限的人格,投入终极的世界本原之中。"③实现这四大目标不只是理论意义上的探讨,而要体现在人的生活实践之中。为此,印度教提倡以"四行期"来作为人的理想生活方式,让世人在年轻时开始"梵行期",以学习圣典和圣"法",成年后以"家居期"来实现"欲""利"的需求,年老后则以"林栖期"和"遁世期"来准备其死后的"解脱"。这样,印度教在追求"梵"之形上意义时亦以其"有我"的思想而关注人间及人生,对人的现实生存处境及生活实践有其信仰的指点和启迪。

中国传统宗教道教在关注人生处境时则表现出一种自然人文主义的意向。道教在此突出自然人性和"道法自然"的思想,对"天地之间小小的我"有着深刻而独到的体会,并由之通达一种返璞归真的全新

---

① 欧东明:《佛地梵天——印度宗教文明》,四川人民出版社2002年版,第43页。
② 同上书,第44页。
③ 同上。

境界，让世人有限的个体生命能与生生不息的自然之道合一共融，实现其对自我心性的超越。道教对人世的评价亦不乐观，认为人生处境展示的乃一幅"人为物役"、"欲"生祸咎的悲惨图景。老子说："祸莫大于不知足，咎莫大于欲得。"（《老子·四十六章》）物欲横流，则罪恶滋生，人民不得安宁。因此，他呼吁人们"见素抱朴，少私寡欲"（《老子·十九章》），以"德""朴""素"的精神来恢复人的纯朴本性和内心平静，保持"天道自然"之状。在他看来："不欲以静，天下将自定"（《老子·三十七章》），"我无为而民自化，我好静而民自正，我无事而民自富，我无欲而民自朴"（《老子·五十七章》）。庄子亦认为世人不应该为物所累，而必须摆脱物欲，达到一种"未始有物，与道同一"的解蔽之境。庄子劝人应看淡生死、顺应自然、安于命运，指出："死生存亡，穷达贫富，贤与不肖毁誉，饥渴寒暑，是事之变，命之行也"（《庄子·德充符》），"知其无可奈何而安之若命，德之至也"（《庄子·人间世》）。不过，这种"乐天知命""生死齐一"的自然无为思想并非要在自然界中被动地消解或化掉自我，而是寻求"忘却受外物束缚役使的假我，恢复自然的真我，达到人与自然之道合一的境界"，[①]即实现"天地与我并生，而万物与我为一"（《庄子·齐物论》）的相通大道。在道教精神层面的超越中，人之生命意义得以保留。其"贵己""重生""全性""保真"的思想以人之"养生"和"长生"的理论与实践而持守住道教追求生命自由快乐及寻觅生命永恒奥秘这两大意趣，从而使人生不再过于沉重和灰暗，并得到人的精神与身体都需要的逍遥和超脱。

由此而论，宗教对人生处境的认识虽然没有世俗人文主义那样乐观和轻松，却也体现出一种浓厚的人文关怀。这种忧患与希望的交织可能会更真实地把握人生、理解人心，并从人既崇高又悲惨的两难处境中获得对人性本质的真正认知。

[①] 参见王卡《道教观点》，载何光沪、许志伟主编《对话：儒释道与基督教》，社会科学文献出版社1998年版，第451页。

二 宗教对人性本质的界说

"人是什么?"这是人类思想史上认识"自我"的一个永恒问题,也是人道主义、人文主义如何展开的一个始点或基点。帕斯卡尔对此曾感叹道:"人在自然界中到底是个什么呢,对于无穷而言就是虚无,对于虚无而言就是全体,是无和全之间的一个中项。他距离理解这两个极端都是无穷之远,事物的归宿以及它们的起源对他来说,都是无可逾越地隐藏在一个无从渗透的神秘里面,他所由之而出的那种虚无以及他所被吞没于其中的那种无限,这二者都同等地是无法窥测的。"[①]一般而言,宗教大多从精神与物质、灵魂与肉体的关系来认识并理解人。正如帕斯卡尔所指出的,"人对于自己,就是自然界中最奇妙的现象;因为他不能思议什么是肉体,更不能思议什么是精神,而最为不能思议的则莫过于一个肉体居然能和一个精神结合在一起。这就是他那困难的极峰,然而这就正是他自身的生存"。[②]基于对人乃精神与肉体之奇特组合这一体认和洞见,宗教会指明由此而来的人性弱点及缺陷,但与此同时,宗教亦对人的精神升华和超越抱有希望或信心。对人的本性与命运,各种宗教都有其认知和界说,这些看法就构成了宗教"人论"的基本内容。

按照基督宗教的理解,人性本质的奥秘应从其肉体与灵性的独特结合来窥探。这种结合造成了人的本性上自然受造性与自我超越性之间的能力和冲突。作为自然受造物,人乃"自然之子",有着被动、局限、相对、短暂等特点。但作为精神的产物,人乃"上帝所创造",有着"灵性自由""意志自由"和"超越自我"的能力。从其灵性本质来看,人与上帝有着"(人)子"与"(天)父"、"我"与"你"之亲密关系,人可以具有完美和整全的人性,体现"神的形象"。此即当代基

[①] [法]帕斯卡尔:《思想录》,商务印书馆1987年版,第30页。
[②] 同上书,第36页。

督宗教在"人观"上的"全人理念"。①在这一意义上，人论和人观从根本上乃反映出"神论"和"神观"。"神"在信仰理想中是"人"的"根源"和"归宿"。然而，人之自然、精神两重性的张力亦使人处于永恒与现实、升华与堕落、拯救与沉沦之间。"这正如那攀爬桅杆的水手处境一样，上有颠危眺台，下临波涛万丈。他既关切他所要努力达到的那个最终目标，同时又担心他可能堕入那个虚无深渊。"②人因背离上帝、失去神性本质而犯"罪"，导致"全人的失落"，其结果是"人不见了""神亦不见了"。而耶稣基督以"人子"的形象亮相，让人体认其乃"神子"，则正是旨在"找回全人"，恢复人在"神的肖像"中本有的真、善、美、圣。因此，基督教以一种批判精神来反思、反省人性本质，但在其信仰追寻中却对人性的升华持肯定和积极之态。

佛教亦以"佛性"来理解人的本性，认为"佛性"乃人生来具有，正如惠能所言："本性是佛，离性无别佛"（《坛经》）。佛教信奉者旨在成佛，而"成"即人性自见其性、自性觉悟所达到的向佛性的转化或人性与佛性的打通。竺道生认为，"一阐提人皆得成佛"（《高僧传》卷七），众人只要见性，就可"顿悟成佛"。惠能亦指出，"佛"即自见"自性"，如果自己不能悟其主体境界则为"众生"："自性若悟，众生是佛；自性若迷，佛是众生""不悟，即佛是众生；一念悟时，众生是佛"（《坛经》）。佛教所认为的"众生皆有佛性"，实际上就表达出一种强烈的人文关怀，是对人的心性向善的承认和发掘。在此，对"人性"或人的"心性"之认知，即关涉人之本性、本质的认识和界定。佛教中"心性本净"或"心性本寂"诸说在中国文化氛围中与儒家思想代表之一孟子的"性善说"相遇且相通，由此促成其中国佛性论的发展。正因为如此，佛教的"人性论"则主要反映在其有

---

① 参见林治平《QQQQ 的人生——全人理念与现代化》，台北，基督教宇宙光传播中心，1998 年。

② ［美］尼布尔：《人的本性与命运》，第 185 页（Reinhold Niebuhr: *The Nature and Destiny of Man*, New York: Charles Scribner's Sons, 1941）。

关"佛性论"之思。"佛性"乃人之"自性""人性"即"佛性";因此,"佛向性中作,莫向身外求""菩提只向心觅,何劳向外求玄?所说依性修行,西方只在眼前"(《坛经》)。而世人能否成"佛",则在于"自性"是"迷"、是"悟"的问题。"自性迷,即是众生,自性觉,即是佛""若识自性,一悟即至佛地"(《坛经》)。至于这种"悟"即"自识本心,自见本性"有无"顿""渐"之别,也就是说,众生是"性得佛性"还是"修得佛性",在佛教中则存有认知差别。关于人之"佛性"是"本有"还是"始有"即先天之成还是后天之为的思考,就其思想逻辑和社会历史的发展来看,佛教经历了从心性净寂始成到修得佛性的认知转变。这里,"众生皆有佛性"指人本具有"原善"之潜能,而能否做到人人成佛、彰显佛性,使潜能成为实在,则涉及人的"修""为",即人的灵性训练和人文修养的问题。"人性"亦有一个"培育""发展""完善"之过程。正是这种对人性"本有"和"修行"的参照,使佛教中的"佛性论"得以体现出其蕴含的人文关怀和人文意义。

  道教"人论"的核心乃自然主义的人性论,故亦体现出一种自然人文主义。这种认知突出自然人性和人在自然之中的思想,强调天道自然,道贯天、地、人,人乃自然的一部分,是"天地氤氲,万物化醇"之结果。因此,"乾坤天地为人的资始资生。……人取法天地,以体现着道的天地为范型。人取法天地依从道为应该"。而按老子所言,"道生一,一生二,二生三,三生万物"(《老子·四十二章》),人从根本上乃由道而生。"人之初始亦植根于道中,道蕴涵着阴阳之气。"[①]道教将人视为自然的一部分,让人顺其自然。人若脱离自然则既不能生存,更不会幸福。而人对自然界的抵抗力和驾驭力亦微乎其微,连人的生命存在形式都受自然之限,所以人不能违背自然,而必须效法自然、效法天道。但道教对自然之人并不抱否定之态,人虽渺小且微不足道,却仍

[①] 张立文、张绪通、刘大椿主编:《玄境——道学与中国文化》,人民出版社1996年版,第5页。

为一种实实在在地存在，人对这种存在亦有着强烈的自我意识。只要人顺应自然，与万物共存、同天地合一，就能体现其"德""朴""素"的自然界本性，从而返璞归真、回归永恒生命之道。在此，道教既指出了人作为自然存在的种种局限，亦对"自然之人"有着充分的肯定和同情。

总之，宗教"人论"的根本特点就在于指明人性的自然本质及其与"神性"的精神相通。人作为自然存在而有其局限、软弱和迷误。但人因其精神属性而与"神性""佛性"或"道"有着实质性关联。"人"与"神"并非全然隔绝，所以人性命运并不一定是堕落、黩沉和沦亡，而仍有着"成圣""成佛"、与神合一或回归天地大道的可能及希望。

三 宗教对人伦道德的提倡

宗教对人伦道德的提倡是信仰与现实生活的一个理想结合点。宗教伦理一方面有着信仰理论或其神学原则的指导，另一方面则主要为社会性的、实践性的。伦理道德体现出人类集体生活的"共在"原则，反映出社会群体稳定存在所必须共守的"规则"，即一种维系人类生存底线的"金规则"。伦理道德在此代表着人际关系的有机共构，乃维系人与人之间正常交往的重要纽带。宗教伦理道德使宗教能积极面向人世及人生，它作为人类社会的重要文化和精神资源而为人的平等共处、和谐交往提供了普遍适用的原则。在其具体实践中，宗教的人文关怀及人道意向也得到了鲜明、生动的体现。

基督教作为一种"伦理宗教"既有其"道德神学"，亦有其道德实践。它以"爱上帝"和"爱邻人"这两条诫命而形成其伦理中的最高原则，"爱"乃其伦理学的核心。这种"爱"使"形上"与"形下"得以打通，使"神"与"人"之间有着密切关联。伦理不离人之社会关系，涉及"人群"之"人伦"。基督教伦理以一种信仰的超越精神和超然审视来设定人类道德行为的基本原则，从而为人指明追求至善、达到圆满的目标。当然，这种伦理乃以基督教的"人性论"为基础，它看到处于永恒与现实之间的世人及其精神张力。因此，它一方面同情人的现实处境，痛惜人之犯"罪"、失落，另一方面则竭力唤醒人的良知，鼓励人重新获得追求终极价值的勇气。从这一意义上来讲，基督教的伦理乃以对人之本质的深刻洞见、对人际关系的具体分析为出发点。其重建理想意义上的神人关系之努力，实际上是人之共存所需要的底线伦理与基督教信仰的至高境界所构成的一种独特结合。

伊斯兰教在其伦理道德层面同样具有关注、重视人的价值和精神的人文思想。根据《古兰经》和穆罕默德的《圣训》等论说，伊斯兰教认为道德与善行乃人类人道之本质，即人性意义和人的价值之所在。从这种对人的理解出发，伊斯兰教强调道德所具有的社会意义，指出道德奠定了人类民族存在、延续和发展的基础，推崇道德和善行可以使人的灵魂高尚，亦使人的人性本质得到巩固和加强。在其看来，真正支配人的行为、影响人之命运的乃不离人性本真，人性使人选择善恶，对自我欲望节制或放纵。因此，伊斯兰教视其根本使命乃引导人类走推崇道德和善行之路，以其灵性修炼和感染使人性得以升华，确立其人道的价值观。基于这种对人的道德价值和意义的理解，伊斯兰教认为"宗教就是良好的道德"，宗教信仰者应是"信道而且行善的人"。穆罕默德在其《圣训》中曾表达了如下思想："人类的幸福在于良好的道德，人类的不幸在于道德败坏。"因此，伊斯兰教的人世使命和任务即"完善人的道德"。作为一种严守"教法"的宗教，伊斯兰教强调社会公义的维系要靠律法，但它同时又认为信仰和道德比法律更为重要，人应走道德完善之路，通过个人的道德完善、守正自洁而达到社会的完善，实现人类的和谐。由于这种人文情怀，伊斯兰教在提倡其"两世吉庆"的信念时，更突出了重在现实的思想。因此，它在实践层面重视人生、家庭和社会，强调穆斯林首先应是家庭的成员，故不该奉行独身和苦行。穆斯林应在现实社会中组建家庭，在家庭生活中承担义务和责任。只有通过个人、家庭的和谐、完善，才可能促进社会的平安和完善，使社会风行团结友爱的精神。按照伊斯兰教的这种认知，人的存在价值既表现在其对独一真主的信奉，亦不离其对道德完善的追求。

　　佛教伦理道德以人的善与恶为其根本问题。释迦牟尼曾告诫其弟子说："诸恶莫作，众善奉行。自净其意，是诸佛教"（《法句经》）。从其历史发展来看，"早期佛教注重个人的精神解脱，其伦理思想和道德规范较偏重修行者个人的身心修养和道德实践，……到了大乘佛教时期，大乘佛教发展了早期佛教伦理思想和道德学说，其道德理想和道德修养等方面也有一定变化。大乘佛教徒除了追求个人的精神解脱之外，还强调'普度众生'，以救渡众生'脱离苦海'为自己的宗教修行实践，并将这种修行实践称为'菩萨行'。……因此，大乘佛教的修行又以慈悲为道德原则，并尊崇菩萨'大慈大悲'悯恤众生之心和为解救在现实生活的苦海中受苦难的众生而甘愿下'地狱'的道德精神。这样以求得修行者彻底的精神解脱，证得无上之'觉悟'，也就成为佛教的最高道德理想"。①这种伦理道德突出个人的道德改造和完善，倡导以普度众生为己任的慈悲精神。其道德改造和救渡集中体现在"扬善除恶"上，佛教的善恶观因而乃其伦理观念和道德思想之核心。佛教的人间关爱，即表现为其"劝人为善"的实践，这种伦理特性亦使佛教不仅为"哲理"的宗教，也是"伦理"的宗教。

　　基督教、伊斯兰教和佛教作为世界三大宗教，都鲜明地表现了对人伦道德的提倡。其人类"救渡"的价值观在其人间"关爱"的伦理实践上得到了最集中、最生动的展示。

四　宗教对人间关怀的强调

　　宗教对人间关怀的强调尤其在近现代以来逐渐凸显。宗教仰望天际的目光亦能环顾人间，这绝非凭空随意的蓦然回首，而是来自宗教对永恒与现实、彼岸与此岸之关系的审视和调整。这种以"出世的精神"来达其"入世的生存"之旨趣，不只是"超越"，更有其"融贯"。可

---

①　业露华：《中国佛教伦理思想》，上海社会科学院出版社 2000 年版，第 1—3 页。

以说，宗教的"关怀人间"和"温暖人间"，使宗教更贴近人生，更有其活力和魅力。这种"人学"意义上的侧重带来了"人间"宗教或"人生"宗教的发展。由此，宗教在世俗化、多元化、现代化的氛围中能够保持并扩大其人文主义的感召力和影响。

欧洲宗教改革使基督教有了对"人"的重新发现和更直接关注。这种意味深长的"人学"转向使基督教更多地从"人本"的视角来认知其信仰，从"人间"的处境来体悟其生存，从"人性"修养、人格升华的意义上来促进其发展。宗教改革对"人作为上帝形象"的认知意义加以更深刻的发掘，特别突出"人"与"神"的直接交往和沟通，相信"人"靠"信"，因其"信"而得以"称义"。既然肯定人的"上帝形象"，那么人的主体意义、人的社会存在和现实生活亦有了肯定、积极的意义。"人的存在""人的世界""人间生活"由此得到前所未有的重视。"神学"与"人学"的关联，在此有一种"基督论"意义上的打通。耶稣基督通过"道成肉身"而使上帝的"启示"进入了历史、文化和人世社会，耶稣基督已经把自己和世人相结合。这种"道成肉身"的基督论肯定了现实世界和人间生活的积极意义。由此，基督教的"人间关怀"在其"社会服务"上得以具体体现。本着基督"非以役人，乃役于人"的精神，基督教的"爱心工程"、社会福利和服务事业自近代以来获得迅速发展。而且，基督教的这种"关怀"与"关爱"已不再满足于其信徒在灵性、精神生活上的"锦上添花"，而更多是对众人在现实生活中的"雪中送炭"，形成真正的"普遍之爱"（博爱）。

佛教的人间关怀在20世纪"人间佛教""人生佛教"的发展中得到了典型表述。在大乘佛教"普度众生""救苦救难"之菩萨行的启迪下，当代佛教已从传统的"遁世"中走了出来。它不仅采取了回返现实、直面人生的客观态度，而且将其"利乐有情""慈悲济世"的精神发扬光大，以关爱世界、温暖人间。这里，佛教在慈善事业和和平运动中充分展现了其人间关怀的特色。佛教的慈善福利事业基于其"慈悲"观念，这种"慈悲行"体现了其"摄有情"所涵盖的利世济人之指导思想和关怀世间一切有情之属的行为实践。从这一"慈悲"观进而引申出的"无害"（ahimsa，即"非暴力"）思想则以其不杀生、非暴力而强调了对生命的尊重，由此产生了对"社会和谐、世界和平"这一理想境界的追求及努力。在国际政治舞台上，当代佛教作为一种"和平"的倡导者和实践者，对于世界和平运动有着非常积极的参与。

道教在中国历史上亦表现出其济世度人、助国化民的人间关怀。道教本有其贵己重生、"乐生""养生"的思想因素。在其追求"逍遥"境界的同时，道教亦强调对今生今世的重视和对个体生命的保全，提醒人们"人人各一生，不得再生也"，[①]从而倡导"保身""全生""养亲"和"尽年"。在其养生炼丹的实践中，葛洪就曾提出"我命在我不在天"的思想，强调人在战胜自然命运上不要消极放弃，而应积极有为。在这一意义上，道教坚持"仙是人修的"，提出对人的自我关爱，对人生永恒的向往。其"神仙"之法的修炼旨在克服死亡，维系人生。"夫神仙之法，所以与俗人不同者，正以不老不死为贵耳。"[②]而修炼之人则能成为圣人、真人、神人或至人，如其致游子言："故修真炼气，抱元守一者，谓之圣人。炼形成气者，谓之真人。炼气成神者，谓之神人。炼神成真者，谓之至人。"[③]因此，道教的修炼、养生虽以求长生不死、飞升成仙为目的，其指导思想若按上述理解却也有积极进取的意义。也就是说，它是人对自我存在的肯定和关注，也是人与其命运抗争的一种努力。这种对生命的重视、对人性自由的把握，是道教人间关怀的基点，在其社会实践中亦有较大的影响。

犹太教对人间关怀的肯定乃经历了曲折复杂的发展。历史上，犹太教曾将犹太民族视为上帝的独选民族，由此形成"上帝的选民"之说。以这种"选民"之愿望，犹太教希冀其民族生存与发展能得到上帝更多的惠顾和保护，期盼其民族在此世的兴旺与繁荣。尽管这种"特殊

[①] 参见王明编《太平经合校》，中华书局1960年版，第340页。
[②] 王明编著：《抱朴子内篇校释》（增订本），中华书局1985年版，第174页。
[③] 《道枢·阴符篇》，《道藏》第20册，第620页。

神宠论"及其"选民意识"被视为犹太人的民族狭隘主义或排他主义而颇受批评,却也反映出犹太教对其民族今生此世的生存关怀和对"神""人"关系的特殊考虑。在这种理解中,犹太教认为上帝与世人建立有一种"契约"关系,通过上帝与人以"彩虹"为约、定"割礼"、立"十诫",人在世间的独特地位得以肯定和强调。在犹太教的神明观念上,其上帝乃是"觅人的上帝",这种认知突出了上帝对人的关怀和对人的需要。而这种"觅人"过程中上帝对人的参与和支持,则展示了人类生命的神圣价值。在近现代犹太教的发展中,其宗教信仰的人文主义色彩加重,故出现"信仰的人文主义"和"人文主义的犹太教"之说。"神"与"人"的贴近在马丁·布伯等当代犹太思想家的"我—你"关系学说上得以具体化。"我—你"关系不只是超越与世限之关系,更是人间此在之关系。人之存在恰如相遇和对话,"我""你"的关联及对话表现出源自犹太教思想文化传统的人生关怀,它由"神""人"之间的垂直对话引申发展为"我""你"之间的平等对话。"神""人"关系通过"我—你"对话关系亦更为亲近、密切,更体现出一种人文情怀和人间关爱。所以说,"我""你"之间的双向互动及平等对话,正是当代犹太教对人间关怀一种独特而意义深远的宗教表达。

五 宗教对人格升华的鼓励

宗教对人格升华的鼓励使宗教得以回返其"拯救"和"超越"的主旨,达其对"完美境界的最高理想"(麦克斯·缪勒语)的体认和实现,即实现"神""人"之融契。宗教中的认识自我指归在超越自我。在宗教的理想中,人生不能只是循环或轮回,而应有不断突破、超越和升华。人格升华在宗教中亦是人文关怀的重要内容,这种人格的升华和完善会消解宗教内部"神学"与"人学"两大趋向间的张力,并使人类宗教信仰的真谛得到充分体现。

谈及宗教对人格升华的意义,美国宗教学家斯特伦(Frederick J. Streng)曾从宗教的定义和本质特征上来探究。他基于对"各种转变过程"上宗教之作用来思考宗教的定义,指出"宗教是实现根本转变的一种手段"(Religion is a means to ultimate transformation)。①这一"根本转变"在此意指人所达到的"根本的超越",被斯特伦视为揭示人类"宗教性"的真谛之所在。在他看来,凡能够实现这种"根本转变"的手段都具有"宗教性"。受斯特伦此论之启迪,杜维明曾以之来探讨儒家人文精神的宗教含义,认为既然儒家思想体系也是一种能实现这一类型之根本转变的手段,那么"儒教"之说就能成立。"儒教"即一种能够实现人之根本转变、达到人性之终极升华的人文"宗教"。

为什么说宗教所代表的这种"根本转变"与人格升华密切关联?按照斯特伦的解释,这是因为"通过这种转变过程,人们使自己的生活达到一种他们认为具有最高价值的生活境界"。他进而阐述说,"所谓根本转变是指人们从深陷于一般存在的困扰(罪过、无知等)中,彻底地转变为能够在最深刻的层次上,妥善地处理这些困扰的生活境界。这种驾驭生活的能力使人们体验到一种最可信的和最深刻的终极实体。尽管这个终极实体在各个宗教传统中都极难定义,但是这些宗教传统的信奉者和追随者们,全都根据这一终极的背景来限定、或约束自己的生活,并努力地照这种方式生活,以此扬长克短,不断完善自己"。②在斯特伦看来,上述宗教定义乃涵盖两种基本因素,一为"终极实体",二乃其"实际作用";二者的有机结合即为这两种因素的统一,但其理解和实践都关涉人、基于人,以人为主体。在认知层面,所谓"终极实体"在此乃"意味着一个人所能认识到的、最富有理解性的源泉和必然性"。这里强调的是人的认识、人的领悟。一旦人认识到此最高价值,则会激发其最高尚的情感,并以此情感为其最终领悟的"终极实体"如"上帝的意志"或"佛性""道"去服务。"当人们感到自己应生活于某种存在的终极境界时,就会寻求生活的真谛。"所以说,

---

① [美]斯特伦:《人与神:宗教生活的理解》,金泽、何其敏译,上海人民出版社1991年版,第2页。

② 同上书,第2—3页。

宗教以这种对"终极实体"的认识而"使个人和社会经历一种终极的和动态的转变过程"。①在实践层面,所谓"实际作用"则指人对于"终极实体"的观念并不只是一种形上认知,人由此而执着的象征、方法和社会表现形式"都不是愿望、企求或幻想,而是实现生活转变的实际手段"。②这些"实际作用"即指宗教信仰给人带来的人格"升华"和"充实",正如斯特伦所言,"宗教以各种各样的方式展现了它的实际作用。这种作用可表现为一种深厚的情感;也可表现为通过参加神圣的仪式活动而获得自我认同;或表现为履行一种合乎宇宙秩序的,或体现神圣意志的伦理行为;或表现为经历某种超越意识的状态。在所有这些情形里,信教者都体验到并领悟到终极实体是一种力量,它使他或她得到升华。宗教信徒就是在这种构成生命的终极源泉中确立了自己的存在。人们是在实现自身本质的过程中,使自己的精神变得充实和圆满"③。斯特伦从"个人的、文化的、终极的"这三个层面或三种维度来分析宗教给人带来的"根本转变",由此指出"人们借此超越自己,达到与真正的和终极的实体合一"。④在他看来,宗教具有从人之存在最深蕴的层面来改变人生的能力,其对人的"拯救"正是使人超越自我,达到其人格升华和终极转变。

人格升华在宗教的情趣中体现出独特的人文精神。有人曾将中国道教的人文精神概括为"自爱精神""自然精神""阴柔精神"和"博大精神"。⑤这种自知、自然、自觉和自爱亦展示出道教人格理想的魅力。从总体而言,道教向往的人格理想境界"乃是崇尚自然、委运乘化、与道合一",其人生态度故而有着"注重自然淡泊、逍遥隐逸和寂寞无为"等特点,显露出其空灵、超妙和清幽之情趣,使人格、人性具有鲜活之态。但正是这种对广袤宇宙的玄微冥想和由之形成的逍遥气质,

---

① [美]斯特伦:《人与神:宗教生活的理解》,上海人民出版社1991年版,第3页。
② 同上书,第4页。
③ 同上书,第3页。
④ 同上书,第4页。
⑤ 参见张立文、张绪通、刘大椿主编《玄境——道学与中国文化》,第26—31页。

使道教得以"悟透了人生人世,对人间的变化无常洞若观火,对命运的一切都能任运自然、泰然处之"。这种境界渗透了对人的关怀和理解,它以一种灵性意义上的虚静恬淡和飘逸洒脱而使人获得心境上的旷达自适、优哉游哉,形成人在自我精神上的解脱与超越,①达到人文关怀意义上的人文拯救。

基督教对人格升华的理解则实际上为"人""神"关系的阐述,此即"神"对"人"的"拯救"和"人"对"神"的回归。在基督教的表述中,"人"因"第一亚当"的"犯罪"而有了"失乐园"的经历,人由此丧失其"神性"人格,亦失去其永恒生命之"道",此即人的"堕落"。然而,通过"第二亚当"耶稣基督的"受难牺牲","上帝之道"成为引导人们的"生命之道","人"为此而有希望获得"复乐园"的回归,以其人格升华来体现其"神性"人格的恢复,达到"神人合一"。诚然,基督教强调在这种人格升华中上帝的关键作用,认为上帝道成肉身而对世人的宽恕、救渡和仁爱展示了从上帝到人世的进路,但人的努力,从世人到上帝的心路历程并没有被完全否定。所谓"人格升华"在其话语中即指有限之人超越自我走向神圣之举;人通过"神人合一"而达到其完美的人格,在"神的形象"中恢复或实现其真、善、美、圣的"全人"形象。因此,人格升华乃"神人合一"上的双向互动:"对上帝而言是一种对人光照、救渡、恩惠和赐福;对人而言则说明人已认识其相对、短暂、有限的人生,希望通过追求绝对、永恒和无限来实现其存在意义。"②

这种对人格升华的鼓励在基督教中还体现在蒂利希(Paul Tillich)对宗教乃人的"终极关切"之论中。他从人对存在及其基础和意义的询问来看人的拯救与升华,由此展示基督教的信仰意义。在对人的分析中,蒂利希认为人的现实处境乃是在"存在"与"非存在"之间,这是一种有限与无限、虚无与存在的"临界",它使人颇有"边缘"之

---

① 参见卓新平《宗教理解》,社会科学文献出版社1999年版,第36—37页。
② 卓新平:《基督宗教论》,第121页。

感。人处于其中既受到"非存在"的威胁,又有对真实存在的渴求。这是一种既有危机又含希望的人生状况,人正因为疏离了其真实存在,才有可能询问存在及其意义,人出现了与其存在基础的分离,却没有根本摆脱与存在的关系。而在蒂利希看来,人对存在意义的询问,正是一种对终极本真、对与人终极相关者的询问。人对与其终极相关者的寻求,正是宗教信仰所表达的"终极关切",它关涉人的终极拯救和人性的根本升华。蒂利希认为人类信仰的特征正是在于这一"终极关切"。他说,"信仰是由与我们终极相关者所把握的存在;在此,'与我们终极相关者'之表述连接了一种主体和客体因素。一方面它乃人的关切,另一方面它则要求其终极性,而不论是否会成为这种关切。根据信仰乃终极关切这一形式意义,则每个人均有信仰,因为与终极相关正是人类精神的本质属性"[1]。这一"终极相关者"作为人之"终极关切"的对象并非形而上学和知性理解的抽象本体,或高高在上与世无关的超然客体,而乃具有"内在性"的"存在本身""存在的力量""存在的基础和意义""存在的深层和极点",即"终极存在"。宗教作为这种"终极关切"乃"居于人类精神整体中的深层",是人类精神生活所有机能的基础,它使人生的意义、人的终极眷注"从日常生活的尘嚣和世俗琐事的嘈杂中显露出来"[2]。"终极关切"使人的精神去追求那崇高的、无限的、无条件的一面,去询问人生的终极和绝对意义。也正是在这种追询中,人在"存在"的"深层"与"神圣"相遇、与"终极"相关。因此,人以向往、追求、体验、参与的方式来归于"无限""绝对""终极"之存在,与此"存在本身"合一。在其"终极关切"的过程中,人得以悟出宗教信仰的真谛,获得自我的本真存在,亦达到其人格或人性的升华。

---

[1] [美]蒂利希:《系统神学》第3卷,斯图加特新教出版社1966年德文版,第155页。

[2] 参见[美]蒂利希《文化神学》,陈新权、王平译,工人出版社1988年版,第7、9页。

总之，从上述五个方面来看，宗教作为人的精神追求和生活，尤其作为人的信仰追求和生活，不离其"神性"维度，但这种维度并不影响宗教亦成为人道的、人文的。宗教以这种"神性"之超然维度来审视人世，旨在对人有着更真切、更贴近、更同情的把握。这种对人之处境的真实描述，对人性本质的分析界说，对人伦道德的价值支撑，对人间关怀的积极参与，以及对人格升华的倡导鼓励，都不是要鄙视人而是尊重人，不是要抛弃人而是拯救人，不是任凭人犯罪堕落而是激励人走向神圣。宗教的"人论"虽然颇为深沉、颇具悲剧色彩，却表露了对人的深刻关怀和关爱。就其不"弃世"而"救世"的主旨而言，宗教对人的关注和救渡不仅是"灵性"的，也是"人性"的，不只是"神圣"意义的，也是"人文"意义的。宗教以其永恒与现实、超越与存在、彼岸与此岸、无限与有限、绝对与相对的鲜明对比，表达了其独特的人文精神和人道主义，展示了其对人之终极转变的旨趣和期盼。在宗教的审视中，"神""人"并不截然分离或对立，宗教旨在"神性"与"人性"的沟通上建立起信仰之桥，其立意和出发点都是在于人，都表现出对人的深深关切。宗教乃人类对自我的信仰关切，是人希望达到自我超越和终极转变的人文努力。神性、灵性和人性在此乃有机共构，立于人间、基于存在。因此，世界宗教蕴含着丰富的人文精神，在这些宗教的发展中有着积极的人文主义审视。宗教人文精神虽与世俗人文主义本质有别，彼此之间亦相互不同，却在人类社会人文意义的发展上起着重要作用，有着广远影响。

（原载《中国宗教学》第二辑，宗教文化出版社2004年版。）

第三章

基督教哲学与西方宗教精神

关于基督教是否为"西方宗教",中国学术界近年来有许多争议。不少人认为基督教作为一种"普世宗教"不只是隶属于西方,而乃有全球意义。从其起源来看,它产生于古代巴勒斯坦,具有"东方"色彩;从其近现代发展来看,它由西往东、从北往南,其信徒人数比重亦已从西方往东方、南方倾斜。因此,基督教并不具典型的"西方"意义。诚然,这种看法从宗教宣教学、传播学上来理解颇有道理,自成一言。但细究基督教的思想体系及其理论学说对世界的影响,却不难看出它具有深刻的"西方"印痕,与西方思想精神的起源和发展有着不解之缘。从其理论体系和精神实质来看,基督教按其构建主体和发展主流仍不能摆脱其"西方"之归属,其被称为"西方宗教"仍具有一定的合理性。

从基督教引申到基督教哲学,这种西方哲学体系和思想学说的特点则更为明显。它主要为"西方语言"的表述、"西方思想"的流露,与西方宗教精神有着内在的、结构性关联,其超越西方之经典本身的诠释、解说亦体现出浓厚的"西方文化"色彩。因此,基督教哲学迄今仍为一种"西学",它对中国思想文化的影响,也只能从"西学东渐",从中西思想文化的相遇、碰撞、对话、沟通上来理解。看到这种"异",体悟"它山之石"对中华文化精神的意义,这应是中国学者对待"西学"的正确态度,也是我们在中国思想语境中谈论基督教哲学的基本立足点和出发点。

一 基督教哲学的界定

由于宗教与哲学之复杂关系在人们理解上的困惑和张力，不少人曾对"基督教哲学"质疑。20世纪初，西方"经院哲学"研究复兴，随之亦形成了一场有无"基督教哲学"这种概念的争论。其中颇具典型意义的即"伯里哀—吉尔松（Brehier—Gilson）之论战"。在这场爆发于20世纪30年代左右的论争中，伯里哀（M. Emile Brehier）认为没有"基督教哲学"，正如没有"基督教数学"和"基督教物理学"那样。而吉尔松（Etienne Gilson）则根据其对西方中世纪哲学的研究指出存有"基督教哲学"，并且认为中世纪哲学的性质就是基督教哲学。由此，"基督教哲学"之说逐渐被学术界所承认，其概念和意义亦进而得以扩展。

不过，吉尔松所理解的"基督教哲学"有其独特意义，而不完全等同于泛指的、仅基于理性的哲学。当其谈到中世纪哲学的性质及意义时，吉尔松认为基督教在这一哲学体系的形成中起到了关键作用，而若无基督教则不可能产生这种在原理上和方法上均属纯理性之哲学体系，就应该被称为基督教哲学。在此，他指出基督教哲学的独特之处就在于其关涉启示与理性的关系，在于其对"产生人类理性的启示的可能性"之思考。也就是说，基督教哲学必须将基督教的启示视为理性必不可少的补充。"只有启示与理性之间的内在关系，才能够赋予'基督教哲学'一词积极的意义。"[①]

由此可见，基督教哲学并非纯理性之构的哲学，而有其信仰之启示的参照和参与，启示与理性构成了其内在的辩证关系。所以，基督教哲学仍为基督教信仰意义中的哲学。正因为如此，人们将中世纪哲学视为"神哲学"。而这一表述被天主教学界沿用，故在中文中亦有"天主教神哲学"之概念。现代所谈论的"宗教哲学"大体可分为两类：前者为对相关宗教的哲学阐述，有其信仰前提和其启示的参与，其信仰启示

---

① [法]吉尔松：《中世纪哲学精神》，伦敦1936年英文版，第35页。

与理性思辨形成张力与和谐的内在关系,如基督教哲学、佛教哲学等;后者则是对宗教的哲学探究,其以理性为工具,却不以信仰为前提,此即现代宗教学意义上的宗教哲学,它是对前一种宗教哲学的勾勒、描述和分析。就其整体来看,应该承认前一种宗教哲学的影响要远远大于后一种宗教哲学。

从基督教的思想传统来看,"基督教哲学"一词最早见于古罗马时代希腊教父克里索斯托(Joannes Chrysostom,亦译"金口约翰")的布道文《论历书》(386—387)和拉丁教父奥古斯丁(Aurelius Augustinus)的论著《驳尤利安》(410)。但他们是以这一术语来泛指基督教及其世界观,而尚无一种独立的基督教哲学意识,亦没有试图构建一种与基督教神学相区别的哲学。不过,这种表述对基督教此后的理论架构却具有重要意义,它开辟了基督教思想向哲学思辨敞开之通途,由此开始了其从教父哲学到经院哲学的发展。在这一意义上,不少现代基督教思想家把"从使徒时代直至今日基督教中的哲学体系称为'基督教哲学'"[1]。

吉尔松等人在界定"基督教哲学"时曾指出,"我们称为基督教哲学的,乃是那种由确信的基督徒所创立、区别开认识与信仰之秩序、其命题既能根据自然理由来证明又可在基督教启示中窥其价值,并在一定程度上对理性加以道德必要性之帮助的哲学"[2]。在其看来,基督教哲学的本质特征有三:其一,它只应包括那些能通过自然方式来证明的命题。在此,基督教哲学乃是根据经验或知性的思考而产生,其逻辑出发点不能基于启示和理性所不能洞察的真理。这样,基督教哲学与基督教神学有着本质的区别,后者突出来自上帝的启示,而前者则强调这些启示应借助于自然真理来把握,更加侧重于那种靠自然认识能力来达到的

---

[1] [法]博讷(Philotheus Böhner),[法]吉尔松(Etienne Gilson):《基督教哲学:从其起源到尼古拉》(*Christliche Philosophie von ihren Anfängen bis Nikolaus von Cues*, Verlag Ferdinand Schöningh, Paderborn 1954),第1页。

[2] 同上。

真理。其二，它绝不会与基督教所清楚表述的信仰相对立。在这种信仰的指导下，基督教哲学会不断提高、完善，朝着那种"永恒哲学"的理想目标而努力。显然，基督教哲学强调信仰先于理性，此即奥古斯丁、安瑟伦等基督教哲学家的发展进路。其宗教信仰确定了这些哲学家的认识立场，规定了其哲学思辨的意义、方法和认知进路。其三，它必须有意识地在基督教信仰的影响下来加以构建。这种信仰的先在性为理性之探立有界限，给理性认识提供了一定的认知目的，因而基督教哲学的构架不全然为纯理性的构架，它无疑有着超理性的因素。就此而论，基督教哲学体系的特点是与其信仰传统有着深广联系，其体系化、理性化的努力仍是服务于基督教信仰之"大全"。正是在这一意义上，中国天主教学者往往将"基督教哲学"汉译为"基督徒哲学"。①

二 西方宗教精神的基本构成

一般而论，基督教哲学的思想来源主要有二：一是基督教的经典《圣经》，二乃古希腊哲学思想的遗产。而西方宗教精神则由古希腊精神、古希伯来精神和古罗马精神这三者汇聚而成。由此可见，基督教哲学的思想精神与西方宗教精神有着密切的关联，二者实际上乃是一种共构、叠合、传承、弘扬之关系。当然，这种关联不仅仅是基于史实之发掘，而乃有形而上之意义。其脉络精髓之交融互渗乃在于一种精神体悟，恰如中国思想大家汤用彤先生所言："哲学精微，悟入实相，古哲慧发天真，慎思明辨，往往言约旨远，而见道深泓。故如徒于文字考证上寻求，而乏心性之体会，则所获得者其糟粕而已。"②

（一）古希腊精神

在西方精神中，古希腊精神乃其历史的重要渊源和起点，它作为西

---

① 参见辅仁神学著作编译会编《神学辞典》，台湾光启出版社1996年版，第607页。
② 汤用彤：《汉魏两晋南北朝佛教史·跋》，北京大学出版社1997年版，第635页。

方古代精神的主体而代表着西方精神发展史上的第一块里程碑。总体而言，西方精神之库中的自然精神、浪漫精神、自由精神、神秘精神、理性精神、科学精神和思辨精神等，都可以在古希腊精神中找到其雏形和根源。因此，古希腊精神也为西方宗教精神提供了丰富而重要的资源，为基督教哲学的形成埋下了意义深远的精神伏笔。

首先，古希腊贤哲对"物"自体和"物"之上（或"物"之后）的反思及其推理逻辑，构成了西方宗教精神中的"理性"传统，铸就其特有的"宗教理性"。这种"理性"对此后形成的基督教哲学至关重要。西方宗教中的神学之思亦直接源自古希腊的哲学传统，以"智慧"和"思辨"为特色，体现出追寻"物"之"源"的深度和领悟"形"而"上"的高度。这种"自然之探"和"超然追求"使西方传统中的哲学与神学得以打通，其"现实"与"永恒"、"此在"与"终极"之关切及其意趣最终在基督教哲学上达到整合和统一。"哲学"（philosophia）一词在西方语言中可追溯到古希腊思想家毕达哥拉斯之用，其原意乃"爱智"，表达了人们"趋向智慧的努力"。毕达哥拉斯强调寻找规律，通过推演而达到抽象，由此发展出一种既抽象又神秘的"数字主义"，为宗教理性的逻辑论证奠定了基础。罗素认为，基督教中视基督为"道"，对上帝存在和灵魂不朽加以逻辑证明，其思路正是受了毕达哥拉斯的启迪。这种在认识"物"上达到抽象化的进路被亚里士多德所延续，并被其发挥得淋漓尽致。亚氏在研究自然世界，即外在客体上创立了一种"形而上学"，从而使对"物"的认知达到了一种升华和超越。"形而上学"（metaphysica）在古希腊文中有"在物理学之后"或"在物体之后"这两种解释：前者在形式上源自公元前1世纪安德罗尼柯在整理亚里士多德的著作时将这14卷著述集为一册而放在其《物理学》之后，故给人一种直观理解；后者则因这些著述乃讨论"作为有的有""有本身"等问题，关心的是"在物体之后"，故给人一种抽象理解。这后一种思路正好与《易·系辞》中"形而上者谓之道，形而下者谓之器"相吻合而被中译为"形而上学"。但在中国语境中，"形而上学"因被视为"玄学"而往往也被解释为一种僵化、僵死的理论学说。实际上,"形而上"或"形上学"在西方语境中并非负面词或否定义,而乃指对物自体认知和理解上的一种抽象性、本体性和整体性把握,即一种"本质洞观"。而这种对世界事物的"本质洞观"在西方宗教精神中起着极为关键的作用,它说明人对物的认知要具有超越和升华。"形上学"在此实乃西方科学精神之魂,它使科学建构、体系化成为可能。西方科学体系主要由其形上学和方法论所构成。与西方文化相比较,笔者觉得在上述认知上有必要为"形上学"正名,我们仍需要挖掘和发挥这种"形上"精神和"形上学",在认知世界万物之"本质"及其"整体"上获得突破性进展。在西方传统中,也正是有了这种被视为"太初哲学""元哲学"或"第一哲学"的"形而上学",基督教哲学的构建和发展才水到渠成。

其次,与对"物"的认知相并列的,在古希腊精神中亦包括其哲学家对"己"的认识。此乃西方思想传统中"主体精神"的萌芽。古希腊德尔菲阿波罗神庙中留有"自知"(认识你自己)和"毋过"(不要过分)的古代遗训,颇具中国文化传统"中庸之道"之古风。苏格拉底按此启示而提出"认识你自己",并通过认知而深感"我知我无知"。这里,苏格拉底已从认识"自然"之"物"而转向认识"自我"之"己",从"外在"转向"内在",从"客体"转向"主体",因而代表着西方精神史上"主体意识""主体哲学"的最早开端。可以说,苏格拉底对"自我"有限的认识和其人生态度上的超越"自我",为西方宗教的谦卑精神、超越精神、拯救精神和殉道精神提供了宝贵资源。

再次,通过对"物"对"己"的认知,以及体会到这种认知的有限,柏拉图进而在其世界观和认识论上创立了其"理念观"。柏拉图对个别与整体、相对与绝对、有限与无限、现实与永恒、此在与彼岸等关系有过深入思考,他基于人的存在和认知的有限性而指出"理念"乃为独立于个别事物和人类意识之外的神秘实体,这种"理念"作为永恒不变的绝对存在而是个别事物的"模式"和"范型",有限存在的个别事物乃为完善"理念"之不完善的"影子"和"摹本"。一方面,二者相分相对,本质迥异,具有天壤之别。但另一方面,二者在"模式""层次"上却有着"形而上"意义上的关联。在柏拉图看来，人们存在的这个现实世界乃是不真、不全、虚幻多变的，而世人不可希冀的"理念"世界却是真实、完美、绝对不变的。柏拉图依其"理念观"而将世界加以绝对与相对、彼岸与此岸、完美与破碎的二元分割，但在二者之间却构设了一种信仰意义上的关联，倡导一种对绝对实在的间接感知或认识。这样，柏拉图亦为西方宗教提供了理性宗教精神的多种因素。正因为有柏拉图"理念观"意义上的演绎推测，才可能发展出此后亚里士多德"形上学"意义上的逻辑论证。

最后，古希腊的宗教神话亦为西方宗教精神提供了丰富资源和灵性积淀。正如中国古代文化的楚、汉之分，南、北之别那样，古希腊宗教神话中亦有奥林匹斯诸神与狄奥尼索斯的区别，构成其日神与酒神精神的鲜明对照和各自的独特个性。在以宙斯为主神的奥林匹斯众神谱系中，日神阿波罗为古希腊宗教文化主流精神的象征。阿波罗作为太阳神和光明之神是对古希腊文化中"稳健、遵守秩序""自我肯定""自信、好强"等精神特性的"形象化想象"。阿波罗的外观被塑造为驾着太阳车运行的青年英雄，英俊潇洒，并因其追逐达佛涅却遭拒绝的风流韵事而给人浪漫、执着之感。日神形象的外观"美"所表达的古希腊主文化精神乃是稳健、秩序和中庸，是一种"史诗"性的展示。与之相对应，酒神狄奥尼索斯的形象则是古希腊亚文化传统中宗教情感、追求和精神的绝妙写照。集酒神、水果神、葡萄之神和狂欢之神于一身的狄奥尼索斯表现出古希腊精神的另一层面，即"热情、好幻想""自我否定""激昂、冲动、放纵""空灵、逍遥、无拘无束"，其最高境界在于其忘我之"醉"所表现的心醉神迷、如痴如狂状态。酒神精神突出了在磨难中达到的解脱、在痛苦中感受的狂喜、在沉沦中经历的净化、在毁灭中获得的永生，因而揭示了"悲剧"性情怀的深沉、凝重和扣人心弦。酒神精神表达了消除灵与肉之间的张力、克服人与神之间的分离这样一种努力或尝试，但其展示的理性与情感的冲突、其陶醉自我的癫狂之态却是一条通往神秘主义体验的幽径。实际上，这种与狄奥尼索斯崇拜相关的酒神精神对此后西方宗教精神的影响，要远远超过具有古希腊宗教主文化地位的日神精神。酒神精神的成功及其传承，则主要体现在其表达的与神合一的沉醉、自我否定的苦行和向死而生的超越。

（二）古希伯来精神

古希伯来及其承继者犹太民族被视为"谜一般的民族"，在其数千年的经历中一直是以"孤独流浪者"的悲剧形象出现在世界历史舞台。但正如鲁迅先生所指出的，这一民族及其文化精神最突出的特色即"多涉信仰教诫"。这些精神遗产通过犹太教而对早期基督教产生影响，其观念多被西方宗教精神所吸纳，由此达至西方宗教与哲学的多元重叠。

其一，古希伯来传统中形成了追求绝对一神的精神，即具有"至高一神"的观念。在希伯来文《圣经》（旧约）中常提及"耶和华"（Jehovah）神，"耶和华"之读音后据学者考证乃其古音的误读，正确读法应是"雅威"（或"雅赫维""耶畏"，Jahweh, or: Yahweh）。误读原因是在古希伯来人传统中，自公元前3世纪左右人们不能直呼神名，而以"阿特乃"（Adonai，意即"主"，或"我的主"，以此指"神"）一词代替神名发音，在书写时则只写神名中不发音的辅音JH-WH或YHWH，习称书写的"四字符号"。其结果是人们在漫长的历史演变过程中忘掉了神名本来的发音，又因在古代手稿等文献记载中人们一般会在神名不发音的辅音底下写上代替它发音的"阿特乃"一词中的元音，后人将"阿特乃"一词元音与神名的辅音结合在一起读音，故误读为"耶和华"。在19世纪，格·艾瓦德在其《基督以前的以色列民族史》（1852年，哥丁根德文版）一书中指出了这一错误，此后人们遂逐渐纠正了这一误读。其神灵观念最早乃从古希伯来人的"雨神"崇拜演变而来，在沙漠地带对于游牧民族而言，"雨"是至关重要的，因此"雨神"曾被尊为古希伯来人的民族神。他们将自己视为"神"的"选民"，认为会得到特殊的"神宠"，但其民族屡遭磨难的事实使其开始反思其神明信仰，在公元前586年至公元前539年古代犹太人被掳往巴比伦这一时期（史称"巴比伦之囚"）之后，他们终于发展出彻底的宇宙一神论，将这一神明尊为全世界独一无二、至高无上的一神。这一至高"上帝"的观念，作为古希伯来信仰精神的重要遗产不仅被犹太民族所持守，而且也被基督教所继承。

其二，古希伯来传统发展出了一种罪感意识和谦卑精神。在古希伯来历史文献中，有着许多人类始祖犯罪而失去乐园、犹太民族虽作为神之"选民"却因背弃上帝而受罚蒙灾等记载。而针对人的自主、自信和自我称义，则有着《约伯记》这类对义人受难的解释和对自以为义的驳斥。这里涉及古希伯来人对人类"受苦"及对上帝"正义"意义的理解，正因为"义人"约伯"无辜受苦"，故有约伯的委屈和诘问。但古希伯来信仰传统中却产生了一种更深层的灵性或宗教性理解。在此，"正义"乃政治层面的，即人与人之间关系上的"正义"，而在上帝那儿却根本没有这种世人所熟悉、所要求并且习以为常的"正义"，因而"德性不再许诺幸福"。所谓上帝的"公义""智慧"和"仁慈"乃另一维度，具有奥秘性和神圣性，世人对之不可测度。因此，古希伯来传统中的这种罪感意识和谦卑精神就是让人彻底放弃"自以为义，不以上帝为义"之举及其思维进路，而认识到人自身的"有限"和"卑贱"。此即约伯由委屈和诘问改为沉默和柔顺的根本原因。对自我之"义"的放弃和对自我之"罪"的体认，遂形成了在犹太教和基督教中源远流长的"忏悔意识"。

其三，古希伯来传统中具有一种契约精神。这种精神首先表述在"神人立约"的意义上。在希伯来《圣经》中，对于犹太初民与上帝的契约关系，至少有三次"立约"之记载。第一次乃"洪水灭世"后上帝与义人挪亚及其后裔以"虹"立约，故"彩虹"成为神圣立约及由此而至的神人沟通之象征。第二次为上帝与犹太先祖亚伯拉罕立约，始定"割礼"，这种有着皮肉之苦和血的见证之"割礼"在其相关民族传统中保持下来，成为其神圣立约的标记和秘密。第三次则为上帝在西奈山上与带领犹太民族出埃及的古代英雄摩西订立"十诫"律法，设立"约柜"，让犹太人永守其"约"。在古希伯来传统中有"永远的盐约"之说，"盐"在其生活中乃"永不废坏"之物的象征，故而"盐约"

即神人之间"不可背弃的盟约"。基督教形成之后,继承并发扬了这一"立约"之说。基督徒认为救主耶稣降生即上帝与人重新立了"新约",因而将以往上帝通过立法而与犹太人所立之约称为"旧约"。这种契约精神经犹太教、基督教的传承和弘扬而在西方文化传统中根深蒂固。从神人之间的神圣契约演化出一种以平等为原则的社会契约、人际契约,而近代清教徒在移居北美时更是将这一"契约"作为其立国、立教的基础和原则。在承认上帝的唯一性、绝对性权威这一共识下,这种契约观意指教会与国家得以共构的基础乃是其参与者的平等、自愿,人们按照契约来将其权利委托教会或国家的执掌者来行使,但执掌者若失职、渎职或滥用权力,参与契约者则可以收回其权利,重新考虑这种公共权力的执掌者。因此,契约精神乃以一种神圣维度和平等共构的法治原则来保证其立国、立教所应有的民主制度得以实施和维系。

其四,古希伯来传统还孕育了一种救赎精神,追求其宗教境界中的神圣拯救。古代犹太教中有着"救世主"的观念,它从"受膏者"意义上演化、发展而成,由此形成人们对其复国救主"弥赛亚"(Messiah)的期盼。本来,"受膏者"指其民族传统中国王或部族领袖涂油受膏,有着临危授命、肩负起拯救民族的重任之意,亦象征授任者被神祝福、赋予神圣权威。这种"救赎"精神蕴含着一种危机感、危难感和悲剧意识,象征着一种挺身而出、自我牺牲。其意趣后在基督教所信奉的救主耶稣基督之形象及作为上表达得淋漓尽致。因此,"救赎"不仅意味着其救赎对象的希望和喜乐,而更突出其救赎者本身的奉献、牺牲。

其五,古希伯来传统亦体现出一种先知精神,显示出其对现世的警醒和对未来的洞观。"先知"代表着一种批判意识和激励精神,是"启示者"和"预言家",他们站在了时代的前面,因而会有其孤寂和悲壮。在古希伯来文献中,"先知文学"与"启示文学"有机交织,预示着一种前瞻、展望,更意味着一种变迁、变革。这种先知精神在西方文化发展中亦促成了其社会和人生之维中"神性推动"与"自强不息"的交汇及共构。概而论之,古希伯来精神为基督教哲学突出其启示观奠定了牢固基础。

(三) 古罗马精神

古罗马时代是"两希"("希腊"与"希伯来")文明汇聚、互融的时代。除了上述"两希"文明的种种遗传和嬗变，古罗马时代亦产生了自己的独特精神，从而与"两希"文明一道为共构西方文化或基督教文化做出了贡献，西方文化或基督教文化精神乃希腊、希伯来和罗马精神之结晶，由此形成其"三位一体""三流共聚"之奇特景观。如果说，古罗马在哲学、宗教精神上的原创性不如"两希"文明，那么其帝国氛围中形成的律法精神、团队精神、共和精神和帝国精神却别具一格、独有意义。

首先，律法精神乃古罗马精神之重要遗产。人们习称西方文明三大源头乃古希腊的哲学、古希伯来的宗教和古罗马的律法，其意义可见一斑。古罗马民族是一个务实的民族，故少了许多古希腊思想的形而上之探和古希伯来宗教的空灵之思。在其帝国崛起的基础上，我们却可以看到古罗马律法精神的厚重及有效。本来，罗马法受到古希腊人立法实践的启发，古罗马在制定其"十二铜表法"前曾专门派人到古希腊学习，对梭伦立法、雅典政制等均有研究。在此基础上，古罗马先后选出两个十人委员会来制定法典，前者完成了十个法表，后者补入两个法表，这十二个法表经森图里亚会议批准后刻在十二块铜表上在罗马广场公布，由此形成了罗马共和时代最早的成文法典。其对古希腊人立法实践的重大突破，即跳出了古希腊城邦本位主义的狭隘范围，从而使罗马法律从一开始就有其广泛性和普遍适用性。"十二铜表法"包括私法、公法、刑法和宗教法规等，除了罗马贵族和祭司之外，其他普通人甚至小孩子也都可以学习和掌握这些法律知识，因此人们对之能达到耳熟能详的程度。就其内容而言，现代西方立法理论的三大原则"法律面前人人平等""契约自由"和"财产所有权不容侵犯"已在这些古罗马法中有了充分体现。罗马法影响了后来基督教教会法的形成与发展，而其律法精神亦扩展为西方社会"法的精神"。

其次，古罗马在其帝国的形成中促成了一种团队精神的发展，这在古罗马社会强调群体、国家、纪律、秩序中得到充分体现。古罗马在其走向帝国的发展过程中，逐渐形成并不断提高了其务实精神和尚武精神。但这种征战和征服仅靠个人的尚武和英雄主义是远远不够的。于是，罗马人在其民族生存与发展的实践中构成了其典型的团体精神，这种分工、合作，配合、协调在罗马军团的构建上达到了完美之境。与之相关联，古罗马人则形成了其群体意识，国家、团体的利益要高于自身利益，其存在亦是个我存在的前提和保障。因此，古罗马社会强调纪律、秩序和法治，个人对其民族团体、对其国家整体须绝对服从。黑格尔为之曾感叹说，罗马人的勇敢"是根本上和同伴联系时表现的勇敢"。[1]这种团队精神对古罗马帝国时期诞生并发展的基督教会颇有启迪和影响，从中我们亦可窥见罗马教会所强调的团体性、整体性之奥秘所在。它为西方群体宗教意识和宗教团队观念提供了重要的精神动力。

再次，古罗马社会曾营造出一种共和精神。在古希腊哲学家柏拉图那儿，"共和"乃一种"理想"。而在古罗马的历史上，"共和国"则为一种"现实"。尽管从总体来看，古罗马共和国的政体仍为一种贵族寡头统治形式，然而从其基本理念和精神上分析，古罗马共和国却因其或多或少、时隐时现地体现出"集体领导"和"公民权利"这些原则而已经具有现代意义上之"共和国"政体的精髓。在古罗马共和时期，国家权力乃集中在元老院、人民大会和执政官身上。这样，管理国家至少在名义上乃为"全体人民的事务"。其中元老院由数百人组成，多为贵族，但曾担任高级职务的平民在卸任后亦可进入元老院。元老院可以授予执政官权力，有权批准人民大会的决定，因而乃以"集体领导"的方式成为罗马共和政体的立法者及其社会生活的指导者。人民大会分为库里亚、百人团和特里布斯这三种形式。库里亚乃古代氏族部落大会，作用不大。百人团会议有权通过法律，选举高级官吏。而特里布斯则指平民大会，一度有过通过法律、产生重要官吏的权力。执政官为共

---

[1] ［德］黑格尔：《历史哲学》，生活·读书·新知三联书店1956年版，第329页。

和团最高首领，其权力来自人民，负责执行元老院和人民大会的决定，对人民主权至少具有象征性的服从。从总体来看，古罗马的共和精神为现代社会"走向共和"提供了可能或模式。现代共和体制的"三权分立""两院制"等多少也可在古罗马共和政体中找到一点雏形。

最后，古罗马帝国亦产生了一种帝国精神。一般而言，帝国精神乃表现出古罗马精神的负面，其帝国主义、霸权主义为世人所否定。但从历史发展来看，这种帝国精神以其大、全、一统之追求而也影响到世界历史的进程，其作用故颇为复杂。在西方历史上，人们可以从神圣罗马帝国、"第三帝国"的兴亡上看到古罗马帝国精神的回光返照。此外，欧洲的统一、区域性整合、全球化走向、政治或军事联盟甚至普世性观念等，亦可能会曲折复杂地露出这种古罗马帝国精神的印痕。

三　基督教哲学与西方宗教精神

经过对这三大精神传统的整合、扬弃和创新，基督教精神在西方文明史上得以形成并达到成熟，它由此而决定了西方宗教精神的基本性质，并对整个西方精神产生深远影响。在很大程度上，基督教精神乃代表着西方古代后期、中世纪和近代发展中西方宗教精神的主体或主流。只是随着西方近现代社会世俗化的进程，基督教精神在西方文化和社会生活中才由外在显露逐渐转为内在潜存，但在其文化及心理之深层次上仍保持住了其强大影响。大体而言，基督教精神涵盖爱的精神、谦卑精神（仆人精神）、普世精神、超越精神、先知精神、拯救精神、禁欲精神、神秘精神和律法（戒律）精神等，其中不少因素都成为基督教哲学的重要资源和思辨依据。

沿着基督教哲学体系中"理性"与"启示"这两大因素之构思，我们可以看到基督教哲学与西方宗教精神的关系主要体现在宗教理性主义精神和宗教神秘主义精神这两大流向上。前者即基督教哲学中"理性"因素的体现和应用，后者则为其"启示"因素的提醒和关照。一方面，西方宗教精神发展具有理性主义的特色，体现出其逻辑性和现实性，展示为极为明显的体系化和系统化，让人很容易捕捉到其严谨、秩序和规律。但另一方面，西方宗教精神发展又有其"神秘主义"的充分表露，体现出"启示"难以洞究的唯灵性和超理性。因此，基督教哲学不仅仅是在"说理""论理"，而往往有着在"启示"维度上，在神秘意义上"理性"的缄默和知难而退。这就体现出其与世俗哲学的本质不同，表现出其更多的维度和更广的视域。当然，在基督教哲学与西方宗教精神的表述中，这两条线索起着交叉和互补的作用，

甚至有着你中有我、我中有你的复杂组合，无论是"唯理"还是"神秘"哪一种倾向都不曾长久领先、独占鳌头，也没有绝对彻底排斥对方。而且，在历史的长河中，这在西方宗教精神中存在的两大侧重或两种倾向亦衍生出丰富多彩、错综复杂的变化，并使基督教哲学呈现出多元形态。

（一）宗教理性主义精神的发展

以理性来论证宗教，强调宗教信仰的逻辑完整和思维合理，这在西方宗教尤其在基督教中就形成了理性主义的精神传统。其基本构建在欧洲中世纪"经院哲学"中曾体现为由"柏拉图—奥古斯丁"和"亚里士多德—阿奎那"这两大体系所共构并存的双翼，此即当时基督教哲学最为鲜明的表述。其近代发展则经历了从笛卡尔唯理主义到黑格尔思辨体系的演变，而且当代所展示的更有由逻辑实证主义、现代诠释理念等所表达的理性方法，以及与之关联的系统神学和哲理神学。由此，基督教哲学和神学的界线已不再清晰可辨，而有着更多的、更复杂的互渗性。

理性精神与神秘精神之神学表述在早期教父学中已形成分野。例如，受柏拉图等古代哲学之影响，奥古斯丁在承认对上帝的认识是"对不可知的认识"之前提下，仍然试图从哲学理性意义上对上帝的存在加以证明。他采用了因果律等逻辑方法来论断，推出了"精神证明法"以及目的论、心理论和道德论等证明方法，认为可以用这些间接认识法或类比推导法来达到对上帝存在的认知和证明。在中世纪早期，

这种"柏拉图—奥古斯丁"传统的信仰与理性相结合、用理性论证上帝存在之精神得到肯定和发挥。安瑟伦就系统继承了奥古斯丁有关理智与信仰结合、在信仰指导下追求真知的思想，极力推崇理性为信仰做证明，要求对信仰加以理性地思考和检验。为此，他运用形式逻辑的三段论提出了关于上帝存在的本体论证明，使运用理性证明上帝存在成为中世纪神哲学的重要内容。在中世纪哲学的鼎盛时期，波拉文吐拉成为"柏拉图—奥古斯丁"思想体系的集大成者，他认为理性可以借助信仰的光照来开展对世界本原的探究，并推动了唯理主义与神秘主义之结合。

　　亚里士多德关于"第一推动者""第一因"和"宇宙究极目的"的形而上学思辨体系对基督教的理性精神亦有较深入的影响。这一影响在中世纪早期一度消隐，但通过伊斯兰教和犹太教哲学思潮的媒介而在中世纪经院哲学的鼎盛时期得以复苏，并达到一种淋漓尽致的运用和发挥。在亚里士多德理性精神的感染下，阿伯拉尔提出其理性认知的"怀疑"原则，认为可由怀疑到研究、由研究达真理。在他看来，认识上帝的路径乃"理解尔后信仰"，从而与安瑟伦的"信仰以求理解"形成鲜明对照。中世纪经院哲学的泰斗阿奎那进而充分利用亚里士多德的理性思辨体系来构筑其神学理论大厦，他在其《神学大全》中提出了被后人称为"宇宙论""目的论"（或"设计论"）的上帝存在之五种证明，将亚里士多德的理性逻辑方法巧妙地置入其神学体系之中。

　　在理性精神的运用中，中世纪神哲学就"一般"或"共相"究竟是"名字"还是"实在"展开了激烈讨论，形成了"唯名论"与"唯实论"的区分。阿奎那曾利用亚里士多德哲学理性对二者加以调和，发展出一种"温和唯实论"，但并没有根本解决这一矛盾。在阿奎那之后，邓斯·司各脱根据亚里士多德理性原则而提出了对"存在""本体"之本质的认识问题。而奥卡姆更是基于理性精神而用其经验论和怀疑论为中世纪哲学与神学之区分和争论画上了句号。他坦言对上帝之全知、全能与全在的认知不是基于其理性的证明，而乃一种信仰的确认，理性可以运用于"直接""直观"的认识，而这才是真正的认识。

在此，他实际上提出了信仰与理性、神学与哲学之"双重真理"的说法，认为二者虽彼此相关却互不相同，有着各自的范畴和维度。从理性意义上，他反对唯实论关于"隐秘的质""实体形式"之说，以"如无必要，勿增实体"这一"经济原则"之"剃刀"而将所有无现实根据的"共相"一剃而尽，留下西方哲学史上"奥卡姆的剃刀"之说。

西方近代自笛卡尔始兴起了唯理主义的宗教观，理性精神重被高扬。此时崛起的"理性神学"主张用理性来解释信仰，以理性来说明人们的宗教感受和信教活动。除了笛卡尔的唯理主义宗教哲学，这一时期的"唯理"神学或宗教精神还包括蒂洛森的"理性超自然主义"，赫伯特、托兰德、丁达尔等人的"自然神论"，以及斯宾诺沙的"泛神论"。值得注意的是，近代发展的这种理性精神除了运用于上帝存在及其真实性和神圣性的逻辑证明之外，亦涉及对"人性"、人之"主体性"的发现，以及对科学精神的关注和应用。

在这种近代理性精神的影响下，欧洲在哲学领域出现了唯理主义与经验主义相结合的局面，在神学领域产生了从正面论证、阐述的唯理神学和从反面诘问、求证的神义论，在思想领域促进了人道主义、人文精神的发展，在文化领域则开始了启蒙教育运动。当然，运用理性精神，亦会导致人们用理性来对"理性"本身的作用及局限加以研究和反思。在此，康德以其严密的理性逻辑及其分析论证而提出了著名的"三大批判"（即"纯粹理性批判""实践理性批判"和"判断力批判"）。在对"纯粹理性"的反省中，康德展开了对上帝存在之理性意义上的"本体论证明""宇宙论证明"和"物理神学证明"的批判，提出了"我们能够知道什么"这一理性认知能力问题。但批判"纯粹理性"并不等于彻底否定理性，康德在其"实践理性"批判中以"我们应该做什么"之问而意味深长地提出了一种"道德理性"，并充分肯定了这一道德理性在实践和伦理上的重要价值。在他看来，人的宗教信仰需要其道德理性的支持，人对上帝的认识亦是道德理性的要求，而上帝观念本身最初也是理性通过其道德原则才得以产生。这样，康德遂以其"道德理性"而开创了近代神学史上的"哥白尼革命"。

西方理性精神在19世纪以黑格尔为代表的思辨体系中达到登峰造极。可以说，19世纪亦是西方宗教的思辨时代，理性精神得以充分地运用和发挥。黑格尔从更高层次上肯定了欧洲思想传统中关于上帝存在的各种唯理证明，以其体系化的唯理主义构建起其试图包罗万象的"思辨神学"。对于上帝存在与人之理性认知或理解的关系，黑格尔做了如下解释："上帝作为'无限生命'，乃指万物皆生活在上帝之中，上帝是一切个体生命之源；上帝作为'绝对'，乃指主体与客体、思想与存在的绝对等同；上帝作为'真理'，乃指真理不仅在于主体认识，而且也在客观事物本身；上帝作为'绝对概念'，乃指它并非某个单一概念，而是概念本身，能总括一切创造性行为；上帝作为'绝对观念'，乃指它代表着无限现象世界之绝对而具体的观念，它既为万事万物的实体，又是创造、运动的主体；上帝作为'绝对精神'，乃指这种至高精神为一切存在至高、终极且具体的真理，它包摄万有、蕴含一切；上帝作为'绝对真实'，乃指它为一切真实的真实性，即真实存在之精髓。此外，上帝作为'永恒过程'还展示了无限与有限之间的运动以及历史发展的意义，而上帝作为'绝对人格'也说明了其自我确定性的无限主体意义。"[①]总之，黑格尔尝试回到一种理性原则，希望对上帝、对世界和对人生都能做出合理的解释和论证。正是在此意义上，黑格尔的宗教哲学亦被视为基督教哲学在近代西方的重要表述。

黑格尔的这种思辨体系及其理性论证方法产生了广远的影响。一方面，黑格尔关于宗教乃由"自然宗教""自由宗教"发展到"绝对宗教"（即基督教）这一认知进路被以凯尔德兄弟为代表的新黑格尔派神学所继承。他们认为，宗教的历史反映出人类发展其理性意识的连续阶段，它包括宗教意识发展上的三个阶段："客体阶段"（即古希腊罗马宗教），其特点是"客观意识"之统治，人对自我和上帝的意识均采取了"客体"的形式；"主体阶段"（如犹太教后期的先知宗教），其特点是"主观意识"即"自我意识"之盛行，人们强调道德性和主观性，

[①] 转引自卓新平《宗教理解》，社会科学文献出版社1999年版，第318页。

认为只有"人"才是根据"上帝的形象"所创造;"综合阶段"(以基督教为代表),其特点是"客体"与"自我"均作为从属于"上帝的意识"而出现,相互对立的主客体意识在"上帝意识"中达到其"整体综合",这种理性精神体现了理性神学从近代到当代的过渡,并启迪了当代西方"万有在神论"(即"超泛神论")思想的萌生与发展。另一方面,黑格尔的"正、反、合"之逻辑命题被德国圣经批判学杜宾根学派所发挥。他们试图对《圣经》中的"神迹奇事"尤其是"耶稣的生平"加以"合理"的解释。由此形成了"耶稣生平研究"的历史。此外,他们还认为早期基督教会的发展乃经历了"正、反、合"之阶段,其中以彼得派为代表的耶路撒冷原始基督教为"正命题",以保罗派为代表的希腊罗马教会是"反命题",而由之发展到统一起来的古代公教会则乃"合命题"。以黑格尔的思辨理性为依据,他们试图对早期教会的历史加以合乎逻辑的还原和勾勒。

在当代西方思想发展中,宗教理性主义精神从不同方面仍得以显现。从西方神学和哲学领域来看,其关联仍颇密切,而且二者的对话亦似有更为深入的迹象。他们对信仰与理性、宗教与科学、教理与语义、存在与意识、理解与沟通等关系均有系统的论证,并将当代哲学中颇为风行的逻辑实证主义、语义哲学、分析哲学、科学哲学、解释学、现象学等理论体系和研究方法应用到对基督教信仰的逻辑论证和理性辩解上,以使当代宗教信仰亦能获得符合现代理性、严谨缜密的理论体系。因此,西方宗教理性精神在当代多元思潮中仍得以保存,基督教哲学在当代西方学术界和知识界亦趋于活跃,其实践者并有可能抓住相关机遇而使之发扬光大。

(二) 宗教神秘主义精神的发展

神秘主义精神乃宗教精神的重要表征,在西方传统中亦不例外。与之相关联的神秘主义思潮在基督教思想史上不断涌现、连绵不绝,而其实践性及感染力则在西方各种虔敬运动中得以显示,露其峥嵘。表面而言,神秘主义精神以其难以言传的"奥秘"表达了其非理性、反理性或超理性的倾向；但从其深层次来分析，这种"启示"之不可预测的降归之神秘主义思维方式也是对人之认知有限性和理性相对性的另一种体认，并且表现了信仰者力图克服人之理性局限的一种灵性探讨和努力，有着深刻的哲理。

强调心性、灵性、灵恩、灵知，这在基督教《圣经》中就有其信仰根源和唯灵传统。在理论阐述上，则可追溯到古代教父时期亚历山大的克雷芒以否定来求反证的"神秘神学"。他认为上帝的绝对奥秘和智慧乃不可洞见、不可言状，更不可笔述，有限世人对之只能保持沉默和怀有敬畏之心。人在理性认知上势必留下遗憾和缺陷，因而只能靠其心灵情感上的神秘体验和精神宣泄来弥补。这种神秘精神被中世纪早期思想家亚略巴古人丢尼修所继承，由此开始一种贯穿整个中世纪之发展的"奥秘神学"。与理性主义的"肯定神学"相对立，这种神秘主义的认知进路乃"否定神学"。肯定神学试图说明上帝"是"什么，而否定神学断言人们只能说上帝"不是"什么，上帝之"是"乃为奥秘，高不可攀、深不可测。此即丢尼修所言，上帝对人乃是"隐匿之神""奥秘之在"，而人靠其理性能力仅能感到"神之幽深黑暗"，对之茫然而无解。此后埃里金纳深受丢尼修思想的影响，承认靠理性之维对上帝乃"不可认知""不可言状""不可界说"和"不可触及"，故而只能靠神秘之径来感知和领悟上帝。此外，伯尔纳曾宣称对上帝存在的真正感知在于人经历过"观察""仰望"之后的心醉神迷之阶段，此即一种神秘境界中的感悟。而中世纪著名的圣维克多学派亦强调对上帝的认识要靠"灵魂之眼"所达到的那种神秘主义的洞见与沉思。他们将"沉思的类型"分为六种，并指出这种"沉思"乃是基于诉诸心而不诉诸理的灵性上的幽邃沉潜。

中世纪后期神秘主义思潮以爱克哈特为代表。他认为：人神之所以能够合一，其奥秘不是在于人有理性智慧，而在于人之灵魂神化；灵魂乃有"神性"，是神性本质的反映。灵魂因其返璞归真、出神入化而使人得以觅见上帝，故被视为"在灵魂的根基中隐匿着上帝"。此外，库萨的尼古拉亦在其"有学识的无知"中表露了对神秘主义精神的认同和推崇。他认为要想认识本不可认识的上帝，则只能靠"神秘的仰望"和"心灵的体验"。在他看来，上帝与宇宙、上帝与世人的关联乃具有神秘性，宇宙乃上帝的"缩影"和"复写"，人按其内在本质中蕴含的"神性"可阅读和理解作为"上帝之书"的宇宙，并在这种认知过程中达到人自身的"神化"。

16世纪欧洲宗教改革运动以来，神秘主义精神在宗教的社会改革实践中得以体现，由此形成欧洲近代颇具规模的基督教虔敬运动。路德的"因信称义"之说，实际上乃强调对人之内心世界的重新发现和排斥外在权威及仪规的人神直接交往。人靠信仰来唤醒其灵性，直接且自觉地向真理之光敞开心扉。他坚持人的"信"乃与"心"相关，信心是内在的义举，表达出人与神的直接交往和沟通。由此，路德将神学从外在之"礼"学改为内在之"心"学，倡导人们去探究自我神秘而奥妙的内心世界，从心灵之途的"神秘"达到信仰之境的"神圣"。

在这种神秘精神的启迪下和追寻个人虔敬的引导下，德国兴起敬虔主义运动。以约翰·昂特、史宾纳和佛朗克等新教徒为代表的这一思潮号召"虔敬首当栖息在心头"，突出宗教生活中灵性经验的重要性，认为宗教信仰乃以其"敬虔"来表达信者活生生的心灵体验和神圣实践，因而被称为"敬虔派"或"敬虔主义"。这种虔敬运动影响深远，后来发展出西方新教神秘主义色彩浓厚的"大觉醒运动"和各种灵恩运动。

在近代天主教的发展进程中，神秘主义精神亦被宗教改革运动所激活，天主教会的反宗教改革运动使其内部重新盛行虔敬生活。其倡导者将虔敬主义与禁欲主义相结合，以一种神秘主义之境的体验和感悟来灵修冥思获得"圣爱"。在苦行和禁欲生活中，不少天主教修士或修女以其自我奉献和牺牲精神来追求一种具有神秘意境的"甜蜜之痛苦"。这在圣女德列萨、苦修者克劳斯的圣约翰和塞尔斯的圣方济各等人的言行中可窥其一斑。而在新教虔敬运动的影响下，天主教于17世纪亦兴起了一种彰显神秘主义精神的灵性复兴运动——詹森主义。詹森曾任伊普雷城主教和鲁汶大学教授，他希望天主教会能够返璞归真，恢复原始基督教时期的那种简朴、虔敬之风，靠清贫、灵修的宗教生活来使教会的道德状况得以净化，使信徒的灵性境界得以提高。詹森主义所倡导的宗教虔诚和激情、心灵感应和升华，曾对法国思想家帕斯卡尔有过深刻影响。此外，在思想情趣和艺术风格上，这种神秘主义旨趣亦体现在天主教所推崇的"巴洛克"艺术上，其文学、音乐、绘画、雕塑和建筑等都突出展露了宗教神秘主义和虔敬主义诸特色。

近代欧洲神秘主义精神在帕斯卡尔那里得到颇为充分的发挥，他深感人之精神趋向乃受"心"的支配，人心的微妙奥深不是理性所能把握的。为此，他指出人具有一种与"理性精神"完全不同的"优雅精神"。这种精神乃以神秘的体验来表现出人心的细巧、奥妙、敏锐、雅致；它不同于哲学思维而乃一种神秘思维，其触及的是理性逻辑无法喻明的神秘经验；它不是理智的冷静和清醒，而仰仗似火激情和沉醉神态，如痴、如狂、如梦、如幻！正是基于这种体悟，帕斯卡尔曾在其奇特经历的"火之夜"的"追思"中宣称，"亚伯拉罕、以撒和雅各的上帝，不是哲学家和学者的上帝"。这种突出神秘体验的帕斯卡尔情结对整个西方近现代思想的发展都产生了一定影响。值得深思的是，帕斯卡尔并不是作为一个系统神学家，而是作为一个宗教哲学家来被今人所谈论、所追问。

随着西方近代"对宗教主体性的发现"，人们在其灵性之思上更多地显现其鲜明的主体意识，强调对心性的关注和深蕴发掘。而这种更多从人心的关怀、追求和依赖来探询信仰问题的趋向则使神秘主义精神在近代西方宗教之思中重趋活跃、重获生机。卢梭开始从情感、心理方面来探索宗教主体，认为宗教信仰乃人之主体的情感体验而与理智无根本关联。信仰者获知上帝存在并不是通过理性来理解或依靠逻辑来证明，而是经过其内心本能的感觉、领悟，反映出其个人的内在经验和灵修程度。由此，这一思想意趣的探寻者更多倾向于主体、内在、心性、个性、情感、体验。而这一时代的特点则是不仅有着"理性"的"启蒙"，亦并存着"神性"的"浪漫"，由内在精神、神秘精神发展出个性鲜明、灵性突出的种种"浪漫精神"。

海涅在其《论浪漫派》中曾将浪漫主义的精神特点描述为"重主

观而轻客观，贵想象而贱理智，诉诸心而不诉诸脑，强调神秘而不强调常识"，①由此可见浪漫主义精神气质对理性思维的排斥和对神秘意向的贴近。浪漫主义的总体特色是将人的理性的思索转变为诗意的思索，让哲学上的唯理主义向神学上的唯美主义、唯灵主义让步，使逻辑、推理的方法被直觉、神秘的审视所取代。康德在其关于"头上的星空"之表述时说到了一种"只能意会、不可言传的""神秘的语言"，他以其情感论与神秘论的结合而构成了其独特的宗教观念。浪漫主义神学家施莱尔马赫亦曾指出，宗教信仰的特征乃"直觉和情感"，它表达了人"对无限的感觉和鉴赏"，所谓宗教就是人们"绝对依赖的感情"。这种感情不可用理性来分析，而只能靠神秘的缄默来体悟。基于这一思路，他认为基督教信仰也正是其信徒对基督那种充满虔诚、心仪已久的神秘理解。

现代西方宗教发展经历了各种灵性奋兴思潮和新灵恩运动，其中神秘精神乃起主导作用。对人的神圣感、神秘性和仰慕神明的心境，现代西方神学家奥托在其《论神圣：关于神灵观念的非理性现象和它与理性的关系》中曾有过专门且深入的分析、描述。他认为，宗教的本质就在于人的心灵对超然神圣存在达到一种直觉性体悟，宗教现象也正是人在接触这种神秘莫测之"神圣"时所产生的心理变化和情感回应。奥托将之称为信仰者"对神既敬畏又向往的感情交织"，认为它反映出宗教之主、客体的神秘相遇和会通。他进而将人们体验"神圣"时的"神秘"分为"令人敬畏之神秘"（Mysterium tremendum）和"令人向往之神秘"（Mysterium fascinans），生动地描述出人们因敬畏神威而却步，因向往神爱而又跃跃欲试，想以此跨越而达到超越的复杂、矛盾之心境。所以说，神人之间的这种沟通不是一种理性意义上理解、确证之沟通，而乃神秘意义上的沟通，是一种"灵交"和"神通"。在当代基督教发展中，不少思想家仍坚持"宗教的语言"是"祈祷""倾诉"，而不是"推理""论证"。其源远流长的神秘精神在当代福音宣道、灵

---

① ［德］海涅：《论浪漫派》，张玉书译，人民文学出版社1988年版，第1页。

修训练以及各种灵恩运动和新宗教运动中仍在复兴,并正朝向未来发展。但值得注意的是,这一趋势并没有封闭朝向哲学的大门,而是将之敞开,注入更多的因素。在基督教的影响下,"哲学"的概念和蕴涵亦在不断修改、不断扩大。

综上所述,基督教哲学体现出西方宗教精神,与西方思想文化传统有着密切的结合和共构。就其体系和传承来看,基督教哲学是"西方"的,是一门"西学"。随着20世纪西方哲学等西学"东渐"的进度加快、规模扩大,基督教哲学亦在更大范围内进入中国,与中国思想界的对话也更加深入、更为系统。自20世纪初,中国基督徒学者开始以一种"宗教哲学"的方式来试图构建中国思想文化意义上的"基督教哲学",如谢扶雅的《宗教哲学》、赵紫宸的《基督教哲学》等。至20世纪末,中国学者亦已推出了"基督教哲学在中国"[①]的研究。诚然,基督教作为一种"普世宗教"可以超越东西方之限,基督教神学作为一种"普世神学"亦可有"中国基督教神学"之构建,而基督教哲学作为一种"永恒哲学"更应有其普世意义,但问题在于这种"宗教""神学"和"哲学"在中国之构建究竟是一种"移植"还是一种全新的"重建"?如果是前者,我们在中国看到的将是宣教学,"西学东渐",而目前情形正是如此。如果是后者,其问题则是在中国思想文化土壤内和现代社会处境中会形成什么样的基督"宗教""神学"和"哲学",而当下的努力仅为重新起步。无论哪一种可能,它都会改变中国思想文化的现有色彩和未来命运。但这两种可能的实现似乎都给人遥遥无期之感,都给人带来一个巨大的未来之问。

(原载《基督教思想评论》第一辑,上海人民出版社2004年版。)

[①] 参见孙尚扬、刘宗坤《基督教哲学在中国》,首都师范大学出版社2002年版。

第四章

西方宗教精神

　　宗教属于人的精神世界和精神生活，表达了人的一种"灵性"境界和超然追求。宗教精神正是这种与"灵性"、与"心灵"紧密结合的"人文精神"和"价值理性"之一，体现出人的"灵之舞""心之情"和"信仰本真"。宗教精神的本质可在其"信"这一基本表述中得以窥见。"信"作为人的一种基本素质和特点可谓显而易见的"人类学常数"。"信"反映出人超越自我、把握未来的一种情趣、一种动态。所谓"信"即指"信仰"，这在基督教"信、望、爱"三原则中乃是首位和基础。对其而言，有了"信"，就有了"希望"，就会去"爱"，人生的意义乃与其"信"紧密地系在一起。因此，宗教精神从根本而言不离其"信仰精神"。

　　"信仰"在人类世界的普遍存在乃不言而喻。无论是宗教信仰还是文化信仰或政治信仰及社团信仰，都表现出对某种超乎人可直接把握的观念或理想的信奉、持守和追求。"信仰"具有超我性、超前性和超现实性，立意在一种超越时空的领悟、憧憬和把握。按此特性，"信仰"并不必定要违背理性或反理性，却不会囿于理性认知的局限，而具有超越理性认知的可能，从而凸显其"信仰理性"的独特。在理性认知的范围内，"信仰"和理性会有机共构，因其共识而达到一种"和谐"。此即宗教与哲学、宗教与科学所取得的共在和融洽，故有"宗教哲学""神学的科学"之言。但是，"信仰"在理性认知难以冀及的领域仍企求一种模糊的把握，表现其"空灵""虚幻""不确定"和"神秘"性，在理性要保持沉默之处并不甘寂寞，故与理性原则在认知上又会形成一种"张力"。由此可见，宗教信仰会以这种精神性、抽象性、整体性和神秘性来促成其"信仰的跳跃"，从而既与理性有叠合，却又不被理性所涵盖。此乃我们认识宗教精神，尤其是西方宗教精神时的一条基本思路或线索。

西方宗教精神有其诞生、演进、发展、成熟的悠久历史传统。但其主流大体由古希腊精神、古希伯来精神和古罗马精神汇聚而成。这种影响根深蒂固，迄今我们仍可在西方精神传统及现存体系中辨认或察觉。概括而言，西方宗教精神体现出其逻辑性与神秘性的对照、超越性与现实性的呼应，基此形成其宗教精神传统的两大侧重，并大致保持了其宗教思想及信仰精神在历史发展过程中的平衡。

一 基督教精神与西方宗教精神

西方宗教精神与基督教精神有着内在关联，其重叠之处颇多。基督教精神乃上述古希伯来精神、古希腊精神和古罗马精神这三大精神传统的整合、扬弃和创新，它由此而对西方宗教精神乃至整个西方精神产生了深远影响。在一定程度上，在西方古代后期、中世纪和近代发展中，基督教精神与西方宗教精神亦有着某种叠合或整合，甚至基督教精神就代表着西方宗教精神。只是随着西方近现代社会世俗化的进程，这种基督教精神在西方文化和社会生活中才由外在显露逐渐转为内在潜存，但其影响至今仍然保持不衰。大体而言，基督教精神传统反映出爱的精神、谦卑精神（仆人精神）、普世精神、超越精神、先知精神、拯救精神、禁欲精神、神秘精神和律法（戒律）精神。

（一）爱的精神

在基督教的精神追求中有许多重要因素，如其强调的真、善、美、圣，以及信、望、爱等。尤其在其信、望、爱之道德三原则中，爱是最大、最重要的原则。《圣经·新约》将"尽心、尽性、尽力"地"爱上帝"和"爱人如己"这两条诫命视为基督教信仰中"最大的诫命",[①]因此这一宗教在世界宗教中亦被称为"伦理宗教"或"爱的宗教"。"爱"乃人类生活中的永恒主题,代表着人性中的一种最基本需求。在不同的人之间,这种爱分别表现为慈爱、敬爱、情爱(性爱)、友爱、自爱、博爱、仁爱或灵爱(精神之爱)等。古罗马诗人奥维德因写了性爱上传授爱的技巧和私通之术的《爱的艺术》而受到谴责,但他在其《变形记》中因描述了"阿波罗与达佛涅"("遭到拒绝之爱")、"那耳喀索斯与厄科"("自我之爱")、"皮格玛利翁与象牙女像"("对自己造物之爱")、"朱庇特与达那厄"("金钱所换之爱")、"忒修斯与阿里阿德涅"("失而复得之爱")和"菲勒蒙与包喀斯"("得到报答之爱")[②]这六种类型之"爱"及其命运而引人注目。此外,现代学者弗罗姆曾在其《爱的艺术》中将"爱"分为博爱、母爱、性爱、自爱和神爱五种。而基督教则将这些爱概括为"人间之爱"和"天国之爱"这两大类型,其追求的乃是"天国之爱",并希望用之来指导、领引"人间之爱"。

所谓"天国之爱"即指具有一种超越维度的"上帝之爱",或称"神爱"或"圣爱"。在基督教传统中,这种"上帝之爱"通常用希腊文 Agape 来表达,以示其与 Eros、Amor、Affection 之本质区别。Agape 最初指基督教早期传统中的"爱筵",它本乃一种公共聚餐,信徒们可以不分贫富贵贱、文化差异和社会等级而共聚同餐,表现出基督徒之间的平等、兄弟友爱和对穷人的怜爱、关怀和救助。这种爱筵最初亦与教会的圣餐连在一起,但自 2 世纪因圣餐作为单独、特别的圣事礼仪而各自分开。爱筵之聚餐形式延续到 6 世纪后逐渐消失,但近代以来被一些基督徒所恢复。在信仰意义上,Agape 被用来专指上帝与基督对世人之爱或上帝通过耶稣基督而显示的对众人之爱,同时亦表达信仰之人对上

[①] 《马可福音》第 12 章第 28—31 节。
[②] 参见卓新平《宗教理解》,社会科学文献出版社 1999 年版,第 46—49 页。

帝之爱和人对人之爱。故其社会层面的常见表述又有体现基督教之"博爱"的 Caritas（亦译"明爱""仁爱"或"慈善"），这一表述还成为近现代基督教慈善组织机构的标志。

对于这种爱的精神，早期基督教思想家保罗曾表述说："爱是恒久忍耐，又有恩慈。爱是不嫉妒，爱是不自夸、不张狂、不做害羞的事，不求自己的益处，不轻易发怒，不计算人的恶，不喜欢不义，只喜欢真理，凡事包容，凡事相信，凡事盼望，凡事忍耐。爱是永不止息，……如今常存的有信、有望、有爱这三样，其中最大的是爱。"①此后，从古代基督教著名神学家奥古斯丁到当代"最有教养的神学家和最博学的基督教思想家"巴尔塔萨，以"爱"为主题的神学构思如一条醒目的连线延续下来。在基督教的信仰理解中，Agape 所表达的信仰之"爱"乃一种神圣之爱、绝对之爱和至高之爱。而且，通过耶稣基督舍身救世的义举，亦说明这种爱是彻底自我牺牲之爱，是超凡脱俗、纯洁神圣之爱：它超出自爱、互爱之界，没有考虑算计之心；它放弃自我且不求回报，故难为理性分析所思议。按照这种理想追求，Agape 之"圣爱"乃代表着一种最高境界上的宗教"爱心"或"爱感"，它反映出上帝的光照和恩惠，虽不可能被世人所真正把握，却对人世之爱有着根本性的指导、监督、警醒、激励作用。这种"圣爱"故为"邻人之爱"及"世界之爱"的信仰基础和精神支撑。

（二）谦卑精神

基督教并不强调其对世俗的胜利和在人间事功的圆满，而是以"基督的十字架"这一形象表述来揭示其"失败的胜利，受难的爱心"之奇特悖论。其中所蕴含的正是基督教信仰中意味深长的谦卑精神。

在基督教的信仰表述中，"全知、全能、全在"的上帝乃集中体现了上帝神圣的超越维度。于此，神人之间乃有"无限的距离"和世人"不可逾越的鸿沟"，人无法靠理性、推断和洞观真正悟透这一"奥

---

① 《新约·哥林多前书》第 13 章第 4—13 节。

秘"。而在上帝"面世"之层面，则主要为耶稣基督所展示的"受难""苦弱"和"痛苦"，这与超越层面上世人所想象和理解的上帝之"崇高""伟大"和"万能"形成鲜明对比。在现世中，此岸上，人们通过历史、通过福音口传和《圣经》文献记载所知晓的耶稣乃是一个"屈尊""谦卑"和"为仆"的"人子"。他不是以"君临人世"的王者身份以降，而是作为匆匆行进在旅途之中的"人子"在马棚中悄然诞生，并以婴儿之躯为躲避迫害而颠沛流离，历经磨难。此后，耶稣在其宣道中亦是提倡一种"谦卑"，号召人们"为仆""为小""为后"，并无人世间常见的那种专横跋扈、不可一世的"王者风范"。耶稣对人的祝福是"虚心的人有福了"，树立的榜样是"谁愿为首，就必做你们的仆人"，向"天国"的推荐乃"凡自己谦卑像这小孩子的，他在天国里就是最大的"，而做出的表率则是为门徒洗脚、代世人受罚……在这些现象及其记述中，我们可以深刻体会出基督教所固有的谦卑精神及其信仰真谛。

　　谦卑精神的提出，在于基督教对人之本性与命运的信仰把握，亦是对基督论之"神""人"二性的独到表达。一方面，基督教强调对人的有限性之承认，突出世人的"罪感"意识，从而与中国传统文化对人的"乐感"看法形成鲜明对照。原罪观乃基督教信仰中的重要观念之一，由此构成了罪与苦、罪与罚以及罪与赎罪之关系。可以说，其信仰实践中的许多内容都涉及人的识罪、认罪和悔罪。这种"罪"在其理解中包括人类始祖亚当和夏娃所犯原罪的遗传、人之生存灵与肉之间的张力和冲突、人神关系的破裂，以及追求人生目标上的失落和偏离等。这种"罪感"关照使人不能忘掉其有限性，从而为谦卑精神的确立奠定了基础。另一方面，谦卑精神表达了对基督"人格"的深刻体认，显示了对耶稣形象及其信仰意义的真实理解。"谦卑"乃耶稣基督在人世的主要特征，他不是一个居高临下的"王者"，也非昂昂凯旋的"英雄"。其提倡并身体力行的却是"非以役人，乃役于人"的"仆人"精神、服务精神，是一种典型的"善下"形象。因此，基督教若失去这种谦卑精神和仆人风范，则失去了其信仰本真。

(三) 普世精神

基督教作为一种世界性宗教而推崇其普世关怀和普世宣道，在其信仰意义上形成了其不分国度、不分区域和不分民族的普世精神。在历史上，基督教最初得以诞生和发展的时空背景乃在地中海周边地区古罗马帝国跨越欧、亚、非的大一统局面。不可否认，其帝国精神在政治上和地理意义上对基督教普世统一观念之萌生乃有着潜移默化、润物无声的影响。古罗马帝国消亡后，基督教曾在欧陆尝试过教会的统一或信仰的统一，其在中世纪的成功曾达到了基督教信仰的普世性和大一统，有过"万流归宗"的辉煌，经历过"神圣"帝国（神圣罗马帝国）的尝试，它亦为近现代欧洲的统一和联盟提供了精神梦寻之源。

"普世"（Ecumenical）一词源自希腊文的 oikoumene，原指"整个有人居住的世界"，表达了一种"世界性""普遍性"，与中国传统的"天下观"近似。基督教以此号召其信徒"在每一个地方和所有的地方"为基督做见证。这种"普世"精神在现代世界全球化、国际化、世界化发展趋势中得以加强。在近现代历史进程中，普世精神影响下的信仰的统一和教会的合一既激起了基督教海外传教的热情，亦导致了各教派联合的"普世教会运动"（或称"教会合一运动"）。这种普世观念凸显了现代世界的整体共存性和教会在信仰上整合、在组织上联合之必要。对教会而言，"合则存，分则亡"；对世界而言，则乃到了"一个世界或没有世界"的关键时刻。但这种"普世"表达现在亦被西方政治所利用，美国将其"美国价值"以"普世价值"的方式向世界推广，因此也遇到排拒和抵制。

不过，普世精神并不仅仅为留有帝国精神之余绪的基督信仰之占领、取代、排斥异己，而是正在越来越多地体现与"他者"的对话、交流、沟通共融。因此，普世精神已从传统意义上的"普世统一"转向现代意义上的"普世对话"，从而会有其新的活力和广远前景。

（四）超越精神

超越精神在基督教信仰精神中亦占有较大比重，它以类似中国传统文化"不以物喜，不以己悲"的境界而望穿时空，旨在一种终极性的关怀和追求。基督徒以这种超越精神而持有一种彼岸的维度，以自己乃"寄属世界的漂泊者"和"朝圣天国的香客"来超越世界、超越历史、超越生命、超越自我。用其习惯表述而言，真正的基督徒虽"生活在这个世界"，却"不属于这个世界"。

这种"另一世界之公民"的想法和其彼岸维度，使基督教的超越精神乃一种不受时空限制的"外在超越"。与在今生今世积极"有为"，献身于"格物、致知、诚意、正心、修身、齐家、治国、平天下"的这一儒家"内圣外王"之"内在超越"境界迥然不同，基督教的外在超越精神侧重于对彼岸无限绝对者的敬仰和追求，并以此尺度来审视此时此在，强调不为其物质、人际、社会和政治等时空境遇所限，形成一种超越"人世"社会政治之外的独立精神文化价值体系。当然，中国儒家的内在超越其实也有一种"外在超越"的底蕴及关照。而基督教这种超越观在历史上却也曾导致过"教权"与"王权"的抗衡和颇为尖锐的"政、教"冲突，有过两败俱伤的遭遇和结局，故乃陷于此世而难以真正超越。但在西方近代社会政治发展中，基督教也以这种超越精神对内反省了教会及其信徒自身的局限性，努力克服因突出"教会"权力和"教宗"权力而带来的弊端，由此亦认识到教会及其代表仍有其"属世性"，因而并不能从根本意义上为上帝代言、"替天行道"。"教会权威"亦仅有相对意义而决不可以滥用，更不可将之视为或认定为世俗"皇权"。对外则认定人世国家和社会各种权力机构只有相对的作用和权力，它们不易摆脱其历史和政治诸局限，由此也需要宗教超越尘世的审视和警醒。这种认知促成了近现代西方社会关系的相对化、分权化和多元化，为普遍的公平民主意识、社会监督责任和自然保护态度留下了充分空间。

由此可见，基督教的"超越精神"并非"不食人间烟火"，而乃以一种"超世"的态度来生活在"今世",以一种彼岸的维度来洞观此岸,以一种"出世"的精神更好履行其"入世"的义务和责任,从而使其在今生今世的"生活质量"有着本质性突破和根本性提高。

(五) 先知精神

应该承认,先知精神亦是基督教信仰精神的重要组成部分。这种先知精神主要指一种登高望远的预见和针砭时弊的批评,因而乃起着告诫、警醒、前瞻作用的批判精神。

所谓"先知"(希伯来文 nabi,希腊文 prophaetaes)本指犹太教、基督教,尤其在其《圣经》中记载的受上帝启示而传达上帝旨意或预言未来景观之人。犹太教《圣经》(即基督教的《圣经旧约》)中收录有大量的先知书,犹太教未收入正典的"伪经"中亦有记载大小先知之奇闻逸事的《先知列传》,而犹太教古代历史上则因上述先知书的大量涌现而有过"先知文学"的时代。犹太教认为,先知在其历史上乃作为"神的代言人"而不断出现,他们因获得"神意"而望穿时空、洞若观火,既可用过去的历史喻今,更能够预言未来的事迹,给人们以劝告、忠言和提醒。这种"先知"之表述为基督教所继承,而且往往被理解为其宗教意义上对未来的预言家和对现实的批评家。

由于"先知精神"对社会现实持有一种批判性审视,故而和者甚寡,追随者寥寥,如《圣经》就曾记载耶稣因拿撒勒人厌弃他而感慨"先知在故乡无人尊敬"。[①]这种"先知精神"强调其独立性,但往往也因其不妥协性而在现实生存中呈现为一种孤立性,因其坚持不随风转舵、不随波逐流而与社会大众格格不入、保持着距离,显得不合时宜,呈现一种不流俗但不离世的态度。在此,"先知精神"乃有一种"求异""存异"的意趣或意向。

在基督教的传播历史上,这种"先知精神"的作用颇为复杂。一方面,"先知精神"强调对其信仰的信守、忠贞,不在俗世同流合污,

---

① 参见《马太福音》第 13 章第 57 节。

其高瞻远瞩为人所景仰、惊叹。其不入时流、不合时宜亦使其实行者付出了巨大代价。这些"先知"或是被嘲笑、被拒斥，或是遭迫害、蒙磨难，从而使这种"先知精神"往往与"殉道精神"相关联。但另一方面，"先知精神"在其运用中，尤其在陌生的环境之适应中也常会表现出一种先入为主、不顾实际的主观态度，由之而来的颐指气使、批评指责自然会引起其对象的反感、抵制，从而形成一种关系张力和沟通障碍。在后者的理解中，"先知精神"有着居高临下的气势，其"先知"在"芸芸众生"中颇有"鹤立鸡群"的优越感和对他者支配、指挥、控制的欲望，其结果则会嬗变为一种"霸气"和"干涉主义"。

（六）拯救精神

"救赎"乃犹太教、基督教信仰的核心主题之一。其"救主"的观念根深蒂固、源远流长，希伯来文的"约书亚"（Joshua）、"弥赛亚"（Messiah）和由之演变而来的希腊文"耶稣"（Jesus）、"基督"（Christ）即意指"上帝拯救"、上主乃"救主"。由此，我们可以看到希伯来文"约书亚·弥赛亚"与希腊文的"耶稣·基督"之渊源关系和"救赎"意义。从这种"救主"之"救赎"，遂形成了基督教的"拯救精神"。

这种拯救精神大体表现为两个层面。从世人的角度，基督徒对救赎的期盼表现出世人对永生的渴求，这是对罪感意识的超越和对死亡恐怖之摆脱。"拯救"带给人的是复活、永生、天国、幸福等希望，是对摆脱人间苦难之极乐世界的向往。"得救"故而成为基督徒的信仰之所依，由"救赎"而带来了其喜乐和欢悦。但从"救主"即救赎者的层面来看，这种"拯救"却并不是一种逍遥或轻松之举。在此，"拯救"对之意味着一种"牺牲""蒙难""受苦"！而这也正是基督教信仰精神的深刻之处。首先，"救主"为了对世人的拯救而由"神"降身为"人"，由"主"变为"仆"，是以一种真正的"人性""人格"、人的身份来履行其救赎使命。其次，救主对人的拯救以"自我牺牲"为前提和代价，即以其清白之身来替有罪的世人受过，以其"死"作为对世人之罪的"赎价",起到"代赎"作用。因此,基督教拯救精神的真谛乃一种"自我牺牲式的拯救",即牺牲"自我",拯救"他人"。此外,救赎者必须具有"受难""蒙羞辱""献身"的决心和勇气。其"救赎"之路乃"苦路",其"拯救"之举乃"悲剧"。若从功利主义和凯旋主义的角度来看,基督教的"拯救"则为一种荒唐和不可思议。这种"救主"与古希腊神话中"意外的救星"和那些叱咤风云、不伤秋毫的"大神"们有天壤之别,不可共语。所以,基督教信仰强调崇拜"救主"就要进"窄门"、要"拜苦路",要自觉主动地背上基督的"十字架"。

对基督信仰中的"救主"及其拯救精神的反思,可使人们体悟其深沉意义和悲剧色彩。这种精神使其"拯救"成为一种"自我奉献"的服务,"自我献身"的悲壮,而救赎者本人亦只能成为"牺牲自我"的英雄。没有这种心理准备和献身精神,则不可能成为"救赎者";没有这种深刻理解和心灵体悟,人们亦应在信仰意义上在他人的"拯救"前止步,因为"拯救"不是王者之归的"君临天下",而乃受苦受难的"自我殉道"。

(七) 禁欲精神

基督教的"禁欲"精神和僧侣主义在社会世俗化的进程中被人们批评颇多、指责颇重,被视为"违背人性"之举。按照常情,"食色性也",人之欲念无可挑剔。但基督教认为人的欲念、贪婪乃是邪恶和不义之源。这种欲念会导致人的堕落,人由此亦负有罪责,产生罪感。因此,禁欲遂成为克服欲念、达到升华和救赎之途。

这种"禁欲"精神及其实践可以追溯到基督教形成之初的艾赛尼教派。《圣经》(新约)中记载的为耶稣施洗的那位施洗约翰即与艾赛尼派有关。他"穿骆驼毛的衣服,腰束皮带,吃的是蝗虫野蜜",[①]其禁食、独身、清贫等都乃艾赛尼派所坚持的禁欲主张和实践。这一点已被

---

① 《马太福音》第1章第6节。

后来发现的《死海古卷》所证实。此外，在《新约》福音书所记载的耶稣教诲中，亦提醒其门徒"人子"浪迹天涯并无安居之地，告诫人们不要在地上聚积财富。

自3世纪以来，基督教的禁欲精神在其教会实践中演化出一种禁欲苦行、遁世独修的主张和制度，此即后来的"隐修制"或"僧侣制"。据传首先实践遁世隐修的是台伯司的保罗，此后影响较大的隐修者有安东尼等人。公元320年，帕科米乌率先在尼罗河上游的荒谷创建第一个修道院，由此从个人独修发展为集体隐修。按照这一传统，西文"隐修"一词即源自希腊文monos，意为"独居""独身"。

4世纪时，该撒利亚的巴赛尔制定了小亚细亚修会的相关法规，开始将基督教的隐修理念制度化。此后约翰·卡西安用拉丁文撰写了有关隐修实践的著作《原理》和《会议》，为形成西方修会的法规文书奠定了基础。随着4世纪亚大纳亚将隐修制传入西方，意大利、法国、英国等地先后兴建起隐修院。至6世纪，意大利人本笃在罗马郊区卡西诺山创立"本笃修会"，制定"本笃会规"，让隐修士发绝财、绝色、绝意"三愿"，这一制度遂逐渐完善。隐修制促成了基督教各种修会的产生，并导致了天主教等有关神职人员不准结婚的规定。

16世纪欧洲宗教改革运动对基督教的隐修制有较大的冲击，以马丁·路德为代表的新教神职人员亦开始了可以结婚的生活。但禁欲主义在传统天主教和应运而生的新教中都没有消失，而是发生了一些重大改变。就新教而言，加尔文宗等虽然反对天主教"遁世禁欲"之举，却主张在现实社会、实际生活中推行禁欲精神，达到一种"主动性自我克制"的现世苦行和禁欲，故与"大隐隐于市"有着异曲同工之效。新教加尔文派明确倡导在现实社会中"禁欲"，即不是躲进深山老林、与世隔绝且远离城市喧嚣的寺院修会，而是进入社会直面俗世的诱惑、挑战而经受其信仰的考验，此即所谓"清教的禁欲"或被马克斯·韦伯所言及的"新教伦理"。而天主教则产生了新兴修会耶稣会，该修会仍然坚持传统的禁欲理念，但主张进入社会而不是回避现实，这样耶稣会士可以不穿修士服装、不在修院住会，而是进入社会的各个领域，甚至进入宫廷参与政治，起到"大隐隐于政"之效。因此，这种禁欲精神在基督教近现代发展中亦得以保存，而其对"禁欲"的理解则不仅是实践生活层面的，更是心理精神层面的，并有着浓厚的个人和社会伦理色彩。

（八）神秘精神

宗教中总会具有神秘主义的因素，基督教亦不例外，其"启示""神迹"、礼仪实践及其信徒在达到宗教激情之高潮时的心醉神迷、出神入化，即超越理性的神秘精神之体现。

基督教的神秘精神以复杂多样的方式展示出来。在其信仰传统上，它以耶稣基督的神话故事和福音记载的神迹奇事来表述，使人们透过耶稣"人子"形象而领悟其"神子"意义。在思维方式上，基督教虽不排斥逻辑、推理、判断等理性思维，却更多体现出其直观、默示、意会、体验等神秘思维，而且这种神秘思维涵摄抽象、形象和意象等思维方式。在其理论体系上，基督教发展出了以神秘思维为依据和特色的启示神学、"否定神学"等神秘神学，而其"三位一体"神学本身及其从"救赎三一论"到"本质三一论"的发展就包含有神秘主义的成分。而在其信仰实践中，基督教亦有众多充满神秘象征意义的符号、器物、礼仪和场景等，如其"圣餐"和"弥撒"等圣事礼仪，其依据和解释都乃基于这种神秘精神。

基督教的神秘精神通常会以静、动两种方式来表现。其"静"在于信徒处于一种沉思默想或出神冥想之状，如基督徒在默祷、沉思时的沉寂、安宁和静谧，表现出宗教独有的庄严肃穆。其"动"则在于信徒的独白、倾诉、兴奋、狂欢，多为一种醉迷和亢奋之状，如基督徒在告解时的如泣如诉、情绪激动，在获得某种神秘体验或交感时的喜乐、欢愉，以及在某些宗教节日或特殊时期的激情、狂热。这是一种激情如火的心灵状态，一种如痴如狂的情绪释放，其外如天主教狂欢节那样的倾城欢闹，其内则似帕斯卡尔在其充满神秘意义的1654年11月23日"火之夜"所体验到的"确信、激情、欢乐、和平"。"神秘"乃人之精神世界"潜意识"深处的奥妙成分，若不去体会、了解这种难以言传、仅能意会的神秘精神，则达不到对基督教信仰精神的整体且准确地把握。其实，大凡宗教一般都会有神秘主义的色彩，这种神秘精神显然与理性迥异，但被帕斯卡尔视为"心之理性"。

（九）律法精神

基督教的律法精神乃受到古希伯来宗教戒律和古罗马律法精神的双重影响。虽然基督教认为其信仰以"道成肉身"之"爱"而体现了神人之间的"新约"，超越了犹太教中以神人通过立法而达成的"旧约"，却仍在很大程度上承袭了希伯来传统的宗教律法戒规。而在古罗马律法精神的促动下，基督教亦以一种"法"的观念和精神来区别"神圣"与"世俗"、"教内"与"教外"，从而留下了耶稣"凯撒的归凯撒，上帝的归上帝"[①]之名言。

对教会内部生活而言，这种律法精神体现在体态完备的教会法典之奠立和发展、完善，从而使其在宗教生活中，无论是灵修还是礼仪，无论是宗教事务还是其人际交往，都能有法可依、有规章制度可以遵循。这种程式化、制度化虽然因其古板、惰性而在一定程度上影响到教会的现代发展，却也因其根深蒂固而不可轻易动摇。对教会对外关系而论，这种律法精神则保障了教、政分离，"神圣律法"和"世俗律法"各司其职，领域不同，分工有别。从世界宗教发展来看，许多宗教都有着这种律法精神及其实践，如佛教的清规戒律、伊斯兰教教法等。正因为如此，现代社会中才会有对"国法"与"教法"之关系的思考、鉴别。

从总体发展趋势来看，基督教的律法精神经过漫长的历史演变而有所削弱、有所淡薄，却在很大程度上和特定范围内得以保留，有些方面甚至不断得到补充、加强和完善。因此，对于这种保存在基督教社会结构及其信徒思想积淀之中的律法精神，也应有正确的认识，从而对其发挥的社会作用加以必要的重视和关注。

---

① 《马太福音》第 22 章第 21 节。

二 西方宗教精神的发展

随着基督教在西方世界之关键地位的确立，西方宗教精神亦基本上形成，而其主流在很长时期内则正是基督教精神的体现。如前所述，这种精神主要沿着两条线索交织发展，一乃具有理性主义的精神，形成其强大的思辨体系思想传统，体现出其逻辑性和现实性，二乃具有神秘主义的精神，有着各种顽强的表现和流传，体现出其唯灵性和超理性。当然，这两条线索起着交叉和互补的作用，甚至有着你中有我、我中有你的复杂组合，无论是"唯理"还是"神秘"哪一种倾向都不曾长久领先、独占鳌头，也没有绝对、彻底排斥对方。而且，在历史的长河中，在西方宗教精神中存在的这两大侧重或两种倾向保持至今，且发展态势未衰，亦衍生出丰富多彩、错综复杂的变化。

信仰的特点之一是具有自我神圣感和对外排斥性，宗教信仰按其传统亦不例外。因此，在宗教改革运动之前，西方宗教也表达了强烈的排他意向，如中世纪天主教的"宗教裁判所""十字军"讨伐异端行动以及一度盛行的"猎巫"运动对地方民间信仰的排拒、打压等。但人类精神世界的多元使宗教存在乃多种多样，彼此之间的接触和冲突随着时间的推移而逐渐转向磨合及共存，由此宗教的宽容、对话精神也应运而生。

在西方宗教发展中，除了基督教内部的多派并存之外，教外亦还有犹太教、伊斯兰教、佛教、印度教等民族及世界性宗教的普遍存在和积极活动。这样，在社会政治风云变幻的处境中，宗教的宽容和对话与宗教的迫害和对抗如一个硬币的两面而并立并存。二者的关系起伏不平、变化复杂，但在总体趋势上，宗教宽容和对话的意向逐渐占了上风，这种精神的影响亦在不断扩大。

在古罗马帝国时期，早期基督教的诞生虽在精神遗产上与对犹太教的继承和发扬有着直接的关系，但在社会层面上，基督教与当时的犹太教曾有过明显的矛盾和冲突，前者采取了与后者分道扬镳之途，后者则对前者持不承认和排斥之态，故有恩格斯所言，基督教乃犹太教的"私生子"。但随着犹太民族失去家园和四处流散，古代地中海周边世界展示了基督教的胜利。7世纪以降，阿拉伯世界崛起伊斯兰教，其扩张形成与基督教的直接较量和激烈冲突，而犹太教在欧亚等地则逐渐恢复其传统影响。经历数百年的战争，十字军的铁骑并不能征服阿拉伯人，而穆斯林的"安拉之剑"却不断指向西方腹地。西方社会本身亦出现基督教会内部的分裂和相互对峙，人们在彼此敌对和争斗中吃尽苦头，难得解脱。从宗教精神层面上，历尽磨难的信仰人群终于开始换一种思路，考虑宗教之间的宽容及对话问题，由此以求一种大家和平共处、彼此相安无事的良性局面。这样，宗教的宽容和对话精神得以产生，并逐渐为越来越多的人所接受。

早在西方中世纪时，一些基督教思想家如罗吉尔·培根、阿奎那和库萨的尼古拉等人就曾研究基督教与其他宗教的关系问题。在此期间，他们在基督教"爱的精神"和普世救恩思想的启迪下，开始考虑各种宗教相互平等、存异互容的问题。尤其在中世纪后期，库萨的尼古拉曾作为教宗特使出面调解天主教与东正教之间的矛盾，尝试二者重归于好、重新合一。这些经历和由此积累的灵性经验使他开始形成宗教宽容的思想，对其他宗教亦持颇为大度、敢于包容的精神。在其信仰理念中，既然上帝是"绝对的统一"，而"统一、相同、关联"又是其神性三位一体的本质展现，那么其信仰真理就应该是普世的，能够统摄一切。在此，各种宗教的不同则应无本质的区别，而乃是在表述这同一信仰真理时采用了不同方式，有着不同外观。这就是不同宗教观念和崇拜礼仪之由来。所以，库萨的尼古拉说出了一句令人留下深刻印象的名言：人类各种宗教信仰实际上可被视为"一种宗教的多种崇拜方式"。

近代西方宗教宽容精神的公开亮相以1689年英国思想家洛克出版其《论宗教宽容》为标志。洛克把这种宗教宽容誉为"纯正的教会基本特征"，指出"对于那些在宗教问题上持有异见的人实行宽容，这与耶稣基督的福音和人类的理智本来完全一致"。①洛克的这一主张乃是针对当时英国国内的政教斗争、国教与清教的冲突以及清教内部各派的矛盾而提出，他表明了其要求宗教相互妥协、结束宗教迫害和实行宗教宽容之立场。其理论的提出乃代表着西方近代宗教宽容精神和政教分离原则的真正肇端，有着深远的思想意义和政治意义。在这种理论中，洛克把宗教信仰上的宽容精神与社会政治中的民主自由相提并论，从而营造起西方近代各国宗教信仰和政治实践中的宽松环境和沟通氛围，使西方宗教之间关系和政教之间关系上有了一个质的突破和飞跃。洛克的宗教宽容观念曾对马克思产生很大影响，并在马克思主义宗教观中得到了直接反映。

自18世纪启蒙运动以来，这种宗教宽容精神得以扩大和深化，人们开始从"宗教宽容"走向"宗教对话"，从而使一种可与"宗教宽容精神"比翼共飞的"宗教对话精神"应运而生。在西方近代发展中，有关基督教、犹太教和伊斯兰教这三大宗教平等对话的最初表述可以追溯到启蒙时代德国作家莱辛的著作《智者纳旦》。书中借用薄伽丘《十日谈》中三枚戒指的故事来喻指这三大宗教都有价值，它们可相互平等、彼此沟通，在宗教意义和表现形态上进行对话，故而不需要对之加以真伪之辨。至19世纪，西方宗教学的诞生与发展乃是伴随着不同宗教比较、对话的进程。通过对各种宗教认识的加深，其相互对话则愈显容易和必要。而这种"对话精神"在20世纪更是得到了凸显和高扬。

20世纪是一个"对话的世纪"，而"对话"本身亦成为20世纪最响亮的口号。这种"对话"被视为在政治、社会、文化和信仰诸领域人们得以"共在"的"智慧"，亦被视为现代人可以相安无事、共同生存的"技巧"。在西方宗教传统中，基督教之"对话精神"的发挥则可概括为其对话的"三部曲"。第一部曲为基督教会内部各教派的"对话"，这在其"普世教会运动"上得到典型体现。虽然其社会实践并不十分成功，但这种通过对话而达教会"合一"的理念却深入人心且深

---

① ［英］洛克：《论宗教宽容》，吴云贵译，商务印书馆1982年版，第4页。

得人心。第二部曲则为基督教与世界各种宗教的对话。基督教会不再如黑格尔那样视己为"绝对宗教",而更多地持东西对话、南北对话的"屈尊"之态。在政治上,基督教思想家们发起并推动了全球伦理及世界和平运动。他们认识到宗教和平对世界和平的意义及贡献,而"宗教对话"则是这种"宗教和平"的基础和保障,正如天主教学者孔汉思所言:"没有宗教对话就没有宗教和平。"教会对话的第三部曲则形成了其"大合唱"的结局,它倡导与世界各种文化、各种意识形态和政治理想的对话,包括与东方对话、与社会主义对话、与马克思主义对话等。正是在这种对话中,基督教会得以一方面不断改变、重构自我,另一方面不断理解、吸纳对方。因此,"宗教对话精神"已成为当代世界上一种涵盖最广、影响最深的"宗教普世精神"。

西方宗教精神有其重要源头、有其漫长发展,它乃人类精神的一个重要方向。在当代发展中,西方宗教精神虽特色犹存,却正处于与东方宗教精神、各种文化精神的对比、对话中,融入并共构更为宏大、更加壮观的人类当代之世界精神。这种对话在进入 21 世纪之后峰回路转,出现了新的波折,这一迹象值得我们高度警惕。

(原载卓新平《神圣与世俗之间》,黑龙江人民出版社 2004 年版。)

第五章

论基督教的谦卑精神

一 重提谦卑精神之缘起

在近现代世界社会发展中，宗教对文化的影响并没有隐退，而是作为一种潜在的精神力量或一只"看不见的手"在人类生活的深层次结构中仍然起着不可忽视的作用。谈宗教与文化的关系，自然涉及其思想认知和精神价值，因为精神乃文化的动力、价值观念则是文化的核心。自马克斯·韦伯以来，现代社会重新开始注意思想、精神、意识形态、价值取向对社会发展的巨大反作用力和内在动力。我们现在正广泛讨论的工具理性与价值理性、科学精神与人文精神之关系，不离当代社会发展的这一思想处境和文化氛围。反观中国思想文化的发展，二者的关系并没有获得一种理想的解决，我们看到的更多是工具理性与价值理性的彼此抗衡、科学精神与人文精神的二元对立。自五四运动以来，中国知识阶层向源自西方文化体系的"赛先生"（科学）和"德先生"（民主）敞开了大门。显然，这两"先生"严格而论分属上述两种不同的精神范畴。而二者的协调并非易事。20世纪20年代中国社会出现的"科玄论战"及其延续至今的余波，都充分说明了这一问题的难度。

从韦伯开始，引起了关于"价值理性"（价值合理性）与"工具理性"（工具合理性）的讨论。在他看来，人的社会行动可分为合理性与非理性两类，其中合理性又包括价值合理性行为和工具合理性行为这两大层面，而现代文明的成就及问题均来自这两大层面之间的张势和对立。工具理性追求的乃是以能够计算和预测后果为前提和条件来实现其目的，此乃其行动的意义之所在；与此对比，价值理性则旨在达到或获得某种无条件的排他性的价值，它不计条件、不顾后果，从而投身于一种为寻求终极价值而义不容辞的行动。在此，工具理性乃排除价值判断，属于所谓"价值中立"的行为，它以科学的严谨性来考虑其达成目的之手段、方法、条件、能力及可能性。价值理性则强调其行动应符合绝对价值，它引入价值判断而可不顾其行动能否成功及其后果如何。当然，在现实生活中这两种理性并不可能以纯粹形式来出现，而人的行动亦多少乃这两种理性之共在。其联结的方式和共在的比重，则是现代人所关注的问题，因为它们在方式上和比重上的不同，自然会导致不同的结果，形成不同的社会影响。

同理，科学精神与人文精神亦处于类似的紧张和结合之中。所谓"科学精神"包括尊重事实和客观规律以及大胆探索和坚持真理这两个层面。但就这一精神更广的涵盖而言，科学精神还包括有规律意识、情感中立、实证精神、理性精神、批判精神、怀疑精神等内容，它承认人类能揭示事物的一部分真相和原理，同时亦强调其科学认识应具有宽容性和包容性，指明其所获知识之稳定性与不稳定性的辩证关系。这是因为，人类面对着谜一般的宇宙，即面对着深不可测的模糊实存，科学乃人运用相对精确的手段来探究这一模糊实存，其达到的认知有一定程度的稳定性和可信性，而这一探究本身的特点和意义则在于其不稳定性和可修改、可进而完善性。在此，我们看到了科学精神在探究真理、发现真理上固有的局限性。另外，现代社会对科学精神的批评还包括科学精神只做事实判断、不做价值判断，因而在指导人类的生存和发展上具有盲目性，而其"人定胜天"，支配、统治自然界的本质倾向则使人与自然的关系失调，导致了世界生态危机。而把自然科学研究中的概念、方法和成果生搬硬套到人文社会科学领域的"科学主义"，更是引起人文学者的反感和种种批评。

所谓"人文精神",其核心乃对人类生存意义及价值的关怀,即人们常言的"终极关怀"。它注重的是关系、追求的是价值,这在哲学求真、宗教求善、艺术求美的取向中得到了集中体现。人文精神强调的是坚持正义、向往崇高、注重价值理想、追求超越自我和终极关切。其基本原则和特点还包括重视理性、感性、悟性、灵性、德性、个性、人格、逻辑、法律、法制、自由、平等、民主、博爱、生命、生存、哲思、反省、社会关系、群体意识、人之可能和应该以及升华、超越之境界等因素。当然,若具体而言,人文精神亦有其时空范围的区别、差异,即各自不同的特色。在历史上,人文精神曾对科学主义的傲慢和偏见提出批评,主张以理论指导人生、以正义维系社会,但因现实生活中人文价值观念的多元存在而使这种"指导"或"维系"颇成问题,而且其实际影响中的"功用目的"亦使其抽象性、超越性和公正性打了折扣,或被打上问号。曾有人指出,人们在体认或弘扬人文精神时曾陷入形式主义、理想主义、浪漫主义和精英主义的误区,其"崇高"和"救世"之体悟往往渗透着"孤芳自赏"、自我陶醉等具有"贵族倾向"的"精英气息"。当人们以其人文精神来统一或指导科学精神时,同样会给人以空洞和不切实际之感。

所以,反省科学派与玄学派之争,或思索人们关于现在一些科学家缺乏人文精神和一些人文学者缺乏科学精神的感触及叹息时,一般认为较为正确的态度和取向应是科学精神与人文精神的有机协调和辩证统一。正如俞吾金先生所言:"单独地提升科学精神,必然会使科学主义泛滥起来,从而导致对人文价值的忽视;反之,单独地提升人文精神,不用科学精神来限定人文精神的界限,人文精神就会淹没在神秘主义和信仰主义中。"[①]

然而,人文精神与科学精神的有机结合谈何容易,对于二者的关系、彼此之间应有的契合点或应把握之"度"往往是仁者见仁、智者见智。这里提及此类问题,并不是奢求某种根本性解决,而是由此看到

---

① 俞吾金:《科学精神与人文精神必须协调发展》,《探索与争鸣》1996年第1期。

作为科学精神和人文精神之主体的人所具有的有限性和相对性，使我们对人的本质、存在和命运有更为清醒的认识。基于这一考虑，笔者认为这些讨论乃我们论及基督教之谦卑精神的基本存在前提和思想认知氛围。谦卑精神虽然亦属于一种人文精神，但其基于对人类精神之有限性的领悟，从而为我们的讨论留下了开放性空间。仅此而言，我们的讨论是从深层次文化精神上来剖析、解释基督教，而非其现实客观存在的现象学描述。我们研究宗教，既要能深入进去，又要能走出来，加以不带信仰主见的把握，但同时应对其思想之定位、信仰之真谛有透彻、真正的理解。

在19世纪与20世纪的过渡阶段中，近代贤哲在思想认识领域所达到的突破曾包括有如下三个方面：一是把哲学从解释世界的思辨改变或发展为改造世界的行动，即达到了从理论到实践的飞跃，其突出代表为马克思，其基本精神亦在马克思关于"哲学家们只是用不同的方式解释世界，而问题在于改变世界"[1]这句名言上得到了集中体现。二是对人之深蕴心理的认识，弗洛伊德开创的心理学研究使人们在人的精神活动这一大海中从冒出海面的"意识"这一冰山之尖深入到探究海中潜藏的"无意识"这一巨大冰山。三是对语义的分析和对语言的重新认识，语义分析、逻辑实证在方法论上的标新立异使现代学术研究出现了"柳暗花明又一村"的景观，而现代哲学中的语言转向则被称为"哥白尼式的革命"。细究现代学术发展，不外乎方法论的突破和价值观的求新这两大方向，前者包括分析哲学、结构主义、实在主义、现象学、诠释学等，后者则有生命哲学、存在主义、人格主义、社会批判理论等。而这两大方向都正受到后现代主义思潮的冲击。从这两大方向上，我们亦可看到其工具理性与价值理性、科学精神与人文精神的区分或侧重。现代思潮的一大特点是方法论上的突破，从而导致对传统历史记载和理论文献之"本文"的重新认识及其前所未有的破译和解读。但基于价

---

[1] 《关于费尔巴哈的提纲》，载《马克思恩格斯文集》第1卷，人民出版社2009年版，第502页。

值观的哲思、灵悟在一度被冷遇后也重新崛起，并因其强大的文化积淀和悠久的思想传统而迸发出旺盛的生命力。一般而言，宗教思潮虽亦受到现代方法论的影响，但其主体和主流却仍为基于价值观的认识取向，这也是我们认识和理解基督教的基本态度和出发点。这里，我们仅从价值观意义上来谈基督教的基本精神，由此分析它与我们现代社会和华夏文化之当代发展的关联。这一考虑乃是我们讨论基督教谦卑精神的所在范围及其基本定位。

基督教文化以其宗教形态代表着一种社会文化精神和思想价值观念，其核心即耶稣基督在十字架上的牺牲所喻示的人之原罪观、基督拯救观和超然真理观，由此亦彰显其谦卑精神、牺牲精神、拯救精神和超越精神，并烘托出其刻意追求的"神圣之爱"。只有基于这些认识，我们才可能真正理解其文化氛围中社会群体及个体的人生观、社会观、历史观、理想观和价值观。目前我们已经历了新的世纪之交和千年之交，切身体会到世界已处于现代信息、知识创新、文化开放、价值互渗势不可挡的"地球村""全球化"时代，然而这种古老的宗教文化精神在其理想形态上对我们的现代化仍有着某种意义。例如，基督教的原罪观对现代中国人自我审视的反省意义、基督教的拯救观对中国现代社会转型的创价意义、基督教的超越观对中国社会现代改革的启迪意义、基督教的终极观对中国现代化历史反思的借鉴意义以及基督教的普世观对中国现代文化重建的定位意义等，都颇值得我们深思和梳理。我们不一定要全盘吸纳这些意义，但可以对之参考、分析，并由此而加深对基督教思想特质的了解。基于这种深思和梳理，我们则可对基督教的谦卑精神加以分析和评说。而且，这种言谈绝非一种空洞、抽象之谈，它对我们的社会现实的确有着某种必要甚至迫切的启发作用。随着中国进入新旧之交的社会转型时期以及市场经济的兴起，"推销自我"正成为一种时尚；在"不要假谦虚"的讨论中，真正的谦虚亦被不少人置疑或放弃。而与之相关联的，则是在"良好自我感觉"下的自我中心主义和极端个人主义的膨胀，以及社会上人际关系的恶化。在这种社会及人生处境中，我们若要谈论宗教与文化、宗教与人生、宗教与社会的关系，尤其是要探究基督教与中国文化的关系，以及基督教在汉语思想文化语境和在中国社会人生处境中的意义与作用，自然就很有必要对基督教的谦卑精神加以审视和反思，并需要有与之相关的回应。这种回应已不仅仅是一种为学之道，而且更是一种为人之道，它关涉到相应的人生态度和价值取向，也代表着理论与实践的有机结合。以往我们比较多地谈论过基督教的负面作用，对之亦有相应批评，而本着对宗教也应积极引导的思路，则可发掘、拓展基督教思想中可能对社会起积极作用的思想元素，也可对其相关教义做符合社会进步发展的相应解释。

二 基督教的谦卑精神

（一）谦卑精神与《圣经》信仰

基督教的谦卑精神乃基于其《圣经》信仰，有着《圣经》记载之依据。我们讨论这一基督教的精神，自然无法摆脱其信仰前提和基本话语。《圣经》所展示的耶稣基督形象，即基督教所崇尚的谦卑精神之肉身和灵性体现。而且，《圣经》通过对被钉死在十字架上的耶稣之描述，是要启示出基督教所信仰的上帝乃是为给人世带来幸福、平安、希望和温情而遭受痛苦和折磨的上帝，是甘于忍受苦难和遭受蔑视的上帝。因此，基督教神学关涉上帝之"受难"、上帝之"苦弱"或上帝之"痛苦"的理论，亦体现出一种形式上或本体意义上的谦卑精神。其与上帝的"崇高""伟大"和"万能"形成鲜明对照和充满辩证意义之悖论。此亦基督教信仰的奥秘和独特之所在。这里，我们不必肯定其信仰论述所言及的"实体性"，却可思索其言述之后的"象征性"意蕴。在当代西方具有政治意向的基督教神学思想中，如"激进的世俗神学""上帝之死"或"上帝死后"神学，"参与上帝的受难"是一个重要的主题，其对上帝的理解亦主要涉及上帝以"屈尊""谦卑"之态在现实中的显现，进而提及上帝在现代社会被人"遗忘"或遭"遮掩"的处境，但其针对性仍然是处在现实社会中的基督徒信众，而且是提醒他们在复杂的现实处境中基于信仰而做出正确的选择。这在朋谔斐尔等人的著述中清楚可见。基督教神学正是以基督之"谦卑""受难"和"拯救"等关键之点而连接成其信仰主线。

对谦卑精神的追本溯源，在基督教中自然要回到其《圣经》论述。因此，我们有必要对《圣经》的有关章节加以描述和分析。在《圣经》记载中，耶稣以其言行和教诲充分展示了这种谦卑精神。作为"救世主"，耶稣基督并不是要做"君临人世"之王，而是要为众民之"仆"，不是争"为大""为先"，而是倡导"为小""为后"。这种以"仆人"形象来展示"先知"精神，以对"罪人"的体贴、救渡来揭示"圣人"之宽阔胸襟的陈述，乃《圣经》思想中的一大主题。《圣经》中有关基督"谦卑精神"之描述，大体可包括如下一些方面。

(1) 在魔鬼撒旦引诱耶稣变石头为食物、从耶路撒冷殿顶往下跳，即以此显其奇迹来博得世人对他的信任和敬拜时，耶稣并不炫耀其本有的大能和奇迹，从而经受住了这一试探，战胜了撒旦之诱惑。(《马太福音》第4章1—11节)

(2) 耶稣在其"登山宝训"时所论"真福八端"之首种福缘，即"虚心的人有福了"(《马太福音》第5章3节)，由此展示其对谦卑之人的推崇和祝福。对谦卑、虚心之突出强调，恰到好处地说明了基督精神的价值取向和为人之道。

(3) 耶稣曾以小孩为喻，说明"天国里谁为大"，并向其门徒指出，"你们若不回转，变成小孩子的样子，断不得进天国。所以凡自己谦卑像这小孩子的，他在天国里就是最大的"。(《马太福音》第18章3—4节) 因此，"为大的，倒要像年幼的，为首的，倒要像服侍人的"。(《路加福音》第22章26节)

(4) 耶稣告诫其门徒，"你们中间谁愿为大，就必做你们的用人。谁愿为首，就必做你们的仆人。正如人子来，不是要受人的服事，乃是要服侍人，并且要舍命，做多人的赎价"。(《马太福音》第20章26—28节) 这种谦卑之态是其为人而舍己牺牲、做世人之赎价的逻辑前提，由此亦成就其为人之救主。

(5) 基督教濯足节的设立，亦为其谦卑精神之见证。据《圣经》

所言，耶稣在受难前夕的最后晚餐上，曾为其十二门徒洗脚，以此给门徒做出谦卑和无私之爱的榜样（《约翰福音》第 13 章 1—17 节），基督教会为仿效基督，在其发展的早期即已规定复活节前的星期四为濯足节，并在其晚间的仪式中实行濯足礼。

由此可见，谦卑精神乃是《圣经》信仰的重要组成部分。对于宗教信仰者的积极引导，理应按照其信仰的内在规律来展开，其中如何阅读并解释其经典就非常重要。有些好斗、充满暴戾之气的信徒往往会宣称其言行之底气乃来自其信仰之源的宗教经典，那么我们就可以回到这一经典找寻其正确说法和本真之道。这里，我们则不难看出，基督教所信守的其信仰之真理性和神圣性，并不以一种盛气凌人、居高临下之势来表述，而是体现在其谦卑、退让和忍耐之态中。所以，基督徒在此岸世界中的"为盐为光"之表率作用，亦包括对这种谦卑精神的见证。如若认为基督徒作为"天国的公民"而比世人优秀，并以一种鹤立鸡群之态来审视现实社会与人生，自感清高或孤傲，则背离了《圣经》的基本主旨、失去了基督教信仰之本真。

(二) 谦卑精神与超越追求

基督教的谦卑精神与其超越追求紧密相关。一般而论，宗教人生大都强调神圣与超越，基督教亦不例外。但与中国传统宗教精神比较，基督教信仰追求的更主要是外在的超越与升华，旨在与其信仰中被理解为绝对本体的上帝合一。基于这一超越追求，基督教认为其理想之中的彼岸世界乃处于历史的尽头，要彻底摆脱尘世则必须靠救主对全人类的审判和赏罚。按照其信仰对人的根本认识，基督教深感包括其信徒在内的世人之有限及其与罪恶之牵连，因而并不奢望人类的自救与解脱，相反会去渴望外在的拯救，即把求索的眼光投向上苍，全神贯注地倾听冥冥之中的天国之声。人的这一本性与定位，使人失去了骄傲自满之资格，而只能以谦卑之态来面对人生。对于这种认识，西方近代自笛卡尔的主体哲学和 18 世纪启蒙运动以来曾有种种抵制、反抗和批判。笛卡尔以"我思故我在"来强调个我的认知意义，克尔凯郭尔则以"我在故我思"来强调个我的存在意义。近代主体性哲学、人道主义更是以大写的"人"、凸显的"我"来与基督教传统中的"神圣主体"相抗衡。但在排斥了那"自有永有"的上帝之后,以"自我"为万物尺度的现代发展却陷入"多中心"或实际上"无中心"的混乱之中。严酷的现实给世人描绘了可怕的图景:其多元自我之间的冲突、矛盾已粉碎了"自我中心"的理想,大写的"人"被其工具理性所控制,凸显的"我"为工业社会的发展惯性所拖垮,沦落为"非人"和"无我",主体性的人本主义被解构性的反人本主义所取代。正如后现代主义者所言,现代意义上突出个体、自我意识和个人自由的人实际上已成为随时可以抹掉的海边沙滩之画像!这种自我中心意向的发展有着非常负面的结果,其大写的"个人"发展为极端个人主义,而其对自我民族的过度凸显也会滑向极端保守、封闭的民粹主义。因此,重新寻找人之尊严和神圣性的努力不可能在众多为我独尊的自我个体或小群体之内取得成功,人以谦卑之态求得一种外在的审视和外在的超越遂成为自然和必然之势。在有限与无限、相对与绝对之对比中,基督教的超越追求会藐视人限于时空的种种名利束缚。既然宇宙如微尘、天地似芥子,人世千载万代仅如一瞬,那么人在生死之限中微乎其微的尘世功名成就又何足挂齿、何值炫耀!这种超越审视使人的自满自足失去了理由、资本和根基。面对人世的卑微和毫不足道,唯一可取的态度只能是谦虚和克己。在超越追求之光照中的基督教谦卑精神,使基督徒认识到自己"不属于这个世界"却又必须"生活在这个世界"的两难处境。基于其对无限绝对者的敬仰和信奉,基督徒深感人受有限的束缚和界定,甚至其"拯救者"都以一种"虚己"的姿态来面世,那么其信徒就更没有什么值得骄傲和炫耀的。这种自知之明从而使基督教提倡在为人处世时所必需的谦卑、仁慈、忍让和宽大为怀就显得自然、顺理成章。

当然,这种超越追求亦使基督徒避免了宿命论或虚无论的极端。在其"基督受难"以"拯救人世"的信仰精神中,表现出对人生的深刻体认和非凡洞察。其超越性赋予其现实生存的意义,使"拯救"与"谦卑"构成一组极为和谐的人生双重变奏。一方面,"拯救"精神推崇不可为而为之的先知之举，而使人不放任自流、消沉沦落，它表达了对现实不义和罪恶之在的抗争和变革。另一方面，"谦卑"精神则提醒世人不可奢望自我解决或自我拯救，不以人之有限业绩来取代其永恒的追求和终极关切；与此同时，它亦表达了对失败之英雄那种殉道勇气的肯定和珍视。"拯救"与"谦卑"这两个方面在基督之"受难"精神上达到了最理想的结合和最高之境界。而作为世人的基督徒勇于参与基督之受难的精神，则在其洞观世界时既有超越的审视，又有现实之思考，在改造世界时既积极有为又不奢望某种轻而易举的成功，即在其人生旅程的"知"与"行"上体现出其信仰的真谛，透出一股超然之灵气，展示一种无限之意境。

（三）谦卑精神与涤除罪恶

体现这种谦卑精神的基督教文化，往往被人们界定为一种"罪感"文化。基督教"罪感"文化的典型特点，是对人的自我反省和批判精神。从人性论意义上讲，基督教认为，人之本质中自然、精神两重性的矛盾直接导致了人的犯罪和堕落。换言之，人有着趋罪为恶的倾向性。这种罪恶主要表现在人总以自我为中心和其骄傲、纵欲之举止上，此即"谦卑精神"的缺欠或隳沉。对此，尼布尔（Reinhold Niebuhr）等基督教思想家曾将骄傲之罪视为人之最根本和普遍性的罪恶，并强调骄傲乃一切罪恶之源，其实质即对上帝的反叛和对宗教信仰的抛弃。这种骄傲的基本特征就在于人否认自我存在的偶然性而强调其普遍性，否认自我的相对性而声称其绝对性，否认自我的有限性而要求其无限性，否认自我的约束性而坚持其放任自流、我行我素之独立性。他们进而指出，在现实生活中，这些罪恶乃具体反映在人的权力、知识、道德和灵性骄傲上。

在权力上，骄傲表现为人企图使自己成为上帝，以统摄人世社会、自然即整个世界。也就是说，人把自己看作宇宙的中心，想象自己乃完全把握本身存在和命运的主宰。人在权力上的僭越和自傲使人忘掉自己的有限性、受造性、依赖性、不完善性和相对性，结果自满自足、自命不凡、自以为是、自作主张、为所欲为，表现出强烈的求权意志。权力上的骄傲使人不以谦卑敬虔之心来接受上帝的创造和宇宙之秩序,在政治上则以其掌握的强权暴力来不择手段地谋求在世界为王,做出种种不自量力之举。正如尼采哲学所表现的,超人的出现故使上帝"必死"无疑,信仰由此而会消失。

在知识上,骄傲表现为人以自己的知识为至高认知和终极真理,否认其有限性和承袭性,无视其有进一步发展、完善之可能。认知上的骄傲者看不到自己理论上的局限,不承认其知识结构及水平乃受其存在意识和社会处境之影响,而以其知识"毫无谬误"来自鸣得意、唯我独尊,在社会上颐指气使、挥舞着批人的大棒。尼布尔曾指出,"每一个大思想家都犯同样的错误,以为自己是最后的思想家"①,这种"空前绝后""前无古人、后无来者"之感觉使这些自命不凡的思想家不能看到自己乃处于某一特定地区和时代,有着其认识和洞见上的时空之限。不少理论家、学者在炫耀自己的学术成就乃"世界第一"或在学术界领先时,实际上表现出其认识视域的狭隘和局限,甚至在居高临下批判他者时会犯下以无知批正见的低级错误。当他们不知其孤陋寡闻和管窥蠡测而觉得自己的学术见解及理论体系完美无缺并在各种殊荣前"当仁不让"时,其智慧之光实已燃尽,其灵感锐气也形似强弩之末,结果可能反而因过于"自爱"而失去其"自尊"。对此,基督教的谦卑精神犹如一副清新剂而使人重获自知之明。这种谦卑精神乃从古希腊哲学和《圣经》信仰两大源泉中吸收了养分、得到了充实。例如,古希腊先贤苏格拉底根据德尔菲阿波罗神庙的传世格言"自知"(认识你自己)和"毋过"(不要过分)而强调"我知我无知"的自知之明精神,这一睿知在库萨的尼古拉之"有学识的无知"等界说上达到了一种理论上和灵思上的深化。在《圣经》教诲中,基督教凸显的亦是"我要灭绝智慧人的智慧,废弃聪明人的聪明"(《哥林多前书》第 1 章 19 节)、"上帝却拣选了世人愚拙的,叫有智慧的羞愧"(同上,第 1 章 27

---

① [美]尼布尔:《人的本性与命运》,谢秉德译,香港基督教文艺出版社 1959 年版,第 189 页。

节）等告诫。就其借鉴意义而论，人们若在寻求真理和学识上能以谦虚谨慎、虚怀若谷之态衡量、把握自我的努力及成就，则可永保其好学、向上之势头。

在道德上，骄傲表现为人的自以为善，并因此而流露于外或孤芳自赏、孤独自表。基督教认为，道德上的骄傲反映在人自以为公正、善良的态度上，尤其是以其有限德性为终极的，以其相对道德准则为绝对的。这种人以社会"卫道士"的身份来愤世嫉俗，实际上却破坏了社会正常秩序及其规律性发展。根据这一层面的剖析：人在以自我标准来评价自己时，即会发现自己为善；而若别人的标准与己不同，则总感到别人为恶。这种囿于自我的道德标准之相对性，导致了人之道德含义的暧昧模糊。尼布尔曾谴责人的道德骄傲使人的德性亦成为罪之所在，世人自我称义和自感良善之现实乃司空见惯，各自都以拥有绝对道德价值而当仁不让、排斥对方，这使世上几乎毫无真正的道德可言。根据基督教的谦卑精神，道德被视为一种相对的、演变的、发展的、彼此调适的、可不断提高和完善的人类历史文化现象和社会生存之律。人之道德意识上的复杂性和悖谬性使其道德绝对感成为空中楼阁。在群体存在和社会活动中：人在道德上的自义往往会表现为对别人及社会的不义与不公；人若把自己作为其同胞的道德法官，以其自律来作为社会的圭臬，则是一种犯罪之举。所以说，许多表面上的良善之举也不过反映了人假冒为善的虚伪和诡诈。基督教的谦卑精神以一种超越人世的审视来看待人的道德行为，指出人的道德之为在于自然、行之自如、心胸坦荡，其为善利民之举既不足挂齿、不必企望为外人所知，也不要内心惦记、唯恐失去自我心理上的平衡。道德义行不是一种外在的模仿，而乃自觉自律之自然流淌。为善者亦应自知其善乃微不足道，尚需不断努力，持之以恒。若在道德上露出骄傲，则失去了道德价值之本真。

在灵性上，骄傲则表现为人在宗教上的自比神明或因拥有这一信仰而产生的优越感和自命不凡之心态。基督教认为，人的灵性骄傲把其罪恶推到了顶端和极限。究其原因，这种灵性上的骄傲会使世人有可能利用信仰形式而声称自己已与上帝结成独特联盟来反对其现实存在中的对手和仇敌，或以追求无限为幌子来达到其有限、相对的人生目的。不少宗教强调只有对绝对存在及意义的信仰才是真宗教，而对相对存在及意义的盲从乃是迷信。但不可否认，在宗教发展过程中，这种终极关切被现实利益所取代的现象亦时有发生。因此，人们不得不承认，一种在原则上已经克服相对追求和战胜偶像崇拜的宗教，在实际生活中却很有可能蜕变为一种不公平或不纯正之观点的工具。宗教也必须自知、自省、自律、自我改进和提高。宗教改革、与时俱进故而十分必要。宗教是人的信仰追求和表述，而人是有限的、不完善的，所以其宗教信仰并不能豁免其不足和局限，而是使其得到更多、更经常的提醒和告诫。尼布尔在其自我反思和自我批判时曾深刻地指出："最后的罪乃是把这种自比神明的灵性之罪表现出来。当我们将自己的偏私标准和有限成就当作无上的善，而且为之要求神的裁可，我们就犯了这种罪。因此，与其说宗教是人的内在德性对上帝的追求，毋宁说它是上帝与人自抬身价之间的最后冲突场所。在这种争端中，甚至那最虔诚的宗教设施，也成为人表现骄傲的工具。"[1]若陷入这种灵性骄傲，那么则与宗教原本的追求恰恰相反，即出现南辕北辙之结果。尼布尔在分析灵性骄傲这一问题的严重性时甚至指明："最凶恶的阶级统制就是宗教的阶级统制""最恶劣的不宽容即宗教上的不宽容""最恶劣的自我宣传即宗教的自我宣传"，[2]有限之人由此会假宗教绝对之名来排斥异己、独断专行、自我吹嘘、自比神明、自为神圣，从而以行谋取私利之实。基于对灵性骄傲的历史反思，尼布尔还分析指出了有关宗教尤其是天主教和新教在其"唯我独尊""教会之外无拯救"等方面的失误和遗憾。他深深感到，"基督教历史的凄惨经验证明了，正当人漫无限制地认为自己最圣洁的时候，他就最清楚地显明了他的灵性上的骄傲"[3]他为此忠告那些声称已"蒙救

---

[1] ［美］尼布尔：《人的本性与命运》，谢秉德译，香港基督教文艺出版社1959年版，第194页。

[2] 同上。

[3] 同上书，第405页。

赎的人"说，如果自认为已完全从罪中解脱，其结果反而会在实际上增添罪恶。这些出自著名基督教思想家的肺腑之言，的确值得那些以"先知""高人"身份而出现的宗教"传教士"或相关之人深思、玩味，以便能恰当调整其与教外之人的关系，展开彼此之间的真诚对话和沟通。正是这种基督教谦卑精神对其信仰传统中灵性骄傲的批评、矫正，才迎来了现代基督教向世人平等开放、与其他宗教或信仰体系坦诚对话，相互交流、学习的全新局面。基于这一共识，相关一些宗教的领袖在合作制止国际上的宗教冲突时也曾联合声明：以宗教之名所犯之罪实际上也是对其本身宗教的最大亵渎。信徒与非信徒都是地球村的平等公民，不因在不在"教"而有"高"与"低"、"优"与"劣"之比。而各宗教也应以其宽容、包容和平等态度来互相尊重、和谐共存、实现美美与共的世界大同，而不是自恃"绝对""独占真理"来排斥异己、独步天下。现在宗教对话、共融趋势的形成，及其理解、沟通意向的推崇，其潜在的动力亦不离这一谦卑精神。目前一些信仰基督教国家的政要在以一种狂傲之态来对待他国时，很有必要自我反省其是否由此而已失去了基督教的本真信仰。

总之，基督教的谦卑精神把人之各个层面的骄傲视为罪恶的表现，因而谦卑精神的提倡与弘扬遂与人们涤除罪恶的努力密切联系起来。

（四）谦卑精神与灵性修养

宗教生活的一个重要方面，即其信者的灵修或神修。在当代基督教发展中，灵修学正成为人们重新关注和研习的一个焦点。基督教讲谦卑精神与其灵性修养直接相关。就整个人世致知取向、价值追求及与之相应的自我反省而言，谦恭、忍让、宽恕、大度亦被看作人需具备的必要修养。中华文明同样储藏有这种精神气质和高雅品德，如诸葛亮在其《诫子书》中就曾论及"夫君子之行，静以修身，俭以养德，非淡泊无以明志，非宁静无以致远"。中国古训中亦有"引远必自迩，登高必自卑"（《礼记·中庸》）之说。当然，基督教所主张的灵性修养有其超越的审视和信仰的把握，与中华文明精神的圆融相比较，其垂直延伸则更增添了一些神秘的意境。其理解和倡导的谦卑精神，乃人之本性、人之心灵的内在构成，反映出人的气质、人的风范、人的灵魂。因此，基督教反对将谦卑之态降为一种个人的外在修饰或颇显浮浅的故作姿态。用目前社会上通行的一句话来说，即不能把谦卑仅仅视为一种"外包装"。帕斯卡尔对之曾尖锐指出，"谦卑之论，对于虚浮的人反成为骄傲之源，只有对谦逊的人，才是谦德之原"。①

谦卑并非人际交往的一种实用技巧或应酬态势，而是一种内在的、真诚的质素。其自然地流露能产生出一种吸引人、感染人的人格魅力，体现出真正的、理想的人性本质和人格精神。当现代人向往一种任运自然、浪漫潇洒之"诗意地栖居"时，君不见谦卑之态才真有"诗意"。这一层面上的灵性修养亦有着普世意义，它与各个民族、各种文化、各种宗教中所推崇所追求的道德修养、价值取向、人性磨炼可产生共鸣，达成共识。因此，基督徒理应率先彰显、践行这一谦卑精神，起到其信仰所论之"盐""光"作用。而我们在投入精神文明建设、吸收世界文化之优秀遗产的今天，对基督教的谦卑精神则也应该加以重新评价，通过对其历史与现实的整体把握和全面分析而达到较为客观、较为正确的理解，知其底蕴、得其真谛，使之对我们实现精神文明、凸显精神文明的意义有所启迪、有所教益。

（原载《基督宗教研究》第一辑，社会科学文献出版社 1999 年版。）

---

① ［美］尼布尔：《人的本性与命运》，谢秉德译，香港基督教文艺出版社 1959 年版，第 204 页。

第六章

公共生活中的神圣之维
——当代中国宗教思想理解

"中国社会中的宗教与公共生活"在当代中国学术界是一个新的课题，反映出对当代中国宗教思想发展的观察和认知。按照20世纪50年代以来的传统理解，宗教被视为纯粹"私人"的领域而不应该在公共生活中显现，正如列宁主义的宗教观所认为的，在一个社会主义的社会中，宗教不可能在公共生活中发挥具有重要意义的作用，宗教思想及其行为仅属于纯粹的私人领域。因此，将宗教与公共生活相关联，这为当代中国人理解宗教及其思想特点提供了一个全新的视域。事实上，这一新的理解乃为中国改革开放以来宗教团体及个人积极参与中国社会之重建所推动。就此而言，宗教不再是仅仅限于"私人"领域，而已进入了公共生活。宗教并非仅仅为"私人"之"思"，而也可能成为"公众"之"言"。这种"进入"则也将宗教思想中的"神圣之维"带入公共生活。通过其社会伦理和社会学说，宗教思想在一定程度上已经改变了许多中国人的社会态度及社会行为。他们从一个新的视角来看待其社会责任感，在其社会参与中亦有一种使命感。也就是说，他们在其社会卷入及参与中已经接受并进而发展了相关的宗教价值和灵性定向。在其社会活动中：他们不是聚焦于利益得失，而是关注人的尊严和责任；他们不去算计个人的输赢，而是强调终极关切和超越维度。宗教思想对中国社会的潜在影响正由其社会"进入"而逐渐实现，并且在局部意义上带来了中国人在精神气质上和社会结构上的"非世俗化"。若承认在公共生活中的宗教价值，中国则不再是一个所谓"无宗教"的国度。为此，有必要探究当代中国人在公共生活中的这一神圣之维，以展示在中国社会转型阶段中对宗教思想的一种新理解。

引　论

现在人们正以极大的兴趣来谈论"亚非拉美"（亚洲、非洲和拉丁美洲）的基督教复兴。自 20 世纪下半叶以来，我们看到在传统西方基督教国家即所谓"基督王国"（或"基督世界"）中"主流"教会的明显衰落。但与之形成鲜明对照的是，基督教发展正在出现由北往南或自西朝东的趋势或运动。①在评价这种"南移"（或"东移"）时，菲利普·詹金斯（Philip Jenkins）于 2002 年出版了其具有轰动性的著作《下一个基督王国：全球基督教的来临》。②他在这部著作中展示了基督教在非西方世界中的强劲发展，并对当今基督教朝南和朝东运动之倾向加以评价。他预言这一运动有可能在南方导致一个新的基督王国的出现，并相信"这一新的南方基督教世界有可能在共同的宗教信仰中发现其统一性"，而且会发展出"一种在文化和政治中强烈的基督教认同感"。③受这种乐观主义所鼓励，他甚至还提及基督教在中国宗教处境中的迅速发展。

事实上，中国在当今社会转型中已经经历了包括基督教在内的各种宗教之空前发展，人们对之评价不一，看法多样。大卫·艾克曼（Da-

---

① ［美］罗伯特：《向南移动：1945 年以来的全球基督教》，《国际宣教研究期刊》2000 年第 24 期（Dana L. Robert, "Shifting Southward: Global Christianity Since 1945", *International Bulletin of Missionary Research*, Vol. 24, April, 2000）。参见中译文：徐以骅译：《向南移动：1945 年以来的全球基督教》，徐以骅、张庆熊主编《基督教学术》第 7 辑，上海古籍出版社，2009 年。

② Philip Jenkins, *The Next Christendom: The Coming of Global Christianity*, Oxford: Oxford University Press, 2002.

③ 同上书，第 11 页。

vid Aikman）在2003年曾出版过另一部引起轰动的著作《耶稣在北京》，以分析基督教在当代中国的发展形势。他甚至宣称"中国正在被基督教化的过程之中。……按照目前基督教徒人数在农村、城市，尤其是在中国社会与文化秩序中的增长率，有可能在三十年内使基督徒人数达到中国人口的百分之二十至百分之三十。如果会发生这种情况，那么在中国的政治和文化秩序之内，基督教世界观会成为具有统治性的世界观……"①在他看来，"如果中国新教的基督徒人口接近七千万，就会使中国的新教成为世界上这种社团中最大的一个""正如基督教在西方的传播导致了西方的全球性基督教世界之统治，……那么在过去二十年内由中国往亚洲和南半球的传播则可能会在全球范围影响到基督教。""中国当前最大的成就——而且会使其余世界极为获益——可能就正摆在眼前。"②尽管这种来自菲利普·詹金斯和大卫·艾克曼等人一厢情愿的分析看起来过于乐观，而且给人一种耸人听闻之感，造成了中国国内一些人在认同他们之见解后的担忧和不安；但宗教在中国的复活与更新应该是近年来引人注目的发展，其内在的思想原因仍然值得我们去思考和研究。

随着这种发展，人们开始注意到在当今中国社会中宗教思想与公共生活之间的关系。按照20世纪50年代以来的传统理解，宗教早已被归入纯粹"私人"领域，因此不应该与公共生活相关。然而在中国改革开放之后，各种宗教的复兴已经逐渐改变了这种见解，宗教思想常见于公共领域之话语。实际上，宗教已进入当代中国社会，并在其公共生活中起着一定作用，其宗教思想则势必会与我们的公共话语碰面并对话。当中国社会要求宗教积极与之相适应时，宗教也可以向这一社会提供一些新的东西。而在宗教思想的这些表达中，人们对其是贡献还是挑战认识不一；但我们至少已经看到宗教的思想精神的确给中国公共生活带入

---

① David Aikman, *Jesus in Beijing, How Christianity is Transforming China and Changing the Global Balance of Power*, Washington D. C.: Regnery Publishing, Inc., 2003, p. 285.

② Ibid., pp. 290–292.

了某些神圣之维，而且它们已经戏剧性地改变了一部分当代中国人的宗教理解。

一 今日中国公共生活的"非世俗化"

许多观察家已描述了西方基督教世界的衰落以及在当代欧洲和北美基督徒人数的减少。这一发展常被视为传统基督教世界的"世俗化"。西方在过去曾是一个充满宗教性的世界，而且尤以其基督教特征为突出，但现在它正面临着严重的挑战。为了回应这种挑战，基督教乃强调其对这一"世俗"或已经"世俗化的"社会之参与。关于基督教在当代西方国家"政党"政治和"政党"社会中的立场及作用，《宗教并非私人事情》一书的主编沃尔夫刚·蒂尔塞（Wolfgang Thierse）曾经就基督教在这种政党政治中的卷入及其与"基督教政党"或"基督教政治"的区别有过如下说明："在所有政党中都有基督徒，但是否能有一个'基督教政党'？一个政党——正如此术语所言——始终只能是一个整体中的局部，而基督教则要求普世有效性，包括整个实在和整全人格。基督徒应该展示其公共义务并承担其政治责任，以能在这个世界上坚定地确立其信仰。然而，所有政治行动都局限于准终极的行为，而不是努力追求属于基督教信仰目的的拯救。"[①]其对"宗教不党"的解释与以往的"政教分离"理解不同，他认为基督徒不是"不参与政治"，反而是要对社会政治有"整全"的关注。这就是在公共生活中如何体现基督教义务之解释，它与西方"政教分离"处境中的社会政治截然不同，所倡导的是一种全方位的"信仰政治"。

在中国，其社会已有很长时间乃作为一个"世俗"社会而存在，没有任何宗教颇为明显的社会展现。自从儒教在中国社会生活中衰微甚至消失之后，其存有的只是一种政治意识形态，甚至已有不少人把宗教

[①] Wolfgang Thierse（Hg.），*Religion Ist Keine Privatsache*, Düsseldorf: Patmos Verlag, 2000, S. 10.

基本上"遗忘"。但是，这一"世俗"社会现在却面临着当代中国人宗教生活复兴的挑战。这种运动将逐渐地、潜在地带来中国社会公共生活的"非世俗化"，人们对之因而心情复杂，反应不一。

其一，现在已有一种共识，即认为宗教在当代中国发展中能起到重要作用，这使宗教在中国社会生活中得以公开亮相。事实上，这种对宗教的全新理解乃为中国改革开放以来宗教团体及个人积极参与中国社会之重建所推动。不过，对其仅仅是社会层面的参与还是亦有宗教思想的渗入，人们认知不一、评价不同。

其二，宗教团体被承认为社会团体，并向公共生活开放。宗教在各个领域都有许多公共活动，如在文化、民俗、经济甚至政治等方面。其典型实例即在2006年4月中国南方召开的"世界佛教论坛"，约有上千人参与了这一盛会，随之形成定期系统举办的发展态势。通过这一影响广远的活动，佛教徒表达了他们对社会生活及社会进步的关注。而通过他们的宗教信仰和灵性传统，佛教思想亦开始公开明确地进入公共社会，成为公共话语。例如，他们在这一论坛上强调了"和谐社会，从心开始"，其理解的"从心开始"即认为精神修养和升华应是社会和谐的前提和保障。

其三，各大宗教的代表积极参与中国政治活动，并加入与之相关的政治团体。他们可以正常地参政议政，对政府原则、政策和行政工作提出建议、加以评论。与西方相比，当代中国宗教在政治和政府事务中的这种代表并非从私人或个人角度来考虑，而乃意味着宗教团体的正式参与。这种现象甚至在所谓"民主"的西方国家都极为罕见。这样，宗教不再是纯个人的"私事"，而有在中国社会政治中的广泛参与。

其四，宗教在当代中国被视为构建"和谐"社会的一个重要因素，宗教存在乃与中国社会的稳定和可持续发展相关联。没有宗教的和谐，则不可能有社会的和谐。从这一视域来看，今日中国的公共生活已不再是纯粹世俗性的，而允许宗教思想为之提供资源或借鉴。宗教的参与也已为中国社会及其公共生活带来了一些可让人明察和明鉴的神圣之维，这亦意味着中国社会存在的传统形式已经开始了其"非世俗化"的走向。

二 "无教会"形式的信仰

宗教在中国通常被定义为一种社会"组织",这种对"组织"形式的强调曾对理解中国的宗教起着关键作用。对于没有具体组织或机构的宗教则难以想象。例如,官方所承认的主要有五大宗教(即佛教、道教、伊斯兰教、天主教和基督教),而它们之所以被承认为宗教则正是基于其清楚可见的组织结构。它们因而被称为"机构性"("建制性")或"官方"认可的正规宗教,在社会关系中有着合法的地位。在这"五大宗教"之外的其他宗教在中国存在的合法性则仍成问题(在此,我们从当前中国处境考虑而不讨论在国外存有的其他机构性宗教)。例如,"民间宗教"迄今仍尚未被承认为"宗教",而只是被描述为"民间信仰",因为其缺乏严格的组织结构,人们也不希望其形成建构型发展。其实,民间信仰与制度化、机构化宗教相比较亦可以被视为相应的非制度化、非机构化宗教形态之呈现,有着相似的信仰、社会和文化功能。而且,民间信仰中已包括一些虽不完备或典型却仍显示出制度化、机构化的"民间宗教"。对其"宗教性"的认知和深化则可能会形成突破"五大宗教"之限的、更为宽泛的"大宗教"观念和意识。由于上述问题尚未解决,因此对其他分散性的宗教聚亦会有争议:它们应被承认为宗教行动还是被界定为什么其他性质的行动?目前,这种社会学意义上的宗教定义正受到许多新的宗教现象之挑战,其中机构性宗教定义的局限已显而易见。一些人宣称,宗教已不再应该被理解为仅似"教会那样"的组织机构,而对宗教更为重要的理解则应是宗教乃人类社会中"灵性运动"之观点,所关注的应是其宗教思想之呈现。他们甚至相信,若无这种"机构性"形式,宗教或许能够更好地使自身融入当今公共生活,并对社会具有直接的意义和功能。

在描述那些作为虔诚的追随基督者却没有加入任何一个明显可见的基督教会的印度人时,赫伯特·霍弗(Herbert Hoefer)在其《无教会的基督教》①一书中指出，这种不愿意让自己与教会或洗礼相认同，并非出于因追随基督而感到害羞，而是因为围绕这些术语却显然会有强烈的文化关联。②同样，许多宗教追随者在当代中国并不想要接受这些机构性宗教的历史或文化负担，而确实希望自己能从宗教组织的这些局限中解放出来。其所青睐的显然是宗教思想、精神及价值等内在的要素。事实上，除了宗教组织的迅猛增长，同时还有着许多宗教信仰者意义独特的非教派、非机构性运动，他们并不想依附于任何宗教组织，却愿意保持某一宗教的价值意识。与任何宗教组织的追随者不同，他们希望能更少局限、更多自由地生活在这一"世俗"社会，并通过其言行来在公共生活中表达其宗教认信。这是一种全新形态的"宗教"存在，于其之中有深刻的宗教思想、宗教精神之侵染，但其社会面向、社会活动却类似"准宗教现象"。人们对之有所接触，对其社会公益态度及行动亦颇接受，却不太能够看清其真实面目，有着模糊不定之感。大约在二十年之前，在中国大陆和香港曾有过对"文化基督徒"现象的许多讨论。实际上，现在的"文化"基督徒、佛教徒和道教徒比中国历史上任何时候都要多，其呈现的是宗教思想的流传，而非宗教组织的存在。在此，其焦点在于各种宗教的"灵性"发展，而不是其机构性发展。他们用上述宗教的神圣之维来作为其社会生活和个人修养的指导及标准。这样，他们旨在自然且完好地将宗教灵性与公共生活相结合，希冀以其自我的精神认同来达其社会认同，至少是社会认可。

正如戴尔·T. 欧文（Dale T. Irvin）和斯科特·W. 森奎斯特（Scott W. Sunquist）在其所著《世界基督教运动史》一书中所表达的见解，对基督教的理解不是基于其作为一种"教会历史"之发展，而

---

① Herbert Hoefer, *Churchless Christianity*, Pasadena C. A.: William Carey Library, 2001, p. 96.

② Timothy C. Tennent, The Challenge of Churchless Christianity, *International Bulletin of Missionary Research*, Vol. 29, October, 2005, p. 171.

是在于其"尝试以一种新的方式来讲述世界基督教运动史"① 之目的。在一定程度上，这种"无教会"形式的信仰在中国社会的当代处境中为人们寻觅真理和神圣的灵性追求提供了更多的创意与自由，更多体现为一种思想活动、精神彰显。其追求者没有任何压在自身的机构性负担，如对相关宗教组织的忠诚、听命、服从、规范、责任、服务和发展等。这样，他们的宗教使命已经是在宗教精神及理想指导下的直接性社会使命和社会参与。他们不需要将自己局限于作为组织或机构的某一宗教之具体纪律要求或其局部利益之内，而能在公共生活中既作为个人又作为社会成员来直接实践其神圣之维，如追求真、善、美、圣，追求纯洁、终极等。其目标和任务已经与其社会及其公共生活密不可分。作为与这一社会的共构整体，他们既生活在这一社会，同时也属于这一社会。他们并不意在创建任何组织机构，然而其活动却展现了各种灵性运动的场景，恰如早期基督教开始浮现时的情景那样。与之相比较和对照，当代中国的有些机构性宗教却在政治或经济、文化或宗教上正经历着某种嬗变。

三　终极关切

保罗·蒂利希（Paul Tillich）的名言——宗教是人的"终极关切"② ——已成为许多中国知识分子和宗教信仰者的常用警句。但若按照中国人的理解，这一"终极关切"乃与"现实的"或"实际的"关切密切相连，也就是说，它乃与公共生活中的"社会关切"相联系。因此，对于当今许多中国人而言，这一为保罗·蒂利希所强调的"终极关切"也是公共生活中的神圣之维，它实际上已经成为公众在其生

---

① Dale T. Irvin, Scott W. Sunquist, *History of World Christian Movement*, Vol.1, Earliest Christianity to 1453, Edinburgh: T. T. Clark, 2001. 欧文、森奎斯特：《世界基督教运动史》第 1 卷，爱丁堡，T. T. 克拉克出版社，2001 年。

② Paul Tillich, *Theology of Culture*, New York: Oxford University Press, 1959.

活中所展示、所实践的一种"宗教关切",故而也是宗教思想在公共范围活跃的表现。

具体而言,这一"终极关切"乃基于人对"终极实在"的追求,以能为人的生活找到或提供终极意义,从而达到人之存在具有根本性的"终极转变"。虽然这一讨论的范围在中国主要是在无宗教(或无机构性宗教)归属的知识分子之中,而且主要是以公共论坛的形式来进行,这种讨论的本质和实在却应该是非常具有宗教思想情趣及精神意蕴的。这也可以说是当代中国人在其公共生活中展示出其宗教价值的意义的一个见证。以这种方式,神学的语言已成为公共语言。弗雷德里克·斯特伦(Frederick J. Streng)在观察人类生活发生变化的各种过程中所显示出的宗教之维度及其表述时,曾经非常明确地指出,"宗教是使个人和社会经历一种终极的、动态的过程。这一转变过程可由象征、社会关系、情感以及意识状态来促发。对于参与这一转变过程的人们来说,这些象征或意识状态不是被简单地看作生理需要或社会压力的形式,而是被看作存在的终极之维的表达。当这种以一种终极之维来生活的感觉激发了人的自我意识时,一个人或一个社团则开始进入了其发展并超越以前之局限的总过程之中"[①]。既然"终极关切"乃与人类的"终极转变"相结合,那么人类生活的本质或实质也会发生变化。也就是说,它会成为一种具有终极、超越之维的社会和实际生活。所以,"终极关切"对于中国人而言的确为其公共生活中的神圣之维,而这种生活也就应该充满着宗教的意义和境界。

在今日中国,"终极关切"也与中国文化"意识"或"身份"相关联。按照斯特伦对"终极转变"的解释,儒教则应该完全被理解为一种宗教。我们当前并未看到儒教作为一种宗教组织的复兴,但随着新儒家在知识分子圈子中的重新崛起,以及一些以儒教(或孔教)为名的宗教组织越来越多的活动,我们确实发现了在其当代复兴中有着某种

---

① Frederick J. Streng, *Understanding Religious Life*, Belmont C. A.: Wadsworth Publishing Company, 1985.

宗教之维，反映出其宗教思想的扩散。这对于当今中国文化定向及重建极为重要。在这一处境中，宗教"作为文化"或"在文化之中"则得到积极肯定的理解。而且，也有必要赋予文化某种基于宗教理解的神圣之维。本来，"神圣"源于宗教术语，是宗教思想的直接表达，但在我们今天的公共社会中，"神圣"已经成为公共话语，获得普遍接受。

对于今日中国文化重建而言，最为困难的任务之一就是如何找到中国文化的真正自我意识和身份认同。自20世纪初"新文化运动"（最为典型的即五四运动）以及20世纪下半叶开始的所谓"文化大革命"运动以来，"打倒孔家店"和"批林批孔"一度成为其运动中的公共话语，儒教（儒家）由此失去了其作为中国文化代表或象征的地位，并在当代中国人的公共生活中消失或退隐。从20世纪50年代至今，中国大陆以马克思主义为其主流意识形态。不过，来自西方文化之源的马克思主义却不可能也不应该成为中国文化的典型象征或唯一身份。否则，这就可能出现全盘"西化"，因为马克思主义乃是基于西方文明的主要结构，而且主要包含着西方文化遗产、体现西方思想精神。因此，当代中国人仍在努力奋斗，以能找到或重建其文化意识和身份。对于当代中国人而言，如果不能为其具有五千年文明历史的文化找到一种普遍接受的代表或身份象征，将是极为可怕或感到恐慌的事情。正是在这一处境中并出于这一考虑，儒教（儒家）才被一些人重新建议作为中国文化的象征。要在全世界建立几百所孔子学院的努力，可以为我们提供关涉这一发展的某种暗示。要想重建信心，仍需为中国文化提供某种神圣之维，也就必须重新思考中国宗教思想的价值和意义。所以，在中国公共生活及其文化存在中，宗教的意义遂以各种方式重新得以强调。

四　朝圣之旅

既然公共生活乃以某些神圣之维为指导，那么在当代中国人中就有灵性复兴的希望。面对中国社会转型过程中所出现的冲突与危机，宗教在公共生活中的作用展露出来，为人瞩目。对于个人和社团的灵性追求及其发展方向而言,宗教仍然不能与公共生活相分离,而且宗教在当代中国社会的影响也在增大。根据宗教灵性之维,社会生活不只是世俗生活,其对于人类存在还有着更多的意义。在今天所呈现的多元思想场景中,不难发现宗教思想的存在极其活跃。在重新发现宗教的价值和意义之后,宗教生活亦在兴盛。今日中国对宗教的热情看起来甚至比传统"基督教世界"的许多国家都要高涨。西方来华访问者对此颇有感叹。当然,宗教在中国的发展及其社会功能肯定会有其处境化的特色,这就是我国宗教坚持中国化方向的意义所在。对于宗教的见解也正在经历一个改变、接受和促进的过程。这种让人感到有趣或使人兴奋的宗教发展现象,在当今中国乃共存于机构性宗教和"无教会"形式的宗教信仰之中。

很难说当前在中国某些地方是否存有与印度清奈等地相似的情况,赫伯特·霍弗曾感到"在清奈没受洗的追随耶稣者要比传统意义上正规的、明显的基督徒远远为多"。[①] 不过,显而易见的是,除了机构性宗教发展之外,在城镇乡村也有着众多宗教运动的发展,即包括所谓"家庭教会"运动。这两大方向都对当代中国社会产生了深远影响,并成为公共生活及其开放式论坛中人们所特别关注的议题。关于宗教在中国的社会功能之讨论包括"宗教促进和谐社会""宗教对当代社会转型的道德贡献""人间佛教""道教与中国文化传统""在重建中国文化中作为宗教的儒教""伊斯兰教与民族统一""伊斯兰教与相关少数民族地区的社会发展""基督教在中国的道成肉身和融入文化""中国神学建设""汉语基督教神学"或"学术神学"等内容。这种关注已不再限于宗教圈子之内,而已成为关涉中国文化定向的真正"公共语言"。然而,从负面来看待并评价宗教的见解在当下公共话语中也占有相当比重,从而形成公共领域之中的巨大张力。

尽管在当代中国没有或尚未出现所谓"公民宗教"或"公共神

[①] 赫伯特·霍弗(Herbert Hoefer):《无教会的基督教?》;参见 Timothy C. Tennent, The Challenge of Churchless Christianity, *International Bulletin of Missionary Research*, Vol. 29, October, 2005, p. 171.

界。其结果,这一世俗社会在其转型过程中尽管仍存有许多问题,却确实已呈现出其具有宗教性的一面。无论对之如何评价,都必须正视此乃宗教思想在公共领域、公共生活中的真实出现。

(原载《宗教价值与公共领域:公共宗教的中西文化对话》,中国社会科学出版社2008年版。)

第七章

中国智慧之断想

在西方思想传统中,哲学被视为对"智慧之爱"。智慧体现出人类在认识和开发自然、创建和推动文明社会上辨析判断、发明创造的能力,是人的生存技巧和生活艺术。智慧具有个我性和群体性,表现在人类生活的方方面面。智慧有其不同个性和特色,故有东方的智慧、西方的智慧、阿拉伯智慧、希伯来智慧等区分。其中,宗教智慧也是一种重要构成。在希伯来文明传统中,曾出现过独特的"智慧文学"时代。而个我的睿智、群体的智慧亦与其自我及集体的发展存亡、生死命运相关联。就其群体生存与发展来看,显而易见的是,一个民族、一个国度的整体智慧往往与这一民族或国度之民众的共同性格及文化传统密不可分。因此,中国的智慧亦体现出中华民族的性格,反映了中华民族漫长的历史文化传统。所以说,中国智慧与中华优秀传统文化紧密相关。

中国智慧集中表现在中国人对自我及其世界的体认和适应上,它与中国人长期形成的民族性格相吻合。如果说,希伯来智慧典型反映出对"我"与"你"关系的沉思,寻求着自我与神圣的对话,古希腊智慧突出体现为对"我"与"它"关系的探究,展示着人对外在自然的解析与答疑,那么,中国的传统智慧则主要基于道家对"内在之我"与"超然之我"二者关系的反省和儒家对"我"与"我们"的共构关系的看重。道家以超然之"我"来化解"小我"与"大我"的矛盾,跳出"入世"与"出世"的选择,靠自我的返璞归真潜之于"道"来达到主客体合一，领悟宇宙的最高真实和生命的深奥玄机，由此显示出飘逸、游仙般的人生浪漫。而儒家则以注重人生的严肃、凝重感来看待"自我"与"我们"之间的复杂关系，这种对现实人生认真负责的态度虽然常使中国一些知识分子的人生之旅极为沉重和艰辛，但却以自我牺牲精神而使"我们"的共存显得壮丽、辉煌。儒家对现世的重视和参与，使之被理解为一种"人生哲学"或"人文宗教"，从而与西方思想传统迥异。西方的智者有时不能理解这种追求整合的东方智慧和个我的献身精神，如黑格尔在《哲学史讲演录》中就曾认为东方思维精神因对整体和一般的强调而使个我及独立主体得不到发现，群体意义和普世统一性的突出最终导致了自我意识的消失和个我主体性的泯灭。而儒家则从不做如是观。儒家把自我为"我们"的共存而做出的牺牲视为自我的"升华"及自我精神的"永存"，并不认为此乃自我的"懦弱""异化"或"丧亡"，而是"共化"为"我们"的升华和伟大。而且，儒家从来也没有放弃过对个我主体性的承认，它对内在的人格塑造的强调、对自我完善人性的追求，以及"独善其身"和达到"内圣"的精神境界，都表现出实现自我内在人格的圆满、完善的胸襟与抱负。不过，儒家的生存方式既不属遁隐派也不是浪漫派。它肯定人生世事的意义，并力求在此获得"自我"与"我们"的统一与和谐，从"我"在"我们"中存在上领悟到人的社会性的真谛。从主体性来看，它为此坚持"吾善养吾浩然之气"与"博施济众"的有机结合，由"内圣"而达"外王"之道。而从外在适应性来看，它则不做"我""你"之别而从"我"与"我们"的共有关系着眼，立足于贯通自我及其社会的"求大同存小异"，以达"通而同之"的理想共存。所以说，儒家看社会、看人生以及看自然世界的视野，都是基于对"我"与"我们"关系的审视和领悟。它确立了中华民族性格的一些基本特征，同时也构成了中国智慧发展的主要趋势。在此，"我们"乃中华集体意识的代表，因而体现出"神州"的神圣。当然，与"我们"相比，"我"之弱化也的确影响到中国人之个我性、主体性、独立性和自我意识的凸显及发展，而传统上以"我们"为代表的群体或整体意识亦曾被封建君王意识所歪曲或取代。当百姓以"国"为"我们"之大局、为其生存之根本时,帝王却往往以"朕"即国家来将"国"化为其私"家",并以其"家"之利益来代替"国"之利益,以"国"之名来谋取其私"家"利益,从而给中国文化的发展、中华民族的生存带来过严重损害。因此,我们今天在这一文化土壤上调适"我"与"我们"的关系,则必须有历史反思和批判封建的智慧。

中国文化的传统智慧与西方科学的理性智慧相比乃为一种具有神圣包容和群体象征意义的直觉性智慧和整体观智慧。罗素在《西方的智慧》中曾认为中国智慧的特点表现出"幽默、克制、谦逊和平静的尊严",而西方智慧的特点则是注重科学方法和实践效率,因而希望二者结合,使人的价值追求和科技发展得以并重。

儒道精神的中国传统智慧已在民族文化交流日趋频繁、世界飞速步入开放时代的20世纪中与各种认知分析性智慧和直觉神秘性智慧相遇相撞。它们的撞击或沟通,既是对中国的智慧提出了诘难和挑战,也显示出中国智慧的应变能力和对世界整体文化发展的适应性、能动性。从这种日趋广泛、不断深入的中外智慧、东西智慧的碰撞或汇流的过程中,我们进入21世纪的某些发展趋势及其基本态势已经具备,中国智慧在此有着明显转型和新的发展。

在知性推理、逻辑论证和巧构精思的科学智慧的冲击下,现代中国智慧已不再满足于传统精神上突出模糊笼统的全局性的整体思维和直观把握特征,而开始弥补其在精确思维、严密推究诸方面的不足或忽略,将整体与局部有机结合,并积极主张对智慧的微观、直接和具体之用。占中华民族人口的绝大多数、体现中国文化发展主流的中国大陆民众目前对"科学技术是第一生产力"的强调,对经济建设和商贸活动的偏爱,便是重要明证。这种趋势从民俗性理解来看已一反中国文化传统中"君子不言利"的清高精神,表现出一种欣赏、推崇人的涉世智慧的意趣,以对技术应用、商品市场、经济效益的热情来反映人们在社会生存、人情世故上的聪明、干练乃至慧黠。此乃中国智慧所出现的务实性和入世性转变,它在某种程度上亦给人一种矫枉过正、趋于媚俗之感。

其游移不定变化太快亦会导致人们在认知中国人的性格上产生偏差或误解。但从中华民族在国际上的生存处境及人们对幸福生活的迫切渴求来看，中国智慧重心的这一倾斜已成必然之势，并在很大程度上影响到其在 21 世纪的发展走向。不过，这种超越或扬弃传统的重大转变除了会给一些仍然依恋传统人生理想和精神境界的人造成某种程度的失落感和不适应外，亦会带来社会共存秩序上的某种紊乱或失调。因此，它一方面需要以法制来维持社会的稳态和弥合因信任危机而在人际关系、社会交流上出现的裂缝，另一方面则不可能从根本上摆脱传统智慧中的超世意趣。这样，呼唤和弘扬传统智慧的主张及追求，即传统智慧的再发现，在目前也仍有积极意义。

在世界文化的交流和反思中，中国智慧的兼容性及开放性得以拓展。外来文化长驱直入给近代中国带来的文化冲击和创伤，曾使一些中国人企图以文化保守主义或自我封闭之态来求生存，甚至以宣称华夏文明神圣不变和强调持守古代定制来维系民族自尊感、自信心。然而，排外性没有带来中国文化的复兴和中国社会的进步，反而使人在文化禁锢、自我封闭中体会到自身的落后与孤独。这种在认知上和实践上的"否定之否定"，使近现代中国经历了在自我传统文化与外来文化关系上的抵制、接触、交流、反思、对话和沟通等复杂过程，终于迎来了今天受到普遍欢迎的"改革开放"的国策。"改革"即认识到自己的不足，"开放"则意味着吸取外来经验。与其他民族智慧的交融互摄会丰富中国智慧，亦是对人类智慧汇流大潮的顺应。当今中外智慧的交流在物质层面上已突飞猛进，在社会结构层面上亦取得了明显进展，而思想、精神、价值层面上则相对滞后。当然，各种文化精神的"认同"确实不易，但"求通"则势在必行，因为它乃我们在同一地球上得以"共存"的一个重要前提。在此，中外智慧尚大有用武之地。

当代中国智慧因与现代世界的科学精神和人文精神的结合而增强了生命力，方兴未艾的新旧视野的汇合、工具理性与价值理性的并重及其对以往智慧传统的新发掘与新诠释都会在 21 世纪更加全面地展开，从而能构成中国智慧的多元发展和有机整合。传统意义上那种神秘、朦学",中国人现在却有着与之相关或相似的关注,并有着朝向相同方向的某些努力或意向。与之相关联,中国学者对"公民宗教"和"公共神学"均已有颇为认真的研究。在对宗教的全新理解中,许多中国人相信公共生活乃是展示或实践其信仰的场所,并认为人类的社会历史应该是朝圣之旅,即有着宗教之维的灵性发展过程。人类必须走向神圣,而不能倒退回"丛林"。在这一意义上,从21世纪之开端的视域来审视,中国已不再可能是一个纯粹"无宗教的国家",中华民族也不应该被理解为人类唯一一个"无宗教的民族"。这种看法与20世纪初中国知识分子主流的见解形成了鲜明对比。宗教精神在中国人社会生活中的渗入不仅揭示了当代中国社会中潜在的宗教运动,而且也预示着因这一发展而在中国社会文化结构中可能出现变化之趋势,它将会带来中国社会生活的复兴和充实,并且促进其今后的朝圣之旅。

结　　语

自中国改革开放以来,中国人对待宗教的态度及其对公共生活中宗教功能的理解都发生了根本变化。在认识和分析宗教现象时,其理论和实践均已趋于多元、更加开放。尽管许多人没有进入宗教组织,却以一种真诚信仰来迈向社会舞台。随着宗教在社会中的各种参与,宗教已不再纯为私人事务,而与公共生活紧密相连。在评估机构性宗教之外的宗教热情及其发展时,应该指出中国并无20世纪早期日本曾出现的所谓"无教会运动"。不过,在机构性宗教组织复兴的同时,宗教的非机构性发展在当代中国却显而易见。或许这两种趋势之间会出现竞争,形成交互影响。但是颇为乐观的估计认为,这种非机构性宗教发展可能会使宗教更接近于社会,并且在公共生活中发挥直接作用,而机构性宗教则仍然可以其发展来丰富人类社会结构,保持其神圣之维。如果能这样,宗教在进入当代中国的世俗社会后就可以体现其更深远的影响、更重要的意义。各种灵性追求及其在社会行动中对其灵性之维的促进,已在一定程度上展示了中国人的宗教定向或其意向,揭开了其丰富的精神世胧、模糊的整体观将通过与现代全息论、系统论、信息论等学科的结合而获得升华，反映出全新的时代气息。思维范畴亦会以命名、正名等规范化、体系化的方式来吸取现代科学精神，将自身纳入语言和知性的交流网络，以利于展开相对严谨并可运用现代科学手段来观察检验的主体与客体的沟通、内在与外在的联络、现今与历史的对话。洞观中国智慧的发展，乃具有兼容并蓄和自强不息这两大特点。它与其他民族智慧构成双向互动、相互依存的关系。无论世界风云如何变幻，21世纪的中国智慧将会进一步体现出其对世界智慧开放容纳之态，但与此同时，它亦将继续维系中华文化的稳态与自立，尤其会在社会和人文领域保持其稳步、缓进和独有的发展。总之，它将从中华文明的"我"的角度来看待世界文明的"我们"，与这一文明大家族中的各位并立的"你"展开交流和对话，为世界大同、人类共和而努力，迎接"我们"未来和谐共存的整体世界。

（原载《神州学人》1997年第4期）

第八章

精神世界与精神生活

人是万物之灵,人在自然世界中独特存在的最典型标志,即人的精神世界和精神生活。在宗教比较、沟通和理解中,对人的精神世界及精神生活的把握极为重要。尤其对处于当代社会转型时期的中国人而言,这一意义得以凸显。应该承认,在经济建设、物质追求的现实中,人们对谈论"精神世界与精神生活"似乎有一种久违之感。不少人在严酷的生存竞争中疲于奔命,不少人在不尽的财富追逐和享受中乐而忘返。"精神"是什么?"精神"有什么意义?这种形而之上、玄而又玄的东西对许多人而言似乎已无价值,人们对之可不屑一顾。"精神"或被认为虚无缥缈、不切实际,或被人百思不解、敬而远之。在实用、功利、追求眼前利益的时风中,精神似乎在失落、在隳沉。

然而,世纪之交、千纪之交中国与世界发生的一系列重大事件,却使我们深感精神世界活生生的存在、精神生活的丰富复杂。在此,我们想到"精神现象学"不仅仅是19世纪西方著名哲学家黑格尔博大精深的理论体系和鸿篇巨制,而且也是我们当代现实社会的生活百科。看到人们各种各样的精神追求和精神寄托,感触人们现实生活所依的精神支柱和精神安慰,我们亦不得不去体会、玩味20世纪初西方社会学家马克斯·韦伯所言各民族文化深层结构中主宰民族沉浮、决定社会进退及其经济发展走向的"潜在精神力量"或者说强大的、不可抗拒的精神驱动力。

精神世界是人类所独有的，精神生活乃人类生活的重要组成部分。人无精神则无异于禽兽。但精神既可给人带来无限的创造性，亦有着巨大的破坏力。精神寓于人身却又突破人身，人产生了精神却往往驾驭不了精神。精神在人的本性与命运中是一只"看不见的手"，是一个神秘的谜。从物质与精神的关系来看，以往的哲学解释通常把人说成由身心二元构成。其中唯物论强调身心之二元统一，以"身"为基础，"身"乃物质层面和"心"之载体。而唯心论则认为身心亦可分离，有着"魂游象外"之状，并强调"心"具有更为重要的意义，代表着对"身"的超越和一种更高境界的升华；在其看来，精神之求乃"格物致知""即物穷理""形而上者谓之道"，找寻的乃"在物体之后"、可脱离"身"而独立存在者。这里，客观唯心论达到的是一种超凡脱俗、高不可及的神学体系，强调"绝对精神"对"物"的超越，对宇宙的支配。而主观唯心论达到的则是一种回归自我、幽邃沉潜的心学体系，强调"心外无理""心即理""心乃天地万物之主"，突出"内在精神"对宇宙的包容和把握。不过，现代西方知识界已不再关心传统意义上的所谓"唯物""唯心"之争。值得一提的是，在他们的话语体系及其内在蕴涵中，二词的褒贬与我们的理解乃是相反的：materialism 被我们译为"唯物主义"，旨在唯实、求是；而按西方语境和理解则可译为"物质主义"，有依物、唯物趋利之蕴涵。idealism 被我们译为"唯心主义"，意即虚幻、不真；而按西方语境和理解却可译为"理想主义"或"理念主义"，乃"善之相"，故有超越、升华之境界。二者态度泾渭分明，一方突出物质的第一性，另一方则突出精神的超越性。对其不同侧重的领悟，亦为一种对话之途。

在身心之理解中，所谓"身"即人之物质存在和生理，其需求即衣食住行，涉及经济发展和物质文明建设。而所谓"心"则指人之精神存在，"心理"在此乃涵盖整个人的精神世界，涉及思想境界、人之素质发展和精神文明建设。诚然，人必须首先要有衣食住行才能谈其他，按照马克思政治经济学的基本原理把发展经济、改善人们的物质世界放在首位乃是无可非议的。不过，随着人们物质生活的提高和我国小康社会的形成，人们精神生活的需求已日趋明显。即使在物质生活贫乏时，人对精神生活亦有强烈的渴求。而我们在面对和满足人们的精神世界之需求、从事精神文明建设上，却显得滞后和不力。精神世界的引导、精神生活的调控，乃人之灵性生存所必需。况且，精神世界对物质世界的巨大反作用，精神生活对物质生活的升华和超越，已是我们必须面对和回应的紧迫问题。

　　对于人的精神世界，可以从知、情、意、信四个方面来把握。"知"即知识，它来自人的理性认知能力，所追求的乃真，即"求真"层面。"情"即情感，它所关涉的超出人之理性思维范围。感觉有时亦为非理性或超理性的，它作为一种感悟和把握，所追求的是美，即"爱美"层面。但情感会表现出其随意性，往往漂浮不定、捉摸不透，反映出人之精神世界的微妙复杂。情感在人的精神生活中占有很大的比重，甚至现代经济发展亦不离人之情感需要。有的学者把当下时髦的"网络经济""旅游经济""假日经济""影视经济"、大众传媒、娱乐业、服务业及"三产"各方面均称为"感觉经济"或"精神消费"。正如一首流行歌曲所唱，"跟着感觉走，让它带着我"，其所追求的乃一种美感、快感，反映的乃其动感和多变。而且，也只有多样、多变才构成"美"。"意"即意志，它亦超出人之理性范畴，其追求的乃善，即"为善"层面。人的意志有时可为一股极为强大的力量，往往不为常情或常规所阻挡，达到情不自禁、身不由己之效。由此，我们可以理解德国古典哲学创始人康德所言由道德律而来的"绝对命令"（categorical imperative），体会意志力的作用。

　　"情"与"意"有其不可思议性或神秘性，故与"知"明显有别，不限于理性认知范畴。如果用康德的表述方法，"知"若关涉"纯粹理性"，那么"情""意"则涉及"实践理性"。如果用弗洛伊德的表述方法，"知"若关涉"意识"范围，那么"情""意"则亦进入了"潜意识"（亦译"无意识"）领域。其精神蕴涵仍深不可测。而按照西方古代思想史"知""行""信"三范畴之论，"情""意"则可被归为"行"之层面，即关涉"实践"，有其"行为"表述。这使我们深刻体会精神不仅为观念，更是生活。

"信"即信仰，它既涉及"知"，表现为"认信"，亦与"情""意"相关，显示出非理性或超理性的特征。其追求的是圣，即"成圣"层面。中国大陆学者一般习惯把"信"归入"意"（即"意志"）的范畴，而不单独列出。这有其文化传统和现实政治上的考虑，但亦反映其在理解"信仰"上的欠缺或顾忌。长期以来，"信仰"之表述曾为社会公众舆论之禁忌，人们离"信"渐行渐远，只是近些年来才出现根本改变。不言而喻，人们一提及"信仰"就会想到"宗教"，而宗教在很长一段时间都是远离主流话语体系的。恰因宗教的缘故，人们对"信"也噤若寒蝉。

诚然，康德曾认为人的宗教信仰乃建立在人的道德自主性即人心中的道德律之上，故与意志或"为善"相关联。但西方近代浪漫主义思想家施莱尔马赫亦曾认为宗教乃人的"绝对依赖感"，即一种神秘情感，可见信仰也与情感相关。其实，"知"从其最宽泛的意义上而论，与这四个层面也都有关。人的认知即包括自然认知、内在认知、群体认知和灵性认知。其中：自然认知关涉物质存在，为人的知性能力和求真努力；内在认知关涉自我存在，为人的感性能力和求美努力；群体认知关涉社会存在，为人的德性能力和求善努力；而灵性认知则关涉超然存在，为人的灵性能力和求圣努力。因此，"知"亦可涵盖科学（包括自然科学和社会科学）、美学、伦理学和神学的任务，表现出人之"智慧"的追求及其可能与局限。在现代科学认知中，开始系统探寻宇宙之源、生命之源和精神之源，将物质与暗物质、能量与暗能量结合起来综合研究，故使"知"的领域有巨大的开拓。在中国语境中，人们习惯以"知"来论"信"，因而有许多对"信"的论断甚至否定。但就其独特性而言，"知""情""意"这几个方面均不能包容或概括"信"的本质和特征，"信"作为人类精神存在的一个重要领域有必要作为一个单独方面而列出，这是真正认识人类宗教现象的一个前提。

所谓"信仰"是指对某种超乎人可直接把握的观念或理想的信奉、持守和追求。其所信观念故为信念，有其超前性或超现实性。"信"有不基于理性认知或超越理性认知的可能，故有其"虚""幻""未知""不确定"的因素。如可加以精确论证或预测，则不为人们常言之"信仰"。但信者却习惯于在"知"上语焉不详、实乃无知而"信"上弥坚、忠贞不贰。印度大诗人泰戈尔曾生动地比喻说，信仰是个鸟儿，黎明还是黝黑时，就触着曙光而讴歌了。从宗教的视野上，对绝对的信仰乃宗教追寻的真正境界，而对相对的盲从则被斥为迷信。信仰在此乃是对超越自我之时空整体的洞察与把握，其本身即为一种冒险。正如法国思想家帕斯卡尔将之视为人生一赌那样，也如丹麦思想家克尔恺郭尔所描述的，人的精神会达至一种"信仰的跳跃"，其信念之鹄犹如冰河之中的珍珠，不论他能否寻找到那颗珍珠，破冰投入的片刻就是他人生意义的开始。在精神现象学中，把握这种"永恒之瞬间"有着独特的意义，由此我们可以窥见精神哲学之底蕴和奥秘。与其超越性相对应的，则是信仰的内在性，即体现为一种心灵哲学。佛教称信乃"深正符顺，心净为性……与欲所依为业"，故而"信者，令心澄净"。"信"有心灵安慰、心灵净化的功能，其静也深不可测。信仰揭示人之精神世界的一大特征，即迷恋虚构的东西，在其虚拟空间、虚拟世界中得到想象的驰骋、飞升，达到精神的放松、满足和安慰。而现代"网络世界"使电子虚拟空间无所不在、无所不包，亦势必使人的精神世界更为复杂、精神生活亦更为丰富。

　　信仰包括宗教信仰、政治信仰、群体（或社团）信仰、民族信仰以及文化信仰等。这种信仰使人形成团契，并使其团契具有凝聚力。其中宗教信仰即包括各种宗教形式，它以其灵性吸引力而影响、把握或引导着人的精神世界，支配着人的精神生活。宗教性与人性往往密不可分，西方宗教学家伊里亚德由此曾称"宗教"乃一种"人类学常数"。政治信仰以一种政治理念或理想来吸引人、团结人，使其信者为这一理念的未来实现而奋斗。与政治信仰相关的则是政党的建立与发展，它要求其成员对其信念忠诚、坚贞并准备为之奉献和自我牺牲。社团信仰为某一群体的信念，因其特殊信念而构成或公开或隐秘的社团组织，这种结社强调其个殊性和独特性，并因其与众不同或与其外在氛围的格格不入而形成在社会中的"飞地",有着其复杂存在及影响。民族信仰是相关民族共存同在的精神依属,起到凝聚共感的灵魂作用。文化信仰则为相关人群或民族对其文化传统的缅怀、信守和圣化,由此构成其文化理念或民族之魂。各民族的文化信念能使其民族钩深致远、继往开来,保持其活力和发展势头。此外,还可以引申出哲学信仰、科学信仰等信之诉求。信仰的这种特性和体现,说明其虽有"虚"却不离"实",看似"幻"却有其"真"。信仰以其精神性、抽象性而实实在在地影响着推动着人类文明的进步、人类历史的发展。

必须承认,信仰在人的精神世界中有着极为重要的地位,人按其灵性本质而不可能没有信仰。一个民族若失去信仰亦意味着其失去了灵魂,说明其创造性和生命力的枯竭。在人的精神世界中,"信"既通过知、情、意来表达,亦对之起着支撑作用。但也应该看到,信仰在其具体存在或表述上亦容易导致人的内在"神圣性"和外在"排他性",即对自己持守的信仰有着神圣感,而对其他信仰则坚决排斥。这里,信仰表现出人的执着,亦可反映人的痴迷之状。从正面意义上而言,精神世界的知、情、意、信表达了人类所追求的真、美、善、圣,而相应的求真、爱美、为善、成圣则构成人的精神生活。但是如果这种精神生活出现了偏差,就会出现人之精神世界中负面意义的假、丑、恶、罪。其正、反两方面的实例,在人类历史发展中俯拾即是。

解决人的精神世界上的问题,使精神生活充实、健康,则需要人性的陶冶、人文的充盈和人之素质的提高。我们谈综合国力的比较,归根结底乃人之素质的比较。人性提高相应于知、情、意、信所分别追求的真、美、善、圣则形成智育、美育、德育、宗教的范围。中国大陆宗教方面作为一种人格教育和训练则基本上处于退隐之状,宗教与教育相分离,宗教只是其信众范围内的培育,而与大众公共领域无关。早在20世纪初,中国五四运动时期的思想家和教育家蔡元培就曾提出"以美育代宗教"的口号,并专门著文加以说明。就今日中国而言,这一方面的教育或是归之于德育,或属于政治理想和信念教育。但在具有浓厚宗教气氛和宗教文化传统的其他国度和地区,这一领域的使命则由宗教教育来承担，如西方国家亦称之为灵修、灵育或培灵训练，有着相应的灵性教育或"全人"教育。相应于物质世界和自然奥秘之探所运用的"工具理性"和培养的"科学精神"，精神世界和心灵奥秘之探侧重于运用"价值理性"，旨在培养"人文精神"。因此，与之相关的精神哲学和心灵哲学乃立足于对人性的体悟和解读，意在人之价值理念的发展。价值为人的理想梦寻，是支配人之精神生活的核心和枢纽。

精神的作用不可低估，精神的影响亦意味深长。在我们的现实社会中，中国人当前的热门话题包括"中国加入WTO"和"全球化进程"。这里，我们谈论得较多的是"经济全球化"。中国人希望通过加入WTO而融入国际社会，参与经济全球化进程。但应该指出，"经济全球化"并不仅仅是经济问题，它乃是以相关文化价值观为核心而荡漾出之圈圈波纹中最外围、最直接者，反映出精神对物质的作用。我们应该正视"经济全球化"所覆盖的精神信念及其价值取向，清醒地看到接踵而至的"法律全球化""政治全球化"等理念和实践。与政治外交意义上的联合国相比，WTO实乃世界经济联合国，但其触及的问题势必超出经济而影响到法律、政治、外交等关系。这种参与在赢得机遇、公平的同时亦意味着传统意义之权力的分离、转移和义务、信用的增加。因此，中国加入WTO、走向全球化将会带来中国社会潜移默化却惊天动地的巨变。我们对之必须有思想准备，做到未雨绸缪。坦率而言，"全球化"肇端于西方文化价值观及其政治文明中的"世界大同"梦。其基本原则即可从"全球化"一词首倡者雷塞尔（Oliven Leslie Reiser）和戴维斯（Blodwen Davies）的立意中体悟。他们两人于1944年推出其合著，题为《全球民主：科学人文主义与应用语义哲学导论》。这里，全球化乃从"民主"的视域来考虑，而西方人文精神的核心乃"自由"。加上其超越时空、超越国度的"上帝面前人人平等"之"平等"信念，遂构成其推行"全球化"的西方价值或信念之三原则。应该看到，这种以西方文化为底蕴、以西方理念为信条的"全球化"作为一个系统整体的工程，必然会对我们造成多层次、全方位的撞击，并会以"文化全球化"来包摄一切。然而，"全球化"的大潮已势不可挡，在此可借用古希腊先贤的名言：相信的人会跟着走，不信的人则被拖着走！我们已没有退路，亦别无选择，而只能审时度势、当机立断、抓住机遇、掌握主动。从此，东西方的碰撞、交流或较量会更多地转移、集中到人的精神领域，意在深层次的变化，因而我们要早做准备，尤其是在文化、思想及精神层面具有更充足的储备，故而对精神世界的研究和精神生活的关注已迫在眉睫、刻不容缓。

精神给人以内蕴和深沉，没有精神关注的人会显得肤浅、僵化，自然也就没有其人性深度，没有其人性的魅力、活力及灵魂。一个没有精神追求、没有精神支撑的民族肯定是会落后的，其在历史发展的进程中亦会陷入被动之境，面临被淘汰被清除的厄运。任何精神麻木、萎靡的民族都需要有其"先知的声音"来大声疾呼，以唤醒民众、走出困境。而任何能维系其精神遗产、不断使其精神理念得以弘扬和光大的民族则会生生不灭、经久不衰。民族之魂、文化之魂值得留恋，应该追寻，它会给其民族、文化的更新和腾飞带来契机带来希望。"创新"乃继往开来，而绝非历史虚无主义之果。纵观西方思想文化史和政治发展史，我们若细加分析则不难看出，西方国家在自己的传统领域求同求合，如欧盟所追求的"欧洲的统一"，美国所倡导的政治、军事联盟和经济、文化一体，乃基于其文化价值观即精神世界之维，是其"精神寻梦"。其精神理念与经济利益的结合，在此表现得天衣无缝。回顾人类历史的发展，体现民族之魂的精神传统必须得到维系、培育和珍视，因为民族精神的更新和复兴乃以此为前提。如果忘掉民族文化，则不可能弘扬其蕴含的民族精神。可以说，鲜活的民族精神财富对该民族的存在与发展有着大爱无形、厚德载物之功。因此，如果我们对这一博大精深、源远流长的人之精神世界没有了解，对人的精神生活忽视或不顾，对人类精神遗产持鄙视、不以为然之态，就可能造成我们在精神世界这一重要领域的不堪一击或全线崩溃。相反，如果我们重视对人的精神世界的关注，加强在这一领域中的工作，弄清并尊重精神发展的规律，则能知己知彼、扬长避短，在复杂的国际较量中找到求生和制胜的机会，尤其在中国目前步入全球化的进程中获得后来居上、真正发展的可能。

第八章　精神世界与精神生活

　　了解人的精神世界和精神生活，宗教信仰是一个重要方面。在当今世界 70 亿人口中，信奉各种宗教的人占了绝大多数，为世界总人口的 80% 以上。此外，当代世界新兴宗教的发展亦迅猛异常，其新兴宗教团体已发展到 2 万多个，信徒人数则多达 1.3 亿人。相比之下，中国信仰各种宗教的总人数仅约 2 亿人，这几乎可以说是世界上不信宗教的人绝大多数之聚合地。但中国真如梁启超、梁漱溟等人所言乃"无宗教的国度"或"无宗教的民族"吗？中国人难道真的缺少宗教情感和信仰之维吗？问题并不那么简单。且不谈近年来中国社会因人们信仰问题而出现的迷误，仅中国传统文化中影响深远广泛的儒家思想有无"宗教性"这一问题就值得人们认真思考、深入探究。什么是中华民族的"民族魂"？什么是使中国得以持续发展、绵延至今的"潜在精神力量"？什么是中华文明之根？什么是华夏文化得以传承的本真？这些问题都关涉中国人的精神世界和精神生活。我们对之不能迷惘，更不能迷失。中华民族在其文化传统本身中有没有自己的信仰因素呢？回答当然是肯定的，因为一个没有信仰、缺乏精神理念的民族是没有发展潜力、没有社会凝聚力，从而也就没有真正前途的。中国人对其宗教性的"匮乏"应该感到沾沾自喜呢还是应该感到担忧？这颇值得我们深思。其实，在物欲横流，诚信丧失的状态中，"宗教性"亦有对世人的警醒告诫作用，亦会给人的灵性世界带来闪光的亮点。如果基于"宗教性""宗教思想"之信仰特色来比较中国与外在世界，以相同的理解作为标准来权衡中外宗教，或许得出的结论就完全不一样了。我们以宗教的组织建构性为标准来理解宗教，给宗教做出社会学意义上的解读。在其中显然有对思想、精神理解方面的缺漏。面对所面临的国际形势和我们的现实国情，我们在认识到宗教问题的复杂性之同时，亦应对正常的宗教存在及其活动持一种宽容、包容和平静的心态。

　　在全球化的进程中，宗教问题日益凸显，人们精神世界的交往日益扩大。由于西方思想家中"文明冲突"之意念的萌发，由于局部地区宗教与民族分裂问题的交织，由于宗教极端主义和原教旨主义的抬头，更由于西方一些国家以宗教问题在联合国就人权、信仰自由等议题向中国发难，宗教问题因而在当代中国显得格外敏感和复杂。究竟应如何理解宗教上已牵涉的意识形态、价值观、文化传承、政治态度、社会关系、对外交往等，人们因其观察角度、信息来源、接触层面、认知立场的不同而似乎很难在认识和评价宗教问题上达到基本共识。尤其通过对宗教问题的深层次探讨，我们发现自己在精神领域正面临着复杂的形势和严峻的挑战。必须看到，宗教因其自身的"普世性"和"宣道性"特征而有着强大的辐射性和渗透力，而转型时期的社会状况亦给宗教的继续存在和发展提供了有利的群众基础和心理基础。在这一形势下，对宗教问题采取的是"堵"还是"疏"的策略关系重大，必须反复掂量，三思而后行。"堵"的方式或许能暂时解决局部问题，其代价却是会导致意识形态上矛盾的激化、价值归趣上的分道扬镳、文化认同上的离心离德、社会政治上的冲突、动荡，而其暂时的平静也不过意味着未来重新爆发争端的能源积淀。因此，靠"堵"的方式并不能根本解决问题，暂时的平静也不意味着就能真正达到长治久安，其所暴露的在宗教认识上的无知或浅薄反而会引来决堤之灾。况且，在中国融入国际社会走向全球化的今天，能真正"堵"住宗教"普世性"的全方位"渗透"吗？而为了营造并真正获得中国发展的良好国际环境，则有没有这种"堵"的必要？是否应该尽量减少在国际社会中敌华势力攻击中国的口实？从全世界范围来看，宗教极端主义和敌视中国的宗教势力毕竟是极少数，我们没有必要与占世界人口绝大多数的宗教信仰者树敌，而应与之广交朋友，达到求同存异或和而不同之效。所以，在新的历史条件和国际形势下，我们需要一种观念的转变和基本思路的调整，以达实事求是。中国古老的文明流传着"大禹治水"的美好传说，而中国最早王朝（夏朝）的建立亦是与大禹的名字连在一起的。大禹治水取得成功的诀窍是以"疏"代"堵"，这亦是中国开明政治、治国安邦的诀窍。以"疏导"为主乃中国传统政治文明中的宝贵遗产，我们今天仍有必要将之发扬光大，倡导"疏导""引导"。因此，对待宗教问题的正确态度和策略也应该是"疏"而不是"堵"，是"导"而不是"压"。"疏""导"在此代表着人之精神世界的沟通、人之精神生活的流畅。

基于"疏""导"：我们可与各种宗教展开全方位、毫无保留或毫无隐讳的对话；我们可以真正去积极引导宗教与现实社会的适应，建立起诚心以待肝胆相照的统一战线；我们还可广交朋友甚至化敌为友，赢得宗教界绝大多数人士对我们改革开放、社会建设事业的认同、理解和支持。基于"疏""导"：我们在国际上可以达到对宗教信仰自由的广泛共识和在宗教人权问题上的共同点，在国内则可增强广大信教群众对祖国的认同感和向心力，增强其公民意识和责任，自觉爱国爱教；我们可以解决认知精神世界上的一些深层次问题，从而使宗教学识及其神学理论获得有利于社会的良性发展；我们还可以切实搞好法治建设，落实相关的法制法规，实现"法治"与"德治"的有机结合。当然，这种"疏导"亦要求我们的理论不断深化、不断提高，我们的政治持开明开放之态。在我国经济、法律、政治等相关政策获得重大发展和提高的今天，在宗教问题上采取以"疏"代"堵"的政策可达一顺百顺、四两拨千斤之效，我们何乐而不为！

精神世界与精神生活即人的世界和生活，人需要精神且不离精神。精神是人的自我意识和潜意识之共构，是人的理性思维和非理性思维之交织。精神反映了人的独特性、人的主体性和人的个性，但精神也展示出人的"超越自我"和人的"不可思议"。精神乃人的创造性、主动性、个殊性、多样性和复杂性之源。人的精神世界既可浪漫空灵无羁无绊，亦会思有所依情有独钟。因此，我们在理解宗教上不能仅仅限于社会学意义上的包容，还必须深入思想层面对人之精神洞幽、体悟。我们必须关注人之精神世界的方方面面，体验人之精神生活的丰富多彩。只有人的精神充实，才能达到人性的高扬，获得人文的辉煌。

（原载《宗教比较与对话》第三辑，宗教文化出版社2001年版。）

第九章

宗教思想中的"生死"问题

勒维纳斯（Emmanuel Levinas）曾提问说："对死亡，我们知道些什么？什么是死亡？"这是一个人们不愿意面对却又无法回避的问题。在中国思想文化传统中，影响力最大的古代哲人孔子对之曾留下"未知生，焉知死"（《论语·先进》）的著名回答。孔子对"死"并不关心，亦不愿意多谈，这一态度深深影响了许多中国人的心态。而谈论"死"，在亲人、朋友中也往往是个"禁忌"。但在现实生活中，随着家中的亲人和身边的朋友因病或遭祸去世，如"非典"（SARS）在世界特别是在中国的肆虐，地震、海啸的爆发，在很短的时间内就夺去了不少人的生命，这使人们不得不面对生老病死这一话题。不久前，曾有身患绝症的病人知道自己不能康复而在其最后的人生时刻记下了"死亡日记"，谈到自己的肉体和心灵因面临死亡及经受其折磨而获得的体验、感悟，引起社会的轰动和人们对其冷静、平淡面对死亡的钦佩。其实，哲学、宗教、神学都不回避死亡问题，并有专门讨论生死问题的理论阐述，如"死亡哲学""向死而生"的神学等。因此，宗教思想中的一大议题，就是专门对"死"之问题加以思索和询问。

对于"死亡"这一话题，已经出版过的书不少，在其翻译著作中笔者除了读过勒维纳斯的《上帝·死亡和时间》（Dieu, la Mort et le Temps, 余中先译，生活·读书·新知三联书店1997年版）之外，似乎还有格罗夫（S. C. Grof）的《死亡探秘》（*Beyond Death*，雁栖等译，中国人民大学出版社 1991 年版），贝克勒（Franz Böekle）等人编著的《向死而生》（*Im Angesicht des Todes Leben*，张念东等译，生活·读书·新知三联书店 1993 年版），舍勒的《死与永生》（《舍勒选集》下，刘小枫选编，上海三联书店 1999 年版），贝克尔（Ernesr Becker）的《拒斥死亡》（*The Denial of Death*，林和生译，华夏出版社 2001 年版）和布鲁斯·林肯（Bruce Lincoln）的《死亡、战争与献祭》（英文原名为 *In Memory of Mircea Eliade*，《纪念米尔恰·埃利阿德》，晏可佳译，上海人民出版社 2002 年版）等。而在中国人撰写的著作中，则看过赵有声等人的《生死·享乐·自由》（国际文化出版公司 1988 年版），该书讲述道家和道教的生死观及其人生理想，以及毕治国编著的《死亡哲学》（黑龙江人民出版社 1989 年版）。《死亡哲学》是以法国思想家蒙田"如果我是个作家，我就编一部评述各种死亡的书"这句话为开端，将中外哲学家关于"死亡"的论述一一介绍，并条分缕析，颇为深入。此外，在笔者所从事的基督教思想研究中，基督教神学体系中至少有基督论、人性论、原罪论和末世论这些命题都触及"死亡"问题。而莎士比亚戏剧中哈姆雷特关于"生存还是死亡"之问更是发人深思。可以说，除了现实生活中的感悟和思考，这些阅读和知识积淀亦为笔者自己探究"死亡"问题提供了相应的认知空间。

的确，人不知"死"，亦很难知"死"。"死"乃人生的彼岸、人生的终结，诚如荀子所言："生，人之始也；死，人之终也"（《荀子·礼论》）。然而，"死"之问题作为对人生的观照和限定，却有着认识"生"理解"生"的重要意义。生与死乃人之旅程的辩证统一，不可分割，了解"死"之意义，以一种正确的态度认识"死"对待"死"，则会彰显"生"的价值、升华"生"的意义，加深人们对"永生""永恒""神圣"等蕴涵的理解。

勒维纳斯在回答"死亡"是什么这一难题时，曾意味深长地指出，"依据经验，死亡是行为的停止，是具有表达性的运动的停止，是被具有表达性的运动所包裹、被它们所掩盖的生理学运动或进程的停止——这些形成了'某些'显示自己的'东西',或者显示自己的某个人,甚至于显示自身自己:表达自己。这一表达远远甚于显现,远远甚于表现"。①"死"使"生"的意义得以凸显,而"死亡"作为一种"停止"或"终结"则使人生"运动""历程"的意义和真谛得以前所未有的根本性的揭示。勒维纳斯一方面看到了"死亡经验"的不可能性,另一方面则认为"死亡"亦可表达一种不同于"死亡经验"的意义。他说:"把死亡归结为一种经验的不可能性,一种死亡经验之不可能性、一种生与死之间无接触的这一显而易见的道理,难道不是意味着一种比创伤更加消极的情感吗?就如同在冲击之外还有一种消极性。比在场(presence)更令人不安的分裂,更为先天的先天知识。必死性是这样一种时间形式,它决不应该被归结为一种预测,尽管它很消极,这一形式是无法归结为一种经验,归结为一种虚无之领会的。"②"死亡"并不只是一种"虚无",亦不仅仅表达一种"陨灭"。其"毁灭的意义"乃具有双重性。一方面,就"死者"之"死"本身而言,"死亡的氛围是沉默的,是无言的期待;向一团黑暗沉陷,一切知觉统统化为乌有"。③而另一方面,人类与"死亡"有着一种密切关联的"关系"。"我与死亡的关系,同样是由其他人之死的经验在情感上和智力上的影响所造成的。但是,这一关系与任何第二手的经验相比,都是无法比拟的。"④这种"与死亡的关系""死亡打击我们生命的方式"带来了人们充满恐惧与忧虑的预感。谢勒尔(Robert Scherer)说:"人类难逃死亡的噩运,因此尘世生命就是有限的,这是对我们的生命的最大挑战。尽管死于何时、何地、怎样死法没有一定,然而死亡无可回避则是确定无疑的。与死亡的确定

---

① [法] 勒维纳斯:《上帝·死亡和时间》,余中先译,生活·读书·新知三联书店1997年版,第7页。
② 同上书,第5页。
③ [德] 贝克勒等编:《哲人小语:向死而生》,张念东译,生活·读书·新知三联书店1993年版,第1页。
④ [法] 勒维纳斯:《上帝、死亡和时间》,第5页。

性联系在一起的不确定性,已明显地进入我们生命的视野。"①对于"死亡"的缘由之问,即对这种"不确定性"的探询,除了肉体性、灾难性或病源性之问以外,人们更有一种"道德""命运""因果"性的"精神之问"。为了解答这一问题,才有《圣经》中亚当、夏娃"失乐园"之典(因偷吃禁果而遭天罚,因不可能享有"生命树"之果而导致"必死"的命运)和"约伯之问"("为何好人受难?"),才有神学史上的"神正论"("完美的上帝创造了一个不完美的世界,神圣正义何在?"),亦才有康德"道德律"上的平衡(因人世间显而易见的不公平,人生命运的匪夷所思,故"上帝存在""灵魂不死"乃"道德律"的基本要求和先验前提)。这种具有"天人感应"意义上的"精神询问"在中国却早已被荀子的逆向思维所消解:"天行有常,不为尧存,不为桀亡"(《荀子·天论》)。反而言之,桀存尧亡,与天无关?!

然而,并非"死了、死了,一死百了"。问题并非如此简单,"死"在此不仅对个人,而且对公共社会、对历史存在还会有更多的意义。因此,谈论"死亡",还有其他不同维度或视域。勒维纳斯把"死亡"既看作"停止",亦视为"出发"。就"停止"而言,"死亡"意味着生命运动的"停止","意味着某人最终归结为可分解的某物——一种静止不动。没有变化,却只有毁灭,一种存在的终结,那些满是意义符号的运动的停止。一种支配着其他所有方式的存在方式的消亡"。②"死亡"即"从存在到不再存在的过渡",是以生命的"在"转为"不在",从其"肯定"转为"否定"。但就"出发"而论,"死亡"作为"去世"乃"毫不复返的出发,'不留下地址的'出发"。③一方面,逝者如流水,一去不复返,人们不知"死"通往何方,不知人之终极"归宿"究竟在何处。在传统宗教中,对人之"死"后的归宿、对

---

① [德]贝克勒等编:《哲人小语:向死而生》,张念东译,生活·读书·新知三联书店1993年版,第1页。

② [法]勒维纳斯:《上帝·死亡和时间》,张念东译,生活·读书·新知三联书店1993年版,第4页。

③ 同上。

"死"之"出发"所向有许多说法,如:中国传统文化所理解的人死入土为归故曰"鬼",[①] 伟人亡灵升天而为"帝"[②];在国外宗教传统中如"天堂""地狱"、彼岸世界、游荡魂灵、转世轮回等。但"彼岸"为何物、在何处,这对活者而言乃"永恒之谜"。从其实证性上,人们一直保持着对死者情形的茫然。而另一方面,"死"之出发对活者来说也充满意义,"死者"精神犹存,其人生经历——生命的光焰仍在闪耀,使人们为之感动、激动,"他们在这一死亡中发现了走向希望的所有理由"[③]。

生与死乃辩证的统一,有生即有死,无死亦无生。人一生下来,就是向死而生,就具有了面向死亡的现实。"我们面对的情况:只要我们活着,就只能面向死亡的噩运。……如果从惯常生命进程这种意义来说,那是谈不上有选择的自由的。"[④]德国浪漫主义诗人诺伐里斯(Novalis)在其诗集《夜的颂歌》中曾写道:"生活是死的开端。生活是为了死的缘故。死是结束也是开端,是分开也是更近的结合。通过死完成了'还原'。"人生于自然,亦通过死而完成了向自然的回归。但向死而生并非就意味着悲观、虚无和绝望。死亡衬托出生命的价值和意义,人亦可因之而生活得自然、坦然、超然,创造出充实而丰富的人生。不过,生的欢悦和死的恐惧乃是一个不争的事实。"垂死"会给人带来孤寂和恐惧,会激发求生的挣扎,亦会导致垂死者对其死亡本身及其缘由的反思或诘问。因此,"垂死乃是人生的核心机密,它历来传播着敬畏之情,也时时激起恐惧之感。这也是人之所以在有生之年情愿祛除与死有关的一切的原因之一"[⑤]。垂死者对死之威胁、死之恐惧和死之意义

---

① 《礼记·祭法》称"大凡生于天地之间者皆曰命。其万物死皆曰折。人死曰鬼"。《礼记·祭义》也说"众生必死,死必归土,此之谓鬼"。

② 《礼记·曲礼下》说,"君天下,曰天子。……崩,曰天王崩。复,曰天子复矣。告丧,曰天王登假。措之庙,立之主,曰帝。""帝"之本意指"凿木为重以依神",指君王死后要在庙里立一个牌位供人敬拜。

③ [法]勒维纳斯:《上帝·死亡和时间》,第4页。

④ [德]贝克勒等编:《哲人小语:向死而生》,第5页。

⑤ 同上书,第19页。

有着更为直接、更为紧迫的"临界"感。这里，人能够更加深刻地体会到个我的孤独、无望、忧郁、悲伤、痛苦或绝望，人因而也遭受着肉身和心灵的双重折磨及打击。对此种体验，帕斯卡尔曾描述说，"人类被遗弃给自己一个人而没有任何光明，就像是迷失在宇宙的一角，而不知道是谁把他安置在这里的，他是来做什么的，死后他又会变成什么，他也不可能有任何知识"①。对生之眷恋和对死之无知遂造成了人之身心痛苦煎熬。然而，帕斯卡尔在此亦感叹"人们在这样一种悲惨的境遇里竟没有沦于绝望"！直面死亡，不少人亦更会高扬生的价值、生的尊严和生的意义，体现出"生的伟大，死的光荣"之境界。因此，这种直面亦成为一种笑傲死亡、笑离人生，以一种平静、安详、坦然、从容走完其人生的最后一程，解决其生与死的过渡。除了痛苦之死，还有平静之死、坦然之死和无畏之死，而现代社会出现的"安乐之死"正令人注目。甚至亦有一种"美丽之死"。记得琼瑶在其言情小说《失火的天堂》中描写的女主人公就选择了一种"美丽之死"，以体现她"死之尊严""死之完美"。德国慕尼黑市近代美术馆中有一幅油画（画家和作品之名已被笔者忘记）亦描绘了一个少女之死，其"死之美"或"美之死"扣人心弦，给观者带来强烈的心灵震撼。的确，人可以"诗意地栖居人世"，亦可以"诗意地走向死亡"。

勇于面对死亡，甚至"主动"去"选择"死亡，这正是人类精神的伟大之处。帕斯卡尔曾哀叹"我们希望真理，而在自己身上找到的却只是不确定。我们追求幸福，而我们找到的却只是可悲与死亡"。②其实，"死亡"并非与人对真理、幸福的追求毫不相关或截然对立。为了人类群体的真理和幸福，不少勇敢者——他们乃真正的英雄——会挺身而出，甚至会义无反顾地"选择死亡"！在战争中、在抗击天灾人祸时，就有许多这样的英雄。例如，在人类抗击"非典"（SARS）的战斗中，大批医护人员把"死"的危险留给自己，把"生"的希望带给

---

① ［法］帕斯卡尔：《思想录》，商务印书馆1987年版，第328页。
② 同上书，第200页。

病人，冲在了最前面，站在了最危险之处，这正是人之崇高精神、伟大思想之典型体现。帕斯卡尔说得对，"思想——人的全部的尊严就在于思想"①"人只不过是一根苇草，是自然界最脆弱的东西；但他是一根能思想的苇草，用不着整个宇宙都拿起武器来才能毁灭他，一口气、一滴水就足以致他死命了。然而，纵使宇宙毁灭了他，人却仍然要比致他于死命的东西更高贵得多；因为他知道自己要死亡，以及宇宙对他所具有的优势"②。这种认识到"死亡"却仍然为了人类的崇高使命和事业、为其职责和义务而贴近"死"、选择"死"的思想极为崇高伟大，因为其选择者和实践者亦深知，"每个人对于他自己就是一切，因为自己一死，一切对于自己就都死去了。由此而来的是，每个人都相信自己对于所有的人就是一切"③。为了人类的一切而可以放弃自己的一切，这是人类的事业感，也是人类整体得以延续发展的奥秘所在。"事业——光荣具有的甜美是如此之大，以至于我们爱它所附丽的无论什么对象，哪怕是死亡。"④苏联作家奥斯特洛夫斯基在其《钢铁是怎样炼成的》一书中，曾借保尔·柯察金这个人物说出了一段影响中国现代无数人的、有关事业与生命之关系的豪言壮语："人最宝贵的是生命。生命属于每个人只有一次。人的一生应当这样度过：回首往事，不因虚度年华而悔恨，也不因碌碌无为而羞愧，临终时会说：'我的整个生命和全部精力都献给了世界上最壮丽的事业——为人类的解放而斗争'。"⑤

文明的开端，乃始于人类认识到死亡并开始尝试如何面对死亡。这种对死亡的态度和解释，及其对死亡的克服和超越，就是人类宗教得以诞生和发展的重要原因及使命。马林诺夫斯基（Malinowski）指出，"死亡是人生一切事件中最有破坏性和解组性的一桩——恐怕就是宗教

---

① ［法］帕斯卡尔：《思想录》，商务印书馆1987年版，第164页。
② 同上书，第157—158页。
③ 同上书，第208页。
④ 同上书，第77页。
⑤ ［苏联］奥斯特洛夫斯基：《钢铁是怎样炼成的》，楼瑛译，中国电影出版社1999年版，第258页。

信仰的泉源"①。宗教对死亡的界说或神圣化,可以使人较为平静自然地面对死亡。"原始宗教中的一大部分,是关于人类生活上重要危机的神圣化。受孕,出生,青春,结婚,以及……人生最大危机,死亡,都引起了神圣化的宗教举动。"②这种"神圣化"在古代及现代宗教中皆得以保留。一方面,宗教以"永生的信仰"来使人相信有来世、有彼岸人生,"死亡"只是人跨越人之有限与无限、此在与彼在、现实与永恒的"过渡"。"死"既是终结,亦是开端,从而转其恐惧、可怕为期盼、希望。这种信仰对垂死者可以起到安慰和减轻痛苦的作用,达到一种"临终关怀",使其顺利完成"出生""入死"的过渡和转型,表现出一种"向生而死"的从容、镇定。另一方面,宗教信仰以其相应的宗教仪式来表达生者与死者的关联,从而有助于社会的有机共构和人类生活的延续发展。马林诺夫斯基由此阐明了宗教的文化意义:"在一个将死的人,永生的信仰和临终的宗教仪式,都会证实他的希望,使他相信人类具有来世,那来世并不比这现世坏,而实则是更好的。所以,死前的仪式,正好证实了一个垂死的人在莫大冲突中所需要的情绪上的展望。"而这种临终和丧葬仪式"都是生人同死人间的一种精神上的合作。在这些仪式中,处处都表现着关于死后继续存在,及生死人间互助的信条。宗教信仰可以使个人摆脱其精神上的冲突,而使社会避免瓦解的状态。"③"人类生活上的每一重要危机,都含有情绪上的扰乱,精神上的冲突,和可能的人格解组。这里成功的希望又须与焦虑和预期等相挣扎着,宗教信仰在乎将精神上的冲突中的积极方面变为传统地标准化。所以,宗教信仰满足了一种固定的个人的需要,这需要乃为社会组织所连带的心理上相配部分所造成。另一方面,宗教信仰及仪式使人生重要举动和社会契约公开化,传统地标准化,并且加以超自然的裁认,于是增强了人类团结中的维系力。"显而易见,"宗教的需要,是出于

---

① [英]马林诺夫斯基:《文化论》,中国民间文艺出版社1987年版,第76页。
② 同上书,第77页。
③ 同上书,第76—77页。

人类文化的绵续,而这种文化绵续的涵义是:人类努力及人类关系必须打破鬼门关而继续存在。在它的伦理方面,宗教使人类的生活和行为神圣化,于是变为最强有力的一种社会控制。在它的信条方面,宗教与人以强大的团结力,使人能支配命运,并克服人生的苦恼。每个文化中都必然的有其宗教,因为知识使人有预见,而预见并不能克服命运的拨弄;又因为一生长期合作和互助,造成了人间的情操,而这情操便反抗着生离与死别;……文化对于宗教的需求虽然是衍生的和间接的。但宗教最后却是深深地生根于人类的基本需要,以及这些需要在文化中得到满足的方法之上"①。文化支撑着人类的生生不息,人虽然认识到其生命的"不再性"和"一死不再生",却以其宗教信仰来表现出对"生"的执着和痴迷,并在这种信仰追求中达到人超越死亡的"不死"境界。如此看来,信仰乃文化的精髓和关键所在,帕斯卡尔对之亦曾感言,"人没有信仰就不能认识真正的美好,也不能认识正义"。②

在基督教的信仰中,"只有当人们把死亡与十字架上耶稣之死相联系且承认耶稣的复活时,才能对死和死后的事做出正确的理解。这样一来,正如完人耶稣死而复活一样,我们也可作为完人死而复生。至于复活意味着什么,则全然超出我们的想象。《圣经·新约全书》记述了上帝之子耶稣神一般的从容哀号,也记述了他喊出的临终遗言:'成了',也就是我们得救了。耶稣所走的人之路亦即神之路,也就是现于心中的指路上帝。没有上帝,就没有人生"③。按照传统基督教的理解,其对"死亡"的态度乃"以生克死",立意在拯救,指归在复活。其基督论的重点在于耶稣的复活,没有复活则没有信仰,但没有上帝亦没有复活。这是一种神本论的解释,耶稣为人赎罪而受难,乃是体现神圣君临的拯救。为此,基督徒有喜悦、有平安,也有着种种轻松。

---

① [英]马林诺夫斯基:《文化论》,中国民间文艺出版社1987年版,第78—79页。
② [法]帕斯卡尔:《思想录》,商务印书馆1987年版,第184页。
③ [德]贝克勒等编:《哲人小语:向死而生》,张念东译,生活·读书·新知三联书店1993年版,第9页。

然而，基督宗教信仰并不只是这样一种舒服、安全、轻松的信仰。这样的信仰"决志"会轻而易举、"得来全不费功夫"！相反，基督教信仰更是关于受难、痛苦、牺牲、死亡的信仰。其悲剧般的深沉给人带来的是谦卑、温良、慈悲、宽容。而其"决志"也不只是喜乐和轻松，更体现为虚心、耐心和爱心。自近代世俗化以来，尼采喊出"上帝死了"的惊人口号，不少基督徒在私下呢喃："如果上主不存在，我们该怎么办？！"由此而言，支撑基督论的并不仅仅是上帝论、神本论，而更多是人格论、人本论。耶稣的受难，不只是"复国救主"之"基督"意义上的为世人赎罪，使人获得一种得救上的轻松和容易。相反，耶稣的受难是更多而且更根本地体现出其作为"人子"，作为真实、真正之人对"死亡"的态度，及其采取的"超越死亡"之进路。这里，既有着"复活"的希望，却更需要"死亡"的勇气。在基督信仰中，我们不能回避这一对基督论的新解读——况且，它并不是一种"新解读"，而乃对基督信仰本真的真正回归。从这一意义上，我们可以更深地了解基督徒将其"殉难"视为"殉教""殉道"的信仰缘由。

按照卡尔·巴特（Karl Barth）的理解，神与人之间有着一条不可逾越的鸿沟，人不可能模仿神、超越神。因此，追随基督不是神性论上的追随模仿，而乃人性论意义上的跟随仿效，这样才能真正符合基督教的传统，才能体悟出耶稣神、人二格的真谛。仅从神性维度来理解基督，则会从根本上失去人的使命、人的责任和人应当承担的风险及危难。但实际上，基督教从古到今之历史传统向我们展示、昭显的乃是"选择死亡""从容赴死"的耶稣，以及义无反顾、勇于殉难的耶稣门徒。波兰小说家显克微支（Henryk Sienkiewicz）在其获得1905年诺贝尔文学奖的著名小说《你往何处去？》（*Quo Vadis*）中，引用了《新约：约翰福音》第13章36节中耶稣门徒彼得的这句问话来描述耶稣及其门徒的选择：耶稣的首位门徒彼得因尼禄皇帝在罗马迫害基督徒而准备离开罗马，途中遇到朝罗马赶来的耶稣，彼得问道："主啊，你往何处去？"耶稣回答说他不能遗弃其人民，因而要到罗马去，准备被人第二次钉上十字架。彼得听后毅然返回罗马，最终在罗马殉教。此后，在耶稣受难后皈依基督教的保罗亦在罗马殉教。在第二次世界大战期间，本已在纽约协和神学院任教的德国基督教思想家朋谭斐尔（Dietrich Bonhoeffer）不顾朋友们的劝阻而返回德国，最后在集中营中殉难。这亦使笔者想起中国近代史上戊戌变法失败后不愿逃走而遭杀害的改革家谭嗣同，其对"死"赋予了超越自我的更多意义。"殉难的英雄"此乃"门徒的代价"，由此我们亦可真正体悟耶稣受难、赎罪、拯救的信仰意义。

总之，人对"死"的意识构建了人生整体的意义，"死亡"对人而言所具有的力量不只是否定的，亦是肯定的。人的"受难"、人面对"死亡"而有了人的真正选择和"决志"。这在宗教信仰中尤其得到典型的体现，其对"死"做了"不属于这个世界"的解读，平静地将"死"视为向"永生"的过渡，故因"向死而生"而对死淡定坦然、从容不迫。其实，整个人类文明最初也是从人对"死"的洞见而涌现、而伸展。中华文化"敬天法祖"中的祖先崇拜就有其对生死的信仰解读，看到了对"死"的超越和对"生"的延续。因此，"生死"问题与人生不可分割，与信仰亦不可分离。

（原载卓新平《神圣与世俗之间》，黑龙江人民出版社2004年版。）

第十章

"生"之精神：中国宗教中的生命意义及生存智慧

  对"生命"的重视、对"生活"意义的探讨以及对"生存"智慧的把握，这在中国传统宗教中得到了比较典型的体现，也是中国宗教思想的重要内容。一般而言，宗教比较关注"彼岸"的意义，侧重于"死"后生活，旨在一种对今生今世的超脱或超越。例如，古埃及宗教即一种探究"死"之意义、强调死后生活的宗教。这种宗教传统使古埃及人倾力于"金字塔"的修建、人死后"木乃伊"干尸的保存以及对人死后的冥间生活之详尽描述，从而给人类留下了关于"死"之文化的厚重遗产。基督教则以一种超越的审视来看待今生与来世，其突出的精神乃一种基督徒"生活在此世却不属于此世"的"外在超越"，因而侧重于一种"终末论"的"基督复归""最后审判""千禧之年""天（堂）地（狱）归宿"或"新天新地"。在这两种宗教传统中，"生"的意义往往被淡化，而"生"之精神亦很难得以彰显。因此，基督教传统比较多的思考"死亡"问题，尽管其中亦有"向死而生""死后复活"的信仰考虑，但对"生"之论述并非其思想理论的重点，而且往往会被其对人的"原罪观"所遮盖。与之相比较，以儒、道为原生传统的中国宗教则更多关注"生"之精神，其思想理论兴趣和灵性精神追求也更加突出地表达了生命的意义和生存的智慧。

  中国宗教"生"之精神大致表现在三个层面：一为对人生与"天

道"关系的探讨,即"究"天人之际或神人之间,反映出宗教意义上的神性境界。二为对人生与"自然"关系的探讨,即审视人在自然中的位置、意义和作用,展示一种"生态"的向度。三为对人生中人与人之间关系的探讨,即人际关系之论,旨在一种"社会"的维度及人类群体共在的"和谐""大同"。从这三个层面,中国宗教思想表达了其"重生""惜生""贵生""养生"的宗教观、世界观和人生观,形成其对"生命"意义的高扬。而且,"生"在此并非一种静态,而乃有着"相生""生生"的辩证变易,让人感受到其充满活力的动态。

一 "生"与"天道"

在中国宗教中,"生"并非一种独立现象,而是与"天道"有着密切关联,"生"之意义乃来自天道之所赋,生命存在则为自然界大化流行之逻辑必然。因此,这种与"天道"的联系使"生"有了神圣之维,体现出宗教意境中的"生"与"道"的合一。

中国古代宗教文献曾阐述了"生"与"天"、"生"与"道"的这种关系。《周易》指出,"万物资生,乃顺承天"[①]"天地之大德曰生"[②]。在此,"化生"万物乃"天地"之"大德",表现出其"创造"和"博大"。但这种"化生"并不仅仅是纯"自然"过程,而反映出一种超然、形上的维度,有着神圣的关照。正如老子《道德经》所言:"道生一,一生二,二生三,三生万物。万物负阴而抱阳,冲气以为和。"[③]而"道"乃体现出本源、超越的至上本质。"道者,虚无之系,造化之根,神明之本,天地之元。"[④]这里,"道"显然具有"主宰万物"的神圣地位,体现出宗教之境的神性之维。

---

① 《周易·坤·彖传》。
② 《周易·系辞下传》第一章。
③ 《道德经》第四十二章。
④ 吴筠:《玄纲论》。

不过，在中国宗教的整体观中，"道"与"生"并不是一种"二元分殊"或"分割"，而有着并存、有机共构的关联。可以说，中国宗教中的"生"之精神乃彰明其"敬天重人""天人合一"的境界，达到了一种超然与现实的结合。在这一意义上，"生，道之别体也"。①生存并不仅仅是个我、个体之生命的存在形式，而是万物生命的共在。万物之生则正是"道"的表现形式。将"生"与"道"相关联，实际上是要突破对"生"及"养生"的狭隘理解，获得更广远的视域。道教思想家葛洪曾说，"夫所谓道，岂唯养生之事而已乎？易曰：立天之道，曰阴曰阳；立地之道，曰柔与刚；立人之道，曰仁与义"。②所以，人之"生"应该"观天之道，执天之行"，体悟并实践"天道"，活出其神圣性来，实现其自我超越和神性升华。

二 "生"与"自然"

按照中国传统宗教的理解，"生"乃是"道法自然"的生动写照。"自然"乃生之来源，亦是生之归宿。人"生"的意义，一方面，在于其顺应自然，实现在自然之中的"生生不息"。生命正是在这种"不息"中得到延续，达其永恒。这是在"变化"中的"永生"，揭示了"生生之谓易"③的真谛。另一方面，人"生"亦是在自然之中探索自然、认识自然的过程。这种对自然的精神把握乃说明人与自然亦有不同之处，人由此可以达到在自然之中的主动性，并实现对自然的一种灵性超越。

"生"与"自然"的关联，首先说明"生"乃一种自然现象。"生"处在变化运动之中，也在其"变易"中实现其"不息"。因此，

---

① 张道陵：《老子想尔注》。
② 葛洪：《抱朴子内篇》卷十。
③ 《周易·系辞上传》第五章。

"天地缊缊，万物化醇。男女构精，万物化生"①。其"刚柔相推""阴阳合德"乃"变在其中""动在其中"也。靠这种"变化"而达"日新"，因这种"日新"而致"盛德"。"天地变化，草木蕃；天地闭，贤人隐"。②正是这种"云行雨施，品物流形"③"在天成象，在地成形，变化见矣"④。人"生"亦与自然界的"生生不息""生死变易"相同。庄子指出，"天地者，万物之父母也，合则成体，散则成始"⑤"精神生于道，形本生于精，而万物以形相生"。⑥生命来自变化，生死之终始循环恰如四季变化莫知其端。"变而有气，气变而有形，形变而有生。今又变而之死，是相与为春秋冬夏四时行也。"⑦ 这就是说，生命运动有其自然发展规律，会经历其新陈代谢的不同时期。《周易》将之分为"元，亨，利，贞"⑧四阶段；在此，这四个字即各有所指："'元'——生命的开始期；'亨'——生命的成长期；'利'——生命的成熟期；'贞'——生命的衰老期。"⑨但是生命并非一经衰老后便一死百了，其自然奥妙乃在于生死相连，二者之间有着生必达死、死却复生的辩证关系。恰如庄子之言："生也死之徒，死也生之始，孰知其纪！人之生，气之聚也；聚则为生，散则为死。"⑩在和谐圆融的自然之中，生与死的绝对之界得以化解，而以平静心态直面生死，则也达到了一种超越生死返朴归真的"化"境。

既然已将"人生"归入"众生"之中，那么人与万物就应达到一种在自然之中的"平等"，不能厚此薄彼。"人与鸟兽昆虫，共浮天地

---

① 《周易·系辞下传》第五章。
② 《周易·坤·文言》。
③ 《周易·乾·彖传》。
④ 《周易·系辞上传》第一章。
⑤ 《庄子·达生》。
⑥ 《庄子·知北游》。
⑦ 《庄子·至乐》。
⑧ 《周易·乾》。
⑨ 姜守诚、蔡振村：《"生生之谓易"——试论〈周易〉的养生哲学》，载詹石窗主编《道学研究》2004年第1期。
⑩ 《庄子·知北游》。

之中",大家"同生天地,无所异也"。①我们在这里看到的景观乃是人与自然万物的融合契合、交织互摄。"天地与我并生,而万物与我为一"②,这里并不区分彼此的优劣或高低尊卑,相反,自然万物的关系乃相互依存、相互制约、相互关联。"金木水火土,五行相生相克。"③故而,人对自然并无绝对的主宰、控制之权,所以不可对自然随心所欲任意摆布。而所谓"道法自然"对人"生"与"自然"关系而言,则是强调人应遵循自然规律,保护生态平衡,对自然应"爱养万物而不为主""长之畜之,成之熟之,养之复之,生而不有,为而不恃",做到"生而不辞,功成不名有",④即与自然处于一种和谐和平的理想关系之中。

由此可见,中国古代宗教在认识和处理"生"与"自然"之关系时,其体现出的是一种自然主义的态度,表达了一种关爱万物、保护环境、尊重自然规律、维系宇宙秩序的生态主义精神。

三 "生"与"人际"

关爱生命、重视人生的一个关键问题,即如何协调人与人的关系,达成一种理想"人际"。"重生"既要面向自然,更应面对人自身。因此,人"生"所体现的亦是一种"人道"。要想达到"天道",则需要"先修人道"。"生"的意义在此即信守"天道"和"人道",而决不可以逆"道"而行。

从"究天人之际"到"探人际之间",人对"生"的认识已从形而上的神学、哲学转向现实中的社会伦理学及其道德规范。这种伦理的维度使"立人之道"落实为"曰仁与义"的重建。"仁义"作为处理

---

① 《无能子》。
② 《庄子·齐物论》。
③ 《黄帝内经》。
④ 引自闵智亭《道教杂讲随笔》,中国道教学院2002年版,第91页。

人际关系的理想之态或可刻意以求，或可自然而至。对此，儒家号召积极有为，而道家则主张淡然无极。在庄子看来，"淡然无极，而众美从之，此天地之道，圣人之德也"①。他欣赏一种"无仁义而修，无功名而治"的"无为"境界，其追求的理想人格则正是达到了"至人无己，神人无功，圣人无名"②这"三无"之境，其结果则是"众美从之"而"无不有也"。

在道家看来，既然"人从虚无自然中来，受神抱识，湛然清净"，③那么就应持淡泊、超然之态。这种"清净""虚寂"的心境可使人得以神全而不为物累，平静地体悟到人与人之间、人与物之间的本质"均平"，并无高低贵贱之分。这样，人"生"以淡泊、无为的逍遥、超越之境既实现了"真清真静"的"真功"，却又完成了"修仁蕴德""济贫救苦""众善奉行""与万物无私"的"真行"，从而给人世留下"天之道利而不害，圣人之道为而不争"④的美好印象。其实，这种超脱境界虽然看似清静无为、与世无争，实际上却体现了对人世、对人际的深深关爱，显露出其宗教的人道主义和人文主义精神。

四 "贵生"精神

综上所述，中国宗教传统以对生命意义的关注和对生存智慧的发掘而体现出一种极为独特的宗教"贵生"精神。在儒教传统中，孔子所强调的"未知生，焉知死"⑤形成了中国宗教精神中的"生命哲学"或"生存哲学"。其突出的是"人"，是人的"生命"和"生存"，是对"生"的尊重和关爱；由此而构成其修身养性、成浩然之气的"修身"性"内在超越"，并进而引发出"齐家、治国、平天下"的"内圣外

---

① 《庄子·刻意》。
② 《庄子·逍遥游》。
③ 《传授三洞经戒法箓略说》。
④ 闵智亭：《道教杂讲随笔》，第92页。
⑤ 《论语·先进》。

第十章 "生"之精神：中国宗教中的生命意义及生存智慧

王"之道。儒家这种"人能弘道、非道弘人"的实践性、人文性，使其宗教的维度显得模糊不清，以致人们至今还纠缠在儒教是"教"非"教"的争论之中。当然，"贵生"就并非与宗教无关，在人类宗教史上，对现实人生的关注是所有宗教的常态，其所追求的不过是要超越人生之限，而不要囿于人生之中。

在道教传统中，其追求的"此岸性""今生性"亦极为鲜明。道教中最为重要且最为宝贵的教义内容即"仙道贵生，无量度人"。[①] 这也是对儒教内在超越、人文精神的绝妙呼应。二者相得益彰，珠联璧合，构成中国传统宗教文化之两翼。道教的"重生""惜生""贵生""养生"表达了其"悦生"而"恶死"、"乐生"而"忘死"的情趣。因为"贵生"，才有其"养生"的实践，才有"我命在我，不属天地"的气魄，也才形成其探索"生"之奥秘、找寻"生"之意义、达其"生"之长久的养生术，即其宗教信仰体系内的生命哲学和生命科学。

由此而论，真正代表中国原生宗教传统的儒教和道教都似乎是"入世"的或"今世"的，似乎是"此岸的"或"贵生"的。其"重现实""重人生""重实践"曾被人们视为其"宗教性"不明显、不典型的理由，甚至被从"宗教"的范畴中排斥出去。然而，对"生"与"死"、"今生"与"来世"、"此岸"和"彼岸"的关注，乃是一切真宗教所不能忽视的两大层面。就宗教的实践意义和存在意义而言，对"生""生命""生存"及相关的"今世""此岸""现实"的重视，并不一定就是"宗教性"脆弱的表现，或许恰恰相反。在西方思想史上，斯宾诺莎也曾从其对比视角来论及他关于生与死的思考，他把"生"看得更重，认为"智者"只考虑生存而不管死亡，其智慧不是关于死的默念，而是对于生的沉思，自由的人会最少想到死，通常人们也会把得到的一切都奉献给自己的生存。这样看来，儒教、道教亦正是斯宾诺莎眼中这类"贵生"而忽视"死"的"智者"，从而可与西方基督教突出关注死亡问题形成鲜明对照。

---

① 《太上灵宝无量度人上品妙经》。

在全球化的当代发展中，许多宗教已越来越强调自身乃"俗世的""入世的""人间的""人生的"宗教，凸显其"生"的宗教、伦理、价值之维及其意义。儒教、道教作为一种"人文性""重生性""现实性"的宗教类型，成为人们体悟、认知、分析、把握宗教的重要参照体系，亦为不同宗教在关爱生命、关注人间、关心现实上的对话与沟通提供了丰富的灵性资源。因此，我们今天可对中国宗教思想中的"生"之精神重新评价，从宗教的本真、本原意义上对之加以意味深长的反思。

（原载《宗教比较与对话》第六辑，宗教文化出版社2005年版。）

第二编　宗教与哲学、神学

第十一章

笛卡尔与近现代西方哲学的反思

——兼论西方宗教观的发展

导　论

本文综合论述了笛卡尔对近现代西方哲学发展的影响，以及西方哲学随着时代的变迁而对笛卡尔进行的反思与扬弃，从中反映出当今哲学的多元化发展趋势。笔者利用近几年曾在国外进修接触面较广的有利条件，力图对国内在笛卡尔研究以至近现代西方哲学研究上的局限有所突破，以期有助于开阔我国哲学研究的视野，缩小我们与世界学术发展的差距。

西方主体性哲学始于欧洲近代，由此迎来从客体思维到主体思维的重要转换。虽然这种主体认知的思想萌芽可以追溯到古希腊苏格拉底"我知我无知"的主体意识，也曾经历了奥古斯丁"我疑故我在"的主体感受，而主体性作为一种认识的基本方法和定位，并形成其具有广泛影响力的一个时代，则是以笛卡尔及其"我思故我在"的名言为标志。

笛卡尔（René Descartes）是法国著名哲学家和科学家，于1596年3月31日出生于荷兰海牙，3岁时回到法国，早年入耶稣会所办拉·弗来施公学就读，文理兼攻，涉猎广泛。毕业后于1617年从军，曾作为雇佣军参加过德国的三十年战争，但他从军期间以文职工作为主，其间开始科学研究。1620年，他开始游历一些欧洲国家，增长不少见识。

此后他一度回到法国巴黎小住。1629 年他移居荷兰，开始潜心著述，从而得以完成其主要著作的写作。1649 年，他应瑞典女王之邀到斯德哥尔摩讲学，但不到半年就因身体不适而于 1650 年 2 月 11 日在当地去世。其主要著作包括：《方法谈》、《论世界或论光》、《关于第一哲学的沉思》（法译为《形而上学的沉思》）、《哲学原理》、《论灵魂的激情》、《指导精神的规则》、《论启蒙》、《关于人类身体的描述》、《与比尔芒谈话录》、《音乐提要》、《书信》等。

在哲学上，笛卡尔强调理性的意义，主张以理性主义来取代中世纪经院哲学的信仰主义，从而开创了欧洲近代的理性时代，被视为"近代哲学之父"。在科学上，他在数学、物理学和生理学上多有建树，并发明了平面解析几何学，以其对"变数"的研究而开始"数学中的转折点"。此外，他在天文学、地球学和气象学等领域也有其独特的研究。其思想创新在于他推动了西方从"唯信"到"唯理"的近代变革。他以"怀疑着的我"为出发点，用怀疑一切的立场态度来重新审视传统哲学及神学中诸命题的有效性及可信性。在这种"重新开始"中，他认识到一切都可以怀疑，但怀疑之主体即认知之"我"却是确实存在的。于是，他以"我思故我在"的名言而从"怀疑着的我"进而走向"思想着的我"，即唤醒了人的"主体"性，而"主体之人"的意义及尊严就在于发现并肯定人具有精神和理性。显然，突出人的主体意识和理性意义，这是"走出中世纪"的重要一步。"理性"权威的树立，说明哲学可以告别神学对之曾有过的统领而享有其思想的绝对自由，从而用"理性"的至高无上来取代"信仰"的至高无上，不再屈为"神学的婢女"。这对中世纪思想"信仰以求理解"是一个重要的颠覆，其新的路径即以理性推断、证明来看待、分析人的信仰及其意义。不过，其理性证明的方法虽然动摇了传统有神论者"不证自明"的根基，却也在其神论上形成了理性时代的宗教观，发展出一种具有形而上学意义的理性神学。

根据"我思故我在"的原则，"我"即"一个在思想的东西"，也就是说，"人"应以自我主体来观察世界、检验世界，以"我思"为标准,而不再依赖于面向外在的"我信"。人的"思"即理性认知乃其"存在"的证明,而且人也必须以自我正确运用理性思考来达其"最伟大的德性",避免"最重大的罪恶"。这样,理性不仅是人的认知原则,也是其获得正确的价值、伦理观念之保障。

笛卡尔的唯理论对近代欧洲思想带来了巨大冲击,不少近代哲学家称其思想为"自天而降的启示",感到由此获得从中世纪经院哲学僵化思维模式中的"拯救",从而有了创建新的哲学之可能。但与此同时,他的理性思辨也遭到信仰主义和神秘主义的攻击,一些思想家认为其对"理性可能"的依赖在认知中可能会遇到"理性无能"的尴尬,如理性证明一旦陷入"二律背反"则什么也无法真正确证。此外,也有人批评笛卡尔对"我思""我在"的偏爱也导致了"唯我论"的哲学孤寂,使人的思维孤立化、个我化、内在化,从而缺少与外在的关联和对话。可以说,西方近代"个性解放""唯我主义"的发展在笛卡尔的"唯我论"上找到了哲学基础,但这种"我"却也出现了明显的"异化"。笛卡尔从希望"清晰明白"的思想出发而重视理性、逻辑,为近代思维开辟了新的道路,但其以"理性"统摄一切的企图却并不成功。因此可以说,笛卡尔的"唯我"理性给近现代西方思想留下的是一份非常重要却颇有争议的精神遗产。

如前所述,笛卡尔最经典的哲学表述即"我思故我在"(Cogito ergo sum)。一句"我思故我在"的名言,使笛卡尔以法国哲学家的身份像巨人一般屹立在西方近代哲学之端,开启了一个哲学思想的全新时代。走过中世纪思想发展的漫长之途以后,笛卡尔用这一振聋发聩之语宣布了西方思想史上主体性哲学的开始。然而,中世纪神学的回光返照,西方传统的深远影响,却又使得像笛卡尔这样的近代思想巨人成为一种双重的巨人、矛盾的巨人。在他身上,虽然展现出新时代思想萌芽的勃勃生机,却也留着传统观念的深深印记。而其精神深蕴之处的悬而未决、模糊不清,使他一方面被近代经验哲学和唯理哲学同尊为鼻祖,另一方而又被双方在更高层次上诘难和扬弃。随之而来的西方思想巨匠,不论是欧洲大陆的斯宾诺莎、莱布尼茨、康德、费希特和黑格尔,还是英伦三岛的洛克、贝克莱、休谟等人,都对笛卡尔的思想进行了深刻的反思。笛卡尔想借助理性的威力摆脱传统神学的羁绊,这一方面导致了传统基督教神学的衰落,另一方面又刺激了近代西方哲学的多元发展。几百年来,西方学者对笛卡尔的褒贬臧否,正反映出这种多元发展的不同特色。探讨笛卡尔在西方思想界留下的不绝回音,追溯这一精神历程上的串串脚步,对于我们了解西方近现代乃至当代哲学的发展,无疑都有着重要的启迪作用。

一　"我思故我在"与理性的至高无上

笛卡尔童年时在耶稣会学院所受的宗教教育,对其一生影响很大。虽然他后来改学法学,并接触到各种自然科学和人文科学,在周游欧洲时又获得了不少社会知识,使世界观发生了潜移默化的转变,但他仍不敢直接与宗教神学和传统思想发生冲突,更没有勇气为自己的自由思想和理性哲学而殉道。笛卡尔的时代,神学的鼎盛时期已经过去,但教会中的传统保守势力仍有着余威。布鲁诺、伽利略的悲惨遭遇,使笛卡尔更加小心翼翼,尽量避免与天主教会发生正面冲突,并为此而旅居新教势力占统治地位的荷兰达二十年之久。在此期间,尽管他不敢直接攻击教会传统的各种信条,不敢触及诸如上帝观念、灵魂不死、道德意识等敏感问题,但他也不愿放弃自己的研究和独立见解而去重复那些因袭的理论,更不想再去捡拾晚期经院哲学和传统神学的牙慧。这样,他的学说终于引起了教会的攻击。荷兰乌特烈赫特大学新教董事会首先禁止了其著作的流行;随后,天主教会也将他的全部著作列入了禁书目录。

哲学以理性为原则乃一种通识,中世纪的经院哲学亦是一种理性哲学,不过其理性基于"神智",故为"神哲学"。在"神性"的光耀下,人的自我意识、人的主体性及人之理性被传统客体认知的大海所淹没。虽有中世纪后期库萨的尼古拉等思想家的主体意识之初现,在这片大海中却只是不被普遍注意的几朵浪花而已。在经过中世纪的思想朦胧之后,笛卡尔试图摆脱各种传统的见解,用怀疑一切的态度来对待哲学和神学种种命题的有效性,甚至不惜怀疑自己的感觉。正如他所说的:"如果我要想在科学上建立一些牢固的、经久的东西,就必须在我的一生中有一次严肃地把我从前接受到心中的一切意见一起去掉,重新开始从根本做起。"①这一"重新开始"立足于怀疑着的"我"这种鲜明的主体意识。"我"究竟是什么呢?笛卡尔指出:"一个在思想的东西。……就是在怀疑、理解、理会、肯定、否定、愿意、不愿意、想象和感觉的东西。"②一切都可以怀疑,而怀疑着的"我"却是真实存在的。于是,笛卡尔提出了"我思故我在"的著名原则,并认为"这条真理是这样确实,这样可靠,连怀疑派的任何一种最狂妄的假定都不能使它发生动摇",因而可当作其哲学研求的"第一条原理"③。他以"思想着的我之确切存在"为基点来创建其包罗万象的思想体系,强调"必须存在,才能思想",所以,凡能十分明白、十分清楚地设想到的东西,都是真实可信的。

笛卡尔"我思故我在"之命题的提出,标志着人的主体意识的成熟。"我思"之主体性已毫无疑问,甚至"我在"之"存在"理解在西方思想传统中也并非纯"客体"的,不少人把这种"在"理解为"是",而一旦"我在"作"我是"之解,则已蕴含了某种主体意识。在西方哲学史上,从苏格拉底便开始了主体思想的萌芽。他认为哲学的目的不在于认识自然,而在于"认识自己"。不同于当时流行的客体思想,苏格拉底试图从主体上提出问题。他的警句"认识你自己""我知我不知"已反映出强烈的主体意识。由于"自我"的醒悟,认识到了主体之人在世界中的地位和价值,希腊智者普罗塔哥拉便把"人"当作"万物的尺度",用自我主体来观测一切,检验一切。此外,比笛卡尔早一千二百年的基督教思想家奥古斯丁,也明确提出过"我怀疑,所以我

---

① 北京大学哲学系、外国哲学史教研室编译:《西方哲学原著选读》上卷,商务印书馆1983年版,第365—366页。
② 同上书,第369—370页。
③ 同上书,第368—369页。

存在"的原则。他强调,即使我能怀疑一切,也不能怀疑"我在怀疑"这一事实。也就是说,"我"在思想,"我"乃是一个思想着的本质。当怀疑论者询问,"要是你错了那怎么办?"奥古斯丁回应说,"如果我错,我就存在。因为一个人如果不存在,他绝对不可能犯错"。人可能出错这一事实也证明了人的存在:若不存在,则不会出错。"因此,如果我犯错,我就存在了。这是因为如果我犯错,我就存在,因此我根本不可能弄错我存在这件事。因为如果我弄错了,那么我的存在就是确定的事。而且还因为,如果我可能出错,那我就一定是那个出错的人,所以呢,就我知道我存在这一点,我绝对不会弄错。以此推论,在我知道自己知道这一点上我也没有弄错。这是因为,正如我知道自己存在一样,我也知道自己知道。"①与笛卡尔一样,思想的自我确定性在奥古斯丁那里也是认识的不可动摇的出发点。苏格拉底和奥古斯丁的思想内容尽管有着与笛卡尔的种种不同,但从对主体"自我"的注重来看,前二者在西方思想发展史上无疑是后者的理论先驱。不过,苏格拉底和奥古斯丁等人都"生不逢时":当时人们的主体意识尚未成熟,无法理解他们的思想的深刻意义,因而社会上对之毫无反响。主体思想的火花在客体意识的漫漫夜空中,像流星那样一闪而逝,销声匿迹。与这些思想先驱们比较,笛卡尔则成了时代的宠儿。欧洲社会经过宗教改革和文艺复兴,人的主体意识已在逐步成熟,因而笛卡尔的思想很快就在社会上引起了共鸣。由此也可以说明,深刻的思想只有与相应的时代相结合,才能迸发出巨大的力量,创造出历史的业绩。

在笛卡尔的体系中,"思想着的我"大于一切,有着绝对的意义。他认为人的尊严就在于人有精神和理性,他推崇理性的至高无上,强调"理性"标志着哲学的成熟。这样,哲学就不再是服侍神学的婢女,它要求在探索真理中的绝对自由,即不为外在意见所掌握,不受传统观念的支配。由于对逻辑理性的高度评价,在笛卡尔的心目中,数学便成为

---

① [古罗马]奥古斯丁:《上帝之城》第 11 卷第 26 章,庄陶、陈维振译,复旦大学出版社 2011 年版,第 185 页。

科学的皇冠。他认为数学的概念精确、严谨，数学的结论清晰、明白，从而主张哲学与数学相结合，并将数学的推理、演绎方法运用到哲学之中，为近代西方哲学与数学的交织融合开了先河。

同样，理性的权威也可以进入宗教领域。在中世纪，教会把上帝的存在视为不证自明的真理，但也不反对人们运用理性来对上帝加以逻辑推论和证明；教会认为理性亦乃神性的专利，其最大运用也是在识别神、证明神上，故有上帝存在的各种理性证明流传。近代以来，随着思想界出现的与宗教传统的离心现象，以及哲学之以理性怀疑为出发点，这种"不证自明"或被本体神论所绑架的"理性证明"的传统有神论便失去了立足之地。但在宗教文化的氛围中，笛卡尔并不敢与教会神学彻底决裂，而只是试图从一个新的角度，借助于中世纪就已在形成的理性思想来论述其上帝观念。他把理性认识作为这一上帝观的出发点：人认识到自己是一有限而不完善的本质，人的心灵则认为上帝本身应是最完善的本质；而最完善的本质理所当然包括自身的存在，不含存在就谈不上完善（这与安瑟伦的观点相同）。那么，人的意识中的上帝观是从何而来的呢？笛卡尔认为，"我"本身作为有限的本质不可能自我把握这一绝对观念，只能由作为完善的本质的上帝将其无限、完善的观念昭示给"我"。他说："我是不能够从我自己把这个观念造出来的；因此只能说，是由一个真正比我更完满的本性把这个观念放进我心里来的，而且这个本性具有我所能想到的一切完满性，就是说，简单一句话，它就是上帝。"[①]笛卡尔这一上帝存在的证明，是通过唯心主义的理性推断而实现的。因此对他来说，宗教也可以是理性化的结果；传统神学诚然已不再可信，但宗教哲学却可披上理性之光。这里，他把上帝视为一种理念的构造、思想的图像，从而发展出一种新的形而上学理性神学。从当时状况来看，笛卡尔的见解似乎也属于老生常谈，与通常的看法区别不大。然而，正是在这种"不知不觉"之中，笛卡尔对"理性"的把握

---

① 北京大学哲学系、外国哲学史教研室编译：《西方哲学原著选读》上卷，第374—375页。

出现了明显的位移，人的理性被突出、被强调，恰好在这种"理性之光"中凸显了"人性之光"，指归在人之主体独特性的亮相。在思想史上的突破往往是潜移默化的，要经历过一段时光才能让人真正体悟出来，故不同于政治史上那种惊天动地、改朝换代之突破那样明显和直接。尽管如此，笛卡尔的这种思想突破在人类思想史上仍然具有里程碑意义。

笛卡尔从理性的可靠性出发对一切真实领域加以认识，并把心灵也理解为一种思维着的存在。他认为人的情感、欲念也可以用理性的力量来控制，即靠正确运用理念来体现"最伟大的德性"，避免"最重大的罪恶"，以求获得人生中的至善、至福。这种理性本身是独立自主的，不依赖任何外在的法则。笛卡尔宣扬理性的万能和自我之基准，开创了17世纪欧洲的理性时代。他为后人留下了一份丰富的思想遗产，但这也是一份颇有争议的遗产。

二 理性思维的是非之辩

笛卡尔对理性思辨的强调有如一石激起千层浪，在西方思想界荡起了不尽的漪澜。笛卡尔对理性逻辑的偏爱，给欧洲大陆唯理论的发展以极大影响。继他之后：斯宾诺莎写了《笛卡尔哲学原理》《理智改进论》和《按几何方法论述的伦理学》，以及死后发表的《论知性的完善》；洛克著有《人类理智论》，并称赞笛卡尔是"第一个把我从经院哲学的莫明其妙的谈话方式中拯救出来"的哲学家，其思想犹如"自天而降的启示"，鼓舞他去创建一种新的哲学。[①] 此外：莱布尼茨写下了《人类理解力新论》，并受笛卡尔启发而试图创造一种"人类思想的字母体系"；沃尔弗将其著作题为《关于上帝、宇宙和灵魂的合理的思想》《关于人类理解能力的合理的思想》，认为可用数学或演绎的方法

[①] 参见汝信、王树人、余丽嫦主编《西方著名哲学家评传》第 8 卷，山东人民出版社 1984 年版，第 338 页。

来建立一切哲学原理；康德虽然批驳了包括笛卡尔在内的所有关于上帝存在证明的理论，但仍对理性给予很高的评价，为了探讨理性的意义，他写了《纯粹理性批判》《实践理性批判》《判断力批判》和《纯理性范围之内的宗教》等重要著作；费希特则写了《知识学基础》，强调认识的主体"自我"，认为外在世界乃主体精神的创造物；而黑格尔在其《精神现象学》和《逻辑学》中也相信理性的全能，并把笛卡尔所忽略的历史之意义加以理性的说明；甚至现代新康德主义马堡学派的创始人柯亨也秉承笛卡尔遗风，撰写了《源于犹太教的理性宗教》和《纯粹认识的逻辑》，试图用数学和逻辑来构造整个世界。

但是，笛卡尔的理性思辨也受到反理性主义和神秘主义的攻击。反理性的宗教思想家们认为，笛卡尔关于上帝的理性证明失去了基督教上帝信仰中最本质的东西，即那些不能为理性推论所证明的东西，如对"三位一体"上帝的信仰，对神与人和解这一爱之奇迹的信仰，以及对神赐恩典的信仰等，这些信仰内容在其看来是超越理性的把握的。与笛卡尔相反，帕斯卡尔强调理性的局限，认为心灵有着自己的"理性"，它与哲学理性全然不同。因此，他追求一种超越理性的"优雅精神"（Esprit de finesse），认为这种深蕴的心理洞察对于笛卡尔的一般理性原理来说，是一种无法解说的"奥秘"。帕斯卡尔指出，心灵不仅能体验人的伟大和痛楚，更重要的是能认识到上帝："是心灵体验到上帝，而不是理性。"[①] 上帝并非某种哲学观念，而是亲临人世的生动现实。与上帝的关系不是概念理解或自我反思，而是与之相遇。因此他认为，"亚伯拉罕、以撒和雅各的上帝不是哲学家和学者的上帝"[②]，智者和学者的上帝与虔诚教徒的上帝有着天壤之别，各自的理解不可相提并论。理性思想体现出逻辑的力量，而心灵思想却表达了爱的热忱。这里，法兰

---

① ［法］帕斯卡尔：《思想录》，瓦斯牟特德译本，德国，斯图加特1980年版，残篇第278页。

② ［法］帕斯卡尔：《思想录》，瓦斯牟特德译本"导言"，德国，斯图加特1980年版，第14页。

西民族文化中的浪漫思想传统与理性思维方式发生了交锋，由此可见其思想发展中理性与情感交织并存的景观，亦清晰再现了西方思想唯理、唯情两条主线此起彼伏各领风骚的碰撞、交流、跳跃、延伸。

这种反对把理性绝对化的倾向，在笛卡尔逝世后得以加强。歌德感到自己与康德的唯理体系格格不入，因为康德把五光十色、丰富多彩的感观世界化为纯粹的概念，从而使形象思维和心灵情感无用武之地。歌德故而希望重返精神、心灵的世界。他也奚落黑格尔虽然声称哲学家能统摄上帝、世界和心灵，自己面对愚者的粗鲁无礼却不知所措，毫无智慧之显。叔本华曾批评黑格尔不能洞察到人的意志力对思维过程的决定性影响，讥讽他为病态虚荣的牺牲品。克尔凯郭尔则攻击黑格尔不知道历史不能借助于旁观者的辩证方法来把握，而只能依赖于个人的亲临其境和承担责任，为此他以"信仰的跳跃"而迎来了西方现代关注人的生存境遇之存在主义发展。尼采也蔑视抽象的理性，认为它堵住了那通往生活情感之路，若靠思辨来论证神明，只会发现"上帝死了"！对笛卡尔传统的否定，形成了近代西方反理性主义的历史发展。

直到现代，西方反理性主义思想家对笛卡尔的理性思辨还时有鞭笞。宗教哲学家奥托针对笛卡尔的理性证明而提出了自己信仰"神圣"的宗教观。他认为，"神圣"的本质不是让人去进行理性证明，而是教人饱含理解、充满虔敬地仰望。上帝只能在这种敬畏向往、欣喜若狂的"神秘"经验（Erfahrung des "Numinosen"）中为人所把握和体验。对于那种只作为"完善本质"（ens perfectissimum）而存在的上帝，人们不能对之祈祷，也不能取得爱的信任。犹太哲学家布伯强调"没有心灵的聪明等于虚无"，而保持一种灵性关系要远比理性认识重要。而深蕴心理学的三大奠基人弗洛伊德、阿德勒和荣格也一致认为，人类的心灵并不仅仅从"思维着的存在"中产生，它也包括那些无意识的非理性领域，如预感、梦幻和性爱等。这些反理性主义的思潮尽管有着种种不良影响，却也启发人们多层次、更广泛地去思考问题。

另外，笛卡尔的理性方法论一方面为西方哲学的方法论研究做出了开拓性贡献，另一方面也受到了其他方法论代表的诘难。笛卡尔体系的逻辑推理锋芒毕露，而经验观察却显不足。因此，伽桑狄批判了笛卡尔的唯理论和二元论，强调对事物的观察和经验。伽桑狄的认识论曾影响了英国思想家洛克、波义耳和牛顿，并与英国哲学家培根的方法论异曲同工，从而发展出与笛卡尔唯理论风格迥异的经验论方法。欧陆唯理论重演绎、推理，英国经验论则重归纳、总结，二者并驾齐驱，对近代西方哲学的发展产生了深远影响。笛卡尔唯理论对数学的重视，为数学与哲学的结合创立了典范。此后，莱布尼茨对微积分方法的发明，斯宾诺莎对哲学运用数学和自然科学精确分析方法的提倡，为现代科学哲学的形成准备了条件。当然，笛卡尔的理性方法论及其对知识"确定性"和"可证明性"的强调，在当代西方哲学发展中也受到了挑战。随着爱因斯坦相对论否证了牛顿的古典力学，也出现了波普尔等人的批判理性主义。与笛卡尔方法论相反，波普尔强调其方法论的实质为"可否证性"，认为一个学说的科学性不仅在于其"可确定性"和"可证明性"，还在于其"可否证性"，这是划分科学和非科学的一个判据。自然科学界对"测不准"现象的发现，颠覆了以往人们对理性确定性的认知。此外，库恩还提出"范型"（Paradigma）概念来对传统"确定性"理论加以修正。他认为：科学的发展是在一定的范型之内，常规科学通常都受其特定范型的支配；而当科学发展到一定程度，就会突破原有的范型，采取一种新的范型。只有充分考虑到常规科学研究受这些范型的影响，才能对理性"确定性"的有效程度加以正确估计。在当代科学哲学的发展中，笛卡尔的传统方法论实际上得到时代的扬弃。

三 "唯我论"的哲学孤独

在对笛卡尔哲学的反思中，人们发现"我思故我在"的命题导致了哲学思维上的孤立化和个人化，形成一种"唯我论"的哲学孤独。笛卡尔所强调的理性的自立，完全基于其主体的尊严。"我"因过于强调自我价值而与"你"疏远，甚至如萨特所说"他人便是——地狱！"其时代特色，就不仅仅是绝对理性的统治，而会辅以自我中心之花，罩上个人主义的光环。例如，与理性时代接踵而至的启蒙运动曾强调个人的幸福，但这种主体幸福论却往往忽略了真正的幸福只有通过人类群体的共同努力才能达到。笛卡尔的理论为近代"个性解放"和"唯我主义"提供了哲学基础，而这一主体之"我"也认为"世界之子的至高幸福只是在于人的个性"。于是，人不再去注重他人的存在和发展，而是单纯主张展开自我的各种潜能，塑造自己的主体性格，铺平自身的发展之路。

同样，哲学上的自我孤独也导致了宗教上的自我灵修之凸显。这种影响，尤其在基督教新教的发展中清楚可见。宗教上的自我主义强调内心自省，注重心灵的幽静，从而厌恶外界的打扰和其隐私的触及。昔日教会以基督之躯自居，强调教徒之间的紧密联合和虔信群众的相互义务。如今不少人却离开了教堂，匿名的基督徒则与日俱增。潜在的教会与公开的教会相映成趣。对于宗教主体性而言，共同的礼拜生活在灵修之途已无关紧要，敬虔主义成为时尚。

当代存在主义哲学的思想渊源，在某种程度上也可追溯到笛卡尔的"唯我"思想。丹麦哲学家克尔凯郭尔虽不赞成理性思维的思辨倾向，却因受到"我思故我在"思想的启发，反过来提出了"我在故我思"，认为个人的"存在"才是哲学研究的对象，主张以"个人的存在"为哲学的起点。这些观点的突出，为20世纪哲学及神学领域存在主义的兴起做了思想理论上的准备。"我思故我在"与"我在故我思"都得到了当代存在主义者的欣赏。"主体之我的存在"使存在主义哲学有了立足之地，几乎所有的存在主义者都把个人的存在当作一切存在的出发点，由此而推导出整个世界的存在。海德格尔认为，"对'在'的领悟本身就是'亲在'的'在'的规定"[①]。个人的存在乃一切存在物的根据。从个人存在出发，就能理解一切他在，而领悟个人的存在则只靠存在本身。在海德格尔的术语"亲在"（Dasein）、"在"（Sein）、"在者"（Das Seiende）和"同在"（Das Mit Sein）中，"同在"的意义最小，

[①] 洪谦主编：《西方现代资产阶级哲学论著选辑》，商务印书馆1964年版，第361页。

因为它所描述的个人与他人的联合妨碍了个人的自我展开和自我实现。此外,当代哲学家李凯尔特、雅斯贝斯和武斯特等人,也都在不同程度上受到笛卡尔的存在唯我论影响。从积极意义上讲,这种唯我论使人充满勇气和信心:我依赖我自己,我不需要任何外人。从消极意义上讲,它则使人以自我为界,高筑院墙,与世隔绝:他人难觅我,我不近他人。其结果,哲学家在这种认识基础上能获取一种孤独的无限,但同时也是一种无限的孤独。

笛卡尔的唯我论使他失去了周围的世界,其哲学也沦为一种独白剧。他画地为牢,自我封闭,既不与外界接触,也不寻求对话,仅仅满足于理性之我的孤芳自赏。与笛卡尔的纯主体之我相反,当代西方哲学家却开始探讨人类思维中"我与你"的关系。埃布纳在1921年发表了《话语与精神实在》,针对笛卡尔的孤独自我而提出"我—你"关系。他认为,"我"与"你"通过彼此的对应存在而获得各自的存在,通过"话语"的媒介而互相结合。"话语"能打破自我的孤寂,向他人敞开胸怀,形成互动和对话关系。这种开放性的"我—你"之见,深深影响了当代宗教思想家布龙纳和海姆。布龙纳在《神人相遇》和《真理作为相遇》中,强调了人的开放性,认为要达到真理必须靠"爱"的关联,即通过与人亲自交谈沟通思想来回答永恒之"你"的呼唤。人的本性试图使"我"成为"你"的主人,但这只能破坏"我—你"之间的平衡,而使共同的生活无法实现。所以,克服唯我论便能克服我你之间的隔绝,达到二者的和谐统一。海姆在其《信仰与思想》一书中也指出:笛卡尔思想中的孤独自我只能是艺术家虚构的形象,毫无实际意义;只有互相依属、彼邻相存,才是真实可信的。人的本质关系就在于"我—你"之间,如男与女、父与子、夫与妻、邻居、同事等,这种"间"性对于认识人与世界至关重要。唯我论给神人之间、我你之间设置了一条不可逾越的鸿沟,所以人们应运用人生的"话语"来进行推心置腹的"交谈",以解脱自我的羁绊,筑起连接我你的桥梁。

几乎与埃布纳同时,布伯也出版了他的名著《我与你》,以更为醒目的方式表述了这一惊世箴语。他认为,自我若不与"你"相遇,必定会陷入孤独，从而也根本不可能达到自我的真正实现。"我"与"你"在人际对话中是相辅相成的，二者彼此信赖，开诚相见，不能厚此薄彼。如果"自我"将"邻你"贬为疏远的"它"，则是一种罪孽。因为在"我—它"关系中，自我将对方看作低于自己的他物，从而失去对话的基础。"我—你"关系中的双方应该都是主体，都是通过对方来认识整个寰宇，同时也重新认识了自身。布伯认为只有通过这种排除唯我论的"我—你"关系，才能达到终极之真实。

对于这些"对话"思想家来说，笛卡尔的"唯我论"独白无疑是一种不合时宜的绝唱，其曲虽高，却引不起共鸣。他们认为，脱离"我—你"关系的个人独存只能是一种不切实际的梦呓。就连法国存在主义哲学家马塞尔也认为，承认"我在"还远远不够，只有"我们存在"这一命题才是一切本体论唯一行之有效的基准。所以，人必须冲出自我禁锢的樊笼，以便与"你"结合，从而也就与"神"结合了。"我—你"关系呈现了"间"性意义，从而突破唯我论走向视域更为开阔的关系学说，而"间"性、"关系"认知的问世则说明人类已从达到的"主体"思维逐渐走向"整体"思维的未来时代。

四 对二元论的批判和扬弃

笛卡尔把"精神实体"与"物质实体"截然分开，认为二者是全然不同的关系领域，在"思想"和"广延"之间有着本质的区别。上帝作为无限的精神，仅仅与人的主体性有关，而一切自然现象则受到数学推演之规律的制约。上帝在最初的创世活动中使物质运动起来，此后便任其发展，不再过问物质世界，而物质的运动则严格遵循着因果必然性。这就从唯理论走向了近代自然神论。笛卡尔认为动物也不是自立之物，没有思维的能力，它们只是一种复杂化的机器，如钟表一样运转，因而体现着物体的机械运动，甚至动物在痛苦时的喊叫，也不过与车辆出故障时刺耳的声音雷同。笛卡尔的这种精神物质二元论，使主体意识与客体外在毫不相关，其结果在人们的思想中是一个没有上帝的自然与一个没有自然的上帝并列存在，互相对立。受笛卡尔影响，宗教唯心主义者认为，上帝乃是最高理智，只有理性本质方能攀及。人作为精神实体与自然有着天壤之别，物质实体要低于精神实体。因此，正如康德、费希特所说的那样，人有着道德责任和义务，应该超脱物质实体而获得精神主体的自由。在这种传统影响下，黑格尔也把自然视为早已被精神抛在后面的东西。在他看来，自然乃绝对精神最外在的异化。因此，艺术之美要高于自然之美：自然美来自广延实体，而美的创造却是精神的奇功。

在生态问题的讨论中，也有人认为笛卡尔的二元论造成了人们对自然本质的完全机械的认识。而当人们忘记自然乃万物之源时，"有为"的主体就会对自然随心所欲，却不知这种精神之傲慢已在给人类自掘坟墓。人类主体俨然以自然的主人自居，开发自然，捕杀动物，无所不至其极。结果是人类破坏了生态平衡，而大自然则以惩罚来回敬人类。技术、工业高度发达的今天，却潜伏着人类未来生存的危机。在客体思维的时代，人与自然不分，自然哲学和自然神学为思想主流。进入主体思维时代，主体之人遂成为自然的"主人"，相信"人定胜天"，却误解了人对自然的把握和掌管，开始触发生态危机。处于生态环境污染窘境中的现代人故而已不得不重新思考人与自然的关系，寻求走入与自然和谐的整体思维之生态时代。

笛卡尔的二元论在欧洲近代发展中首先受到了唯物主义者的批判。霍布斯写了《对笛卡尔形而上学的沉思的第三组诘难》，认为笛卡尔的所谓"精神实体"好似"圆形的正方"一样自相矛盾。斯宾诺莎则认为只有"一种世界实体"，或为"上帝"，或为"自然"。费尔巴哈也宣称痛恨那将人类与自然相割裂的唯心主义。他认为人类的精神遗产虽赋予人以抽象思想的特色，而大自然的多彩风光却不断吸引人们去观察自然，接近自然，与自然合一。世界的统一性就在于世界的物质性，人与自然同属于这一世界整体而不能分割。歌德觉得自己的观点与笛卡尔的二元论完全相异，他要弥合被笛卡尔所分离的东西。在歌德看来，自然并非机械形象，它富有生机，充满灵气。针对笛卡尔的自然神论，他认为上帝并非六天创世后便永远圆寂、安息，而是如第一天创世那样，继续不断地到处开创业绩。精神与自然绝非反命题，而是相互触及、彼此补充的对立统一。歌德指出，如果谁不承认精神与物质、思想与广延共属一体，那么他早就应该放弃自己的思想，否认自身的存在。

在唯心主义哲学发展中，人们也试图克服笛卡尔的二元论，以达到主客体的统一。谢林最初受到笛卡尔传统下的费希特主体哲学之影响，认为"自我乃是哲学的原理"，后来便逐步与其恩师分道扬镳，走上了自己的发展道路。在其"同一哲学"（Identitätsphilosophie）的代表作《有关自然哲学的一些概念》中，他认为人类不应将生存等半平分，世间一切实质上都是交织在一起、融会贯通、相互关联的。精神不可能没有物质，物质也不可能没有精神。在自然之中处处能见到活泼生动、易于察觉的精神之光。主体和客体、存在和意识总是统一在"绝对的同一"之中，互不分离。谢林特别欣赏"有机"（Organismus）一词，因为它揭示了整体由局部组成、局部在整体中发现自身这一辩证的对立统一关系。谢林晚年在宗教中找到了自己的归宿，但仍然念念不忘这种主客体有机统一的关系。对他来说，如果从"上帝之外"看到自然，那将是思想的灾祸。宗教哲学家巴德尔也强调自然与精神的统一。他用"我被人思考，故我存在"（Cogitor ergo sum），来取代笛卡尔的"我思故我在"（Cogito ergo sum），以强调自我与外界的相互依属关系。巴德尔试图在上帝那里寻找主体与客体的统一，并以"上帝之爱"来说明人的存在基于整体统一，而不单纯基于独立主体的思辨。这种思想在一定程度上也影响了当代著名宗教哲学家蒂利希。蒂利希特别欣赏谢林的"单一伟大"（die einsame Größe）之说，并在自己的"万有在神论"中加以发挥，强调宇宙万物在上帝本体之内的统一，反对把上帝与自然、思维与存在、信仰与理性相分离。他试图从宗教哲学的角度来克服笛卡尔的二元论，因而既不同意斯宾诺莎把上帝与自然相等同的那种泛神论倾向的客体一元论，也反对帕斯卡尔在宗教领域对哲学理性的排斥。他说："与帕斯卡尔相反，我宣称，亚伯拉罕、以撒和雅各的上帝与哲学家的上帝是同一个上帝。"①从主体与客体、信仰与理性的整体关系出发，他强调各事物在"存在基础"之上的互相联系和有机结合，以便使二元论得以扬弃。

综上所述，我们可以看出笛卡尔思想对近现代西方哲学发展的影响，以及西方哲学随着时代变迁而对笛卡尔加以反思和批判这一辩证过程。笛卡尔以"思想"为人的最高尊严，但抽象的思想也有其弱点，单凭思维逻辑无法把握存在的整体。笛卡尔强调思想的"清晰明白"，但不知理性的"确定性"并不能超越一定的体系、方法和范型。笛卡尔对传统神学进行了思辨性批判，但其不彻底性却为宗教哲学从唯理性和反理性两个方面扬弃传统而提供了契机。随着对人类主体和客观实在之认识的不断深化，笛卡尔的机械二元论，他对"精神实体"和"物质实体"的静止、孤立的理解，日益暴露出其弱点和局限性。在当今世界，随着现代物理学和哲学等精神科学的变革，已需要一种能动整体的世界观来取代传统的世界观。20世纪七八十年代由卡普拉等人兴起的"新时代"（New Age）思想运动，就包括对以笛卡尔为代表的近代单向性思维传统的清算和扬弃。新的时代需要一种整体涵容的新思路，对世界的认识应是开放性而非封闭性的，各门学科都应认识到自身方法和体系的局限，以一种开放性、开拓性来面对、探索未知世界，从而不断超越自身，不断开辟通往真理的道路。

（原载《中国社会科学院研究生院学报》1989年第3期）

---

① 《蒂利希全集》（Paul Tillich: Gesammelte Werke, Bd. 1-14, Stuttgart 1959-1975），第5卷，第184页。

第十二章

基督教与欧洲浪漫主义

一 欧洲浪漫主义兴起的历史文化背景及其思想精神特点

在西方思想文化传统中，有着理性主义与非理性主义（或称"超理性主义"）交织发展的进路。前者突出理性，强调逻辑思维的严密及其推论的严谨，后者则突出灵性，强调一种不受理性逻辑之羁的神秘思维和浪漫精神。在西欧中世纪"崇拜上帝的时代"，信仰的理性化表述在中世纪神哲学中达到了集中体现，亦将这两种思维方式的冲突、交锋推向戏剧性高潮。自中世纪经院哲学重新发现亚里士多德的思辨理论及方法以来，人们将其形而上学体系奉为圭臬，强调思维对象的物化或客体化，坚持思维方法的逻辑化或公式化。这种倾向虽然一度带来理性思维的登峰造极和经院哲学的鼎盛发展，却也造成了人之灵性的黯沉沦丧和其宗教情感的窒息僵化。这种唯理精神在欧洲近代思想发展的初期得以延续，曾一度迎来其近代哲学的"理性时代"。然而，不少思想家并不能根本容忍这种纯理性表述或绝对唯理主义对其思想传统之灵性维度的损伤。于是，近代以来有越来越多的思想家借助于柏拉图思想灵气而调整其思维方法，由此开始近代欧洲"理性时代"到"情感时代"的过渡、"客体精神"往"主体精神"的转移、"唯理思潮"向"浪漫思潮"的演变、"逻辑思维"朝"诗化思维"的改换。其直接结果，便是18世纪以来欧洲浪漫主义思潮的诞生。

这一欧洲浪漫主义思潮乃体现在欧洲近代哲学和文学发展中，并对形成中的北美思想文化产生了一定影响。不过，对于这种"浪漫主义"究竟乃宗教思潮还是世俗文化思潮，学术界并无观点一致的定论，甚至对"浪漫主义"一词本身亦无明确而统一的定义。"浪漫主义"（Romanticism）按其词义乃源自中世纪的"浪漫传奇"（Romance），本为情节离奇、富于幻想的英雄与美女的爱情故事。但就其产生的背景及其使用的资源而言，这一"浪漫主义"无疑是当时欧洲基督教文化社会的自然产物，其立意和指归都深受基督教思想精神的熏陶与感染，而且其主要特点则正是突出基督教之圣爱精神来与传统的理性原则相抗衡，以便"超脱古范，直抒所信"。因此，海涅（Heinrich Heine，1797—1856）指出，"浪漫主义运动似乎代表了这样一种文学态度和生活态度：重主观而轻客观，贵想象而贱理智，诉诸心而不诉诸脑，强调神秘而不强调常识，既反对新古典主义的清规戒律，也反对后来兴起的现实主义的直白"①。在哲学上，浪漫主义对唯理主义展开了反思和批评，认为其论说过于抽象化和理念化，毫无情感和美感可言，失去了宗教本有的灵性精神及其蕴蓄的魅力和高雅。在经过形而上学外在探求之劳苦后，它号召回归人之主体内在，珍惜自我之质朴情感，以能重新获得心灵的安逸恬静。在文学上，浪漫主义按其精神立意和认知取向大体可分为积极浪漫主义和消极浪漫主义两种倾向。②但他们都受到18世纪兴起的基督教反理性主义神学思潮的影响，因而推崇脱尘离俗的神秘主义、直觉主义和超验主义，其写法多矫揉造作和夸张虚饰，但其作品乃奇想妙构，充满梦境幻觉和灵交神往等主体感受。而其题材则多选用基督教的意念情趣、故事传说等思想内容。

---

① ［德］海涅：《论浪漫派》，张玉书译，人民文学出版社1988年版，第1页。
② 中国研究欧洲文学的著述曾将之分为"反动浪漫主义"和"积极浪漫主义"，笔者不同意"反动浪漫主义"之说，而根据俄国文豪高尔基在其《俄国文学史》和《论轶事等等》一文的表述，他将英国湖畔诗人评为"消极"浪漫主义，这一界定较为贴切，故将之改为"消极浪漫主义"，以与"积极浪漫主义"相对应。参见杨周翰等主编《欧洲文学史》下卷，人民文学出版社1979年版，第3页。

二 欧洲浪漫主义哲学及神学思潮

欧洲浪漫主义在哲学领域始于法国思想家卢梭（Jean Jacques Rousseau，1712—1778）。受法国启蒙思想提倡思想自由、个性解放和返回自然等主张的影响，卢梭反对古典主义的种种清规戒律，以模仿中世纪的"浪漫传奇"而创造了《新爱洛绮斯》等宣扬个性解放的作品，此乃欧洲浪漫主义哲学及文学思潮之肇端。他强调宗教内在情感的作用而抵制近代出现的理性宗教观及其自然神论，认为宗教乃人之情感问题而与理智思辨无关。虽然宗教真理可由理性推论来证明，但宗教本真乃情感问题，植根于感情之中，从根本而言并不涉及理智。在《爱弥尔》一书中，卢梭强调宗教信仰中感情和本能的作用：人不应该以理性来推断并理解上帝的存在，而必须通过本能来感觉、借助情感来体悟；既然自然已经赋予人良知去爱正义从善如流，那么人的内心就应直觉到作为正义和智慧之主宰的上帝之存在。因此，人应该顺从上帝，按其旨意和启示来生活，而不是煞费苦心地去论证上帝、界说上帝。在他看来，宗教思想、信仰观念和神学教义都必须是个人灵性经验的反映，与人的内在经验和道德情感有着密切关联。这样，自卢梭开始，近代欧洲逐渐形成了反理性主义的浪漫派思潮，以在宗教哲学和基督教神学领域取代一度风行的自然神论和理性宗教观。其实，这种思想早在与理性思想家笛卡尔（René Descartes）同时代的法国思想家帕斯卡尔（Blaise Pascal，1623—1662）那里就已经始见端倪。帕斯卡尔提出应追求一种超越理性的"优雅精神"（Esprit de finesse）[①]，认为心灵有着自己的"理性"，它与哲学理性迥然有别，而且这种"心之理性"可以超越哲学拥有的"脑之理性"存有的局限。"人心有其理智，那是理智所根本不认识的。"所谓"优雅精神"和"心之理智"乃指人之深蕴的心理洞察和超然的灵性感受，它对笛卡尔的理性原理而言乃是一种无法解释的"奥

[①] 亦译"敏感性精神"或"直觉的精神"，而 esprit 一词此后亦获得"心智"的含义。

秘"。帕斯卡尔强调人心的灵感和激情，认为"感受到上帝的乃是人心，而非理智。而这就是信仰：上帝是人心可感受的，而非理智可感受的"。①他对信仰那种火一般的激情，对人生真谛的那种浪漫追寻，为西欧近代思想的浪漫之旅起到了筚路蓝缕的作用。概言之，在法国浪漫主义思潮的发展中，较多体现出浪漫派传统主义之特色，其代表人物包括夏多布里盎（F. R. de Chateaubriand, 1768—1848）、拉芒内（H. F. R. de Lamennais, 1782—1854）和德·梅斯特尔（J. de Maistre, 1753—1821）等人。

在德国，则出现了以康德（Immanuel Kant, 1724—1804）、席勒（J. C. F. Schiller）、费希特（J. G. Fichte）、谢林（F. W. J. von Schelling）等人为代表的浪漫派哲学，并发展出 19 世纪施莱尔马赫（Friedrich Schleiermacher, 1768—1834 年）的浪漫主义神学。这一浪漫派哲学形态的确定与德国古典哲学的创立有着内在的关联。朱光潜先生曾指出，"德国古典哲学本身就是哲学领域里的浪漫运动，它成为文艺领域里的浪漫运动的理论基础"。②随着德国浪漫派的兴起，德国思想发展从此进入思辨哲学与诗化哲学并存共立的新阶段。当时德国政治分裂、宗教对峙和经济落后的状况使许多德国思想家心情沉重，难以面对现实。对此，谢林曾解释说，当时日耳曼民族"脱离世俗的现实只有两条出路：诗把我们提升到理想世界，哲学使现实世界完全消失在我们面前"。因此，诗化哲学应运而生。所谓诗化哲学乃一种泛美学化的哲学，它以德国浪漫主义运动中诞生的浪漫美学为代表，其特点是追求人生的诗化，把诗性和诗意作为理解人生价值及其意义问题的重要依据，从而借回避现实来超越现实。当然，这种人生意义和终极意义之相遇也使思与诗在宗教灵性上达到了辩证统一和有机互补。所以说，浪漫精神所导致的人之诗化的思索、诗意的栖居和诗境的追寻都反映出人的宗教性及宗教感，体现出基督教终极关切的本真意蕴。

---

① ［法］帕斯卡尔：《思想录》，商务印书馆1987年版，第130页。
② 朱光潜：《西方美学史》下卷，人民文学出版社1979年版，第723页。

德国古典哲学的创立和对浪漫主义的影响，首先应归功于康德当时在思想领域中的"哥白尼革命"。"康德的主观唯心主义以及他对天才、自由、艺术即游戏之类的概念的阐述，替浪漫主义运动奠定了哲学基础。他把艺术和审美活动看作自然界的必然王国和精神界的自由王国二者之间的桥梁"①，而他对道德理性和道德自主性的强调，均对浪漫主义有着直接的影响。这种思维方式的区别在欧洲思想发展史上曾起到分水岭的作用，而且其各自不同之处亦作为思想积淀而形成了悠久传统。时至今日，当人们讨论西方思想进路时，亦会对其古代和近代有着"柏拉图还是亚里士多德""康德还是黑格尔"这一意味深长的发问。

与法国浪漫主义思潮的传统主义相对应，德国浪漫主义则更多地体现为信仰主义。在马丁·路德宗教改革及德国新教虔敬主义影响下，德国思想界得以萌生的浪漫主义以反对启蒙运动的理性主义高扬信仰主义为特色，其早期代表人物还包括哈曼（Johann Georg Hamann，1730—1788）和雅可比（Friedrich Heinrich Jacobi，1743—1819）等人。哈曼是1767年至1787年间德国文学"狂飙突进"（Turm und Drang）运动中的一个少数派人物。作为康德同时代人及康德的朋友，哈曼对康德思想中的理性主义因素加以批评，他认为理性会将人的理解力带向其极限之处，最终却导致了人的无知。因此，人之认知的真正出发点及其核心还是信仰，它使人意识到理性的局限，由此开始重新认识人之自我及其生存状态。在哈曼看来，信仰并不意指先于理性或反对理性，其本真乃是超越理性。在信仰中，人认识到其生存乃上帝创造性的赠礼。与哈曼相呼应，雅可比则发展出一种颇为系统的"信仰哲学"（Glaubensphilosophie）。他强调，人对于超感实体的确定性乃有一种直觉或信仰，此即一种天然的精神能力或"更高理性"。与帕斯卡尔相似，雅可比所表述的这种"更高理性"乃是一种包含感情、想象和直觉在内的理性，即帕斯卡尔所言"心之理智"，而并非逻辑推断、理性分析的"脑之理智"。为此，雅可比称其"更高理性"为源自"领悟"（Vernehmen）

---

① 杨周翰等主编：《欧洲文学史》下卷，人民文学出版社1979年版，第9页。

的"理性"(Vernunft),而与科学认知上的"理解"(Verstand)相区别。他认为"理性"和"理解"均能给人以知识,但这乃两种截然不同、泾渭分明的知识。

如果说康德在德国近代哲学发展中进行了一场"哥白尼式的革命",那么施莱尔马赫则在德国近代神学发展上推行了这场"哥白尼式的革命"。"施莱尔马赫的神学,被正确地认为是对基督教的浪漫与开明的理解的最有力最系统的说明。"[①]他反对启蒙运动的唯理主义神学论证,也不同意沿康德的思路将宗教建立在道德基础上。为此,他在《论宗教》(1799)中提出了新的宗教观,在《基督教的信仰》(1822)中又阐述了其新的神学理解。在他看来,宗教乃植根于人的内心感情,而不是建基于哲学理性或道德戒律。为此,他尝试从人的内心情感上来说明宗教的本质及其根源,指出宗教乃个人所独立享有的"对无限的感觉和鉴赏",是人在审视广袤宇宙时所产生的那种对无限绝对之敬畏的"直觉和情感"。这里,施莱尔马赫提出了其关于宗教乃人们"绝对依赖的感情"这一著名论断,对后世产生了久远的影响。他从了解人的心境这一心理分析意义上展示"依赖感"才是宗教的基础,断言正是人们内心对无限与永恒本体的意识以及由此而来的"绝对依赖感"才真正导致了宗教的产生。这样,施莱尔马赫把对绝对的仰望与对内心的窥视有机结合起来。

这种推动浪漫主义思潮兴起及发展的"对宗教主体性的发现"和对人之内在情感的强调,在英国近代思想中亦多有体现。例如,巴特勒(Joseph Butler,1692—1752)认为,人的道德乃建立在感情之基石上,而不是建立于理性或天赋的是非观念之上。在他看来,应将人的良心作为反省的原则,并认识到幸福和悲惨的观念与人的密切关联,这对人的追求至关重要,而相信启示和体悟幸福感则比理性追求和把握自然宗教更有意义。休谟(David Hume,1711—1776)亦强调了理性推

---

① [英]詹姆斯·C. 利文斯顿:《现代基督教思想》上卷,何光沪译,四川人民出版社1992年版,第189页。

论的不可知和不可靠，认为人的意志如何影响身体运动乃"神秘莫测"。他进而指出，"信仰上帝不是导源于思考、好奇或者纯粹爱真理，而是由于热衷于快乐，害怕来世的悲苦，恐惧死亡，渴望报复以及嗜好食物和其他必需品""信仰上帝不是思辨的推论的结果，而是建立在人的感情和冲动的本性上"。[①] 英国的这一浪漫主义思想，后来在柯勒律治（1772—1834）等人的著述中得到了典型体现。

由于浪漫主义思潮反映出对"个人体验和表现"的强调，以及对"人类生活的丰富性和纷繁多样性"的关切，展示了一种对整体的直观性感受，因此利文斯顿（J. C. Livingston）认为这一思潮并非反理性的而乃一种扩大视域的努力："如果把浪漫主义运动视为不过是对理性时代的否定，那就大错特错了。正相反，浪漫主义者们是要努力扩大18世纪的视野，努力返回一种更为宽广、更加丰富多彩的传统。"他强调"浪漫主义的目标是兼收并蓄"，为此他还引用巴尔松在《柏辽兹与浪漫世纪》一书中的话说，"浪漫主义不是仅仅反对或推翻启蒙时代的新古典主义的'理性'，而是力求扩大它的视野，并凭借返回一种更为宽广的传统——既是民族的、大众的、中古的和原始的传统，也是现代的、文明的和理性的传统，来弥补它的缺陷。就其整体而言：浪漫主义既珍视理性，珍视希腊罗马的遗产，也珍视中世纪的遗产；既珍视宗教，也珍视科学；既珍视形式的严谨，也珍视内容的要求；既珍视现实，也珍视理想；既珍视个人，也珍视集体；既珍视秩序，也珍视自由；既珍视人，也珍视自然"。[②] 显然易见，这种概括试图对浪漫主义做一种整体把握和全面肯定，但在这种力求"整""全"的概述中，浪漫主义思潮最典型的时代特征却有所丢失、趋于淡化。

但利文斯顿从浪漫主义追求无限、感受整体的努力中看出其"纯宗教性的直观"，这一点则是其对浪漫主义之信仰特色颇为准确的捕捉

[①] [美] 梯利：《西方哲学史》下册，葛力译，商务印书馆1979年版，第125—126页。
[②] [英] 詹姆斯·C. 利文斯顿：《现代基督教思想》上卷，何光沪译，四川人民出版社1992年版，第154页。

和把握。他指出,"浪漫主义者们共同的感觉是,在自然界后边,有某种精神或生命力在起作用。自然里面的这种精神,如果你愿意也可称之为上帝,它不是自然神论的钟表匠上帝,毫无情感地超越于自己的创造物之上,而是内在于一切事物之中的生机勃勃的精神,是有创造力的Eros(爱神),万物在其中运动,并获得自己的存在。对于同这个无限的精神交往的感受与渴望,赋予浪漫主义以一种独特的宗教情感。浪漫主义者觉得自己是一个更大的精神实在的一个组成部分,因此他们就成了'宗教性的人'之精粹的例证"①。实际上,浪漫主义按其精神依属不仅是一种宗教思潮,而且从其文化关联和思想传承来看,更是在近代欧洲思想发展上极为重要的基督教思潮。

三 欧洲浪漫主义文学思潮

大体来看,浪漫主义作为一种思想文化运动主要发生在1780年至1830年这五十年之间。其范围和影响不仅在哲学、神学界,而且更鲜明地体现在近代欧洲文艺思潮中,涵盖文学、美术、音乐等领域,涌现出一大批才华横溢的天才艺术家、文学家,如拜伦、雪莱、布莱克、济慈、华兹华斯、柯勒律治、骚塞、夏多布里盎、拉马丁、维尼、巴尔扎克、雨果、柏辽兹、肖邦、贝多芬、歌德、荷尔德林、哈曼、雅可比、诺伐里斯、史雷格尔兄弟、霍夫曼、佩利科、曼佐尼等人。"虽然这些人的气质彼此大相径庭,所持的信念也往往背道而驰,但他们却反映出某种信仰与共鸣,使他们在精神上彼此相近,并使他们有别于启蒙运动的精神。"②而其基本特点,则是在卢梭思想影响下,以"自由、天才、精力、自然"相标榜,追求感情的天然流露和思绪的超然无羁。对此,我们这里集中探讨欧洲浪漫主义文学思潮及其与基督教思想传统的关联。

---

① [英]詹姆斯·C.利文斯顿:《现代基督教思想》上卷,何光沪译,四川人民出版社1992年版,第159页。

② 同上书,第153—154页。

欧洲浪漫主义文学在英国浪漫派的创作中得到最为典型的体现，其文学家尤以诗歌和散文而蜚声世界，影响广远。其积极浪漫主义文学的代表拜伦（George Gordon Byron，1788—1824 年）和雪莱（Percy Bysshe Shelley，1792—1822）创作了大量以基督教为题材的诗歌及散文，引用了许多《圣经》典故和人物内容。例如，拜伦的作品《该隐》《耶弗他的女儿》《伯沙撒的幻象》《西拿基立的覆亡》《扫罗》《扫罗王最后一战之歌》《约旦河两岸》《在巴比伦河边坐下来哭》等都是直接取材于《旧约圣经》。拜伦作为一个"忧愁的流浪者"，其思想和心境都极为复杂。一方面，他表现出一种悲观的情绪和对理性及知识的失望，有着对生活的厌倦和虚无主义思想；但另一方面，他又有着强烈的反叛热情，以傲世独立之态而向世人展示了这种"拜伦式英雄"的奇特。这种压抑与抗争、拼搏与希望亦可在其《恰尔德·哈罗德游记》第三章描写暴风雨的诗文中窥见一斑："湖面的放光，水上是磷火荧荧，大雨正飞舞着降到大地上！现在天又黑了，——可是接着，群岭又发生了山啸似的齐声震响，好像正在为地动山摇的新生而欢唱！"其诗文及人生从总体来看乃表现出了一种不回避现实、不趋于玄秘的积极浪漫精神。

雪莱的诗文以热情浪漫、充满希望和憧憬为著，广为世人所爱戴和传诵。他在创作中与基督教信仰内容相关的亦有诗篇《撒旦挣脱了锁链》《魔鬼出行》和散文《论来世》《论死刑》以及《论基督教》等。他以文学方式讨论了关于"上帝""天国""罪恶""死亡""来世"等基督教的信仰之思和神学命题。他还认为，"以最难以忘怀的方式影响人类的观念及命运的人，是耶稣基督"。此外，他的《西风颂》《致云雀》亦在严峻的现实和奋力拼搏之中给人们带来希望和快乐。其警句"如果冬天已经来临，春天还会遥远么？"已成为脍炙人口的乐观预言。"雪莱描写的自然景物往往体现了他对实物的细致观察，风格时而奔放不羁，时而婉转悠扬，语言富有音乐性，比喻丰富恰当，通俗易懂"，[①]故而以其任运浪漫、乐观积极的精神风貌感染了广大读者。

[①] 杨周翰等主编：《欧洲文学史》下卷，人民文学出版社 1979 年版，第 57 页。

与拜伦、雪莱同时代的另一天才诗人济慈（John Keats, 1795—1821）亦在其诗文中表达了其积极浪漫主义情怀。在其具有唯美主义倾向的诗句中明显流露出一种追求美感与逃避现实之意向的奇特结合。他以尽情描述美丽的自然景观来满足自己的感官陶醉，并且以凝固在绘画和雕塑中的艺术之美来代表永恒之美，借此超越变幻无常难以驾驭的现实生活。其《秋日颂》和《夜莺颂》均是这一意趣上的经典之作。此外，他在描述"夜莺"的抒情诗中也意味深长地引用了《旧约圣经》中的"路得"之典。

一度被人忽视的英国文学家布莱克（William Blake, 1757—1827）乃是英国最早的浪漫派诗人之一，而且他在哲学、版画等领域亦造诣很高，他的不少警句迄今仍为许多现代人所重诵、所回味。他曾以类似《圣经》"箴言"和"教诲"的文风创作出精彩动人的散文诗集《天堂与地狱联姻》等。但他以"地狱采风"的方式怪诞地说出"孔雀的骄傲是上帝的荣耀""山羊的淫欲是上帝的赠礼""女性的裸体是上帝的创作"等文句，故被视为"恶的辩证法"之典型表述。布莱克具有强烈的反传统意向和文化创新思想。其创作充满了非理性、非传统以及重神话、重象征的意蕴。他在思想上力主与传统文化和思维方式分道扬镳，在艺术上则追求标新立异，从而成为19世纪英国艺术领域中一度风行的拉斐尔前派和青年派风格的先驱。在欧洲文学史的撰写上，人们一般对布莱克着墨不多，但随着当代西方"新时代"（New Age）运动的兴起，以及人们对这一运动之思想渊源的追溯，布莱克被"重新发现"，并受到人们的重视和研究。

在基督教思想史上更有影响的，则是英国消极浪漫主义文学思潮。其主要代表为华兹华斯（William Wordsworth, 1770—1850）、柯勒律治（Samuel Taylor Coleridge, 1772—1834）和骚塞（Robert Southey, 1774—1843）。这三位诗人因曾长时期居住在英国北部湖泊很多的幽僻地区，故被称为"湖畔诗人"（the Lake Poets, 亦译"湖畔派"）。他们都曾从基督教非理性主义思潮中获得过创作灵感，而且柯勒律治本人亦为这一时期英国著名的基督教思想家。他们的亮相乃代表着开始于18世纪的基督教非理性主义在英国文坛上的崛起。

英国"湖畔诗人"在政治理论、宗教情趣及文艺美学观点上倾向于18世纪的基督教非理性主义思潮和神秘主义表述。他们对社会现实不满，称其为"黑暗的梦境"，对之采取了"回避""超越"的态度。其"回避"使之归入自然：他们徜徉在僻壤幽乡，陶醉于湖光山色之景；其"超越"则使之向往天国：他们追寻着基督信仰，沉湎于神灵庇佑之梦。而其所居"湖区"遗留下来的古代宗法制农村社会关系，又使他们萌生出思古幽情，把资本主义以前的中世纪生活加以美化和理想化。

华兹华斯乃英国"湖畔诗人"的魁首，1843年曾得到"宫廷桂冠诗人"的称号。在为《抒情歌谣集》所写之序中，他曾指出诗人乃是"在孤独寂寞中珍惜真理，爱护真理"，而"诗的目的是在真理，……是普遍的和有效的真理"，诗凭借热情而使这种真理深入人心。他以一种浪漫主义的爽快而在其所思所述中对社会邪恶直言不讳，其长诗《犯罪与愁苦》就曾谴责"这世界是坏的，它的法律是残酷的"。但他的批评不是让人奋起改变现实，而是劝其安于现实，用基督教的坚忍精神作为生活的慰藉。因此，华兹华斯的作品在渲染这种劝慰主题时就立意深化人生的罪恶感和悲剧感，勾勒出忍辱负重、踯躅而行的人物特征。在其诗景描写中，常常可以看到"如血的残阳""死寂的月光""没有人迹的荒地""寥寥无几的牧草"这类笔触，给人一种阴森暗淡的色调和沉重失落的感受。这种感受使诗人陷入孤寂，只能"在孤独中沉思，思考人类，思考自然，思考人间生活"。但他相信人类的命运终究会得到改变，在其长诗《序曲》（亦译《诗人心灵的发展》）中也曾激动地写道："我相信这样的穷途落魄在不久的将来会从此绝迹；我相信我们行见慈母大地将从心所欲来补报这谦顺穷困、刻苦耐劳的孩子。"然而，他并不认为这一理想的实现是通过革命运动或人民起义所能达到的，而把全部希望都寄托于那神秘莫测、不现形迹的"天意"。这是一种信仰的力量，即对那冥冥之中的主宰者之信靠，正如其在《隐士》所附之"纲略"中所言："我将吟诵真理，吟诵宏大气象、美、爱、希望，以及忧郁的恐惧如何服从于信仰；吟诵悲痛中惠临的慰藉；吟诵德行品性和精神的力量；吟诵在最广大普通人中传布的欢乐；吟诵个人的心灵如何守住她自己神圣不侵的幽居，在那里只臣服于良知；也吟诵那个支配一切的天智所拥有的至高无上的法理"（丁宪为汉译）。这种宗教意识，在其《教会十四行诗集》中得到了充分的发现。在《颠倒的常规》诗文中，他有着这样的表述："来自春天森林的一点刺激，比所有的圣人能教的更多，它能教你认识人类，教你认识是非善恶。"这甚至可以给人带来与中国古代传统"天人合一""物我相融"这种朴素浪漫主义殊途同归之感。利文斯顿为此曾说，"很多浪漫主义者在人与自然的交往中，发现了一种质朴的智慧，它触及了实在的核心本身，只有它能赋予人类精神以超越认识的悟性与安宁"，而华兹华斯则"把这种感觉表达得朴实无华而又直截了当"。[1]

柯勒律治乃乡村牧师之子，自幼受到基督教的熏陶。他既是诗人兼散文作家，又是莎士比亚研究专家和英国语言大师，而且还是基督教非理性主义神学在英国文学界的主要代表。1798年，他与华兹华斯合写的诗集《抒情歌谣集》出版。这部诗集曾蜚声英国诗坛，它收集了许多具有基督教意境和神秘思想的作品，因而被看作英国消极浪漫主义的公开宣言和体现宗教主旨的诗歌撷英。他们认为，诗的使命在于维持人与"造物主"之间的联系，证实人间世界乃超自然来世的"不完全反映"。为了加强这种对比的鲜明程度，柯勒律治进而宣称现实乃"黑暗的梦境"，而诗人则可以其想象力所创造的幻想世界来对照这一"黑暗的梦境"。但这种"想象力"并非凭空而来，其根源乃在于"理想的意志"，而柯勒律治就把这种意志等同于"神"的观念。为此，他推崇"诗歌神授"的观点，声称诗人是圣者，乃神人之间的媒介，能凭借来自上苍的灵感去"瞻视往古，远看未来"。在《抒情歌谣集》中，他们二人各有分工，柯勒律治负责"描写超自然的人与事"，而华兹华斯则

---

[1] ［英］詹姆斯·C. 利文斯顿：《现代基督教思想》上卷，何光沪译，四川人民出版社1992年版，第158页。

力求在叙说"平凡生活的变故和际遇"以及在展示"美丽而永恒的大自然生活"之中"把新颖的魅力赋予日常的事物"。为与世俗传统相区别，他们强调诗作的想象力来自《圣经》所体现的希伯来文明和基督教传统："热切而沉思的想象力之伟大的储藏室，要数《圣经》与弥尔顿作品中那些预言性与抒情的部分。"他们选择这些作家为楷模而没有选择那些古希腊、古罗马的作家，是"因后者的异教信仰，把自然予以人化神化了，至于诗人的心智，不能不受束缚于固定的形式；而希伯来人由于拒绝偶像崇拜，免去了这种桎梏。我们的伟大的史诗家弥尔顿，也同样憎恶偶像崇拜……无论他的表面是如何深厚地被古典文学所熏陶，他的内心是希伯来式的，他的一切作为都朝向雄伟"。这种与之关联的"雄伟感"和"朦胧感"，即被作为其诗歌创作的中心指导。在其《文学生涯》（亦译《文学传记》）中，柯勒律治还从"第一位的想象力"上谈到了人类创造行为中神圣行为的参与，指出这一想象是一切人类知觉的活力与原动力，是无限的"我存在"（指上帝）中的永恒创造活动在"有限的心灵"（指人类）中的重演。"如果心灵不是被动的，如果它确是按上帝的形象造成，而且在最庄严的意义上说，就是按造物主的形象造成，那么，就有理由怀疑，根据心灵被动性而构筑的任何体系，作为一个体系必然是虚假的。"[①]因此，想象力有着"神圣"之在，而艺术创造则正是通过这种具有神圣意义的想象能力来达到心与物、主观与客观相融合的精神统一，实现"深沉的感情与深邃的思想的统一"。为了表现上帝与世人、超自然与自然、宗教与人生的神秘关系和关联：柯勒律治在《老船夫咏》中刻画了犯罪的船夫从其罪与罚的经历中所窥见的生存"奥秘"，以及所接触到的神秘莫测之"超自然"主宰；在长诗《克丽斯塔伯尔》中展现了他描绘中世纪理想图景的诗情画意；在诗集《神言录篇页》中流露出他对人的绝望之感和其唯灵主义倾向；而在散文《该隐游踪》中则直接借用《圣经》题材来感叹人世的苦难命运，倾吐罪人懊丧悔悟和渴求救赎的心曲。

---

① ［英］柯勒律治：《书信集》，转引自利文斯顿《现代基督教思想》上卷，第171页。

骚塞这位桂冠诗人虽没参加《抒情歌谣集》的编写，但其创作亦心同此情，与之共鸣。他在其咏史之作《耶路撒冷的毁灭》和《西班牙无敌舰队》中同样体现出人类命运取决于"天意"和"超自然"之主宰这一信仰观念，而其长诗《贞德》则是对中世纪社会的讴歌和对中世纪传奇生活的神往与仰慕。此外，骚塞的诗歌《审判的幻象》《破坏者塔拉巴》《梅多克》《喀哈玛的诅咒》和《最后的哥特人洛德力克》等，也都是其基督教观念和理想的典型表白。

"湖畔诗人"的追随者或其弟子还包括兰姆（Charles Lamb，1775—1834）、威尔逊（John Wilson，笔名诺斯 Christopher North，1789—1854）、德·昆西（Thomas de Quincey，1785—1859）等人。总体而言，18世纪欧洲凸显的基督教思想中的非理性主义和神秘主义对"湖畔诗人"的诞生及其发展起到了巨大的催化作用和精神支撑作用，并使其作品获得"磨难中的坚忍""失意中的逍遥""纷乱中的幽静""愁惨中的微笑""不幸中的超然"和"痛苦中的极乐"这种人间绝唱的独有魅力，创造出一种震撼心灵的悲剧之美。

德国浪漫主义文学从总体来看基本上属于消极浪漫派。而且，欧洲的消极浪漫主义文学最早亦产生于德国，它与德国基督教思潮的发展有着直接的联系。正如此后德国诗人海涅在其《论浪漫派》中所言："它不是别的，就是中世纪文艺的复活，这种文艺表现在中世纪的短歌、绘画和建筑物里，表现在艺术和生活之中。这种文艺来自基督教，它是一朵从基督的鲜血里萌生出来的苦难之花。"[1]海涅称"德国浪漫主义"乃"苦难之花"，亦是受到德国浪漫派主要代表诺伐里斯（Novalis，原名冯·哈尔登贝尔格 Friedrich von Hardenberg，1772—1801）之作品的启迪。在其未完成的长篇小说《亨利希·冯·奥夫特尔丁根》（1802）中，诺伐里斯描写书中主人公青年抒情诗人亨利希在梦中看见一朵"蓝花"（亦译"青的花"），此后便念念不忘这朵"蓝花"。由此，"蓝花"乃是浪漫主义无限渴望和憧憬的神秘象征，后亦成为消极浪漫主

---

[1] ［德］海涅：《论浪漫派》，张玉书译，人民文学出版社1988年版，第5页。

义的典型标志。对于这朵"苦难之花",海涅曾经自我发问,同时亦曾做了自我解答:"我不知道,我们在德国称之为苦难之花的这朵悲惨的花儿,在法国是否也叫这个名字,法国的民间传说是否也同样赋予它那个神秘的来历。这是一朵稀奇古怪、色彩刺目的花儿,花萼里印着把基督钉上十字架的刑具:铁锤、钳子、钉子等等。这朵花绝不难看,只是鬼气森然,看它一眼甚至会在我们心灵深处引起一阵恐怖的快感,就像是从痛苦中滋生出来的那种痉挛性的甘美的感觉似的。在这点上,这朵花正是基督教最合适的象征,基督教最可怕的魅力正好是在痛苦的极乐之中。"① "痛苦的极乐",这是对基督教之"幸福感"极为到位的理解和注释。中国人讲"乐极生悲",其实在宗教心理中亦有一种"悲极生乐"之感觉,使人在绝望中达到超脱。当人承受着罪感、有限等沉重的负担后因与"神圣"的相遇而得到宽慰、释放,转瞬之间使之情绪高涨、欣喜若狂,感受到一种突发的欢悦、快感。这一"幸福感"是指宗教心理中那种心灵与神明得以沟通之心醉痴迷的恍惚状态,其达到超越和恬静时的精神感受,如基督教中"释罪后的快慰、皈依后的喜悦、行善时的惬意,帕斯卡尔'火之夜'的感触、圣女德列萨在灵修冥思之际所感觉的'甜蜜的痛苦'(如17世纪意大利艺术家贝尔尼尼雕塑名作《圣德列萨祭坛》所表现的戏剧性场面),等等。这种幸福感往往给信徒在刹那间带来强烈的刺激和震颤,使之达到一种与神合一、浑然忘我的沉醉状态"。② 所以说,了解并体会这种"痛苦的极乐",既是认知消极浪漫主义的关键之处,亦是认知基督教及其他宗教激情的关键所在。

德国浪漫主义作为一种文学运动或文艺思潮出现在18世纪末。此间已盛行以莱辛(Gotthold Ephraim Lessing, 1729—1781)、赫尔德(Johann Gottfried von Herder, 1744—1803)、歌德(Johann Wolfgang von Goethe, 1749—1832)、席勒(Johann Christoph Friedrich Schiller, 1759—

---

① [德] 海涅:《论浪漫派》,张玉书译,人民文学出版社1988年版,第5页。
② 卓新平:《宗教理解》,社会科学文献出版社1999年版,第605页。

1805）为代表的德国古典主义文学，亦兴起了"狂飙突进"运动。但德国消极浪漫派作为一种文学流派并没有继承"狂飙突进"运动的积极传统，而是与古典主义文艺传统相抗衡、相对立。"面对德国古典作家的辉煌成就，德国浪漫派则一味鼓吹神秘化、无理性、天主教的虔诚、中世纪的奇迹、对现实的回避、向幻境的逃遁、夜的朦胧状态的沉湎"①，体现出离奇、感伤、直觉、超脱等特点，从而形成浪漫派与古典作家和启蒙学者分道扬镳、浪漫主义与古典主义双峰对峙的局面。针对古典主义的文学构建及发展，诺伐里斯、史雷格尔兄弟（奥古斯特·史雷格尔，August Wilhelm Schlegel, 1767—1845；弗里德里希·史雷格尔，Friedrich Schlegel, 1772—1829）和蒂克（Ludwig Tieck, 1773—1853）等人以耶拿为中心，创办了《雅典女神殿》杂志（1798—1800），以推崇宣扬其文学精神及倾向，由此形成德国早期浪漫派文学，亦称耶拿派浪漫主义。1799年，蒂克将其作品汇集为《浪漫的文学作品》出版，从而使其"浪漫"之主题凸显。在他们看来，"浪漫"的文学是"新时代"的文学，是与"旧时代""启蒙文学"的分离，在其看来，"启蒙"的表述仍旧是"平庸的、庸俗的、狭隘的"。此间蒂克曾帮助其好友瓦肯罗德（Wilhelm Heinrich Wackenroder, 1773—1798）出版早期浪漫文学作品《一个热爱艺术的修士的内心倾诉》，后又出版二人的合著《献给艺术之友的艺术畅想曲》，加之史雷格尔兄弟等人的文学及评论著述，形成德国浪漫主义的最初影响。

如果说耶拿时期为德国早期的浪漫主义，那么消极浪漫派亦有其后期的发展。1805年之后，一批新的浪漫派作家在海德堡创办刊物，形成其海德堡派，其代表人物包括阿尔尼姆（Ludwig Joachim von Arnim, 1781—1831）、布伦塔诺（Clemens Brentano, 1778—1842）以及《格林童话》的编辑者格林兄弟（雅科布·格林 Jacob Grimm, 1785—1863；威廉·格林 Wilhelm Grimm, 1786—1859）等人。1809年以后，阿尔尼姆和布伦塔诺又到柏林组织起"基督教德国聚餐会"，形成晚期浪漫派

---

① 卓新平：《宗教理解》，社会科学文献出版社1999年版，第605页。

的柏林发展时期，属于这一时期的浪漫派作家还包括克莱斯特（Heinrich von Kleist, 1777—1811）、沙米索（Adelbert von Chamisso, 1781—1838）、艾沁多尔夫（Joseph von Eichendorff, 1788—1857）、霍夫曼（Ernst Theodor Amadeus Hoffmann, 1776—1822）等人。从这些浪漫派作家的创作来看，他们有力地推动了欧洲近代文学及思想的发展。因此，研究德国浪漫派的刘半九指出："德国浪漫派对于文化艺术的贡献的确是不可抹杀的。他们发掘和整理了民间文学遗产（包括中世纪的高地德语文学），提高了文学艺术的民族性，发展了作家对于自然美的感情，并给开始僵化的学院式德语注入了民间语言的新血液；此外，通过翻译和介绍各个民族和各个时代的文学宝藏，他们还扩大了人们对于世界文学的视野。应当说，德国浪漫派正是在这些方面，弥补了古典主义作家的不足，为整个德国文学做出了贡献。"[1]

德国消极浪漫主义文学的基本特征应是一种基督教的文学，而且更多倾向于天主教文学，它表现出比其他浪漫主义更为明显、更为深刻的宗教隐喻化、宗教象征化和宗教神圣化意向，亦体现出更多的忧郁、感伤和深沉，在"回归中世纪"的情趣中寻找一种形而上的超越、超拔和超脱。因此，这些文学家的特点是用诗的语言来阐述人生哲理，以及形而上学意义上的绝对与无限。这种由"形而上学地抒情"而产生的"形而上学之诗"就构成了以"诗化哲学"为特色的德国浪漫美学传统，其结果是将诗歌中对个体的形象刻画变为对超个体的抽象思辨，使诗学富有神性，神学充满诗意。对此，诺伐里斯曾自我表白说："诗人和教士最初是一体的，只是后来的时代才把他们分开了。但真正的诗人却永远是教士，正如真正的教士永远是诗人一样。"这里，诗化哲学之"诗"本身已为一种"宗教化""神圣化"的追求，诗人之"在"亦成为基督教理想人格的存在。

谈到浪漫派文艺对中世纪的"浪漫"回归，海涅认为这些作品充满了基督教神学意义上的暗示、象征、隐喻和预表。它们是借艺术来表

---

[1] ［德］海涅：《论浪漫派》，人民文学出版社1988年版，第7页。

达信仰、喻示无限存在，因而乃是"想用感性的图像，来表现纯粹精神之物"的唯灵论创作，旨在让人们透过画面和诗文而看到其神秘蕴涵和神圣意义："一位骑士的迷途漂泊，还有一层隐秘的含义，说不定暗示的是人生的迷途漂泊；被人战胜的一头凶龙，竟意味着罪孽；在远方散发着迷人的幽香，招引着英雄的那株杏仁树，竟表示着三位一体，圣父、圣子和圣灵合而为一，就像硬壳、纤维和果仁合成一枚杏仁。……如果中世纪的一个僧侣在他的诗篇里描绘起圣母玛利亚的裙子来时，……他准会在圣母的裙下设想出各式各样的美德来，这些神圣的衣裙遮盖了玛利亚的未受玷污的贞操，这裙子下面还隐藏着一种特别的含义。既然玛利亚的儿子是杏仁的果仁，那她理所当然的也就被人歌颂为杏仁花。这就是中世纪诗歌的特点，我们称之为浪漫主义的诗歌。"①

德国消极浪漫派的代表作有诺伐里斯的诗集《夜的颂歌》和小说《亨利希·冯·奥夫特尔丁根》、弗·史雷格尔的随笔《断片》、奥·史雷格尔的讲演录《论美的文学和艺术》以及霍夫曼的小说集《谢拉皮翁兄弟》等。他们虽然因现实社会政治的黑暗而逃向"中世纪的月光朦胧的魔夜"，但仍是"立意在反抗，指归在动作"，所以"在从古堡和修道院中取出的封建酒浆里掺兑了不少滴资产阶级启蒙主义的清醒的水"。②而且，他们在其文学创作中所体现的基督教精神和形而上学探究，对于形成德国近现代哲学和文学中的思辨传统也起过极为重要的作用。

虽然德国浪漫主义以消极浪漫派为主，却亦有积极浪漫主义的产生和发展。德国古典主义文学的泰斗歌德曾将消极浪漫主义诗人称为"病院诗人"，认为"古典的是健康的，浪漫的是病态的"。但其晚年的作品却表现出不少积极浪漫主义的意趣，如其《浮士德》就是古典主义与浪漫主义有机结合的产物。因此，歌德晚年的文艺思想已包含着德国积极浪漫主义的萌芽。而在另一古典主义文学大师席勒影响下成长起

---

① ［德］海涅：《论浪漫派》，张玉书译，人民文学出版社1988年版，第13—14页。
② 同上书，第7—8页。

来的荷尔德林（Johann Christian Friedrich Hölderlin，1770—1843年）则成为德国最早的积极浪漫主义诗人。他对人生、神人关系有着充满浪漫情调诗意盎然的感悟和沉思，留下了许多热情洋溢脍炙人口的诗句，如"只要良善、纯真尚与人心同在，人便会欣喜地用神性度测自身。神莫测而不可知？神如苍天彰明较著？我宁可信奉后者。神本是人之尺规，劬劳功烈，然而人诗意地栖居在大地上。""阿尔卑斯山峦鬼斧神工，那是远古传说中天使的城寨，但何处是人类莫测高深的归宿？""呵，万能的苍穹！还有你们，大地与光明！你们三位一体，永恒天极，宰割万物，施与慈爱。那把我紧系于你们的丝带永不断裂。我自你们溢出，追随你们而浪迹他乡，现在，我已饱阅人生，又与你们，与欢乐的神明同返故园。"[①] 这些热血沸腾、饱含激情的诗文感染了狄尔泰、里尔克，感动了海德格尔，以致海德格尔曾说，"我的思想和荷尔德林的诗处于一种非此不可的关系"[②]。在荷尔德林的诗与思中，既有"神性"的超越，又有"人性"的回归，二者的共构形成了他"返乡""归宿""诗意地栖居"之主题。除荷尔德林以外，人们亦将德国浪漫派后期柏林时代的沙米索视为积极浪漫派的代表。而在浪漫主义氛围及影响下成长的另一积极浪漫主义者海涅则于1832年撰写了《论浪漫派》一书，其对消极浪漫派的批评乃是"用鞭笞答谢了老师"。

法国消极浪漫主义以夏多布里盎（François René de Chateaubriand，1768—1848）、拉马丁（Alphonse de Lamartine，1790—1869）和维尼（Alfred de Vigny，1797—1863）等人为代表。他们在其文学创作中力求重新树立基督教的权威，积极倡导基督教神学对文学艺术的指导，希望文学作品在其内容上能体现基督教之"真谛"。1802年夏多布里盎发表的论文《基督教的真谛》即这一主张的宣言书。论文讨论了上帝存在、

---

① ［德］荷尔德林著，顾正祥译：《荷尔德林诗新编》，商务印书馆2012年版，第127页。

② ［德］海德格尔：《只还有一个上帝能救渡我们》，《外国哲学资料》第五辑，商务印书馆1980年版，第183页。

灵魂不朽以及文学艺术等问题，乃是"为普世基督教所做的慷慨热情但又技巧娴熟的影响甚广的辩护"。[1]他为了证实只有基督教才能促进真实的诗歌之发展，将其论述从理性论证转向美学感受，认为"艺术与文明正是在基督教传统中找到自己的主要源泉和支持的。……基督教庄严的真理与神圣的权威，就在于它那无与伦比的美。"这样，夏多布里盎"以恰当的浪漫主义方式，把普世基督教视为一切人类理想的普遍象征"。[2]

这些消极浪漫主义作家在其作品中表现出回归宗教、追求神秘、体验神圣之意趣，多借"理想化"的基督宗教之中世纪来发思古之幽情。他们以原野的落日、沉寂的自然及宁静的夜景来表述冥冥之中上帝的存在，用高耸入云的哥特式教堂和神权至上的中世纪社会来描绘基督教的理想世界，借玩味孤寂、咏叹死亡和感慨人生来体现基督教的诗意与美感。其代表性著作包括：夏多布里盎的小说《阿达拉》和《殉道者》、游记《从巴黎到耶路撒冷》以及自传《墓外回忆录》；拉马丁的《沉思集》《新沉思集》和《诗歌与宗教和谐集》；维尼的小说《军人的屈辱与荣誉》、剧本《却特顿》和诗歌《命运集》等。而且，维尼的诗歌《摩西》《参孙的愤怒》和《橄榄树山》还直接运用了《圣经》之典。

法国积极浪漫主义文学的代表人物为雨果（Victor Hugo，1802—1885）、缪塞（Alfred de Musset，1810—1857）、梅里美（Prosper Mérimée，1803—1870）、乔治·桑（George, Sand，1804—1876）、大仲马（Alexandre Dumas Pére，1803—1870）等，而巴尔扎克（Honoré Balzac，1799—1850）则体现为法国文学从积极浪漫主义向批判现实主义的过渡。值得指出的是，雨果等积极浪漫主义作家虽然反对消极浪漫派悲观颓唐、消沉失望的情绪，却同样对基督教抱有好感，憧憬着神秘彼岸的超越与得救。雨果曾写有歌颂教会的诗歌《颂歌和杂诗》，在其作

---

[1] ［英］詹姆斯·C. 利文斯顿：《现代基督教思想》上卷，何光沪译，四川人民出版社1992年版，第162页。

[2] 同上书，第163页。

品中也积极倡导基督教"舍己爱人"的救世精神，并且还常常赞叹《圣经》就像那诗的大海，给人提供无穷的遐思和灵感。此外，雨果对传统基督教的复杂心情和对其"仁慈""博爱"之道德观念的理解，在他的历史小说《巴黎圣母院》和社会小说《悲惨世界》中亦跃然纸上，表露得淋漓尽致。

浪漫主义文学思潮亦在欧洲其他国家有着蔓延和发展，如俄国的普希金（1799—1837）、茹可夫斯基（1783—1852），意大利的佩科利（1789—1854）和曼佐尼（1785—1873）等，均是其知名代表。这些浪漫主义文学也在不同程度上受到基督教思想的影响，如佩科利的悲剧《利米尼的弗朗西斯科》和自传《我的囚徒生活》以及曼佐尼的组诗《圣歌》和小说《约婚夫妇》等都宣扬基督教的温顺与宽容，主张靠基督教的道德力量和博爱精神来培养人的高尚情操，达到人的自我完善，以便能顺应天意，摆脱人生的迷津和绝境。

在基督教思想胚胎中孕育的欧洲浪漫主义思潮及在基督教文化温床中发展的欧洲浪漫主义文学，自然会留下基督教的胎记和印痕。欧洲浪漫主义文学，无论是积极还是消极意趣的，在其众多作品中都会不同程度地体现出基督教思想境界中的唯美主义、神秘主义、直觉主义、唯灵主义或超验主义等倾向，留下近代基督教主体意识和内在灵性逐渐复苏的心路轨迹。近代欧洲浪漫主义思潮有着对幽古的呼唤和向中世纪的回归，寻找着人类灵性精神早已存有的某种资源、要素，却又对后来的哲学、美学和神学产生深远影响，让人们在当代存在主义、神学美学中听到其悠远的回声。蓦然间，我们想起了古希腊人"太阳下面无新事"的感叹，想起了尼采"万物消逝""万物复归""万物重现"这一"永恒轮回""永恒回归"的警言。的确，浪漫主义的旨趣悟出了人类精神的某些真谛。在人的灵性之旅中，我们总会频频回首过去，由此我们亦永远朝向未来。

（原载《国外社会科学》2003 年第 5 期、第 6 期）

第十三章

简论西方哲学神学

宗教学意义上的宗教哲学在现代西方仍存在着学科定位的问题，狭义的宗教学强调其学科的描述性质而回避对宗教的本质界说及价值判断问题，而宗教哲学在西方却仍然有着与基督教神学尤其是其哲学神学的复杂交织。因此，探讨这种哲学神学对于理解西方现代宗教哲学就有着独特意义。在这种研究中，有必要关注西方现代哲学神学的思想渊源、其基本问题意识、其与西方宗教哲学的关联及区别、其宗教研究的核心和重点以及其研究范畴及方法的特点等。这些方面对于我们反思中国宗教哲学的发展及特色，亦有对比、借鉴的学术意义及价值。

在探究宗教基本问题上，西方思想传统有两大不同侧重。一种为宗教内的思辨性探讨，为其宗教找寻"自我意识"；其特点是基于欧洲历史上的"形而上学""自然神学"和基督教"护教学"等思想传统，由此形成其在基督教思想体系中的内涵式发展，构成"哲学神学"的复杂框架。另一种则为对宗教的哲理性研究，其研究者以一种"悬置"自己的信仰前提之态度来展开客观探究，从而走出西方传统宗教尤其是基督教之体系范畴而达到其外延式发展，以哲学与神学分道扬镳的态度来另立门户，构建起近现代西方学术界宗教哲学的学科主体。当然，这种"哲学神学"与"宗教哲学"的划界只是相对而言，其互渗、交织的现象是极为复杂的，有时甚至能达致其边际的模糊。如果我们冷静地分析观察，则会发现西方社会纯学术领域中客观研究宗教哲学的学者乃如凤毛麟角，非常稀少；而有着基督教信仰传统背景或其关联的宗教哲学研究者则人数众多，颇为壮观。因此，研究"哲学神学"亦可作为广义宗教哲学研究中的重要内容。这里，笔者尝试对"哲学神学"与"宗教哲学"的关联与区分做一简要探讨。

一 "哲学神学"的问题意识

近代西方哲学走出神学之后，哲学神学的共构似乎乃矛盾之存，从各自的视域观之都有着明显的张力。神学在被归入基督教思想体系范畴后，遂与"神启"相关联，有对其宗教信仰意义上的权威之依属；而哲学则标榜其自由思想的定位及独立的学术风格，不以任何信仰的权威为前提。显然，传承下来的服从权威与无条件的思想自由难以共存。而哲学神学却正是面对着这种矛盾来确立起它的理论建构的，所以，哲学神学也只能在分析、处理并解决这种内在张力及矛盾中来形成其话语体系。

宗教哲学并不设定任何神明的存在并以此为其认知前提，但其在探究宗教定义、人的宗教行为和人的信仰这种精神现象时自然会触及神明问题。因此，宗教哲学虽不设定神明意义上的权威，却不可回避或否定这一问题，而且其思想家也大多具有有神论的思想倾向。在西方文化传统中，真正无神论意义上的宗教哲学乃极为罕见，近代曾出现的费尔巴哈和尼采的宗教批判性宗教哲学尽管对中国现代发展影响较大，在整个西方则仅被视为边缘现象而已，并不构成其宗教哲学的主流。在西方学者对其宗教哲学发展历史的勾勒描述中，几乎不见这两位思想家的理论内容。

与之相对立，哲学神学在西方思想氛围中首先是"神学"，但这种神学不一定必然就是基督教传统的护教神学、排他性神学。与之相反，这种神学虽以"论神"为核心，却并不囿于基督教信仰内的"敬神自白"，而是回到柏拉图创立"神学"这一表述时的本真认知，即谈论神，以逻辑理性来分析神；这种神论的出发点、立足点和方法论则都是哲学的。因此，哲学神学固然有其内在张力，但它不一定就会导致其分裂、毁灭，其辩证共构反而有可能带来其创造性的发展及思想成就。回到神学原点的哲学神学以哲理性地谈论神为其任务，它不回避基督教信仰传统中关于对神的理解和证明问题，由此则摒弃了关于神明不可知、不可谈的自我封闭性保守主义神学。

二　哲学神学与宗教哲学的边界

宗教哲学在西方思想传统中一直定位比较模糊。大致来看，一般对宗教哲学有两种区分：一是认为宗教哲学是启示神学的辅助学科，服务于对神学的理性论证，从而仍为"神学的婢女"，其任务亦与哲学神学相对接近。二是认为宗教哲学乃独立学科，不依附于任何宗教信仰及其神学，而宗教哲学的主要任务就不是服务于论神，它更为关注的是阐述清楚各种宗教关系，其中当然也包括神人关系，但其顺序是从人到神，从有限、相对到无限、绝对。这里的重点是人论神而不是人敬神，是哲理阐述而不是敬神自白。

从第二种宗教哲学的理解来看，宗教哲学归属于哲学，乃哲学的分支学科。而这种宗教哲学的本真核心乃"意义"之探，并不一定就锁定在神明问题上。宗教哲学在此的主要任务乃厘清哲学关于宗教的意义及其权利之问，找寻宗教存在及其问题的哲学依属和根据，从哲学理性上提供对宗教的意义支撑，以理性逻辑来分析宗教有关神明存在的论证。显然，这种宗教哲学是基督教神学所不能提供或支撑的，它与神学有着本质区别。所以说，这种与神学本质有别的宗教哲学乃关涉宗教问题的哲学（Philosophy of religion）。

与之相对比，第一种宗教哲学则不回避神学命题，而且会去认真阐释，尽量弄清相关的神学概念及其术语表达。不过，其探究的范围要大于传统意义上的一般神学，而且注重比较研究的意义，即以基督教信仰之外的其他教俗观念、常用术语来解释基督教信仰的定义及其来源。这样，其立意和任务就与基督教信仰的基本问题相关，但其侧重在于相关宗教信仰表达的方式及缘由，而不是基督教信仰所突出的神启问题。这里，其哲学的基本考量有所弱化，而其问题意识及解决方式则接近神学教义学的基本思考。可以说，这种与神学问题意识相近的宗教哲学是宗教意识、宗教意义上的哲学（religious Philosophy）。在世界各大宗教中对之展开的自我哲学认知，以其内涵性和护教性，都可归为这类宗教哲学，除了基督教的哲学，至少还包括犹太教的哲学、伊斯兰教的哲学、印度教的哲学、佛教的哲学等。

在基督教思想传统及其文化氛围中，区分这两种宗教哲学其实比较简单，其标准即看其如何处理基督教范畴中"启示与理性"的关系问题。如果一种宗教哲学相信神圣"启示"并且为之辩解，那么它就已经滑向了护教神学，其认知前提乃是基督教的，即以"上帝之言"（神启）出发来审视理性，"信仰而后理解"。在这种情况下，此类宗教哲学实际上就是基督教神学的一部分，其认知前提和出发点即基督教神学和信仰。而不承认或不强调这类"启示"的宗教哲学则会脱离"神本主义"而走向"人本主义"，最终成为世俗性的宗教哲学发展。

三 "哲学神学"的核心问题

如上所述，哲学神学的核心问题就是"论神"。此即西方语源中"神学"（theologia）的本意：关于"神"（theos）的"学问"（logos）。其主要任务就是对"神"加以理性分析和推论，而其关涉神明问题之方式方法则为谈论神，以逻辑方式来分析神、论证神，这里本无敬仰神、崇拜神之意。哲学神学突出的重点是理性审视之神，并以此来论及神人关系。而许多宗教哲学则把注意力或重点放在研习人类本身的宗教关系上，因而更贴近于"人学"而不是纯正的"神学"。

哲学神学虽不强调对神的信仰，却非常突出对神的论述、探究，故为论神之神论。这种对神的谈论并不纯为信仰、敬拜式谈论，而是理性的、分析性的谈论、论述和论证，具有一种哲理的冷静和淡定。而且，不同于基督教神学只论及其信奉的"唯一真神"（或"绝对一神"），哲学神学并不排除以比较对照的方法来论及各神、众神，从而有着世界诸宗教的宽阔视域。此外，哲学神学对宗教之人的谈论并非其主要命题，而是将"论人"作为"论神"之维、之途和之法，是参照性的、对比性的、反差性的、方法论意义上的。一旦哲学神学从论神转向论人，其性质就会发生变化，即成为一般宗教哲学的基本表达。所以说，哲学神学乃人文学术意义较浓的神学，是比较开放、愿意对话的神学，是突出哲学理性探究的神学。哲学神学以一种专注性、开放性来展开对"神性""神明""神意""神名"的探讨，因而也会涉及"神话""神秘""神正""神律""神圣秩序"等问题。哲学神学作为一种"对不可言述的言述"，已经提出了对"道可道，非常道"这种认知意义的挑战，有着与西方否定神学的本质不同。

四 "哲学神学"的探究特点

在专论"神"的哲学神学理论体系中，我们不能将"神义"（神之意义）做过于狭窄的理解。对其而言，"大道无名"，论及神名只是相对而言，即以人的理性、语言、表述做相对的阐发。恰如约翰·希克所言，"终极实在"无名，而神名的言说则有其相对性、局限性，充满民族、地域、时代、语言等文化的蕴涵。因此，哲学神学在不离论神之本质的前提下有着更为宽广的探究，形成其研究视域、问题意识和探讨方法上的特点。

首先，哲学神学乃"形上之探"，因其追问"形而上"而成为"形而上学"。我们知道，自古希腊亚里士多德传统以来，形而上学在西方思想中已经成为"哲学"的另一表达方式，只不过不如"爱智慧"这种表述那样通俗、普及而已。如果说，"爱智慧"表达了追求者的一种意向和态度，那么"形而上"则说明了追求者所追求的目标、目的。在"形而上学"意义上，哲学与神学以"哲学神学"的方式达到了统一和吻合。

其次，哲学神学乃"整体"之探，是一种整体观和整体哲学。人的认识经历了没有自我意识的"客体",突出自我意识的"主体"和意识到自我有限、宇宙无限的"整体"阶段。这对于理解宗教意识极为重要。雅思贝尔斯在论及"轴心时代"的特点时曾指出:这个时代的奠基意义就在于其产生了直至今天仍是我们思考范围的基本范畴,创立了人类仍赖以存活的世界宗教之源端;迄今仍未发生根本性的哲学、宗教范式之转变,尽管有范畴的增多,哲学、宗教的基本主题依旧。他特别强调"轴心时代"人类在思想认知上的突破就是这种有了自我意识的"人"通过反思而"意识到整体的存在、自我和自我的限度"。与有限之人相对比,"整体"包罗万象、无任何缺漏,由此即具有一种神圣的维度,是人之意义、追求等的终全、完整。因此,这种"整体"观或"整体"意识在哲学神学中占有重要比重,"整体"即被视为"神明"或被赋予"神圣"之维或"神圣"意义,成为其探究的重要任务。

最后,哲学神学乃"终极关切",这与蒂利希关于宗教是"人的终极关切"之表述相吻合。寻求终极意义、探讨最根本、最原初、最终极的意义,也就是去体悟、理解"终极实在",正是哲学神学论神理论中的基本内容。在与"神"之理解相似的表述中,我们可以看到哲学术语及其词库与神学表达的关联性,如终极、无限、整体、绝对、永恒等,都表达了相关的意向。正是考虑到这一意义,约翰·希克才敢于将世界各宗教的神名加以整合、升华,提出了"终极实在"(ultimate reality)这一概念,而认为不同宗教所习用的神名则是因其宗教、民族、语言、时代、认识的相对性、局限性所导致的对这一"终极实在"的相对表达或文化多元性表述。以人之理解来表达的各种神明不具原创性和终极性,神名故乃朝向绝对,其本身却只有相对的寓意和蕴涵,只是"人言"的"神意"。哲学神学正是基于人对"终极实在"的追寻、体悟而将人的敬神之旅视为"终极关切"。

结　语

哲学神学虽然是从基督教神学体系中演化出来,而且在总体上仍可被归入基督教神学范畴之内，却是宗教哲学意义上的溯源及创新之探。其溯源在于它回到了古希腊思想的原端，回到了柏拉图对"神学"的原初表述和此概念的本真意义，从而有着一种超越基督教神学理解的发展，而且其探究根基扎实，资源丰富，大有可为。哲学神学对整体、形而上学、终极意义的青睐，使之体会并享受到古希腊思想时代哲学与神学的共构同在，有着二者的珠联璧合。在这一意义上，哲学神学又为当代西方思想发展结合并走出基督教传统提供了希望及可能，即以一种比较、对话的态势来开拓宗教哲学的视域，克服神学思维的局限。古希腊人曾宣称"太阳下面无新事"，但当哲学神学关注并发掘其希腊思想之源时，则有可能走出创新之路，给人带来新奇和新事。

（原载金泽、赵广明主编《宗教与哲学》第二辑，社会科学文献出版社2013年版。）

第十四章

"汉语神学"之我见

一

"汉语神学"（其英语有多种表达，如 Chinese Theology, Sino-Theology, Sino-Christian Theology）乃20世纪90年代在香港兴起、主要由中国内地学者积极倡导和参与的一种新兴神学思潮。与作为"教会神学"的"中国神学"不同，"汉语神学"乃跨越"教会"之限、在中国当代环境中力主基督宗教思想与中国文化对话的"文化神学"或"母语神学"，它已走出传统教会神学之"内涵式"发展，而有着一定程度的"外延式"表述。

"汉语神学"虽立足于香港，却是中国内地改革开放以来基督宗教与中国文化对话所结出的慧果。这一神学由基督徒学者所倡导，却有着教外学者的积极参与，从而在神学构建的主体上打破了"教会"与"非教会"、"信徒"与"非信徒"之界，因而体现出其开放性和探索性。不过，对于"汉语神学"之思想体系及其特征，迄今并无系统论述。这一神学以香港汉语基督教文化研究所为基地，其最早倡导者乃刘小枫先生，随之有何光沪等人参与，而曾对其有过理论阐述或形态勾勒的则包括李秋零、赖品超、温伟耀等内地和香港学者。

李秋零认为，"汉语神学不是一个系统的思想体系，不是一个统一的学派，而是一个建立在共同的志趣之上的思想运动、一个思潮。具有以下特征：(1) 非教会性。参与者大多甚至不是基督徒，少数基督徒亦是在体制教会之外从事汉语神学工作。(2) 非民族性。强调语言及其文化内涵（与本色神学不同，不可译为"中国神学"）。(3) 人文性。强调以人文精神、从多学科角度探讨基督教神学，主张基督教精神融入社会主流意识形态"①。从这一表述来看，"汉语神学"目前显然仍为一种内涵不清、外延宽泛的思想意向，其发展给人显示了一条模糊且移动着的边界。"汉语神学"在其最初亮相时曾从其使命意义上对自己有着如下定位："一、以汉语文化的历史的思想资源和社会经验发展基督神学及其文化，以形成具有汉语思想文化之风范的基督神学文化；二、在汉语思想学术领域建设神学学科，与儒学、道家、佛家思想以及各种现代主义思想构成学术性对话关系；……汉语神学亦应建设自己的学术空间和学术典范，使基督神学成为汉语文化思想的结构要素和人文学术的组成部分；三、它是汉语世界（中国内地及港澳台地区，马星、北美华人社区）的各社会地域的汉语宗教学者的共同志业。"②这就给出了"汉语神学"的明确任务和奋斗目标，依此而论，"汉语神学"正是以"汉语"为基础和前提的"文化神学""学术神学"和"学者的神学"，所突出的则是以"汉语"所表达的"文化"对话、求同和共构之意向，由此"汉语神学家"将之归结为一种"母语神学"。

二

尽管"汉语神学"基于普泛的"语言形式"，强调用"汉语"所写作的"神学"都为"汉语神学"，从而给人带来了认知上的迷茫和对之划界上的不确定，却仍因其基于一种"文化中国"之汉语"现代语境"的理解和考虑而引人关注，这种神学"表达了一种新的学问意识

---

① 李秋零：《"汉语神学"的缘起、发展和成果》，2005年在韩国Mokwon大学讲演稿，第3页。
② 《道风汉语神学学刊》第一期，1994年夏，香港，道风山基督教丛林，第8—9页。

和思想感觉,一种重新理解中国的基督教及其神学的企图"。①其"创新"之一就是使"汉语神学"不归属于"教会神学",亦不是体现着伦理侧重的"实践神学",而奠立了一种"教会"之外的"神学",即形成了"学者"们的"神学"。当然,与一般"语言"神学不同,"汉语神学"乃追本穷源、返璞归真,彻底回到了"汉语"这一"母语",从而使之归属于"母语神学"。何光沪为此指出,"所谓'汉语神学',不过是正如英语神学、德语神学、法语神学、西班牙语神学一样,乃是'母语神学'大家庭中的一员"②。当然,如果泛指"母语神学"则等于什么都没说,因为其"语言"的宽泛应用会使"神学"的特色化解消失、荡然无存。何光沪因而解释说,"汉语神学"所讨论的"不是神学主题与一般语言的关系这一基础理论问题,而是神学工作与具体语言的关系这一基本历史事实。……任何神学工作,甚至任何神学思考,都是以一种具体而又独特的语言进行的。具体而又独特的语言(通常首先是一种民族语言),乃是神学的载体"。③这里,"汉语神学"发现了"语言"的文化意义和神学意义:语言一方面是文化的最直接、最重要表述之一,能准确反映出相关文化的特质;语言在另一方面又是神学的载体,按基督宗教之理解即以人"言"而表述的"启示的圣言"。由此,人言与圣言乃在语言这一载体上相遇相聚,由这一语言而表达出相关人群的"生存经验和文化资源",从而使文化与神学在"语言"上达到统一共构。

"汉语神学"在此突出了"语言"尤其是"母语"的意义,并强调在"本土神学""处境神学"和"母语神学"这三大系列中,"汉语神学"对"母语神学"之归属。如何光沪认为,"两千年来的基督教神学家,作为个人来说,绝大多数又都只用一种或有限的几种语言来进行

---

① 刘小枫:《汉语神学与历史哲学》,香港,汉语基督教文化研究所2000年版,第3页。
② 杨熙楠编:《汉语神学刍议》,香港,汉语基督教文化研究所2000年版,第26页。
③ 同上书,第23—24页。

神学工作。……一般而言，神学家多是用自己祖国的语文，至少是在特定环境下自己主要使用的语文来进行神学著述。……我们把'自己祖国的语文'和'在特定环境下自己主要使用的语文'简称为'母语'，在这个意义上就可以说，几乎所有的神学著述都是神学家用母语进行的，换言之，神学基本上都是'母语的神学'"[①]。其实，这种"母语写作"也只能相对而言，正如蒂利希（Paul Tillich）因离开德国而用非母语的英语写出过《系统神学》等神学巨著，台湾所谓"乡土神学"一些代表人物的神学著作亦大多用非母语的英语所写，甚至作为"汉语神学发端"的明末清初时期之神学写作，除了当时皈依基督宗教的中国士林要人用作为母语的汉语写作之外，也还有欧洲传教士用并非其母语的汉语写作。这里就存在一个表述是否逻辑一致的问题：外国学者用其非母语的汉语写作神学著作是否属于汉语神学？如果以写作语言来定论当然就是，但如果以其"母语"来定论也就不是了。而中国学者同样也存在这一问题，如果其以"母语"即汉语来写作当然毫无疑问，但如果中国学者也用并非汉语的其他语言来写作，按其语言属性的逻辑界定则就不属于汉语神学了。在当今全球化的氛围中以语言来说明"母语神学"，疏忽了许多学者可以用多种语言来写作这一事实，显然是很成问题的。因此，"母语神学"并非绝对的唯一的神学工作方式。所以说，如果仅从中国文化、学术氛围来看，这种"汉语神学"作为"母语神学"之异军突起，可能才颇值一提，得以谈论。

在这种关联中，何光沪进而表明，"'母语神学'这一概念，是相对于'本色神学'或'神学本色化'提出来的"。他认为"'本土神学'不过是'处境神学'和'母语神学'的特例"，而且"不赞成'本色'一词（特别是'本色化'一词）"，这是因为"在现代汉语中，'本色'一词含有'本来面貌'的意思……，而这恰恰与'本色神学'提倡者的本意相反——他们的本意是要用本族文化的新的面貌，去置换西方神学的'本来面貌'。究其实，汉语本意上的'本色'神学，如果

[①] 杨熙楠编：《汉语神学刍议》，香港，汉语基督教文化研究所2000年版，第26页。

不指拉丁神学和希腊神学，那倒应该是指圣保罗或圣约翰的神学，反正不是中国或任何其他民族的面貌的神学。当然，事实上，'本色神学'提倡者用这个词意指的，乃是与前面定义的'本土神学'相当的某种东西，……还是用'本土神学'一词取代'本色神学'一词为好"，或者更进一步，"以'汉语神学'一词取代'本色神学'一词"。① 不过，在这里对于"本色"或"本土"都可以有两种解读：一是基督教原初之原汁原味的"本色"和"本土"，但这种"原汁原味"可能很难在西方基督教会去找寻，反而会追溯到其亚洲古巴勒斯坦一带的"源端"。二是就基督教当下所处具体时空位置来论之，这就有一个与当地文化密切结合的问题。而我们今天所论"本色"及"本土"则基本上是取其第二种含义。实际上，"汉语神学"也应是当代中国"处境神学"的一种，并且同样具有"本色"或"本土"所寓指的内容；因此，它大可不必排斥或取代"本色神学"，而能够与之并存共立、和而不同。

在中国现实及其历史发展中，"本色神学"之表述及其存在乃不争之事实，而"本色"和"本土"的表述亦确实很接近，其被译成英文时往往同用"indigenous"，而所谓"本色化"或"本土化"也常被译为"indigenization"。只是在将之进而细分时，则可看出"本土"乃强调"地方性""地域性"或"民族性"这一层面，"本色"则更突出"文化"体现及其特色，旨在说明与之相关的"文化披戴"（acculturation）之"形似"和"文化融入"（inculturation）之"神似"，从基督信仰"道成肉身"（incarnation）之意义上来体悟其"进入文化"（inculturation）。如果"本色"或"本土"乃表示一种意向，那么其"化"则旨在说明实施这一意向之过程和结果。相对而言，"本色"或"本土"更多表现出比较静止和相对固定之态，未能生动、鲜明地展示这种信仰在文化适应及融合时的"临界"之境，缺少反映其变化的动感，故有"处境"（context）或"处境化"（contextualization）之词的提出，

---

① 参见杨熙楠编《汉语神学刍议》，香港，汉语基督教文化研究所 2000 年版，第 26、27、28、37 页。

以描述这种"道成肉身"和"教入文化"时的真实"生命体验""历史时代""社会场景""文化背景""经济环境"和"政治情景"等"处境"。①语言的运用毕竟有其局限,任何语言词汇都只能是一种象征符号,并有其解说的可能前提或背景。"本色神学"一词,实际上是表示中国基督教在从事"本色教会"运动时的神学思想,中国教会领袖曾坦言"本色"乃中国教会不得已而为之,是对教会"西方色彩"的不满和抗争。诚静怡指出,"按狭义'本色'二字,即生长本乡本土之意,中国向无基督教,基督教何得言本色,且本色之事物,亦未必即优于非本色,……然则中国信徒何以一致提倡本色?非崇拜本色,视为尽善尽美,乃鉴于教会现有不良情形,推崇西化漠视本色之故""西方教会传教中国,带有浓厚之西方色彩,颇有为中国人所不能领会与不表欢迎者。"②至于"本色化"的内容,在他看来则包括"如何使基督教在东方适合东方人之需要?如何使基督教事业,融洽东方之习俗环境历史思想,与其深入人心牢不可破之数千年结晶文化?"以及使"教会一切事工,应由中国信徒负责"③等考虑。所以说,"本色"在此乃专指而不是泛指,不是强调"本来面貌"而乃意为"本土面貌"。"本色神学"之理解即包括神学本源、本真之"客体",以及构筑神学思想体系从事神学工作之"主体"。如果是前者,那么其"本色"只能追溯到"上帝之道""圣言"本身,超越任何时空和人类群体因素,乃"不可道"之"道";但如果是后者,即从事神学研习的"主体"之人,那么其"本色"则显然与相应的地域、民族、文化、思想等因素相关,可以从"圣彼得""圣保罗"或"圣约翰"经古代中世纪希腊神学和拉丁神学以及近现代西方语言神学而一直延续到当今各民族语言神学。而后一层面的"本色"则只能相对来论,有其语言的局限,因为"道可道,非

---

① 参见《基督宗教论》,社会科学文献出版社2000年版,第8—9页。
② 诚静怡:《本色教会之商榷》,转引自张西平、卓新平编《本色之探——20世纪中国基督教文化学术论集》,中国广播电视出版社1999年版,第257、260页。
③ 同上书,第261页。

常道",语言本不可直译,任何语言的翻译都只能是相应的"解释",其中既有对原来语言的"解构",又会在对之分析中植入译者所持语言的"释义"。所以其"本色"并不指其"传入"文化或语言的"本色",而乃为"接受"者本身文化或语言的"本色"。

三

值得注意的是,"汉语神学"之所以与"本色"划界,还在于其身份认同之"汉语"不等于"中国"或"华人"。因此,"汉语神学"不可译为"中国神学"或"华人神学",尽管它以后者为参照和对应。这里,"汉语神学"虽以"汉语"为工具或媒介,却并不希望自身陷入基督神学在华"民族化或本土化"的局限,而仍想体现并强调其"圣而公"的"普世性或超越性"。刘小枫在为"汉语神学"定界时指出,"所谓'汉语神学'的提法,表面来看像是一个语言形式的箩筐,因应当今汉语思想文化的政治地缘状况。'华人神学'不够学术术语的准确和规范,'中国神学'在当今的政治文化语境中不够明确",因此他对"汉语神学"的解释乃"基于对'现代语境'的理解,……重点在于探讨现代性问题中汉语神学的可能性"。[①]在他看来,"汉语神学"的可能性,乃在于这种神学应超越"西方性"与"中国化"的论争,它作为一种神学并不与历史中的其他神学有任何延续或继承关系,而只能是一种"共在关系",且因其会"直接面对基督事件"而"闻道无先后",可作为与"基督神学的理想形态"保持"垂直关系"之历史形态来与其他亦为历史形态的母语神学并列。在此,刘小枫强调这一"垂直关系"乃"信仰关系",从而肯定了"汉语神学"所表明的"认信基督"之立场,因此它虽不属"教会神学",却仍为一种基督信仰的神学:

"就汉语基督神学的可能性而言,并没有所谓中国化问题。基督神学的中国化问题看起来源于这样的实情:汉语基督神学出现之前,西欧

[①] 刘小枫:《汉语神学与历史哲学》,香港,汉语基督教文化研究所2000年版,第3页。

各民族语文的神学已经有相当的积累,'西方'的基督神学不可避免带有其民族语文性,基督神学的中国化就是要摆脱基督神学的'西方性'。由此看来,基督神学的中国化问题,基于如下论点:基督神学是西方的神学。这一论点虽然长期支配着中国知识界和神学界,却是一个基本误识,乃现代化过程中民族国家政治文化语境的产物。对汉语基督神学的可能性而言,根本问题是汉语思想自身与理想形态的基督神学的垂直关系,即汉语思想语文经验如何承纳、言述基督事件和认信基督。汉语基督神学在经过数百年延误之后必须考虑其言述的重新奠基:从本色化或中国化的思维框架中走出来,直接面对基督事件。"①

这段表述非常重要,它说明了"汉语神学"的基本立意和定位。但要真正达到或体现其与"理想形态的基督神学"之"垂直关系"谈何容易!事实上,中国上百年乃至更久的神学建设是从历史上的"纵横关系"中走来,并在试图走出。而在穿越这些"历史形态"诸神学时,与作为"西方神学"的基督神学打交道并非任何"误识",而乃确切的历史。也可以说,"汉语神学"对基督宗教神学历史上许多原典的翻译和研究本身,就是这种"穿越"和"经过"。对此,只应有直面真实的"历史现实主义",而不要持理想却虚幻的"历史超越主义"。为此,基督教中国化的问题不能回避,而必须面对;甚至"汉语神学"本身实质上就是一种"中国化"的努力,故而不要"身在庐山"中却不识"庐山真面目"。

当然,"汉语神学"与"教会神学"虽有区分,却彼此关注。而对于"汉语神学"是否为一种"认信神学",却有着模糊和动摇,会给人语焉不详之感。对此,刘小枫加以了"汉语人文神学"和"汉语教会神学"之说明。在他看来,"传统的基督教神学分化为人文神学和教会神学,恰恰是基督教在现代语境中的生存需要,汉语基督神学的发展同样需要这两种不同维度的神学"②。"汉语教会神学"的信仰立场乃不言

---

① 刘小枫:《汉语神学与历史哲学》,香港,汉语基督教文化研究所2000年版,第89—90页。
② 同上书,第62—63页。

而喻，但"汉语人文神学"的态度却不好说，因为"人文旨趣的汉语基督神学的基础不受教派或宗派传统的教义规约，是教派或宗派中立（甚至可能信仰中立）的神学，决定其神学样式的，是人文——社会思想的学术语境。"[1]这里，刘小枫已提到一种"信仰中立"之"神学"的可能，此即"人文神学"在汉语现代语境及其社会政治处境中的一种发展趋势，从而开始与传统的"认信神学"根本有别。他认为，"如果人文旨趣的汉语基督神学定位在建设汉语的现代文教制度中的神学学术，就会通过大学——研究院建制为基督教思想——学术生产知识人，扩展基督教思想学术的传承能力和参与现代思想对话的能力"。[2]这种发展乃是在当代中国大陆的独特现象，而在其他社会文化氛围中却不明显。也正因为如此，其人文学术定位也遭人怀疑，甚至直接受到批评，被视为在学术领域"扩展"基督教的信仰影响。这种对基督教思想学术的质疑，显然也会影响到我们学术界对基督教思想文化的研究。在此意义上，作为"人文神学"的"汉语神学"是一种"当代中国的处境神学"，而与宽泛而论、跨越国界或国籍的"汉语神学"显然有别。在中国大陆之当代处境中，"汉语神学"的立意则有着"学术神学"和"心灵神学"之共构，它涵括其追求者学术"求真"的需要以及灵性"求圣"的渴望。但这种在"信仰"与"学术"之间的"跨界"乃极为不易，或是被人不解，或是为人误解，离其"真解"却仍然相距甚远。

四

在"汉语神学"的发展中，教内人士及其理论家对之多有怀疑和指责，抱着极为复杂的情绪，认为它内涵不清、归属不明，从而使教会建构与神学理论的关系复杂化。其实，从存在决定意识的意义来讲，由

---

[1] 刘小枫：《汉语神学与历史哲学》，香港，汉语基督教文化研究所2000年版，第59页。
[2] 同上书，第60页。

于当代社会存在的巨变,在当代世界尤其是当代中国,教会构建和基督徒身份都已出现了复杂嬗变。对于非教会建构之内的神学思索和研究,教会领袖及其神学家乃至信徒都不应持"以我为核心""唯我独尊"的态度来排斥刁难这种新形式的神学之探,而应该更多地体现其信仰"屈尊""虚己"意义上的倾听、交流、谅解和沟通。实际上,阻止这种神学的发展已不可能,而且会适得其反,造成自我不必要的损失。多元共在、和而不同,已经成为当代世界思想潮流发展的大趋势、大局面。

但就"汉语神学"当前发展的态势而言,确存有其内涵和外延的模糊,对其发展走向和目的也不十分明朗。赖品超曾对之有过两种可能发展的分析,即"广义"与"狭义"的"汉语神学"理解:"广义而言,一切用汉语来表达的神学都可说是汉语神学,因此可以说汉语神学在数百年前已开始。然而,有些时候汉语神学却又好像是狭义地专指以刘小枫为代表的文化基督徒的神学思想。这种神学是立足于人文社会学界,是个体宗教信仰之哲理化之表达;是有别于立足于神学院的教会教义神学,也是有别于本色神学。"[①]

"广义"的"汉语神学"定位为"用汉语来表达"的神学思想,这为多数"汉语神学"的倡导者所坚持。刘小枫甚至认为"汉语神学发端于中国文化与欧洲文化在明末清初的相遇"[②]。按照这种逻辑推论,如果不坚持"母语神学"的理解,那么"汉语神学"甚或还可追溯到唐朝景教来华传教士的汉语释经活动。所谓"广义"的"汉语神学"因其普泛性而等于什么都没说。如果没有一种思想理论体系框架,"汉语神学"的历史资源再多也不过是未能凝聚来构筑其神学大厦的一盘散沙,不得其用。而且,"汉语神学"如果不是出于其"现代性"问题意识,不体现其时代特色及其独有的思想内蕴,则对其本身及谈论这一话题的人们均毫无意义。

---

① 杨熙楠编:《汉语神学刍议》,香港,汉语基督教文化研究所2000年版,第3—4页。
② 刘小枫:《汉语神学与历史哲学》,香港,汉语基督教文化研究所2000年版,第7页。

"狭义"的"汉语神学"如果作为"文化基督徒的神学思想","汉语语境"也应该算是一种独创或开创。当然,根据对"文化基督徒"的理解,那么这种"汉语神学"则是一种超出"教会"框架的"认信神学",而与在中国大陆大学和研究院建制中兴起的"信仰中立"之"人文神学"迥然有别。刘小枫明确指出,"'文化基督徒'指的并不是大学和学术建制中从事基督教历史及文化研究的人士,而是指经历过个体信仰转变的知识——文化人。认信基督方可称为基督徒,而非从事基督教文化研究即是基督徒……从基督徒的认信来讲,文化基督徒与一般基督徒并没有本质上的不同。……由于这些基督徒或从事学术研究,或从事艺术创作,他们的认信表达就不仅只是生活行为的,也是学术或文人式的"[①]。不过,若以"文化基督徒"的神学思想活动来限定"汉语神学",其价值意义及现实魅力则会大为逊色。它可能会缩减为少数人的"话语之圈",表现出一种具有自由主义意向的"个我"回归,其结果乃"排他性"与"封闭性"和"孤独性"并存。显然,这种"个我"的神学叙述势必导致"汉语"的"民族性"意义之解构。刘小枫承认"汉语思想……原已积累了丰厚的民族性思想资源",有着"极为丰富的语文经验",[②]肯定这些资源和经验可为"汉语神学"发展提供"一个无止境的前景",但其兴趣和重心并不在"集聚在民族性的思想系统之中"的"资源",而更强调"突破民族性思想体系和宗教传统,直接从生存语言出发表达对基督事件的认信"。[③]在他看来,"基督上帝的'道'要接济的是民族历史中的个体生命,而不是民族性的'大理';对基督事件的理解,当植根于个体直接的原初生存经验,而非植根于民族性世界观和人生观之中;基督神学当是上帝之言与人之生存经验的相遇,而非与民族性思想体系相遇的结果"。[④]这里的问题是,

---

[①] 刘小枫:《汉语神学与历史哲学》,香港,汉语基督教文化研究所2000年版,第73页。
[②] 同上书,第93、92页。
[③] 同上书,第93—94页。
[④] 同上书,第94页。

能否将"个人的生存经验"与"民族性思想体系"截然分开?个人能否作为脱离其"民族性"和"社会性"的个体来单纯存在?若离开其"民族性的'大理'"、忽视其社会文化生存的意义,个人神学之思的呢喃、碎语还有多大感召或感染力?如果"汉语神学"只想回到个人的"私语",则可能成为意义匮乏的"独语"。

五

但"汉语神学"兴起的初衷并非仅仅如此!促动"汉语神学"之形成的关键人物之一杨熙楠曾如此回忆当初的憧憬和激动:"中国神学的发展除了传统的教会路线外,在中国特殊处境下,有可能汇聚中国学界共同协力发展人文性的基督教学术研究,目的是建立基督教学术研究的体制化及合理化地位,使其成为当代中国人文传统的组成部分,从而对社会及文化产生根本性的影响。""从神学发展史的角度来看,教制内的平信徒甚或教制外的知识人,他们如何革新教会神学的传统,如何在每一个历史时段的神学转折点上,扮演着推动者的角色。""教会性的神学与这种人文性基督教学术研究如何促进相互的理解及合作"。"当代中国学界自发性重寻基督教的精神和价值,从中国宣教史的角度来看是一个千年未遇的历史时刻,我们应如何回应?""八十年代以降的中国学人与唐、宋、元、明、清、二十世纪的知识人对基督教理解的临界点是什么?""部分中国学人以其中西人文学训练,结合东西方语文专业的能力参与翻译基督教经典后,他们会否成为这些经典的诠释者,重构汉语基督思想。""汉语的丰富思想资源与基督宗教这外来思想体系相遇,将如何承载、转化或创造新的思想,从而丰富汉语自身的思想资源……?"[①]对这些提问和感想作答,并不是上述"广义""汉语神学"或"文化基督徒"的"狭义""汉语神学"所能完成的。由此看来,"汉语神学"的构建不只是以搜集整理以往的汉语资源和翻译、

---

① 杨熙楠编:《汉语神学刍议》,香港,汉语基督教文化研究所2000年版,第 viii 页。

介绍历代基督教经典这种"发思古之幽情"就能达到，也不可能仅限于"个人生存经验"的"私语""独白"！对"汉语神学"之远象的憧憬，势必发出对一种鲜活的、当代的"汉语神学"思想体系之构建的吁求。在上述讨论及思考中，我们可以清晰地看到一种文化理解及跨文化对话的意向，学术研究领域的理解本身就是一种文化现象，是相关思想的辨析及阐发。不过，这一对话的场域却更加宽广，其涉及的问题也更为深入，这在中国当前时空语境中，尤其在中华文化复兴和学术繁荣的推进中，这一研究的深入发展及其研究成果的推出，将会既是"雪中送炭"也是"锦上添花"，有助于社会文化和理论思想的发展。在中国改革开放的处境中，我们应该欢迎这种"百家齐放"的探究，对之持有"海纳百川"的态度，而不必因望文生义而造成恐慌，更不要以排除异己来打压学术。学术乃天下之公器，学术繁荣也是我们中华文化复兴的重要代表及象征之一；对于这种标志我们千万不要去设法去除，而是要积极树立。

然而，事物的发展从来就是错综复杂的，最初"汉语神学"的一些发起者虽对"汉语神学"的可能性及其意义内容加以了论证，却似乎并不愿意或尚未准备好构建"汉语神学"自身特色的思想体系、形成其系统神学理论。有的担心这种体系构建会被误解为"唯我独尊"或"孤芳自赏"而陷入孤立，有的则干脆说从一开始就没有这种"兴趣"和"打算"。例如，刘小枫在其《汉语神学与历史哲学》一书的"题记"中曾明确表示自己"从来没有兴趣、今后也没有打算营构一个可以命名的系统神学"，[1]而本以为其"创新"的"汉语神学"之意向却也被还原为"古已有之"的"老生常谈"，步入其间竟感到了迷失："当我走进早已存在且仍在发展的汉语神学时，我在的言述位置在哪里？"[2]这类"推脱"或"懒惰"显然会给发展迅猛且影响广远的"汉语神学"意趣带来尴尬，并有可能使之陷入其发展困境。这种创立者

---

[1] 刘小枫：《汉语神学与历史哲学》，香港，汉语基督教文化研究所2000年版，第4页。
[2] 同上书，第5页。

的消极，其实已带来这一理论思潮发展途中的困境和迷茫。因此，对于当代"汉语神学"的实施者而言，有效发展其理论体系，展示其思想特色已势在必行；当下所需要的不是半途而废，而乃可持续发展。

作为一种当代思潮，"汉语神学"应该有其较为丰富的思想内蕴和较为明确的理论外延，其使命应是对汉语文化语境中人们与基督教及其思想精神相遇相交之历史经验的理论梳理和神学解析，是对汉语基督教思想家的神学及灵性经历的汇聚、总结，是对汉语思想的精髓和汉文化精神本真通过归纳、概括而找出其与基督神学的可能"临界点"或"结合点"，也是对汉语神学资料积累、思想探索过程中的历史回顾和意义之辩。这样，"汉语神学"则可以其积淀及追求而从"历史神学"走向"当代神学"，从"教会神学"扩展为"人文神学"。此外，"汉语神学"作为一种"文化中国"之意义上的神学理论体系，"既要体现其表述的语言载体之特点，即一种'汉语'的言述，又必须反映这一语言所具有或代表的文化底蕴和精神气质，即基督教神学的'汉文化'表达或阐释。因此，'汉语神学'势必与中国文化产生各种关联，它不只是对神学的一种'汉语'语言学意义之翻译或解读，更应该是'汉语'所体现的中国文化对基督教神学的重构和创新"[①]。从这一意义上讲，"汉语神学"应该是独特的、唯一的，而不可流于普泛性、一般性或随意性。"汉语神学"作为一种处境化的言说已超出纯粹语言学上的还原，也不能停留于任何一种基督神学体系的"汉语翻译"。"汉语神学"必须在"汉语"语境及其本质关联的文化处境中重新熔铸，体现出其"原创性"，有着"自我意识"，并能展示其令人耳目一新的思想蕴涵和体系形态。这样，"汉语神学"既承载着基督神学的本真，亦反映出其中国文化之"魂"，有其文化因素或印记及其文化意识和文化自觉。于此，"汉语神学"则会有助于基督教中国化的发展。当然，这种"汉语神学"会基于汉语资源来呈现出其人文性、对话性和学理性，不仅是传统意义上的文化神学、叙述神学和哲理神学，也是当代意义上的

[①] 卓新平：《当代亚非拉美神学》，上海三联书店 2007 年版，第 195 页。

人文神学、对话神学和学术神学。为此,"汉语神学"必须以其"汉语"表述特色来构建其神论、人论、文化论、启示论、历史论和终末论,并达其"汉语言"及"汉文化"的鲜活、逼真。

质言之,"汉语神学"乃刚刚起步,任重而道远。

(原载何光沪、杨熙楠编《汉语神学读本》上册,香港道风书社2009年版。)

第十五章

学术神学的内涵及其建构

"神学"这一术语源自古希腊思想,其表述的原初意义指对"神"这一绝对存在加以逻辑推断和理性分析,因而颇具宗教学范围的研究意义,亦可对当代基督教研究的发展做相应的思考。"神学"按其本源并非基督教的专利,却也可用于对基督教的研究。基于这一构想,笔者对中国当代学术界基督教研究的最新状况尝试加以一种"学术神学"的定位,由此进而分析这一"学术神学"与西方传统中基督教"教会神学""认信神学"的本质区别和知识关联,以此而对"学术神学"与宗教学的关系及其归属进行解释说明。笔者认为,这种探究在客观、正确认识"神学"这一基本概念上有开拓作用与创新意义,因而可以将"学术神学"视为当代中国基督教研究的一种新意识、新进路。

一 引论:问题的提出

在基督教研究范围内,人们一般将"神学"纳入基督教会体系的内部建构之中,认为"神学"是"教会的思考",是基督徒"信者的言述"。因此,长期以来,正如在信仰层面上曾有过的"教会之外无拯救"的说法那样,"教会之外"或"信仰之外"无"神学"似乎也成为人们在认知神学或基督教研究上的一种没有疑问的"共识"。德国新教著名神学家潘内伯格(Wolfhart Pannenberg)曾把"神学"称为"上帝的科学",并撰写了《系统神学基本问题》(1967年)、《科学理论与神学》(1973年)和《系统神学》(3卷,1988—1993年)等著作来论述神学的意义与定位。虽然他在其"神学人类学"理论中亦承认,自近代以来,神学正日益明显地以对人的理解来奠定其基础,因而探讨上帝的本真之出发点已转移到人类本身及其对世界的体验,但在其"神学"的基本立意上仍然强调,神学乃旨在超越世人及其历史和世界的那种"终极意义及目标的宇宙性真理"。由此而论,他认为"关于上帝的真正和确切的知识"只能以"上帝的自我启示"为基础,只有当"启示作为历史"进入历史而与人发生关系时,人才可能认识上帝。这种"神学"观乃是一种"启示神学"观,其揭示的对"上帝"认知乃是神启的、先验的、具有前提性的。在他看来:"关于上帝的所有言论,都建基于一个事实之上,即我们拥有某些关于整个世界的最终目的和目标的前提性知识";若离开"神启",只是从人性、人的需求、兴趣和经历来言说"上帝",那么这种"言说"对潘内伯格来说就只能算是"关于上帝的人类想法",而根本不是"神学"。[①] 按照这种逻辑推理,"神学"基于"神启",人们只有通过上帝的"自我启示"才能认识上帝,也才能言述上帝,但这种"神启"与个人的关系乃是一种"认信"关系,即需要受到启示者有一个"信仰表白",否则人未能接受圣灵之光,仍然只会在黑暗中盲目摸索,找不到出路。由于把"神学"与"启示"相关联,并认为人的"认信"和"得救"亦在于接受"启示"之光,这里就涉及一个"言说"上帝的"权力"和"权利"问题。正如在基督教研究中曾听到个别基督徒所言,"神学"乃"教会"和"基督徒"的"专利",如果没有"认信"不是"基督徒",则没有"资格"和"权利"来谈论"神学"、研究基督教!

那么在"找寻"这种"资格"和"权利"时,能否一帆风顺呢?所谓"启示"在基督教信仰中被表述为"上帝的自我说明",而世人又

[①] 参见罗明嘉《什么是西方的学术神学》,载黄保罗《汉语学术神学》,"罗明嘉序",宗教文化出版社2008年版。

"只有"通过上帝的这种"自我启示"才能认识上帝,这种与"启示"的接触和发生关系遂成为关键所在。然而,基督教关于与"启示"的关系一般只有"主观"和"客观"两种途径。所谓"主观"途径乃指被"圣灵"充满或光照,从而是在一种"神秘"的体验中获得"启示"。但这种"神秘契合"的"体验"是一种隐秘性、排他性的"内在灵恩"作用,既难于"言说",亦根本就说不清楚,它在"神学"中亦仅被视为"神话"式、"奥秘"式表述,不能被神学理性所把握或涵括。而且,当人自己"宣称""拥有神启"时,谁能对之"确定"或"见证",谁会真正给予人这种"自我宣称"的"资格"或"权利"!至于"客观"途径,则是基督教关于《圣经》性质的断言。基督教神学从一开始就把《圣经》作为"启示"的"标准记录",所谓"启示神学"实际上乃落实在"圣经神学"上。不过,根据严格的、科学的、历史的考证,《圣经》所载仍是"人言"而不是真正的"神言"。尽管有人宣称《圣经》撰写者是受"启示"的感动而记载下"神言",却仍留下了明显的"人言"痕迹,其"权威性"只是来自"教会"的"信仰",而"教会"仍是由"世人"——尽管是"基督徒"——所组成,其"信仰的权威"仍然是相对的、属世的,而其"宣称"也仅能使"信者""信"、达到"信"则"灵"之效,但在"基督教信仰"之外却会"失效"。

基于以上分析,可以看出所谓"神学"研究的"资格"或"权利"问题,强调是"教会"的"专属"或"独属"也仅是传统教会认知上的"一厢情愿",并没有真正的、客观的公认性或公度性。随着基督教作为一种"普世宗教"在全球范围的传播、影响,使之有了更大的开放性和包容性。"教会之外无拯救"已因基督教与其他宗教、其他信仰的比较、对话和沟通而从主流教会的"话语"中退出;同样,基督教神学也不再被认为是"教会"或基督徒"信者"的"专利"。"神学"可以在"内涵式"和"外延式"发展中齐头并进、各领风骚。在"内涵式"发展中,基督教神学家可以对其信仰真理、对"上帝"的"意义"加以建构性、诠释性积极解释,并坚信"基督教所宣称的真理是有意义的和真实的"。而在"外延式"发展中,"神学"则获得更宽泛、更广远的涵括,人文学者也可以对"神学"进行"科学性研究",而在"原则上"已"不需要个人对基督教信仰的认同和委身"。这样,"学术神学"作为一门非"认信"性质的、"教会"之外的研究学科乃应运而生,并且也就有了运用各种人文学和社会科学方法来对基督教展开客观、独立、科学研究的"人文神学家"。

二 "神学"的"学术"溯源

"神学"(theology)这一术语源自古希腊思想,古希腊哲学家柏拉图(Platon,公元前427—公元前347年)是第一个使用"神学"(theologia)者。因此可以说,"神学"按其本意最初乃是哲学家或哲学意义上的表述。根据其希腊语词根,人们把对"神学"的原初认知定位为对"神"(theos)的"言述"或"逻辑表达"(logos),"神学"故有"关于神的言论"或"关于神的理性言说"之意,即一门关于"神"的"学问"。大体而言,古希腊时期对"神学"有如下三种理解。

第一种理解即"神话的"或"诗人的"神学,这就是最初柏拉图的"神学"之用。他想借用"神学"来诗意般地描述神、神话式地谈论神,在"神话故事"中使"神圣"的本质得以表达。柏拉图在其名著《国家篇》第二卷论及"神学"。当谈到"关于诸神的这些故事的类型或判断其用语是否正确的标准"这一问题时,他指出,"把神的真正性质描写出来,无论是写史诗、抒情诗,还是写悲剧,都要把这些真正的性质归之于神"。而且,他对"神确实是善的,我们要永远把神描述为善的"之问,亦做了非常肯定的回答。[1]

在此基础上,柏拉图进而又对其"神学"理解加以了伦理学和哲学意义上的引申。他在探讨"存在和思想的最高最后的原则"时,提出了"善的相"(agathou idea,即"善的理念")这一问题,并认为

---

[1] 《柏拉图全集》第二卷,王晓朝译,人民出版社2003年版,第340页。

"善的相"起着"动力因"的作用，它使别的"相"也得以存在。为此，他"象征性地将它称为神，说它是世界的创造者（the Demiurgos）。他认为在《国家篇》中作为存在和认识的原因的最高的'相'是'善的相'，它是'相'王国中的太阳。柏拉图似乎将'善的相'和至上的神等同起来了"。①柏拉图在论及太阳所起的作用如一种动力的作用时认为"善的相"也起着同样的作用，即乃其他"相"得以存在的原因。这里，他在讲太阳这个比喻时也谈到太阳神。尽管柏拉图在《国家篇》中竭力避免将"善的相"直接说成是"神"，从而使它与"理性神"仍有"一步之遥"，却已开始悟出"神"乃关涉"整个世界的最终目的和目标"，即一切存在和思想的"最高最后的原则"这一深刻蕴涵。

西方学者认为"希腊哲学是从神话转化过来的"，正是因为这些古希腊哲学家"批评了神话中的人格神，将神话中神创造世界的作用和力量逐渐改造成为一些抽象的思辨原则，哲学才丰富发展起来"。神学与神话的区别也是基于这一"抽象"过程，其转化正是从"神话"的"形象"到"神学"的"思辨"。不过，"古代人的思想中神和哲学的界限是并不明确的，……当时人们也还没有将思维和存在、精神和物质、主体和客体明确地区分开来，因为存在的原则总是要通过思维才能认识的，容易将客观的原则和主观的思想混淆，所以哲学的思辨容易向神学复归。特别是哲学最初提出的问题就是万物的最初根源究竟是什么，人们总想追问世界是如何产生的。这个问题如康德所说是人类的知性永远不能解答的，可是人们偏要问它，便不免陷入神学。"②对"不能够答的"问题之"答"，这既是"神学"的悖论，亦是其独特奥妙之所在。为此，西方思想家凯尔德（E. Caird）在《希腊哲学家中神学的演化》（*Evolution of Theology in the Greek Philosophers*, 2 vols, Glasgow, 1904）一书中论及柏拉图的贡献。"他从三个方面讨论柏拉图'善的

---

① 汪子嵩、范明生、陈村富、姚介厚：《希腊哲学史》（2），人民出版社1993年版，第789页。

② 同上书，第791页。

相'的含义：（一）指我们灵魂总在寻求的那种可以得到最后满足的东西；（二）以类比方式说明'善的相'是万物的存在和认识的原因；（三）根据它和其他'相'的关系来解释'善的相'。他认为在《斐多篇》中柏拉图已经用倒退的假设从一个'相'回溯另一个'相'，一直达到终结的和自足的原理。在《国家篇》中也使用同样的方法，理性从各门特殊科学推到最后是哲学，结果'善的相'成为苏格拉底的目的论原理，不仅应用于个人生活，而且应用于整个宇宙，是万物内在的终极目的，从而它超出一切有限的差别，超出认识和存在的差别，超出理智及其对象的差别，结果，'善的相'成为超出其他一切原理并成为其他原理的最后根据的那个原理。他认为这才是柏拉图'善的相'的真正目的和意义。"①这里，凯尔德分析了柏拉图将苏格拉底提出的目的论原理"善"发展为"善的相"而达成的认知突破，指出柏拉图不仅将"善的相"与太阳作为"万物的外在的动力因"相比较，而且还洞见到"善的相"乃是"万物的内在的目的因"，不外在于事物或行动，而是在其之内，并且是其想要达到的"最高和最后的目的"。这样，"善的相"就"不但在伦理学上是最高最后的原则，……同时它又超出存在和认识的区别，超出主体和客体的区别，因而无论在本体和认识论上，它都是最高最后的原则，是其他一切原则的最后根据"②。可以说，"善的相"在此乃论及了"善的一元论"，而且在柏拉图的理解中是"目的论的一元论"。

然而，凯尔德并不认为"神学"或"神论"在柏拉图那儿已臻于完善，而乃是一种"开端"和"奠基"。从现代视域来看，"将'善的相'看成是'绝对的自我意识'或'有创造力的心灵'，整个宇宙不过是这种心灵或自我意识的显现。如果这样看也可以说'善的相'就是神"。但是，"凯尔德认为在《国家篇》中柏拉图并没有达到这一点，

---

① 汪子嵩、范明生、陈村富、姚介厚：《希腊哲学史》（2），人民出版社1993年版，第790页。

② 同上。

他是从对象开始的；不过他认为对象是可知的对象，本质上就是'对象的思想'，因此非人格的'相'就开始接近意识或心灵，'善的相'离'理性神'只有一步之差。凯尔德由此得出结论：柏拉图是思辨神学的奠基人。"[1]在古希腊思想中，哲学和神学都经历了从"神话"的转化，其关键性突破就在于其达到的"抽象的思辨"，而这正是以柏拉图所提出的"善的相"为开端和标志。柏拉图在此已不再局限于"神话故事"中生动的"神灵"形象，而是寻求对"存在和思想的最高最后的原则"加以探究，这就为整个西方思想史上的"神学"理解定下了基调，亦为"神学"的思辨探讨奠定了基础。这种"思辨"性使西方神学和哲学有着复杂的交织、互补和互动，因此西方思想史上许多哲学家同时又是神学家，反之亦然。在基督教神学中，把"神学"视为"关于神的科学"（the Science of God），"神被看作是神学唯一的和全面的目标"（God is viewed as the single, all‐embracing object of theology），显然可以追溯到柏拉图的思想，由此可以梳理出一条由柏拉图经亚里士多德（Aristotle，公元前384—前322）、普罗提诺（Plotinos，约204—270）、奥古斯丁（Augustinus，354—430）、阿奎那（Thomas Aquinas，约1225—1274）、库萨的尼古拉（Nicolaus Cusanus，1401—1464）直至当代潘内伯格等神学家的发展线索。只是后来基督教思想家对"神"的理解出现了嬗变，确定了其"三位一体"的独特"神论"，从而使"神学"在一定范围内或某种程度上有了基督教专属之"基督教神学"的含义。但究其根本，其探讨仍主要是"理性的""思辨的""学术的""科学的"。回顾这一历程，柏拉图以"神学"语境和意境来思考"善的相"这一问题，"他要探究的是存在和思想的最高最后的原则，虽然在《国家篇》中他竭力避免将它说成就是神，但它和'理性神'确实只有一步之差。只要将作为目的因的'善的相'赋予一点动力的作用，它便是一个创造世

---

[1] 汪子嵩、范明生、陈村富、姚介厚：《希腊哲学史》（2），人民出版社1993年版，第791页。

界的神。这是在《国家篇》第十卷中的模型说中已经可以看见,到《蒂迈欧篇》便十分明显。亚里士多德将它发展成为'不动的动者',达到希腊哲学中理性神也就是思辨神学的顶峰。到新柏拉图学派的普罗提诺将'善的相'再提高为'太一',哲学又向神学复归了。从这个发展历史看,柏拉图提出'善的相'确实是一个关键,凯尔德说他是'思辨神学的奠基人'是有道理的"。[①]

柏拉图于公元前387年在雅典城外纪念阿提卡英雄阿卡德摩(Academus)的墓地创办了"学园",这是欧洲历史上第一所集高等教育与学术研究为一体的"学院",从此,西方各国的学术研究院就以"阿卡德摩"(Academy)这一词源命名。柏拉图开创了"学院"这一研习、教学形式,并在学院中继续其"神学"之思,与学生们深入讨论"神"的"完善"和"不变"这两个基本特性,这样也就率先将"神学"与"学术"及"学院"相关联。从这一意义上来说,"神学"最初并非宗教团体的"学说",而乃学术机构、学者们讨论的对象,因此原本就是"学术神学""学院神学"或"学理神学",只是后来才在基督教社团中发展为"教会神学"和"认信神学",但其"学术神学"的传统在一定程度上也被基督教所保留,成为其"经院哲学""哲理神学"的重要内容,由此一方面形成了其系统神学的完备体系,亦为当代神学发展的更大开放性、涵括性提供了可能准备了条件。

第二种理解即"哲学的"或"形上学的"神学,也可以从古希腊思想界所考虑的与"物(理)学"相关联的层面来把握。这种理解以亚里士多德为主要代表,但实际上已在柏拉图的思想中肇始。作为柏拉图的弟子,亚里士多德在其代表著作《形而上学》中开始把"对终极实体的沉思"称为"神学",从而更加凸显"神学"的学理性和思辨性。亚里士多德在论及"神学"在"理论学术"中的定位时指出:"世间倘有一些永恒,不动变而可脱离物质的事物,关于这一类事物的知识

[①] 汪子嵩、范明生、陈村富、姚介厚:《希腊哲学史》(2),人民出版社1993年版,第791—792页。

显然应属于一门理论学术——可是这并不属于物学，也不属于数学，而应属于一门先于两者的学术。因为物学研究可独立而非不动变的事物，数学的某些部门研究不动变而包涵于物质之中不能脱离物质的事物；至于这门第一学术则研究既是独立又不动变的事物。一切原因均须具有永恒性，而于此为特重；这一门学术所探求的原因，于我们看来就很像是神的作用。这样，理论学术就该有三门，数学、物学以及我们可称之为神学的这一门学术，因为这是明显的，如果神存在于某处，那就该是在这些事物中了。最高学术必然研究最高科属。理论学术既优于其他学术而为人们所企求，则这一门就应优于其他理论学术而更为人们所企求。"[1]非常明确，亚里士多德将"神学"视为"第一学术"或"第一哲学"，并强调其作为这种"第一"而是"统究万类的普遍性学术"。在亚里士多德的理解中，"神学"作为研究世界万物根本原因的"学术"，作为"专研实是"、探究"最基本的事物"或"不动变本体"的"第一学术"或"第一哲学"，同样具有其"开放性"和"普遍性"。

在《形而上学》中，亚里士多德还另有篇幅对上述问题加以进一步探讨和说明。他认为，"因为专研实是之为实是的学术是能够独立的一门学术，我们必须考虑到这门学术与物学相同抑相异。物学所讨论的是自身具有动变原理的事物；数学是理论学术，讨论静止事物，但数学对象不能离事物而独立存在。那么异乎这两门学术，必是专研那些独立存在而不动变事物的学术，这样性质的一类本体，我们以后将试为证明其实存于世间。世上若真有这样一类的实是，这里就该是神之所在而成为第一个最基本的原理。于是显然，理论学术有三——物学，数学，神学；理论学术为学术所共尊尚，神学尤为理论学术所共尊尚；每门学术各因其所研究对象之高卑为优劣，而神学所探索者，固为世上最崇高的存在，是以优于一切学术。"[2]在亚里士多德的体系中，哲学与神学问题

---

[1] ［古希腊］亚里士多德：《形而上学》，吴寿彭译，商务印书馆1991年版，第119—120页。

[2] 同上书，第222页。

再次被打通。他受柏拉图的启迪进而在"哲学""形上"意义上探究"神学",率先将其称为"太初哲学"的"形而上学"与"神学"联系起来。"神学"在亚里士多德这里更加具体、明确地体现出学术上"究问终极"的"求真"意蕴,开始直接展开对"绝对本体""终极真实"或"形上之在"的思想认知和逻辑推理,从而真正成为"专研实是之为实是"的"学术"。

亚里士多德从一种哲学思辨的高度来研析"神"论,从对"神"的根本性质之理解而提出了关于世界本原及本体的"第一原因""第一推动力"或"第一推动者"的问题,从作为形而上学之核心的"宇宙终极目的""终极本原"之探索而与宗教中的"神明"理解、"神性"认知相关联。在此,他将"神"视为万事万物的"第一原因",居于存在首位的"不动之推动者",并且从伦理学的视角论及"第一原因绝对完善,是世界的最高目的或至善"。这样,亚里士多德是以哲学家的睿智和敏慧来论"神性",将"神"与"第一"和"最高"者、"不变"和"永恒"者联想起来,试图从"纯然真实"和"至高理念"上来界说神明。从亚里士多德开始,"是本身"之"是什么""是真的"乃成为西方神学、哲学中的永恒话题,这种穷根究底、寻本溯源、探求终极的传统成为西方对"形而上学"体系的真正理解。而在此后的基督教传统中,亚里士多德关于"本体"与"存在"的形而上学思辨理论又成为基督教神学的核心构建,其关注的"超然""形上""终极""根本"等观念构成了基督教神学的基本问题意识。在西方中古文化精神的重建中,通过阿拉伯哲学和犹太哲学的媒介,亚里士多德关于"是"与"真"的存在认知曾使中世纪神哲学受到启迪,从而得以复兴。例如,亚里士多德论证"第一"和"最高"存在之"不变"和"永恒"的方法论及其致知取向,被看作西方关于上帝存在之证明的最早雏形,推动了中世纪经院哲学中关于上帝存在的理性论述和逻辑证明,启发了阿奎那等中世纪神哲学家将中世纪经院哲学推向其发展高峰,形成基督教神学在中古的鼎盛。而且,亚里士多德在形而上学中所讨论的"共相"与"个别"的关系问题,也正是中世纪经院哲学中"唯实""唯名"论之争的滥觞。从亚里士多德的理论探索和学术构建上来分析,他实际上已将其"形而上学"与"神学"相等。

第三种理解则是"政治的"或"国家的"神学,这可以被视为"政治神学"的最原始表述。实际上,古希腊时期对"神学"的"政治"或"国家"关注主要指当时政府的宗教活动,政治、国家行为的"敬拜神明的礼仪"等。从这一意义上而论,古希腊不少"神庙"及其祭祀活动都颇具"政治"意义,或者说是"国家"行为。这样,"神学"从其起初就与社会、国家、政治相关联,因而为人们认识"神学"提供了一种更为宽广的社会政治视域。这种与"政治"的交织,亦使"神学"减少了其仅与宗教社团相关的封闭性或局限性,使"神学"发展可能迎来另一种景观。但也正是由于这种原因,在"基督"之前的时代"关于神的言说"已经为后世的多元理解准备了条件、形成了区别、引起了问题,但也使这种"言说"获得了政治上的"合法性"和公众认可。所以说,自古希腊时代以来,"神学"就已经是一种"社会"言说、"公共"言说,乃其"公民神学""城市神学",这种构思经过漫长的岁月而终于也在当代社会的"公共神学"中得到了回音。"神学"谈论的公开性、外延性,在古希腊社会就已经有着其合法性,吸引着国家和社会的关注及参与。

三 "神学"在基督教传统中的"嬗变"

由于"神学"在古希腊思想中的表述更多乃"关于神的言述"而不是"信仰神的论证",更多是"研究神的学问"而不为"信仰神的学问",以"认信"为基础和目的的基督教思想界起初对使用"神学"这一术语持谨慎态度。早期基督教思想家在其著述中一般都避免使用"神学"这种表述,在论及相关思想时大多选择了"知识"(gnosis)、"智慧"(sophia)、"学理"(theoria)等语词,4世纪时希腊教父克里索斯托(Joannes Chrysostom,一译"金口约翰",约公元347—407年)开始在其布道文《论历书》(公元386—387年)中使用"基督教哲学"的概念,随之拉丁教父奥古斯丁在其《驳尤利安》（公元410年）等著述中亦开始使用"基督教哲学"（philosophia Christiana）或"基督教教义"（doctrina Christiana），表示对于上帝的认识和理解或泛指基督教和基督教世界观。只是经过长时期的犹豫和尝试，基督教思想界才开始借助"神学"概念来表达基督教"关于上帝的言说"之普世性和整体性意义。

约在公元4、5世纪，基督教思想家开始关注"神学"的用法，但他们仍将这种关于神的言述之"神学"与其信仰中关于上帝救赎历史之启示的"经世"（亦译"经纶"，Oeconomia）相区别，认为它们反映出哲学与宗教思想相关联时关于"神言"的不同表述。约公元6世纪时，在具有神秘主义色彩的《伪丢尼修著作》（Pseudo-Areopagite）中开始出现"论神名"（Peri theiou onomaton）、"奥秘神学"（Peri mustikes theologias）等篇章，以此讨论"上帝"的"本体"和"本性"，以及人的灵魂与上帝的融合。但这些著作只是被公元9世纪的埃里金纳（Johannes Scotus Erigena，约810—877）译为拉丁文后，才得以在教会中流传，其"神学"表述亦未获教会权威认可，故亦未成为流行术语。

当然，除了伪丢尼修之外，公元5、6世纪的一些基督教思想家因观察到"神学"这一希腊术语的简洁、明快、意思清晰而不时对之加以运用。例如，奥古斯丁在其《上帝之城》第八卷中就论及"需要与哲学家讨论自然神学"，因为"他们比其他人拥有更多的知识"；他对此进而解释说："我们不是在和普通人讨论被罗马人称作自然的神学。这种神学既不像神话神学，又不像公民神学——亦即戏剧神学和城市神学，其中一种神学展现了诸神的罪恶，另一种神学证明了诸神拥有更加罪恶的愿望。在这里我们必须与哲学家们交谈，哲学家这个名字即使译成拉丁文也表明他们是智慧的热爱者。"[1]尽管奥古斯丁在这里已论及"我们把神学这个希腊词的意思理解为对神性的阐述或解释"[2]，其从希

---

[1] ［古罗马］奥古斯丁：《上帝之城》上册，王晓朝译，香港道风书社2003年版，第332页。

[2] 同上书，第333页。

腊之源所理解的"神学"(theologia)作为"对神性的阐述或解释"(de divinitate ratio sive sermo)却仍是"泛指"而不是"专指",故而才会有"神学"证明"诸神"之"罪恶"的表述。不过,奥古斯丁从对"上帝"作为"智慧"的认知出发,而断言"真正的哲学家就是热爱上帝的人",[①]由此拉近了哲学与神学的距离,并认为哲学家若作为"真正的智慧爱好者"应该是"热爱上帝"的"基督徒"。可以说,"基督教神学"这一表述在奥古斯丁的思想体系中已有呼之欲出的状态。另外,写过《哲学的慰藉》的鲍埃蒂(Boethius,约480—524)也在其《论三位一体》《波菲利〈引论〉注释》等专论中从对亚里士多德哲学的理解而谈到"哲学""哲理"意义上的"神学"。

直至12世纪初,法国经院哲学家阿伯拉尔(Pierre Abelard,1079—1142)才首先将"神学"用为"对全部基督教义作逻辑性及辩证式的探讨",[②]并写下了著名的《神学导论》(Introductio ad theologiam)。尽管阿伯拉尔的《神学导论》一书受到1121年苏瓦松会议和1140年桑城会议的谴责并遭焚毁,在其弟子们的影响下,以及吉尔伯特(Gilbert de la Porree,约1080—1154)和雨格(Hugues de St Victor,?—1142)等人创立的学派坚持下,"神学"这一术语却逐渐被教会所接受,成为有别于哲学的、基督教信仰学说的专称。这样,一直使用到13世纪的古旧术语如"神圣教义"(sacra doctrina)、"信仰教义"(doctrina fidei)、"圣典"(sacra pagina)则终于在基督教神学理论讨论中淡出。

自中世纪后期始,"神学"作为基督教信仰体系,已去除了这一古希腊概念原有的"泛指"性,也削弱了其思辨意义上的"哲学"性,而强调以"神圣启示"为基础,以"圣经传统"为起点,以"三位一体"神论为特点。这种"基督教神学传统"被马丁·路德(Martin Lu-

---

① [古罗马]奥古斯丁:《上帝之城》上册,王晓朝译,香港道风书社2003年版,第332—333页。

② 杨熙楠编:《汉语神学刍议》,香港,汉语基督教文化研究所2000年版,第296页。

ther, 1483—1546年）等人的"宗教改革运动"所继承，在近现代历史上得以延续。在基督教神学作为专门表述的近现代发展中，"神学"一方面与"宗教哲学"和新兴的"宗教学"相区别，另一方面也不断在与具有团契色彩的"教会学说"相分离。

综上所述，我们可以看出，"神学"理解在西方传统中只是随着基督教的兴起与发展，才出现了从原本意义之"学术神学"到基督教专属的"认信神学"之嬗变，并逐渐具有了"教会神学"的排他色彩。这样，泛指的、广义的、开放性的"神学"被专指的、狭义的、特定的"基督教神学"所取代，它以"认信神学"的定位和基调影响到随后上千年来基督教神学思想的发展。这种"认信"和"教会"的"神学"限定，就是强调"神学家"即从事神学研究者本人需要有一个"信仰表白"，"基督教信仰"乃是其研究神学的前提或必备条件。由此而来，"神学"乃教会的"内涵式"发展，"神学家"必须是"基督徒"，而"神学"的目的似乎也仅是基督徒对其"信仰"自身"教会"内部的知识性、唯理性或精神性解释与论证。

随着神学"处境"的改变，神学的"话语"自然也与原初明显不同。作为"教会神学"，神学只能是"教会的思考"，是其"信仰团契"的理论建构。以往希腊传统则被基督教传统所取代，此即人们谈论"神学"时必须注意的"教会"传统、"使徒"传统、"圣经"传统、"信经"传统，甚至"教阶"传统、"教法"传统等。而作为"教义神学"，神学则凸显了基督教的"教义"意识，致力于对这些教义的梳理、诠释、研究和论证，并以"上帝论"（三一论）、"基督论"、"圣灵论"、"圣经论"、"救赎论"、"创世论"、"原罪论"、"末世论"、"恩宠论"、"圣事论"、"教会论"等基本教义命题的阐述，充实和完善来达其神学的系统化、学科化和体制化。而当"信仰"色彩被过分强调或突出时，"信仰寻求理解"则占据显要位置，"理解以达信仰"或"理解以认识信仰"随之被淡化或边缘化。甚至在基督教发展的一定历史阶段上，"教会之外无拯救""认信之外无神学"成为"护教"神学最鲜明、最强烈的表述。显而易见，在很大程度上和很长的历史时期中，基督教的"排他论"曾经占过上风。

四 "神学"在当代的"开放性"及其中国处境

基督教自近代"地理大发现"以来逐渐发展成为真正的"普世宗教"，并在当今"全球化"的时代氛围中体会到真正的"世界意义"。作为一种"普世宗教"或"世界宗教"，基督教开始从其传统的"教会神学"扩展出一种"普世神学"。既然基督教已在全球范围内传播有着世界影响，也就势必会受到世界各种文化、精神、思想的影响，使之减少其封闭性、保守性而扩大其开放性、包容性。因此，其"普世神学"开始走向一种开放性、对话性和探索性神学，在具有"世界眼光"的同时，亦增添了"世界色彩"。

20世纪出现的"普世教会"运动和宗教、文化"对话"思潮，使基督教的眼界不断扩宽。"普世教会"运动促成了基督教内部各教派的对话与沟通，而更广泛的文化"对话"、文明"交流"思潮则更使基督教与其他宗教、其他思想文化体系和精神传承有了更全面的接触。其结果，基督教的当代"神学"观念正出现微妙变化，即从狭义的"教会神学"正走向广义的"宗教神学"，从排他的"认信神学"走向多元、包容的"对话神学"。在这种发展基础上，当代基督教对"神学"至少已有了如下三个层面的认知：第一是最狭义层面的神学，即关于基督教信仰尤其是其"神"论的神学，此乃传统意义上的"基督教神学"；第二是宗教层面的神学，其对基督教而言是突破性、开放性的，但因在宗教范围内故而仍是狭义的，这包括各种宗教的教义或理论体系，即所谓"宗教神学"；第三则是最广泛且具有回归古希腊"神学"表述原义的"神学"，其基本内容即"研究神及神与宇宙之关系；研究宗教教理及有关神明之事物"。①

从西方学术研究的发展来看，神学研究在近现代亦有更大的涵盖和

---

① 辅仁神学著作编译会编：《神学辞典》，台湾，光启出版社1996年版，第505页。

更多的可能。其中包括在外向性发展上的突破，以及内在性发展上的开明这两大变化。从神学的外向性发展这一层面分析，神学在 19 世纪下半叶已从仅仅研究基督教这一种宗教而发展为关注各种宗教，并由此萌生了宗教学的发展。尽管当时有不少历史学家、语言学家、人类学家、社会学家等参与到宗教学这一新兴学科的构建之中，但其学科体系的基本架构最初仍主要在神学领域及其神学院系范围内。宗教学除了基于人类学田野调查所积累的资料之外，当时的学科框架乃以纵向的宗教史学和横向的比较宗教学为其发展态势。必须承认，这种外向性突破发展受到了一些著名神学家的批评和阻拦，他们已敏锐地预感到这一新兴学科具有脱离"认信神学"和"教会神学"的倾向。例如，德国著名基督教教会史家哈纳克（Adolf von Harnack, 1851—1930）就坚决反对宗教学在基督教神学范围内的形成，认为这种涵盖各种宗教研究的宗教学对神学既无用又有害。在其 1901 年担任柏林大学校长时发表的著名演说《神学系的任务和普通宗教史学》中，哈纳克就强调，对于神学家来说，研究基督教就已足够，而没有必要分散精力去开展普通宗教学即对其他宗教的研究。针对"宗教学"这一学科名称的提出者，其主要奠基人缪勒（Max Müller, 1823—1900）批评单一研究基督教时所言"谁只知道这一种宗教，他就什么也不知道"，哈纳克尖刻地反驳说："谁不知道这一宗教，他就什么也不知道，而谁能知道它和它的历史，他就知道了一切。"[1]除了对基督教信仰的捍卫之外，哈纳克在此也从学术意义上分析了让神学系全力开展普通宗教史和比较宗教学研究的不可能性，因为研究基督教及其神学乃是神学系义不容辞的根本任务，不能因其他宗教研究而使基督教的中心地位变得模糊不清或产生动摇，所以神学系不应解散而必须集中精力办好；至于其他宗教史的研究则应归入哲学系或语言学系的相关专业，这样形成合理分工：神学家仍以研究基督教为主，宗教学家则以研究其他宗教为主。哈纳克由此承认重视基督教

---

[1] 参见［德］兰茨科维斯基主编《宗教学的本质与特征》（Günter Lanczkowski ed., *Selbstverständnis and Wesen der Religionswissenschaft*, Darmstadt, 1974）德文版，第 333 页。

与其他宗教现象的比较也是必要的，基督教神学如果能扩大这些研究领域自然也是其成就，但这毕竟只能从其理想境界而言，在现实操作中却很难达到。由于此后一些著名神学家如巴特（Karl Barth, 1886—1968）、布尔特曼（Rudolf Bultmann, 1884—1976）、布鲁内尔（Emil Brunner, 1889—1966）等人也对宗教学持否定态度，西方不少大学神学系没能真正开展宗教学研究。但这些神学家对"神学"学科及其研究所坚持的"护教"态度，亦使不少宗教学家对"神学"探究的"客观性"产生怀疑，德国哥廷根大学"宗教史学派"的代表人物衮克尔（Hermann Gunkel, 1862—1932）、韦雷德（William Wrede, 1859—1906）和布塞特（Wilhelm Bousset, 1865—1920）等人从而开始了从"神学"向"宗教学"的转向，并认为"神学"应该被"宗教学"所取代。他们的理由是，基督教只是诸种世界宗教中的一个，所以基督教神学并非唯一的、排他的研究，而应该隶属于研究所有宗教的宗教学。当一些神学系抵制宗教学的教学和研究安排时，宗教学遂在其他院系发展开来。从这一意义上讲，西方宗教学的历史正是它从基督教神学中分离、解放出来的历史。在今天西方许多大学中，宗教系或其宗教学专业乃在神学院系之外独立存在，而宗教学领域的国际性组织"国际宗教史协会"及其在各国的相应机构，都基本上没有上述"认信神学"或"教会神学"的色彩。

这种独立发展的宗教学与基督教神学的根本区别，就在于宗教学的研究者不以"宗教信仰"为前提，他们既可以是相关宗教社团之外的"无"宗教信仰者，也可以是在这种研究中"悬置"其"信仰"的宗教徒。其推行的宗教学研究只是客观研究宗教的历史事实，是描述性、分析性的，而不是价值判断性、主观舍取性的。这种研究并不去评说"宗教"及其"神学"的真伪、实虚问题，更不以"认信"为前提或目的。而传统基督教神学研究则强调必须以"基督教信仰"为前提，其研究必然坚持其"信仰"立场，乃是这种信仰本身的自我思考和发展完善，因此有着明确的"护教"和"福传"目的。对于这种基督教神学而言，坚信"启示"、坚持"圣经"权威乃是不可动摇的原则，因而基本上是"我信故我研究"的认知思路和研究进路。以此来判断,这种基督教神学乃有其主观性、唯灵性、唯信性,在研究上也有"因信称义"的特点。而与之不同的宗教学则无这种"启示"和"圣经"前提及权威,"启示"和"认信"不属于宗教学范畴,也没有宗教学意义上的评价或解释。所以,宗教学不得不与这种传统基督教神学画清界线分道扬镳,正如宗教学作为研究宗教的"科学"(science of religion)所喻示的,其研究原则乃是其客观性、合理性、科学性。当然,宗教学自身对其研究能否真正达到"科学"的程度亦有所动摇,因为"科学"需要"判断""定性""结论",而宗教学在很大程度上仍是一种"描述性"学科,其方法之一也曾是"中止判断",这也是宗教学迄今仍慎用"科学"一词来自我表述,长时期暂用"宗教史"之名的原因。

从神学的内向性发展这一层面分析,基督教神学家中亦有一些人认为宗教学与神学并不矛盾,可以彼此相容。如瑞典教会著名学者索德布鲁姆(Nathan Söderblom,1866—1931)就强调当时兴起的宗教史学可以同属于神学,而且对神学非常必要。他并于1901年在乌普萨拉大学开设了宗教史学讲座。但在基督教神学界内,对于以什么态度研究宗教学则形成了两种不同意见。深受教会传统影响的学者认为,宗教研究者都应有一定的宗教信仰,如果没有宗教意境和体验、没有对宗教生活的直接参与、没有对宗教神秘意义的心领神会,就很难深入宗教之内,弄清宗教的真谛和本质。因此,他们坚持,研究者自身的宗教经验乃是其深入理解各种宗教的媒介和前提。当然,他们认为这种信仰应是"基督教信仰",由此出发则可以来比较、研究其他宗教。但更为开明的研究者则认为,如果以一种宗教信仰来作为研究的前提,势必会将不少先入之见或相关宗教的立场、原则带进其研究,从而是带着"有色"眼镜来看宗教,跳不出自己本有宗教的框架。因为研究者的宗教信仰不同,就会对其他宗教产生不同的看法,有着不同的解释,这里显然有"谁的信仰""哪一种宗教"的偏离,有着"山内""山外"的差别,必然妨碍对宗教的科学研究。

尽管有这样两种不同看法,神学界内的宗教学研究却得以展开。如果从西方基督教神学的主流来观察，应该承认其大体保留了自安瑟伦（Anselm of Canterbury, 1033—1109）以来"神学"乃"信仰寻求理解"的原则。如从当代神学家的典型表述来看：巴特（Karl Barth）认为"神学是一种启示神学，启示目标是在上帝身上，上帝又因其全能启示，事实上即是神学主体"；潘内伯格坚持"神学是上帝在耶稣基督内启示上帝的科学"；拉脱雷（R. Latourelle）宣称"神学系救赎之科学"，不离基督拯救之主题；贝内（W. Beinert）的解释说"神学系就信仰上所遭遇之神圣启示事实作科学的，亦即有条理、有系统的详细说明，目标在尽量使该项启示就人类理性而言，成为可信"；而胡斯登（W. van Huyssteen）也论述"神学系一种思考方式，在这种思考方式中，我们使用模型公式将我们隐喻性的宗教语言转化为简明清晰的理论观念，因而即设法把我们临时性但很肯定的有关上帝的知识，作一个暂时的清楚说明"。[①]但这种观点并不能完全代表西方神学界的整体意见，因为越来越多的神学家已在逐渐认识到，"神学"的"科学"性或一种严格意义上的"科学神学"并不需要研究者个人对基督教信仰的"认同"和"委身"，这种对基督教的科学研究应该以其开放性而运用人文社会科学方法，使神学研究获得哲学、历史学、社会学、心理学、语言学、文学、文化学等领域及其研究范式的参照和滋润。

在神学内部主张"开放性""对话性"研究的学者虽属少数，却形成了越来越大的影响。例如，英国著名神学家希克（John Hick, 1922—2012）开创了其宗教"对话"的理论，并在"神学"理解上涵括各种宗教的认知。他指出，对"神"的观念实质上反映了人类对"终极实在"（Ultimate reality）的认识，体会到其存在和意义，而各种宗教中的"神"论，则体现了其相应的文化，有着丰富多彩的文化意义，如犹太教、基督教的"上帝"、伊斯兰教的"安拉"、印度教的"梵"、佛教的"佛"、中国宗教中的"天""道"等。因此，这些不同的"神论"

[①] 以上参考辅仁神学著作编译会编《神学辞典》，台湾，光启出版社1996年版，第385页，引文汉语表述有调整。

之间可以展开对话，达到一定程度的沟通。另外一位从研究伊斯兰教入手的基督教神学家史密斯（Wilfred Cantwell Smith，1916—2000）则进而朝向"统一神学"的理想而发展出一种"世界神学"，其思路从教会内部乃是从"普世教会运动"而推出"普世神学"，从神学内部则从"诸宗教神学"（theology of religions）而发展为"比较宗教神学"（theology of comparative religion）。如果说其"诸宗教神学"仍是在以基督教的视角来观察、评价其他宗教，那么"比较宗教神学"则已将基督教包括在内展开各宗教之间的平等比较与研究。如果说其"普世神学"仍为基督教范畴内的，那么这种"世界神学"则已有超出基督教的更广远涵括。在这些神学家的努力中，"神学"与"宗教学"的界线开始模糊，其区别亦在减少。正是这种原因，希克和史密斯等人曾在西方，至少在教会内不再被称为"神学家"，而代之以"宗教哲学家"或"宗教学家"。但应该指出的是，这种"开明性"的"神学"研究在西方许多高校仍保留在神学院校之内，而且其中"宗教学"作为"神学"的一门分支学科亦归属于"实践神学"或"宣道神学"，但比较开明的神学院因此也开始向其他宗教徒敞开大门，邀请佛教学者、穆斯林学者、犹太教学者或印度教学者等担任神学院的教师，而且其学生也不再纯为基督徒，出现信仰上的多元混杂现象。显然，宗教学从基督教会的"主观"愿望上曾被希望为其教牧"实践"或对外"福传"服务，为其辅助性学科；然而在其现实发展中，则明显事与愿违，这种"宗教学"却越来越远离教会的考量，出现了前所未有的宗教多元和宗教包容，其学术研究的"独立性"亦越来越强。

"神学"这一表述随着基督教传入中国，因其宗教传入中国之历史"机遇"并"不合时宜"，"神学"学科在基督教会之外亦存有需要"正名"的问题。"名不正则言不顺"，长期以来中国大陆语境及其人们的观念中乃有着"批判神学"的影响。虽然随着改革开放、拨乱反正，宗教信仰自由获得保障，基督教得以公平对待，中国大陆学术研究领域对宗教仍提倡"客观""科学"的研究，其基本理解就是这种研究不应以"宗教信仰"为前提、为条件，不可以"认信""宣教"的目的来研究。尽管在中国宗教研究领域有政界、教界、学界"三支队伍"之说，而且"教界"的研究可以"在教言教"、走其"内涵式"研究发展，但在"学界"即研究机构和高等院校的宗教研究中所提倡和持守的，却主要是"学术的""客观的""科学的"研究，而不是"教界"的、"认信的"，更不是"宣教的"探究。这对于基督教研究同样没有例外。诚然，"学界"也有"基督徒"或"文化基督徒"的存在，但其基督教研究在"学术"领域、在研究机构和高等院校原则上是明确要求其"悬置"其信仰的。所以说，中国"学界"的基督教研究既不可能以"教会神学"，也不可能以"认信神学"为主流或主体。这与西方的"神学"研究本质有别，自然也不同于西方神学院校中存在的"西方的学术神学"。无论是以"汉语"还是其他"语言"来表述，"认信"意义的"神学"，即以"启示"和"圣经"为基础的"神学"，或者说"归属基督教信仰传统"的"神学"，都不可能真正成为当代中国大陆"学界"研究的主流和主体，而且基本上没有这种"认信神学"的存在空间。所以说，中国大陆"学界"的"神学"研究可能是对传统"基督教神学"概念或其"认信"理解的一种"颠覆"。但这种"神学"研究的确存在，它虽然有着宗教学的立场和方法，其问题意识和探究对象却主要是"基督教"的、"神学"所涉及的。从这一意义上来说，当代中国大陆"学界""对基督教的科学研究"或者说对"神学的科学性研究"，显然是一种返璞归真，形成一种面对基督教却又超越其"认信神学"理解范围的"学术神学"。在当代世界范围的"神学研究"中，这种在中国处境和语境中的"学术神学"探讨应是独特的，或许也是唯一的，其发展当然也与中国宗教研究与世界其他地区的宗教研究亦本质有别的特殊处境相关。但正是在这一意义上，中国的宗教学可以在世界学苑独树一帜。

五 "学术神学"作为中国当代基督教研究的新进路

对基督教的"科学研究"已在中国大陆学术界全面展开，在过去三十年中取得了很大成就。对于这种"研究"一直存有"定位"的问题。从其学科建构来看,这种研究主要在"学界"进行,目前"教界"的同类研究从规模及其深度和广度上仍难以与"学界"相比,这在中国历史上乃是颇为罕见的,或前所未有的。而中国内地"学界"即研究机构和高等院校并无"神学院系"建构,更无"教会归属",相关研究主要在宗教学系、哲学系或其他院系中展开,这与西方的"学术神学"研究在体制建构上已本质有别。而从这些研究机构和高校即"学界"范围内的学者而言,研究基督教的学者大多并无"基督教信仰"的"皈依",更无任何"教会"依属。尽管学者中也有少量"基督徒"或"文化基督徒",但其比例不大,影响甚微,而且其在"学界"的研究一般也会"悬置"其"信仰",因此是体现出"学术性"而不是"认信性"特点。这与西方神学学术界的学者情况亦迥异。从这两个层面来分析,自改革开放以来影响越来越大的"汉语神学",因研究者主体"信仰"身份的多元复杂而在其大陆学界的定性、定位上尚有许多模糊之处,故而亦未获得其学科建构和学术理念上的"公认"。

那么,如果以"西方学术神学"或传统的"基督教神学"为"标准",中国内地"学界"则基本上无"神学"可言,而只是作为"宗教学"分支的"基督教研究",即所谓"学理性""科学性"的研究。然而,在问题意识上和研究领域上与"西方神学"相似的研究却实实在在、如火如荼地在中国内地"学界"展开。因此,从超越基督教"认信神学"的视域,回归古希腊之初的"神学"理解,从肯定、积极意义上为学术研究性质的"神学"正名,将这视为对宇宙终极的追问、究诘,我们则完全可以称这种研究为"学术神学"的研究,而这种"学术神学"也正是当代中国基督教研究的新意识、新进路。

在这种探新、创新式的研究中,"学术神学"虽然有着"悬置""信仰"的宗教学立场和前提,虽然坚持客观比较、真实描述、本质洞观的宗教学方法,其与宗教学的研究之根本不同,则在于宗教学为对各种宗教加以全面研究的"泛指",而"学术神学"则主要是研究"基督教"的"专指"。从其研究理念和方法论意义上,在中国内地"学界"

当然可以将"学术神学"视为宗教学的一个分支学科，作为其基督教研究这种二级学科领域。但如果从世界范围的"神学"研究而言，"学术神学"却也有着与"神学"广泛、深入、内在的关联，其研究范畴基本上直接针对基督教教义神学所设定的各个主题，只是存在立场、方法的根本不同，因而虽不可将之归入"认信神学"的范畴，仍能视为在比较宽泛意义上的当代"神学"的一种，而且这也符合"神学"发展本身的动态变化。实际上，这种同样且有深层次、系统性的"神学"研究在当代中国大陆"学界"已是不争的事实。

与其他"神学"相同，"学术神学"以"神论"为其核心。但其"神论"不是"认信"式的证明或"护教"性的捍卫，不是要表明"神存在吗"的问题或辨认信仰的"真伪"，而是用学问方式、科学方法、哲学分析、解释学的态度来尝试描述、分析人们所谈论的"神"——无论是"有神论者"还是"无神论者"所言之"神"——究竟"是什么"，或究竟是怎么样的表达及表述。"学术神学"不立意于"神"是否"存在"的证明、否证之争辩，而是旨在通过对"神明"问题的分析探究来展开积极的对话、讨论和沟通，通过历史梳理来说明神学观念的发展演变。在此，"学术神学"将重点放在对基督教信仰传统中"上帝"理解之研究，以此为基础来展开"神"论上的比较研究，引入世界宗教意义上的"神论"视域。从这种意义上来说，"学术神学"也是"关于基督上帝的理性化言说，'上帝''神'或终极之在是神学的主词"，而当其"关于'神'的言说"已经"形成一套理性化的知识系统"时，理所当然可以"成其为神学"。[①]

与基督教"教会神学"或"认信神学"的不同，则在于"学术神学"并不以基督教的"神圣启示"以及记载这一启示的"圣经"为其出发点、根基或前提。"教会神学"和"认信神学"则首先必须是"圣经神学"，这在"西方学术神学"中也不例外。对此，"认信性"的基

[①] 参见刘小枫《汉语神学与历史哲学》，香港，汉语基督教文化研究所2000年版，第86—87页。

督教神学迄今仍没有任何让步或放弃。而中国内地学界的"学术神学"却无必要将之作为其安身立命的根本或发展神学的基准。虽然没有对《圣经》的"神启"认信,"学术神学"却坚持对《圣经》的历史认知。所以,西方基督教神学传统中的"圣经神学"内容在这种"学术神学"中仍得到相当程度的保留。尽管不以"圣经启示"为前提和先决条件,"学术神学"仍然强调对《圣经》非常认真地加以历史学、考古学、古语学、语源学、文献学、文化学、人类学、民俗学等层面系统而综合的研究。由此而论,"学术神学"蕴涵有"圣经神学"的知识内容,只是不将之视为信仰意义上的"神启"或这种"启示"之记载。对"学术神学"来说,《圣经》仅是"历史著述"。

在"系统神学"的体系框架和知识意义上,"学术神学"有着对其相关"神学"命题的专门研究。除了上述"神论"(上帝论)的基本研究外,"学术神学"在"基督论"上会比较从"历史上的耶稣"到"信仰中的基督"之发展或转化,关注"道成肉身"的哲理意蕴,探究宗教中的"神""人"关系,以体悟人类信仰中"神"物化为"人"、"人"圣化为"神"的深刻含义;在"圣灵论"上会研究绝对与相对、无限与有限、永恒与时间之间的"沟通"、"传媒"问题及其"中介"的表现或"形象",分析人的"精神性"即"灵性"意义,探寻宗教理解中的"神秘"意境和"灵修"实践;在"人性论"上会询问人的"罪感"、人对自我"相对性"的体察和自责,由此解答"人的本性与命运"这一根本"人论"问题;在"救赎论"上会分析"拯救"的主体、客体、方式、意义和效果,从中揭示宗教中人的"敬畏心情"和"绝对依赖的感情";在"创世论"上会追溯宇宙的起源、人与世界的开始及发展、人在自然和历史中的地位,触及"前溯"性"从何"或"由何"而"来"的问题;在"末世论"上则会以追问"未来"的方式,即以"未来学"的问题意识来探寻宇宙和人的"归属",分析有没有"终末"或"终结",这种"终"是什么会怎样"终",解答其"往何"而"去"的问题,从而与"创世论"(宇宙论)构成"始"与"终"的呼应;在"教会论"上会研究"信仰团契""神圣联盟"的宗教寓意，分析教会的社会建构层面和历史发展演变，从而达成对宗教团体社会结构的剖析及其信仰结合的解析；而在"圣事论"上则会窥探基督教的宗教礼仪、崇拜方式，朝圣或敬神形式，通过"参与性观察"来揭示宗教行为的意义，与"圣事神学"或"礼仪神学"形成呼应与对照。在这种神学知识体系结构上，"学术神学"对基督教神学的各个方面都会有其"观察性""同情性""理解性""诠释性"的考量。

从总体而言，"学术神学"是中国内地"学界"对基督教的重新认知和对"神学"的重新定义，它对二者在当今中国的定位既造成挑战，亦带来机遇。这也是中国当代人文知识分子对其宗教认知，尤其是对基督教认知的一次重新梳理和鉴别。其思想启蒙乃空前的，虽然在认知思路上已有前人的线索可寻，它作为在当代中国新兴的人文社会科学领域，却有着全新的类型和内容。可以说，通过"学术神学"，中国当代社会及其知识界会与基督教及其神学思想有着更多的对话、更大的沟通和更好的相互理解。

[原载金泽、邱永辉主编《中国宗教报告（2008）》，社会科学文献出版社2008年版。]

第十六章

关于"学术神学"的思考

在基督教研究中,不可缺少对其核心问题的"神学"研究。"神学"这一表述从基督教思想文化传统来看有"泛指"和"专指"这两个层面的蕴涵。"泛指"即为基督教信仰学说的所有研究,把"神学"作为其学科统称,其下则涵括基督教研究的各个分支学科;这在今天西方大学的神学院系或教会神学院教学体系中颇为典型,形成其神学系统或系统神学,其中亦有部分内容因受近代西方宗教学研究理念及方法的影响而发展为所谓"西方学术神学",并在世界范围的基督教传播地区构成其相应的神学研究机构及理论体系。"专指"则是基督教话语体系中的"神"论,即对其所信奉的"神"(上帝、天主)之本质、内容、意义、构建加以探究;在这种论说或论证中,由于人之"有限"和作为终极实在的"神"之"无限",人对"神"的理解和表述在神学中因而也只能是相对的、间接的、推测的、模糊的甚至神秘的。但这种"泛指"或"专指"的"神学",从其起源和本意上并非基督教信仰的"专利"。如果说,"神学"在基督教传统中发展成为了一种信仰学说和教会理论,铸就了其"教会神学"的形体及特征;那么若追本溯源,则也可超越这种信仰学说的传统,冲破传统教会神学的樊篱,从而发展出一种科学研究意义上的,即具有历史追溯之宗教史学和对多宗教参考、对照之比较宗教学特色的、学术性的"神学"。这就是我们在此所要论及并将展开系统研究的"学术神学"。

第十六章 关于"学术神学"的思考　229

从其历史根源来看，曾经断言"太阳下面无新事"的古希腊人发明了"神学"，而且这一"神学"在其诞生时就是"学术的""哲学的"，是古希腊哲学家的"智慧"杰作。具体而言，"神学"（theology）这一术语是远远早于基督教诞生之前的古希腊哲学家柏拉图（公元前427—前347）的发明，他对"神学"（theologia）的原初理解即对"神"（theos）的"言述"或"逻辑表述"（logos），由此奠定了"神学"乃人类"关于神的言论"或"关于神的逻辑推理"之本意。可以说，"神学"的初始意义本为关于"神"的"学问"而不是对于"神"的"信仰"，"神学"是一种"学术探究"而不是宗教的"信仰教义"。自柏拉图发明并运用"神学"以来，古希腊思想对"神学"就是一种开放性理解，这种开放性表现为其对"神学"三个层面的理解：其一，"神学"即"神话的""诗人的"神学，柏拉图始称"神学"就是旨在"把神的真正性质描写出来"，这种"描写"就体现在"史诗""抒情诗""悲剧"之中；虽然柏拉图离"理性神"的直接表述尚差"一步之遥"，却以"把神描述为善"而铺平了从"善的相"（"善的理念"）来推导出"存在和思想的最高最后的原则"之道路，构成了"哲学神论"的雏形。其二，"神学"即"哲学的""思辨的"神学；正如亚里士多德所言，"神学"乃是"对终极实体的沉思"，从而使这一学问得以成为"统究万类的普遍性学术"，并高居"第一学术""第一哲学"之位。其三，"神学"即"政治的""国家的"神学，具有其"公共性""开放性"；这样，"神学"从一开始也就成了"社会学说""公民神学"，即与社会、政治、国家相关的"社会言说"或"公共言说"。可以说，古希腊语境中的"神学"曾经已是"神话化"的"诗人"想象、"哲学化"的"智者"思辨和"政治化"的"公民"实践。此外，柏拉图在阿卡德摩（Academus）之地授徒建校，形成"学园"，亦为"学术""学问""学界""学院"表述之始，自然又为"神学"与"学术"的关联及结合创造了条件。由此而论，早在柏拉图那儿，或许尚未获得"自我意识"的"学术神学"却已在古希腊的"哲学"氛围中水到渠成！

在古代希伯来文明与古希腊、古罗马文明融合、结合而形成基督教文明的漫长过程中，基督教对于"神学"表述之采用曾有过千年之久的犹豫或回避。经过多代基督教思想家的踌躇、试探，"神学"才逐渐在基督教会的土壤中改变了其内涵，即从古希腊"关于神的言述""研究神的学问"演变为基督教"信仰神的学问""推断神之存在的论证"。早期基督教的思想家们并不使用"神学"这一术语，现今意义的"神学"蕴含在当时曾用"基督教哲学"或"基督教教义"来表达。此后"神学"被古代教会的教父们理解为一种涉及"神论"的泛称，如"自然神学""神话神学""公民神学""戏剧神学""城市神学"等，他们并没有想到要把"神学"作为其教义理论的专称。当公元6世纪左右的基督教思想家尝试用"奥秘神学"来论述其宗教信仰中的"神名"时，其表述仅为一种隐匿之用，并未获得教会承认和普遍流行。这种具有基督教会"自我意识"的"神学"直到12世纪初才由法国经院哲学家阿伯拉尔以其《神学导论》一书之名来宣布，这样遂使"神学"有了成为基督教会"专利"和"专称"的可能性。虽然阿伯拉尔宣称"神学"就是"对全部基督教义作逻辑性及辩证式的探讨"，其神学定义或理解却仍不具有普遍性、专门性，而是与"神圣教义""信仰教义""圣典"等术语并用并行。不过，至欧洲中世纪后期，"神学"终于成为基督教的专门术语，即以这种专指而构成了"教会神学"的专门体系，并由此形成其排他性、封闭性。从此，宗教研究意义上的"神学"外延式、开放性发展被教会教义意义上的"神学"内涵式、封闭性发展所取代。这种"基督教神学传统"延续至今，并仍保持住其顽强、旺盛的生命力。

然而，在"神学"理解上，历史并没有纯直线性发展，却有着辩证的、意味深长的循环。"教会神学"一统天下的僵局在教会内部被逐渐攻破。19世纪欧洲的施莱尔马赫既是"现代神学之父"，也是"宗教学"的"思想先驱"，而且他同样还打破了传统教会神学的格局，给人带来了耳目一新的变化，这就为近现代"学术神学"的复归埋下了影响深远、极为重要的伏笔。在施莱尔马赫看来，神学不能是简单地仅仅作为"认信神学"的"教会神学",而有必要对之加以"历史神学""实用神学"和"哲学神学"的三重划分;这样一来,则可对神学加以开放性、系统性和规范性的研究,并使之在近现代大学发展中取得其作为大学学科的合法性、客观性和科学性。

宗教学在西方大学中作为一门新兴的人文学科而出现,其倡导者包括神学系之外的一些人类学家、语言学家、社会学家等。但宗教学作为一种学科建制,最初仍在神学院系内设立,表现为神学的外向性发展,即从仅仅研究基督教开拓到对各种宗教的关注和研究。对此,教会内部颇有异议和分歧。其著名学者哈纳克就认为对其他宗教的研究无益于神学学科,因此对神学系而言,"一种宗教"(即基督教)就已足够!宗教学的主要创始人之一缪勒为此曾批评说:"谁只知道这一种宗教,他就什么也不知道。"而哈纳克却反唇相讥,宣称:"谁不知道这一宗教,他就什么也不知道,而谁能知道它和它的历史,他就知道了一切。"教会内部的这种态度得到了多数神学家们的支持,其结果,新生的宗教学与神学分道扬镳,走向了独立发展。"国际宗教史协会"的形成与发展,就是这种独立的"宗教学"存在及扩展的象征性标志。而保留在神学院系之内的宗教学,则远离了其核心体系的基础神学或系统神学,仅作为宣教学的辅助学科而存在,即属于"实践神学"或"宣道神学"的范畴,但这也使西方宗教学在一定程度上保留了与西方神学的关联。

在宗教学发展的影响下,当代神学亦出现了嬗变和分化。一方面,不少神学家仍坚持"神学"的"信仰"特性和基督教的"教会"归属,如巴特强调"神学是一种启示神学",潘内伯格宣称"神学是上帝在耶稣基督内启示上帝的科学"等,坚持将"神学"作为其"信仰之内的科学"。但另一方面,这种"科学神学"之强调也促成了与之方向全然不同的发展,此即当代"西方学术神学"的开放性、开明性和对话性征兆的体现。

从开放性来看,这种西方学术神学注意到了"学术"与"信仰"的区别与区分。如天主教神学家龚加尔就强调信仰应与学术分开,希望教会给神学家从事神学研究的真正自由,使之获得学术研究的空间。在他看来，教义与神学有别，教义旨在信仰的保持和延续，而神学则以其学术性来研究、发现、创新、进步。同样，也有新教神学家坚持突出神学的学术价值，如莫尔特曼认为学术神学的首要任务就是基于理性理解和科学方法的验证来对教会信仰的思想内容加以探索和阐明，神学并不追求复杂和艰涩，而乃旨在清楚和澄明。

从开明性来看，西方学术神学借用现代解释学与神学的结合来说明神学的基本任务并不是其护教意义上的捍卫基督信仰真理，而主要是从理解意义上来说明真理、解释信仰。例如，美国天主教公共神学家特雷西受施莱尔马赫对神学的三重划分之影响，而也将神学分为基础神学、系统神学和实践神学，以面向作为神学场景的公共空间，体现神学的公共性和透明度。他强调神学应该具有进入公共领域的姿态，以公众能够听懂的话语、言谈来解释人类存在的宗教之维、社会发展的宗教传统和公共人格重构的理想模式。虽然神学思考宗教，神学家不能回避宗教真理的问题，但其特点和境遇使之不能简单依赖于神秘主义的信仰，而必须投身于严谨、认真的学术研究。学术神学所处的学界主要乃是一个"社会场所"，充分体现出其公共空间，神学家在此的研究并不以个人信仰为前提。在"学界"，学术性乃是首要的和必需的。而学界的真理理解则是以公共对话、论辩来达成共识，获得认知上的统一。

从对话性来看，英国神学家希克以其"对话"理论而实际上模糊了学术神学与宗教学之间的界线。他认为"神学"包含对各种宗教的探究，"神"论实质为对唯一"终极实在"的认识，而各种宗教中的"神名"则是对这一"终极实在"的文化、民族及语言上的多种表述，如犹太教、基督教的"上帝"（神，天主教的"天主"），伊斯兰教的"安拉"，印度教的"梵"，佛教的"佛"，道教的"道"，以及儒教等传统中国宗教中的"天"等。由此，学术神学可以其"神学"之广义而涵括经学、梵学、佛学、道学、天学等宗教神论，彼此之间乃对话、比较、沟通的关系。正是以这种对话、比较的关系，才使当代西方神学和宗教学的著名代表、哈佛学派的领军人物史密斯从所谓"统一神学"走向了"世界神学"，从基督教视域的"诸宗教神学"走向了诸教平等对待的"比较宗教神学"。

不过，必须指出的是，虽然当代西方学术神学以其开放性、开明性和开拓性而超越了传统教会神学的范围，甚至不以基督教信仰作为其必然前提，其整体框架和基本结构却仍然是在教会神学的体制之内，西方学术神学家大多亦保持了其"基督徒学者"的身份，这种神学的核心内容和相关体系并没有彻底走出"认信神学"，因而从根本上来看尚未回到柏拉图及其古典"神学"的"前基督教"或"超基督教"之基本蕴涵。

在基督教与中国文化的交流及对话中，当代基督徒学者结合"汉学"而发展出一种"汉语神学"。显然，这种"汉语神学"所面对的是当代中国的"学术语境"，故而通常也被视为"汉语学术神学"。尽管中国内地有少数学者"从兴趣到委身"，在对基督教的学术研究中成了"文化基督徒"或教会基督徒，引发了"中国亚波罗"现象，其汉语神学的讨论和体系构建却仍以中国港澳台地区和海外华人基督徒学者为主。颇为意味深长的是，这种讨论在基督教社会边缘和中国思想文化边缘之间形成了"边缘间的中心"，甚至一时"风景这边独好"，引起了双边的关注和探究。

从中国当代学术研究的主流来看，特别是在基督教的研究领域，应该说中国内地人文学术界目前所追求并坚持的仍然是"不需要个人对基督教信仰的认同和委身""基于宗教学的立场、观点、方法和研究成果"而对基督教进行"科学研究"的"学术神学"。"学术神学"这一表述在此之提出，虽然不是"原创"，而乃对西方学术神学之借用，却有着与之截然不同的寓意，也可以说是"神学"术语之真正返璞归真、回到本原，成为其原初意义的、不设信仰前提的、科学理性的"学界""学问"即"学术"之神学。当"汉语神学"仍在持守"基督事件"作为神学唯一合法根基与强调其人文性神学的公共性及其普遍意义之间交锋时，"学术神学"则对尚不足千年的"神学"被作为"教会专利"提出了挑战，以还"神学"之开放性、客观性学术研究的本来面目。只有这样，才能恢复对"神学"的正确性"广义理解"，才能找到"神学"在中国社会氛围及思想文化语境中可行的路径。

  基于上述历史回溯和思想考虑，我们主张系统展开对"学术神学"的探究。为了开阔视野、解放思想，我们这一探究的基本内容既有对西方学术神学体系及其学科分支的介绍和分析，也有对当代汉语神学之学术讨论的观察和研究，更有对基督教的"纯学术"性探讨和宗教学理解。而我们所要构建的"学术神学"，即指对基督教的科学研究、客观审视，其中自然会有马克思主义对"神学"的思考和解答，会用学问方式，包括宗教学的方法、哲学的分析、解释学的态度，以及跨学科的比较来描述、勾勒、剖析、说明基督教的信仰体系及其核心的神性观念。这样，"神学"则不再局限于"教会的思考"。在客观恢复或还原其公共性、开放性之本初时，"神学"在当代就有可能摆脱其依附于基督教信仰及其教会机构的各种拘束，获得一种凤凰涅槃般的新生。

  （原载黄保罗著《汉语学术神学：作为学科体系的基督教研究》，宗教文化出版社2008年版。）

第十七章

中西文化交流中的基督教原罪观

在当前文化讨论和文化形态划分中，常有人将基督教文化归于"罪感文化"和"爱感文化"，将古希腊文化和古印度文化归于"智感文化"，而将中国传统文化归于"乐感文化""德感文化"或"耻感文化"。在此，所谓"罪感文化"乃是根据基督教信仰中的原罪观以及与之相关的负罪感和忏悔感而言。而所谓"乐感文化"则是基于中国思想传统中孔孟"人性本善"的看法，老庄"逍遥""无为"的精神，以及荀子"人定胜天"的乐观情怀。

"罪感文化"和"乐感文化"之说，在中西文化交流及比较中颇受人重视，而且也为大多数人所接受。一般认为，这两种文化形态在其接触和交流中起着互补互促的作用。从罪感文化来看，其自我反省和历史批判精神体现出独有的深沉和敏锐，由此促成人们的超然审视和终极追求。但其对人世罪孽之积重难返的体认却生出一种悲剧意识，而其对彼岸世界之绝对拯救的求助会使人成为对历史戏剧的冷静旁观者和批评挑剔者，结果也可能对人们全力投入和积极参与创造及推动人世历史的社会活动产生怀疑或动摇。当然，这种理解或许会被原罪观中发掘出的新意及新诠释所扬弃。与此对比，乐感文化所强调的人性陶冶、修养及其历史使命感则表露了其灵性的豁达与怡然，由此塑造了人为天地立心的高大形象和顺应时势、人治有为的务实精神。中国文化自远古神话始，就表达了这种不甘屈于命运、"欲与天公试比高""与天斗其乐无穷"

的乐观情怀。但其"人治"传统却会忽略现实之人的历史及社会局限性和相对性,"以人代天"或自称"替天行道",缺乏超越之维的威慑或相应的监管。而其另一倾向的任运自然、适性得意之处世态度,则会从根本上放弃人的使命感和责任感。所以,这两种文化形态通过交流与互补而在一定程度上达到沟通并获得共识,则能使各自得到发展与升华。不过,"罪感""乐感"的划分或界定仅能相对而言,因为以"罪感"为特色的基督教文化并非完全排斥乐感文化的本质与意趣,而被冠以"乐感"的中国文化也绝不是彻底放弃了罪感文化之精神。应该承认,基督教与中国文化之中"罪"的概念的确有着语义诠释和社会应用上的不同。然而,随着基督教在中国这种文化承载体或处境中的"本色化",其重要理论之一即关于"罪"的界说亦被中国人所正视和探究。尤其在中国现代文化氛围中,对基督教"原罪"观念的认识正不断突出和深化。也就是说,这种"原罪观"在中国思想认识之发展中亦已从其"文化披戴"之表层交流进入到"文化融入"之质的突破。其给人的启迪是,这一体现中西文化之明显差别和构成二者交流之突出难点的"原罪"论问题,亦有可能在其文化交融会通中达到某种程度的解决。在此,我们尝试从基督教原罪观中论人的"罪恶"本性、论人神关系的破裂以及论人之追求未达目标这三个层面来展开中西思想之比较。

一 论人的"罪恶"本性

"罪"与"罪感"在基督教思想中为最核心的观念和对人之本性最基本的认识。在其传统的解释中,这种理论源自《圣经》中关于人类始祖"亚当和夏娃吃禁果犯了罪"的故事,由此形成基督教的原罪观,发展为西方文化主流中的罪感文化。与此相反,一般认为中国传统思想文化中缺乏这种"罪"的意识和"罪感",进而也就缺少由之而来的"认罪"和"忏悔"等灵性体验。基督教强调世人按其本性生而有罪,作为罪人却不认罪乃其最大的罪恶。但中国人则坚持人没有"犯罪"就不必认罪,只要自己言行举止都符合社会规范和公德就完全可以问心无愧。其认识区别在于西方基督教认为"罪"是人之本体性的,而中国则把"罪"理解为社会行动中对公共法律或规则的僭越。长期以来,许多中、西方学者把基督教的"原罪"观看成中国人在理解基督教上的最大障碍,并认为中国人由于没有"原罪"观和"忏悔"意识而构成了基督教与中国文化融合过程中不可逾越的鸿沟。

基督教原罪观这一基本解释,强调了人的本质堕落和人性之邪恶,且与生俱来、无人幸免。这的确与以性善论为基础而形成的中国传统乐感文化本质有别,且格格不入。但在形成中国思想文化主流的儒家传统中,既有强调这种以性善论为基础的"恻隐之心"的正面叙说,亦有另一种正视邪恶存在的"幽暗意识",从而注重并反省人性之恶及黑暗势力的存在。孟子所言及那种无"恻隐""羞恶""辞让""是非"之心的"非人"或"禽兽",即看到人性幽暗的一面及其堕落之可能。因此,基督教的罪感与中国文化传统中的这种幽暗意识虽然本质不同,却可触发某种思想认识上的共鸣或对话。对此,中国学者曾有过二者的比较和相应说明,如张灏所言:"儒家思想,尤其是宋明儒学,是含有幽暗意识这一层面的。之所以要这样强调,主要是为了纠正一个很流行的错误概念,那就是儒家思想一味地乐观,对生命的缺陷和人世的遗憾全无感受和警觉。但是这种强调并不就是对儒家与基督教在这方面不同之处的忽视。两者表现幽暗意识的方式和蕴含的强弱很有差异。基督教是作正面的透视与直接的彰显,而儒家的主流,除了晚明一段时期外,大致而言是间接的映衬与侧面的影射。"[①]中国文化传统中这种"幽暗意识"之存在,却也说明中国人不可能对基督教原罪观没有感觉或持绝对排斥的态度,而有可能加强对这一层面的认识。中国社会在转型时期出现的个别道德沦丧、人性败坏等消极现象,亦曾促成许多中国人对基督教原罪观的某种醒悟和体认。在"文化大革命"结束后,亦有比较著名的中国知识分子提出对之要有一种"忏悔"意识。因此,自我反省、负罪之感和忏悔意识这些在传统中国思想文化中比较缺少或尚未昭明的因素,对于现代

---

① 张灏:《幽暗意识与民主传统》,台北,联经出版事业公司1989年版,第27—28页。

化进程中的中国人而言已不再陌生。可以说,基督教传统意义上的原罪观,至少已使与之接触的中国人在认识人性上有所震动、启发和警醒,随即从反思其乐感精神的性善论上看到人性犹如一个硬币的两面,既有向善的可能,也有堕落的危险,由此而在认知上渐趋深沉。

不过,上述来自古希伯来神话解说的人类始祖犯罪之说,其前提在于其信仰理解的神乃根据自己的"肖像"造人,因而在人本身已有真善美等积极因素,反映出神性本质。只是这种好的本质属性因"原罪"而丢失殆尽,或者说被遮盖遗忘。此即人之精神"失乐园"的解释。这种对人之本性的正面理解自文艺复兴运动以来曾以人文主义的方式而得以表露,尤其在现代西方社会亦直接引起不少人对基督教原罪观之传统界说的反感和否定。文艺复兴运动对人的发现实质上就是重新发现或揭示人原初曾有的"神性本质",从而要借此找回人的尊严。它由此也使一些中国学者希望基督教能够改变其原罪观。如傅佩荣认为:"千年以来原罪的解释既然一再修订,那么,是否可以改而强调'人是神的肖像',以与中国的性善论相互发明。"①但要达到这种共识颇为困难,因为基督教对其理想人格的展望乃基于其基督论,即以耶稣基督作为"第二亚当"来恢复人之本真中的"神的肖像"实现人之完美,而这种"恢复"乃意味靠基督的"拯救",是其代表神之"道成肉身",即靠超然的外力而实现,故已远远超出人的能力。

因始祖犯罪而使整个人类受到牵连的原罪观,反映了古代希伯来思想文化传统的一种复杂积淀,包括远古东方文明对人之本质认识所留下的蛛丝马迹。承认这一层次之原罪说在中国思想文化传统中的缺乏,乃是我们认识基督教与中国文化存有差别和不同的基本态度。但我们不能仅仅到此为止,更不能各以自己价值、认知之优劣来否定对方,若对原罪观展开更深层次的剖析及理解,则可为扩大基督教与中国文化的交流和沟通提供契机。

---

① 傅佩荣:《中国思想与基督宗教》,载《神学论集》第32集,台北,光启出版社1977年版,第215页。

二 论"罪"乃人神关系的破裂

按照基督教信仰，神创造人从而与人建立起一种关系，双方随而就有着特定的契约。而始祖偷吃禁果这一犯罪行为的本质，乃在于他违反了这种契约，从而破坏了人神关系。在这种理解上，"原罪"的罪之本质即乃一种"关系的破裂"，它既然破坏了人与神的关系，也就破坏了人与人之间的关系。在此，基督教的"原罪"说已有突破其传统观念及习惯认识的更新与发展。所谓"罪"乃指人与神之间的关系被破坏，此乃"始祖犯罪"这一象征符号的另一深刻寓意。这层意义虽早已潜在，却在近代以来的神学发展中才得以彰显和强调。

"罪"作为一种关系的破坏，在中西文化理解上已从其体现的"人之行为"而深化到对"人之状态"的认识。这里，人们不再从违背某种道德或价值准则的行为来对"罪"加以界定，不再强调"罪"乃世人弃善从恶的具体选择。换言之，"罪"并不基于其道德取向，而是根据一种宗教的、存在的意义来体会。因此，从人之某种"关系"的有无上来认识基督教的原罪观，审视人之存在状态，在中西文化的比较及沟通上要显得更为合适、更加贴切。文化的本质乃为各种关系之体现，而作为文化主体的人即一切社会关系之总和。这些关系包括人与自然、人与超然、人与自我、人与其群体等关系，由此构成文化层面的丰富多彩。而这些关系的破坏或破裂则直接危害着人的根本存在及其文化建构。所以说，从关系破裂来理解基督教所言之"罪"在中国思想文化氛围中更有可能被接受。"中国人缺少'原罪'的意识。对于中国人来说，罪带有一种法律的和道德的含义恶行和不道德的行为，而没有那种灵性的、存有的、宗教的罪的意识。希腊文 harmatia 在词源上的意义：未中的或关系的断裂，要更容易被理解和接受。"[①]中国人很难承认自己

---

① 陈泽民：《基督与文化在中国》，载《金陵神学文选》，南京，金陵协和神学院 1992 年，第 127—128、135 页。

有罪、得罪了上帝，这是其抵制具有行为规范、道德伦理意义之原罪观的主要原因。但人之社会关系是否正常、人之存在状态是否理想、一种维系整体人类的神圣关系是否存有，却为大家所关注。而且，人们对于维持一种超越世俗的理想关系，往往会有一种神圣感和使命感。人神关系即代表着一种理想之境、完善之态，而这种关系的破坏或消失或不被人所把握，则会引起一种关涉众人的深沉之感。这种感触即构成了对基督教原罪论这一层面的体悟和揣摩。由此而言，在中国文化传统中，"罪"的主要意思指严重犯法和实际恶行。为了避免误解，"可能教会要少用'罪'这个词汇，而多用一些其他形容词来表达基督教罪概念的原本意思：人跟天的距离拉远了，人跟天之间的关系破裂了"。①人神关系的破裂既反映出个体之人的失落状态，更揭示了人类整体所陷入的不正常处境。世人失去了绝对的尺度，找不到与神圣超然者的存在关系，一切都显得混乱、无序和不确定，这就是基督教在本认知层面描述的所谓人的"原罪"之态。对于这种认识，恩格斯一方面指出人有犯罪的可能性，承认这种"不可避免"性，但另一方面却不相信人的罪恶会靠"某个第三者的功劳"来赦免。于此，恩格斯指出，"我还承认，我是一个罪人，我的身上深深地隐藏着罪恶的倾向，因此我根本回避用任何行动来进行辩护。认为人天生就有犯罪之心，我不赞成。我愿意承认，犯罪的可能性虽然不是人类的思想之固有的，但是人类在实现这一思想时不可避免地会存在犯罪的可能性。……但是，……没有一个有思想的人会相信，我的罪恶应当靠某个第三者的功劳而获得赦免"②。这里，恩格斯所强调的是人的主体性意义，而不主张对所谓"外来拯救"的期盼，否定了人神关系的必然存在，从而对基督教的原罪观做出了人文主义意义上的解读，减少了其消极、被动、依赖的元素。

---

① 钟鸣旦：《罪、罪感与中国文化》，载《神学论集》第 97 集，台北，光启出版社 1993 年版，第 347 页。

② 《马克思恩格斯全集》第 47 卷，人民出版社 2004 年版，第 189—190 页。

三 论"罪"乃人未达目标

自文艺复兴以来,基督教原罪观亦从人文主义意义上得以阐释和发挥。如前所述,"罪"在希腊文《圣经》中的语词含义本是指射箭没有射中目标,即所谓"未中的"或"偏离"之意。这层意义的发掘和解释,使人扬弃了"罪"在基督教原罪观中的纯否定意义和纯消极意义,用以表示人生之旅、人之奋斗中的艰难曲折、失败挫伤。而人之"罪感"则也表明,人总是在追求自己的理想和目标,人在挫折困苦之中仍不会放弃其努力。对此,恩格斯承认这种源自古希腊思想、被人文主义所重新强调的人之主体论解读,而否定了基督教所坚持的那种依靠外在上帝之降临的有神论解释。他指出:"当我不依赖任何权威思考这个问题的时候,我同现代神学都发现,人的罪恶源自思想必然得不到完全的实现;因此,每个人都必须努力通过自身来实现人类的思想,即像上帝那样在精神上完美无缺。这是一种完全主观的东西。以第三者即客观的东西为前提的正统的赎罪的教义怎样来实现这种主观的东西呢?"①

没能达到目的却想达到目的,此乃人生的矛盾、人之内心痛苦,亦是人对自我的鞭策和苛求,同时它在基督教思想中也反映出人与超然之间的一种关系,即基督教所言人神之间的关系。"从宗教的眼光来看,人的认识是有限的,却面临着一个无限的宇宙;人的活动是局部的,却推断了一种整体的连接;人的存在是相对的,却感触到一个绝对的存在;人的生命是短暂的,却体会出一种永恒。"②人乃是以有限对无限、以局部对整体、以相对对绝对、以短暂对永恒,因而只能始终处于其追求的旅途之中,只能获得未达目标之感。这种处境及结局乃世代相传,无人能免,由此我们可以领会基督教原罪论所言人之罪的延续性,以及世人皆为罪人的深蕴意义。当然,这种认识亦铸造了基督徒忍辱负重谦

---

① 《马克思恩格斯全集》第47卷,第189—190页。
② 卓新平:《宗教与文化》,人民出版社1988年版,第196—197页。

卑苦修的深沉个性和悲剧精神。基督徒在认识神、追求神，即笔者所理解的在"寻求理想境界之完善整体"、在探究与有限存在迥异的绝对存在之过程中，在要恢复其"神之肖像"的渴望中，未能真正达其目的，由此体会到自我的渺小和有限，有着其内心之"痛苦"和自责，因而能够毫无保留地彻底否定自我。

未达目标这一界定对基督教的"罪"之概念亦是存在论的而非道德观或价值观的。不过，它在其悲剧之状中却透出了一种积极、努力的精神，从而与中国儒家传统中的"忧患意识"有异曲同工之效。基督教原罪观以此表达了其对人之地位、处境、活动的基本看法，同时亦说明信仰中那神圣、绝对之超然存在的必然和必要。因此，其原罪观乃与"殉道精神""拯救精神"和"超越精神"一道构成了基督教信仰的重要因素。而对现代中国人和中国基督教会来说，"新约中'罪'（harmatia）最初的意义（未中的）……或许更易接受"。在基督教本色化过程中，中国基督徒"需要对'原罪'的教义有个更有说服力的解释，否则就干脆把它归入神学的玄虚之中"。[①]

概言之，基督教的"原罪"观在中国社会处境及文化语境中的理解，既显示出中西文化之差异，也反映了这两种文化自身的发展与演变。在中西文化从传统步入现代化之进程中，对"原罪"意义理解层次的深化，有利于双方的对话、沟通与契合，并进而能克服障碍、越过鸿沟，使基督教在中国能从"文化披戴"而达到"文化融入"，消除其在华历史上因文化冲突而留下的阴影，以便在中国文化精神之重构上使基督教信仰得以适应和参与，并发挥其积极影响和促进作用。

（原载《世界宗教研究》1995 年第 2 期）

[①] 陈泽民：《基督与文化在中国》，载《金陵神学文选》，第 127—128，135 页。

第十八章

中西天人关系与人之关切

对天人关系的探究，无论中西方，都是基于"人"这一主体，即人对"天"、对"神"的认识，对自我与其认知对象之关系的思考。而这种认识和思考，乃是出于人本身的根本关切。这种关切既包括人之认识论意义上的探求，也有着人之生存论意义上的需要。在中西天人关系之探讨中，其重点是"究天人之际"、思神人之间，于此，人的生存关系和致知取向都得到了典型体现。

一 人对"天"的理解

论及天人关系，首先有必要弄清与人发生关系之"天"的基本含义。在中国思想文化传统中，"天"与"人"的关系主要分为自然意义上的"天与人"和宗教意义上的"神与人"这两大层面。而社会意义上的天人关系则乃人与其群体的关系，其实质即"人与人"之关系。因此，人们的谈论通常有天、神、人之比，借此涉及人与自然和人与超然的关系。在西方思想文化传统中，其自然意义和宗教意义上的天人关系则表现为上帝、宇宙、世人三者之间的交互关系，即上帝与人、上帝与宇宙以及宇宙与人的关系。在此，中国思想文化理解中之"天"从其自然意义上来看乃有天地之对，人立于天地之间，而西方思想文化理解中之"宇宙"则已包括天地自然，人乃生存于宇宙之中。

（一）中国思想史上的"天"论

从中国思想文化发展史上来追溯，人们对"天"的理解可分为"天""帝""道""天帝""天道"等层面。"天"的含义极为丰富。大体而言，"天"可理解为自然意义的天、神性意义的"天"、宗教意义的"天"以及形上意义的"天"。自然意义的"天"指天空、穹苍，与大地相对。"天，颠也。至高无上，从一大。"① 其特点是苍苍茫茫，覆盖万物，自然形象即表"遍覆""遍在"。这种认识在中国思想史上曾形成以"气"论说天地，以阴阳解释"气"，在"气"中体悟有"序"，从天地中观察"经""常"，自阴阳交替中说有"恒"，进而推至"气"中有"道"、有"理"的"气化"之自然宇宙观。而人则存在于天地之中，"民受天地之中以生，乃所谓命也"。② 神性意义的"天"是从天有德性、意志、仁爱、权能、公义、智慧来看待天。作为神性之"天"或"天神"（天帝）会与人交感、关怀人、指导人，而且奖惩分明。"天网恢恢，疏而不失。"③ 此义之"天"虽超越形象之勾勒，却已给人以具有人格、神意之印象，使人体会到主宰之天、天命、天意等含义。宗教意义的"天"除上述神性之理解外，还特别论及神之居所。它高高在上而与人世相对，即宗教信仰中的天堂、彼岸极乐世界、有德蒙福之人死后飞升之处，他们在此得以与天帝同在。上述各层意义上的"天"给人以彼岸、超越等绝对之感，形成与世人之此岸性、束缚性和相对性的鲜明对照，并由此引申出对天的形上理解，即形上学意义上的"天理""天道"之探，追究其既在人之上又超越万物的根本意义和理由。因此，中国传统思想文化中的"敬天"，突出的是对"天"之"敬"，故而显然只能以这种宗教意义上的"天"来解释。如果只是从自然天体意义上理解"天"，则很难透彻说明对"天"之敬

---

① 许慎：《说文解字》，第一，上。
② 《左传·成公十三年》。
③ 《道德经》第七十三章。

乃形而下之物论，即天地万物的自然表现。而"道"的真正意义则在于作为"天地之始"的"无名"，即"不可道"的"常道"。其本质乃追求形而上的意义，关涉宇宙万物的本原、准则，反映其抽象性和超越性，与《易经》"形而上者谓之道"的思想相吻合。当然，老子既强调"道"在自然万物之先，亦承认"道"在天地万物之中，其求知意趣与西方哲学史上唯名、唯实之争中关于"共相"（universalia）在万物"之先""之中"或"之后"的探究有异曲同工之处。

"天道"即"天"与"道"之义的结合。"天道"包括自然意义上的"天道"、神性意义上的"天帝之道"、社会意义上的"天道"，以及道德形上学意义上的"天道"等方面，既体现其超越性，亦显示其内在性。自然意义上的"天道"指自然律，即自然现象所表现出的普遍性、恒常性、规律性和秩序性。神性意义上的"天帝之道"反映天帝意志，"天道赏善而罚淫"[①]；对其在人世间的代表"天子"而言，"所谓道，忠于民而信于神也"[②]，天子依此来"替天行道"。社会意义上的"天道"即基于人际关系、群体共存的社会律，指人建立的应该共同遵守的律则和共同遵循的生活方式。所谓"君人执信，臣人执恭，忠信笃敬，上下同之，天之道也"，[③]这种由众人所形成建立和遵循的社会准则及秩序乃外在于个人而存在，具有公共性、社会性，从而对个人具有限制、约束和规范、指导作用，如同"天"一样成为一种外在于人、异己的力量。不过，神性意义上的"天道"具有永恒主宰性，自然意义上的"天道"亦有不可变更性，而社会意义上的"天道"则可随时代的演变、社会的进程而为人所改变，得到革新和发展。道德形上学意义上的"天道"乃是根据上述自然义、社会义和神性义的"天道"推断而出，如孔子所强调"仁爱之道"的普遍性，以及提出"天命之

---

① 《国语·周语·中》。
② 《左传·桓公六年》。
③ 《左传·襄公二十二年》。

谓性，率性之谓道，修道之谓教"① 的思想。孟子亦曾以人见天德或天地之德，通过人之德性生活无愧于天来论"天道"或"人道"，即所谓"明乎善"而"诚其身"的原则。他认为"诚者，天之道也；思诚者，人之道也"②，由此以"仁义礼智，天道在人"的思想构成道德形上学意义上的天道观，并突出这种以人心之"仁德"来推断出此"天道"的立论。

（二）西方思想史上的"神"论

从西方思想文化传统来看，与中国传统中的"天"相对应的乃是其"神"论。例如，基督教传入中国时，其传教士即认为，中国古代所言之"天"或"上帝"实乃与他们所信奉之神相同或相通之名称。他们中的大多数人采用了汉语中的"神""上帝""天主"等词来翻译其神名。明清"中国礼仪之争"前，"天主"与"天"和"上帝"作为神名可以通用；"礼仪之争"中"天"和"上帝"等名称被罗马教廷所禁用，但一些传教士倡导的拉丁神名 Deus 的音译"斗斯"二字却难以通用。而天主教所推崇的神名"天主"一词实际上亦源自中国古代天神之名，并基于中国儒家思想中的"最高莫若天，最尊莫若主"之意。由此可见，在多元中求相通乃是文化交流的必由之路。在西方宗教历史上，人们对"神"或"上帝"之名称的理解本身就有着各自不同的文化根源及复杂多样的神性内容。

英文之 God 和德文之 Gott 在语源上来自日耳曼语族中古哥特语 guth，其在印欧语系中可与古代印度语言中的 huta（puruhuta）相比较。huta 乃指吠陀教的第一神"因陀罗"（Indra），《黎俱吠陀》中有四分之一以上的诗颂为敬赞因陀罗的内容。因陀罗最初为古雅利安人信奉的战神，有"威力主"和"百威神"之称。guth 和 huta 之原义乃"受祈求者""所祭祀者"，词根似关涉"铸造"之意，亦指铸造而成的神像。

---

① 《中庸》一章。
② 《孟子·离娄·上》十二章。

古希腊人之神名为 theos（theoi），其内容为诸神神性的集中和抽象，意即"威力无比者""强大者""带来幸福者"。西方所用"神学"（Theology）一词乃由此引申而来。古罗马人称神为 Deus，与古希腊人信仰的大神"宙斯"（Zeus）之名均有"天神"之意。这一古罗马人所通用的神名与天之形象有关，其词源则与古印度梵文中的神名"提婆"（Deva - devata）相关联。Deva 之词根为 div，有"给予人""祭物""所祭祀者""神圣者"等义；"提婆"即指"天"与"神"，古雅利安人称其"天神"为 Dyaus，此后的大乘佛教中由此而有"天乘"（Devayana，音译"提婆衍那"）之说。与之相关，古日耳曼人亦以 Tiu 或 Tyr 等名称其"天神"。对 div 和 theos 的不同理解，曾形成西方"无神论"术语之 Adevism 和 Atheism 这两种说法。Adevism 由表示"反对"和"无"的前缀 a 加词根 div 构成。div 即梵文神名"提婆"，此处指具体神灵，代表自然神、人格神或众神观念。Atheism 则由前缀 a 加词根 theoi 构成。theoi 在此指希腊思想中的抽象神名即至高神观念。因此，Adevism 在西文中意指反对民间信仰中的众神观念和人格神等具体神灵信仰，而不含反对至高无上、绝对抽象的非人格化神性之意。而 Atheism 在西文中则代表对一切神灵观念的反对，即否认任何具体化或抽象化的神之存在。

　　西方神之观念的另一大来源则为希伯来文化中的上帝观，即《圣经·旧约》中所指"雅赫维"（Yahweh）和"厄罗音"（Elohim），尤其是其常见的神名"雅赫维"。"雅赫维"亦译"雅畏"，由于古代犹太人按其习惯不能直呼神名，书写时亦只写其不发音的辅音 JHWH，而以"阿特乃"（Adonai，意为"主"）代替其称呼，故在历史的流变中出现其神名辅音与"阿特乃"的元音结合为一体的差错（J - eH - o - W - a - H），导致其在后来的传统书写和读音上被误称为"耶和华"（Jehovah）。这一语音错误在 19 世纪中叶被欧洲学者所发现并得以纠正，其代表性观点见于格·艾瓦德的《基督以前的以色列民族史》（1852 年）一书。但"耶和华"之名在现代仍被少数教派所坚持沿用，且在不少宗教文献中亦时有出现。中译本《圣经》中也有不少版本保留了"耶和华"这一神名之称。"雅赫维"最初指古希伯来信仰中与其古代游牧生存密切相关的雨神,后来发展为以色列人所理解的民族神,而到犹太民族遭受"巴比伦之囚"等不幸时,其对"雅赫维"的神性理解才升华为世界万民最高一神的观念,认为自己民族犯了罪,其世界唯一之神才会派其他民族来惩罚犹太民族,以彰显神之公义。基督教诞生时又从这种绝对一神论发展出其上帝观,并形成"上帝"乃"全在""全知""全能""全善",乃"三位一体"的"创造者"和"救世主"等教义思想。

由此可见,在西方宗教传统中:上帝作为人之信仰对象,其本身会被理解为永恒存在、持久不变;但作为有限之人对上帝的认识和了解,则会出现发展变化,从而构成了西方上帝观念的演变历史。因此,西方人谈上帝也主要是基于人对上帝的认识,及其理解的上帝对人之生存的意义,不离人的现实存在及其根本关切。

在西方宗教思想发展史上,其上帝观念经历了从古希腊哲学的上帝观,结合古希伯来宗教的上帝观而形成中世纪基督教上帝观的发展过程,由此而使这种上帝观具有基于古希腊哲学唯理传统的理性思辨之上帝观及基于古希伯来宗教传统的宗教信仰之上帝观这两大特色或两种倾向。

古希腊理性思辨的上帝观始于柏拉图。他是第一个使用"神学"(Theologia)一词的哲学家,曾系统地阐述了上帝"完善"和"不变"这两个基本特性。上帝的完善表现在其至善、尽美、智慧、最好等特性上,而上帝的不变则说明其恒一,即自有永有、始终如一。这样,柏拉图所理解的上帝乃世界的创造者和主宰者,代表着造物主和确定宇宙秩序者,统摄着万有万物之开端、中间和终结的全过程。亚里士多德则从其形式、质料说上将这一上帝观进而系统化、体系化。他提出上帝乃"第一"和"最高"者、"不变"和"永恒"者,从而把上帝看作万事万物的"第一因",居于首位的"不动之推动者"。这样,其认识即进入了探究宇宙万物终极本原和本质存在的形而上学领域。亚里士多德将这一"太初哲学"或"第一哲学"(元哲学)与神学相联系,宣称形而上学就是神学，并以探究终极的上帝为己任。这就使西方哲学从最早就具有了宗教哲学的特性。这种求知求真、研究宇宙本体本原的思辨之探，为西方神学传统中的宇宙神论奠定了基础。其理论体系因突出理智、思辨而具有清晰、明确、逻辑性强等特点。

古希伯来宗教唯信的上帝观则以一种完全外在，超越世人的人格神论来强调上帝为救主。这一赏善罚恶的上帝既给人恩典和仁爱，亦对人的悖逆和反叛加以谴责和惩罚。其上帝观体现出神的伟大和人的渺小，神的公义和人的犯罪，形成一种本质各异的神人对立。此外，这种超然之神及其作为，亦远远超越了人之理性把握和探究之限。其上帝观因突出情感、心理而更具宗教性和神秘性，指出了一条认信、皈依和与神交感之途。这遂形成了西方宗教观理性与神秘并重的思想传统及特质。

基督教将重理智推演的希腊精神与重宗教皈依的希伯来精神相结合，使抽象神论与人格神论挂上了钩，由此形成基督教的上帝观。其信奉的上帝既是哲学家所求索的上帝，也是宗教先知和信徒所虔信的上帝。基督教的上帝观一方面以希腊理性来说明希伯来的信仰主义，使其上帝观念合理化、清晰化，另一方面又承认上帝乃超越人的理性之外，指出这种理性之探的间接性和局限性，仅有相对意义，从而为其启示真理的奥秘性留下了充分的空间。正如将希腊精神和希伯来精神有机结合的集大成者奥古斯丁所言，对上帝的认识乃是"对不可知的认识"，人们正是在深感自己无知的基础上意识到上帝的存在。因此，他强调要信仰找寻、理智发现，即"在信仰中思想，在思想中信仰"。奥古斯丁作为西方中世纪哲学的奠基者，其思想在中世纪最后一位哲学家库萨的尼古拉那儿亦得到回应。库萨的尼古拉在其《有学识的无知》中更是强调，要用"神秘的仰望""心灵的体验"来弥补理性认知的不足。在谈到上帝、宇宙与人的关系时，他用"绝对的无限""绝对的统一""绝对的极大""无限的创造力""存在与认识之源"等术语来解释上帝，指出上帝三位一体之本质体现在其"统一、相同、关联"之中。宇宙则是限定的极大，即上帝的"缩影"和"复写"，它以其最大的可能性来反映上帝之绝对极大，上帝之中所蕴藏的内容展开则成为宇宙。因拜、敬畏等意蕴。

"帝"在汉语中亦指最高的主宰，表示具有权能或权威。王国维曾指出："如帝者，蒂也。……古文或作帝，但象花萼全形""示生殖繁盛之义，与祖字象生殖者同。"①但按《礼记·曲礼下》的记载，"君天下，曰天子。……崩，曰天王崩。复，曰天子复矣。告丧，曰天王登假。措之庙，立之主，曰帝"，则"帝"字在殷代乃称"天子"死后的灵魂。由"帝"字与上、天等字结合，则形成至高神之意，即上帝、天帝之称。天帝因此而包含"遍覆"和"主宰"两层含义，从"天"的"遍在"之意而引申出其无所不在和普遍之爱，从"帝"的"主宰"之意则使"天帝"获得天地万物主宰者之定义。其统摄万有的特性遂构成"天"为统摄所有现象的概念。

"天帝"如前所述已为神性意义上的理解，体现出威严、仁爱、恩惠、正直、公义等神性，突出了其至高至尊的特点，而且由抽象的理解转向具有人格意义的神性特征。

"道"的原义为路。"道，所行道也"，②其意义不确定，集中体现其"通"之意，即"通达可行"，由此引申为可行或所遵循的方式，乃通达整个人生与宇宙。基于这一理解，"道"亦有准则、规律之说，发展出天命之道、人之道，以及中国思想史上所言"仁爱之道""忠恕之道""天志之道"等。老子在其《道德经》中将"道"的"通贯天人"含义加以发挥，形成一种"天道"与"人道"之合的整体哲学观，并从追究天地宇宙之本原和自然万物之基本上而达到"道"之形上学探讨。老子以"道"在"象帝之先""似万物之宗"的思想而提出了"道"的先在性和创生性："有物混成，先天地生。寂兮寥兮，独立而不改。周行而不殆，可以为天下母。吾不知其名，字之曰道，强为之名曰大。"③这里，老子以"道可道，非常道"之说喻示"可道"之"道"

---

① 王国维：《观堂集林》，艺林六，"释天"。
② 许慎：《说文解字》。
③ 《道德经》第二十五章。

此，宇宙乃上帝之书，上帝通过宇宙而间接显现了自己。这里亦揭示出西方宗教观所谓对"上帝"的认识其实也是对自然宇宙之探索，尤其是想窥探人所未知的宇宙。此外，库萨的尼古拉认为，人按其本质而言亦有神性，按照人被神创的起源，人是"人形的神"，人的精神即小宇宙或"人形上帝"。这一特性在耶稣身上得到了集中体现，耶稣乃是既绝对又限定的极大，构成上帝与世人之间的沟通点或结合点。耶稣代表着人类的极大，也只有人类才适合产生出这样一个极大。所以，库萨的尼古拉相信人可以通过认识宇宙来认识上帝，最终达到人的"神化"。在他的这种理论中，已体现出上帝、宇宙和人的有机结合及统一。西方宗教思想经历了古代、中世纪、近代及现代的发展巨变，但其基本思路均可在上述思想传统中找到相关根源。

自亚里士多德以来，西方形上学对"终极本原"的寻觅与认识，已与基督教神学中的上帝问题联系起来。但这种形上之探归根结底不离人的现实关切、不离自然世界，它在认识世界和人生上均有其积极意义和存在价值。其以虚幻的形式来探究实在的内容，其中自然有着悖论和张力。神学形上学旨在把宇宙作为整体来对其全景加以探索和勾勒，深究宇宙的本原与本质，其来源与归宿，以及其存在的性质、目的与意义，由此推及上帝和人的问题，试图弄清人与上帝的关系，即人在宇宙中的真实地位和人的存在意义及价值。西方形上学对"物体之后""超越形体"之寓意和真谛的追寻，使一切真、善、美及其对立面的问题都可基于"有"的认知来展开。而中国思想上对天、地、人之道的探究亦体现出另一境界的形上学传统，它从天地之道、人生之道中找寻出生生变易的原则，并由此确定了中庸守序的社会公理，构成一种伦理规律。因此，罗光在比较中西形上本体论时，曾总结说："中西形上学研究对象的不同趋势，造成中西哲学精神的不同。西方哲学研究'有'，予以分析，建立原则。西方哲学的精神便在于求知求真，就事实的本体深加分析，事事清楚。这种精神导致科学的发达。中国哲学研究'生生'，探讨宇宙生生的意义和原则，乃造成儒家发展人性以达生活美满的境界，而成圣人。这种精神为人文精神，以求发展心灵生活，求美求善。因此，中国哲学偏重伦理道德。但两者不相冲突，万物都是'有'，万物也都是'生生'。西方形上学从静的本体分析'有'，得有各种学术的基本原则，也可以用于中国的学术。中国的形上学从动的本体研究生生，厘定形上的原则，应用于人生。"[①] 同理，中西思想对"天""神"之探亦是为了求知求真、求善求美，依此而为人的现实存在建立原则、确定公理，保障人生的正义、有序。任何哲学、宗教虽有虚玄、抽象的形式，其关切意向和实际内容却是现实、具体的宇宙存在、人生意义，故而仍然体现出了"人间烟火"之本质。

二　天人关系及人的终极关切

"天""上帝"作为绝对的一方而与"人"作为相对的一方如何发生关系，在中西思想认识上都曾产生过所谓天人之间或神人之间的"中介"问题。诚然，基督教诞生后按照《新约》的说教而认为人人可与上帝直接交往，而中国古代思想中自春秋以来亦有天与每人均有关系之说，但"中介"问题在这两种传统中都明显存在，并构成了天人关系中的重要一环。

中国古代文化传统中习以"王者"为天人之间的中介，王者被视为天帝之子，具有"天子"之称。在此，天帝本身并不化身为王，而是人通过修德然后受天命而为王。王者作为天子一方面可代表天帝统治万民，另一方面则可代表万民祭祀天帝。由于这种特殊关系，只有天子才能祭天，司与天沟通之职，且"替天行道"。而表现了天德的王者则为"圣王"，亦有人认为圣王乃通过其达"内圣"而"外王"。天命由王者的德性所定，故称"天命有德"。若天德不常规，则天命不常定。所以，"圣王"形象作为天人之间的中介极为重要。中国传统中还有圣贤之尊，但圣贤作为天人之间中介的作用并不明确，而主要是作为

[①] 罗光：《中西形上本体论比较》，载上海中西哲学与文化交流研究中心编《文化传统辩证》，学林出版社1991年版，第70页。

"克己复礼为仁"的人杰，其作用更多突出今生今世的意趣，即以道德生命之完美而成就圣贤人格。

与此相对应，西方基督教传统中则以耶稣基督作为神人之间的中介。耶稣作为"上帝之子"和"第二亚当"既有神圣人格，又为人中圣杰。他以这种双重身份构成了神人合一的缩影和理想人生中的完美人格。耶稣作为神人之间的中介，其神学寓意集中体现在"上帝之道"和"基督的十字架"这两个层面上。"上帝之道"（即"上帝的话"）在基督教传统中体现了天国与人间的关联、上帝与世界的沟通。在《旧约》传统中，"上帝之道"这一观念最初指"上帝的话""上帝的灵""上帝口中的气""上帝的命令"或"诫命"，与之相关的希伯来文 dabar 一词不仅指"话语""言语"，亦有"事件""行动"之意。"上帝的话"也指先知所转达的上帝对人世的启示，称为"天启"或"神启"，同时亦标志其乃是具有人格主体的"智慧"。在《新约》中，"上帝之道"则专指"耶稣基督乃上帝之道成为肉身"这一救赎意义。耶稣所宣讲的各种教诲亦被称为"上帝的道"，即耶稣给人世带来的上帝救世之"福音"。实际上，在西方二元分殊的思维定式中，神人绝对分离的观念给理解神人之间的关系带来了很大难题，而颇具神话语言色彩的"耶稣道成肉身"之中间作用或意义，其实就是基督教打破西方思维定式中神人之间无法沟通之窘境的一种解决办法。

突出"上帝之道"的《约翰福音》不仅强调"太初有道，道与上帝同在，道就是上帝"[①]，而且也说明"道成了肉身，住在我们中间，充充满满的有恩典有真理"[②]。之所以采用古希腊哲学术语"逻各斯"（logos）来表达成为肉身的上帝之"道"，乃为突出此"道"不同于一般"话语"，其含义既有古希腊思想对这种理念抽象的哲学理解，亦保留了古希伯来文 dabar 所具有的宗教意义。从生存论上来看，耶稣作为"道成肉身"，遂使"上帝之道"成为让人亲眼可见、亲手可摸的"生

[①] 《新约·约翰福音》，第1章1节。
[②] 同上书，第1章14节。

命之道"。

"基督的十字架"则以耶稣基督在十字架上受难牺牲来替世人赎罪而表现"第二亚当"的新人形象。它既象征着基督自我牺牲的神圣之爱,也象征着基督教所信奉的上帝之完善及其对人的眷顾。十字架形象地表达出人之终极关切与其实际存在之间的有机联系及内在矛盾,其一端预示着上帝永恒、无限、绝对、完善等终极意义,其另一端则反映出人世历史的相对存在和有限作为。基督以其永恒对历史的昭示和人性的完美典范而使这不可逾越的两极得以相通,使上帝的无限恩典与人的终极关切达到相遇。由此观之,基督教为了使人信服其说教,也必须运用逻辑关联、理性推断的方式来结合其神话意念及信仰表述。

大体来看,中西天人关系涉及如下一些层面:

一为天生人或神造人之说。中国古代思想中有"天生烝民,有物有则"①"天生烝民,其命匪谌"②之说,强调人由天而生。按照孟子的理解,天生之人性善,因此世人可以由其心性上达于天而为圣为贤。基督教也根据《旧约》记载而肯定上帝创造人与天地万物的说法,但指出人受造后因悖逆上帝而犯罪,从而有其性恶和原罪之说。基督教由此认为人必须认罪悔改、皈依上帝才能蒙恩得救,而上帝也会兴起救主来救世救人、解脱世人之罪。

二为天爱民或神爱人之说。"上帝爱人"乃许多宗教中的普遍思想。中国思想史上强调"天帝爱民",有"天亦哀于四方民,其眷命用懋"③等说。"四方民"即指所有的人。《旧约》中有雅赫维爱其选民以色列人之说,而《新约》则强调了上帝普爱万民的思想。这种天人关系体现了天意与民心的贯通,在某种程度上甚至乃认为民意即天意,如《尚书》所言:"天视自我民视,天听自我民听。"④从天爱全民的观

---

① 《诗经·大雅·烝民》。
② 《诗经·大雅·荡》。
③ 《书经·召诰》。
④ 《书经·泰誓中》。

念则可引申出一种突出仁爱、公义、统一、天下一家的平等博爱观和人生理想追求,由此为现实之人的平等意识及民主意识提供了重要的信仰保障。

三为天人感应之说。在中国思想传统中,"天"被认为与降命王者有感应,王者遵天意而建立地上王朝,行使其主宰之权。《旧约》强调上帝与先知、祭司、族长等民族领袖的交感关系。以此促成其建立敬奉上帝的宗教。而《新约》则强调人人可与上帝交往、沟通。这样,基督教的神人感应关系就包括人与上帝交通、人与圣灵交感、上帝自身感动人、圣灵在人心里工作等内容。这种神人之间的直接沟通关系,后被犹太哲学家马丁·布伯概括为一种"我""你"关系,也就是作为"人"的"我"与作为"神"的"永恒之你"所具有的关系。"我—你"关系体现为一种相关、相遇和对话的关系,它超越了"我—它"关系所表现的疏远与隔膜,以双向互动来达到一种贴近、亲临之感。"我—你"二者面面相对,相辅相成,反映其"沟通""信任"和"契合"关系。布伯理论中的"神"作为"永恒的你"不是像奥托所理解的那种令人仰视却神秘莫测的神圣超越,而是似奥古斯丁所体会的"幽邃沉潜""不违咫尺"之神圣内在。作为"永恒之你"的上帝无时不在、无处不在、鉴临一切、关照一切,在作为人之"我"的"心坎深处"与"我"细语、共思。因此,当代天主教神学家瓜尔蒂尼认为,宗教的真正语言不是高深玄妙地论证推理,而是尽情尽心地祈祷、倾吐。在上述天人感应中,"我—你"关系代表了宗教最核心、最根本的"信赖"关系,表现为灵性意义上的心心相印、一往情深。基督教特别强调"神—人"之间所蕴含的这种"你—我"关系,其神与人的对应极为直接地反映了"你"与"我"的相交及对照,如上帝与世人、天父与子民、救世主与蒙召者、基督与使徒、主与仆、师与徒、保惠师(圣灵)与属灵者、牧人与羔羊、新郎与新娘等。16世纪宗教改革家马丁·路德曾经描述了这种信仰关系中"神之可靠"和"人之信赖"之间的有机对照和相互呼应,并强调"可靠"与"信赖"的沟通和交流既是信仰关系之魂,也是其心理前提。此外,"我—你"关系还代表着信者与神交往的神秘经历,以及与之相关的对其生命的"圣化"。布伯对之曾总结说:"倘若你穷究万物及限在之生命,则你趋近无底深渊;倘若你无视万物及限在之生命,则你面对无限空虚;而倘若你圣化生命,则你与无限生机之上帝相遇。"①在这种相遇中,"你"是"我"的"慈父""挚友"和"知音","我"则表露出一种虽软弱、谦卑、依赖,却又渴求理解、帮助和救赎的心态。因此,这种天人感应更多是宗教心理层面上的感受,与宗教深蕴心理密切关联,而非宗教哲学意义上的理性逻辑推究。

四为天关注人对其敬仰之说。宗教信仰中的献祭、奉献活动,反映了人对天或神的敬仰态度。中国古代宗教中有人以祭祀奉献而求上帝恩赐的活动,《旧约》中亦记载有奉献祭物的传统,而《新约》也认为人乃以礼拜来表现其信靠之心。基督教认为耶稣在十字架上的牺牲已代表世人献上了足够的祭物,所以世人只需用依靠之心以个人的皈依来表达其信仰就行,即以信靠耶稣基督而获得拯救。中国思想史上亦有"天帝歆享王者的修德""至治馨香,感于神明;黍稷非馨,明德惟馨"②等记载,强调的乃是王者的德治。因此,在对人之敬仰的关注上,中西宗教均更多强调了灵性或精神意义,而轻其物质意义。中国传统思想文化中所言"天"对人世敬拜的关注,也充分说明其理解之"天"乃宗教信仰意义之"天"。

五为天对人的奖惩之说。犹太教中有上帝对悖逆的以色列人施以惩罚之说,基督教亦强调有末日审判、地狱之苦等思想。这些关系旨在体现上帝的公义和威严,且多反映为上帝对人的直接惩罚。在中国古代信仰中,也有天帝刑罚人之说。不过,天帝对人的惩罚往往被理解为间接性的,如天帝对失德悖天之君王以降丧乱来警告,对不思悔改者要"改厥元子""行天之罚"等。但这种对不义君王的惩罚一般多以天命

---

① [德]布伯:《我与你》,陈维纲译,生活·读书·新知三联书店1986年版,第102页。
② 《书经·君陈》。

的形式来体现。与惩罚相对应的，则是"天"或"神"对有德、行善者的奖赏和鼓励。这种赏罚分明的关系因此具有浓厚的伦理色彩及因果报应的成分。

六为天人合一之说。与神合一是宗教信仰者所追求的最高境界和终极归宿。中国古代文化传统中"天人合一"的观念与西方基督教"神人合一"的思想既有归趣相似之处，也体现出不同文化传统之差异。中国"天人合一"的思想比基督教"神人合一"的精神少了一些神性思辨，却多了许多人文内容。中国"天人合一观念的现实基础有两个方面：一是人与自然的协调，一是个体对群体的适应。它的心理基础是先秦的孔子仁学体系所体现的实用理性精神"。① 尤其自汉朝"罢黜百家，独尊儒术"以来，董仲舒所倡导的"天人感应"和"天人合一"观念产生了广泛影响，并因其具有"究天人之际，通古今之变"的意义而成为中国哲学的永恒主题，为人们提供了一种智慧的洞观和审视，并得以通行于人际社会及其文明历史之中。"神人合一"在基督教中则代表着人的终极追求，即通过与神会通相融而达到人的升华和超脱。对于相对、短暂、有限之人，其存在意义只有在追求绝对、永恒和无限中才能体现出来。因此，"与神合一"标志着有限之人达到了灵性解放和精神欢乐的最理想意境。"神人合一"这种思维模式对于克服西方哲学传统中"主客二分"的极端亦具有重要意义。

综上所述，天人关系之探和人对神的认知乃反映出人的形上追求和终极关切。现代基督教思想家蒂利希曾宣称"宗教即人的终极关切"。人通过"天""神"之探而询问人生终极而绝对的意义，表现人之灵性超越自然及自我的无限追求和最高关切。其最大的特点，乃是以一种超然之态来看待人世和剖析人生，如：在哲理探究上坚持澄清绝对与相对、整体与局部、永恒与时限的关系；在人生态度上强调人的存在局限

---

① 王生平：《"天人合一"与"神人合一"——中西美学的宏观比较》，河北人民出版社1989年版，第5页。

和精神超越，视人生仅为其达到永生的过渡。所以，从超越自我与自然以及超越这种主客体世界的认知态度来审视人生、宇宙的时空存在及其意义，弄清其与终极存在及终极意义的本质关系，就成为宗教人生观、历史观和宇宙观的重要内容。若无这种终极关切和形上追求，宗教信仰则失去了灵魂和本真。

不过，人的终极关切和形上追求并不与人的现实关切和形下之在相脱节。相反，二者乃紧密相连、息息相关。终极关切和形上追求并不脱离变幻无穷的大千世界和人在具体时空之中的"此在"。而当人类生存的每一领域关涉到"终极""绝对""形上"之意义时，则使人亲临一种宗教的意趣与境界，它体现在人之社会群在和个体内在之政治行为、哲学思辨、文艺创作、科学研究等方面的求真为实、达善尽美上。与其信仰意义上"天""神"等超然之神圣存在相比较，人世间的一切都是相对的、有限的、变化的和不完善的。基督教曾以其形上追求和终极关切所体现的超然上帝观而在文化潜意识上促成了近现代西方社会关系的相对化、分权化、民主化和多元化局面，开始其在社会、国家、政治之思想观念和文化现象上的多元发展及相对意识。针对人的相对和有限，人要依赖以"天"或"神"之观念所表达的外在性及超越性权威，要靠其终极关切来指导、调整其现实关切。同时，人与人之间亦需以契约方式来作为其结社、立国等共同存在的原则。这种立约思想对近代历史上人类采用民主方法来立教、立国起过极为关键的作用。它以其约束、监督、调整有限之人的言与行这种原则而有效地阻止了封建贵族政治或神权政治等倾向的抬头。

总之，天、神之究使人既看到自我现实存在的局限，又发现支持其现实关切的未来希望。人以这种终极追求来为其"此在"提供精神动力和社会准则，使之在世界观上既看到世界的统一性，又认识其矛盾性；而在认识论上则既看到其追求和关切的局限性，又体会到这种锲而不舍之追求与关切的必要性。因此，通过深究"天人之际""神人之间"的意义，人得以认清并调整其在永恒与现实之间、超然与自然之间、彼岸与此岸之间的生存位置、作用和价值。这样，中外宗教都通过其上述思想逻辑而建立起了尽量能够自圆其说的信仰体系及其话语体系，并以其理性逻辑来思考其形上之维。人之哲学、宗教追求的奥秘即在于此。

（原载《基督教文化学刊》1999年第一辑，东方出版社1999年版。）

第十九章

20世纪中西哲学思想

引　言

中西方哲学思想交流可以追溯至明末清初以利玛窦为首的耶稣会传教活动。"中国正式接触到所谓'西学'，应以明末因基督教传入而夹带的学术为其端倪。""这次基督教的传入，从十六世纪末开始，直到十八世纪末止，为一段落。前后约延续了两个世纪。"这对于中西思想文化交流而言乃是"适应历史发展的崭新的开端"。① 当时的交流是以利玛窦为首的耶稣会士所推动，为此，历史学家方豪指出："利玛窦实为明季沟通中西文化之第一人。自利氏入华，迄于乾嘉厉行禁教之时为止，中西文化之交流蔚为巨观。西洋近代天文、历法、数学、物理、医学、哲学、地理、水利诸学，建筑、音乐、绘画等艺术，无不在此时期传入；而欧洲人之开始移译中国经籍，研究中国儒学及一般文化之体系与演进，以及政治、生活、文学、教会各方面受中国之影响，亦无不出现于此时。"②就此而言，可以说，利玛窦引领了中西文化思想交流的发展。所以，方豪对利玛窦评价颇高，认为"利玛窦虽非明代最早来华之教士，然学问最博，在未入中国内地前，研读中国载籍最多，在既入

---

① 侯外庐主编：《中国思想通史》第4卷，下册，人民出版社1960年版，第1189页。
② 方豪：《中西交通史》（下），上海人民出版社2008年版，第487—488页。

中国内地之后,所交有学之士最广,而又为首先进入北京觐见神宗之西人;为明末教士中最慕中国文化,最深切认识中国文化者;"① "利玛窦之入中国,实开中西交通史之新纪元"。②

以利玛窦开始的西学东传揭开了近代以来中西思想文化交流的序幕,并带来了东学西渐的回应。尽管其后中西方因为政治冲突而曾有交往的中断,这种思想文化交流却得以延续至当代。在笔者看来,中西思想交流与对话,尤其是中国文化与基督教的交流与对话自此而出现过三次高潮,在这一过程中,基督教亦长期被视为西方文化的代表或象征。

第一次高潮出现于16—18世纪,即耶稣会传教士们与中国文人之间的相遇。在中国学者的合作与帮助下,耶稣会士将诸多西方神学、哲学著作翻译成汉语,并采纳中国哲学的相关术语予以诠释。比如,他们把"哲学"译作"理学"(即理性之学,亦称"理科")或者"性学"(即自然之学),把"神学"译作"天学"(即上天之学)或者"超性学"(即超自然之学)。艾儒略在他对于哲学作为理学的解释中指出,西方哲学负有探寻事物根源、本质,即万物的理性的任务。这种理性应是如"金藏于沙,玉隐于石"一般隐藏在具体事物当中,而对于这种理性的构建与探究的过程则是所谓的哲学研习。③作为"自然之学"的哲学与中国传统所说的"天人合一"观念关联甚大,因为儒家思想的理解是,认识上天必先认识心性(nature)。不难看出,将"哲学"翻译成"性学"显然建基于孟子的学说之上:"尽其心者,知其性也。知其性,则知天矣。存其心,养其性,所以事天也。"④这样一种主张乃将心性与上天自然关联,由此与中国思想的"天人感应""天人合一"观念相呼应。与哲学不同,神学应是对于"上帝"("上天")的研究,

---

① 方豪:《中西交通史》(下),上海人民出版社2008年版,第698页。
② 同上书,第487页。
③ 参见[意]艾儒略所著《西学凡》一书。
④ 《孟子·尽心章句上》。英文见:James Legge: *The Chinese Classics*, Vol. I & II, Southern Materials Center, Inc. Taipei, 1985, *The Work of Mencius*, Book VII, Tsin Sin, Part I, pp. 448 – 449.

并因此被翻译为"上天之学""超性之学"。这也是何以利类思（Luigi Buglio）要把托马斯·阿奎那的《神学大全》的节选翻译为《超性学要》（超性学大纲）之缘由。按照这一理解，正如利玛窦的汉语著作所清晰诠释的那样，神学的使命便是探寻"天主实义"（天主的真意）。如此看来，神学便是有关上天、超性、超越性的一门学问。据中国天主教学者徐宗泽所言："神学是超性学，是论天主之学：缘所论者是天主故；识明其有，暨明其为万有之有，与夫灵性之始终。""神学是天主之学，故其对象是天主，及与天主有关者。天主自己，为神学之本论；与天主有关者为神学之次论。""神学是最尊贵之学，以其论天主故。神学令人知天主，爱天主，事天主。所以为人不可不知之学。"而次论即哲学，"哲学西文曰 Philosophia，慕智之谓也。知，谓学问至于成全之境；学问为事物原因之智识，故哲学可一言以蔽之曰：研究事物最终理由之学。""除神学外，哲学为最超越，其他科学，皆当朝宗于哲学。然哲学之本身，为神学之婢女，以其当侍奉神学故，即谓研究神学，非先明哲学不为功。"[①]自耶稣会在中国传教时期起，中国学术圈便形成了将自身的研究与西方哲学、基督教神学紧密结合的传统。

第二次高潮是在 19 世纪鸦片战争之后。在这一时期，中国在政治上备受来自西方帝国主义和殖民主义的折磨。但是通过西方学问的引进，尤其是借助天主教和新教传教士，中国人得以睁开双眼看到外部世界的发展，并提升了自身对于现代化的意识。被称作 20 世纪初启蒙运动的"新文化运动"，便是中西文化思想交流的产物，西方思潮既被引进中国，也与中国文化发生冲突。该运动还带来了基督教与中国文化的激烈对话。

第三次高潮始于新中国建立后 20 世纪 70 年代的改革开放期间，并一直持续至今。这是一次中西方前所未有的全方位交流与对话。对西方哲学、神学的研究也比以往更加完整、更加深刻。当然，这类中西方哲学思想对话交流仍然存在着种种障碍与困难，但深入发展的机会远比以

---

① 徐宗泽编著：《明清间耶稣会士译著提要》，中华书局 1989 年版，第 187 页。

往来的容易。因此，我们可以在保持希望的同时，继续不断发掘这类对话交流的潜在机会，一方面是对利玛窦时期以来的中西对话的传承，另一方面也是对当今世界构建和谐社会的推动。

20世纪中西哲学思想的会面与交流可以分为两个阶段，即这一世纪的前半段与其后半段，这两个时段同时都出现了"西学东传"与"东学西渐"的互动现象。这里，笔者将仅集中讨论国内20世纪中西哲学思想的交流与会面。其中将主要以"新文化运动"为例来探讨20世纪前半期的相关交流，至于后半期，则简要介绍自80年代以来此类交流的发展情况。

一　"新文化运动"中的中西方哲学交流

在西方哲学进入中国之前，汉语词汇当中并没有"哲学"这一作为理性之系统探索学科的术语。汉语中"哲"与"学"的结合而成为"哲学"一词，最早是由日本学者西周（1829—1897）开始使用的，其目的是为了表现古希腊与古罗马的哲学理念。"哲学"这一术语被中国学者黄遵宪（1848—1905）[1]引入，之后才逐渐被中国学术界认可采纳。

西方哲学体系被引入中国之后，就引发了一场关于按照西方标准来评价的中国是否存在"哲学"的争论。黑格尔在他的《哲学史讲演录》中表示，不止中国没有哲学，甚至整个东方世界都不具有这种思辨理性的知识系统。"从里面我们不能获得什么特殊的东西"，很难在那里找到任何哲学性的知识；"孔子只是一个实际的世间智者，在他那里思辨的哲学是一点也没有的——只有一些善良的、老练的、道德的教训。"[2]西方哲学强调人与自然、自然与超自然的关系。在基督教神学中，则通过对上帝"位格"的观念来理解超自然。事实上，中国文化传统中存在

---

[1] 参见汤一介主编、孙尚扬、刘宗坤著《20世纪西方哲学东渐史——基督教哲学在中国》总序，首都师范大学出版社2002年版，第6页。

[2] ［德］黑格尔：《哲学史讲演录》第一卷，商务印书馆1995年版，第119页。

着丰富的哲学思想。中西之间存在着理性理解上的隔膜和盲点。但与西方哲学家不同的是，中国哲学家们更加注重人与人之间的关系。整个人类社会就是他们哲学思辨的范围，而自然只是他们思想之外的背景。这里所说的"理"（理性）即是存在于自然中的普遍规律或超自然原则，与"人格化的上帝"无任何关系。在此社会情境下，中国文化形成了一种诸如利玛窦、黑格尔以及其他的西方思想家们所无法识别的道德本体论和人格主体论，有更多的社会考量而不过多强调抽象的思辨。尽管我们可以从这种中西方哲学思想的差异中学习到许多知识，但是事实上，"中国哲学"作为一种思想体系的自我意识，其觉醒或崛起则是受到西方哲学的刺激与推动。

严复（1853—1921）可以说是近代史上将西方哲学引进中国的第一人。在其八本闻名遐迩的翻译著作中，有一些是关于哲学尤其是逻辑学的作品。比如约翰·斯图亚特·穆勒的《名学》（*A System of Logic*）和《名学浅说》（*Primer of Logic*）。通过这些翻译著作，他将西方现代逻辑思维方法、进化论、社会政治思想等引入中国，将西方的"进化"观与中国的"变化"思想加以结合，激励了科学方法与社会变革的发展，这一倡导对1919年五四运动的两大标志："德先生"（民主）、"赛先生"（科学）产生了深刻影响。

1840—1919年，许多基督教传教士将西方哲学和神学作品翻译成汉语。在此期间，有许多中国学者也参与了翻译工作，并对西方思想进行了认真研习。总的说来，这些引进与翻译工作涉及各个层面，如：在古希腊与古罗马哲学方面，赫拉克利特、苏格拉底、德谟克利特、柏拉图、亚里士多德、伊壁鸠鲁等人的名字与哲学思想已为人所熟知；在中世纪宗教哲学即士林哲学（或曰经院哲学）方面，奥略里·奥古斯丁、托马斯·阿奎那等人被引介；而在现当代西方哲学方面，尤其是弗兰西斯·培根、勒内·笛卡尔、让·雅克·卢梭、赫伯特·斯宾塞、查尔斯·罗伯特·达尔文、伊曼努尔·康德、G. W. F. 黑格尔、卡尔·马克思、恩斯特·马赫、阿图尔·叔本华、弗雷德里希·尼采、威廉·詹姆士、约翰·杜威等人的思想体系都涌入中国学术界。这些西方哲学家们及其思想体系对于中国学术界的知识启蒙和国内政治的改良与革命乃关系重大。上述哲学家代表作品的中国翻译家和引介者诸如王韬、严复、梁启超、王国维和蔡元培等人也都活跃在当时的中国学术圈与政治领域，成为近代中国思想开拓、文化推进的出类拔萃之辈，有着筚路蓝缕之功。

在新文化运动中，中国知识界一方面经历了西方哲学思想的引进，另一方面也经历了对中国传统儒家思想的批判。在此之前，儒家思想一直是传统中国文化体系的代表，处于其核心价值的地位。事实上，这场运动触发了对旧思想体系的冲击并最终导致其解体，也带来了向外部世界开放的一种新文化的重构。但总体来看，破而有余，立而不足，为中国此后政治、思想、文化之跌宕起伏的发展埋下了伏笔。经过新文化运动的高潮——五四运动之后，中国社会出现了以马克思主义、科学主义和人本主义为代表的三种主要西方思想潮流。

马克思主义的引进决定性地改变了现代中国的命运，实现了社会主义革命的胜利与中华人民共和国的成立。科学主义随着实证主义、马赫主义（经验批判主义）、逻辑实证主义和实用主义的引入和讨论得到了进一步的发展。约翰·杜威和勃兰特·罗素在20世纪初左右来到中国时，受到了众多中国学者的欢迎。经与中国实践的结合，"科学精神"得到了首当其冲的强调，其中包括"实验精神""分析精神"及"详述精神"，由此形成重实践、崇实用的风尚。时至今日，我们仍能在提倡"科学技术是第一生产力"的口号中听到这一精神的回响。而人文主义与人类中心论（anthropocentrism）的译介在国内却并非一帆风顺，因为，尼采和柏格森等人的思想倾向，譬如唯意志论和生命哲学（Lebensphilosophie）被放在了优先位置，结果也有着对"人格""人性"理解的误导。在他们对传统道德文化的批判中，"超人"而非"凡人"、"权利意志"而非"自律"等思想被纳入其文化价值考量的范围之内。由于新文化运动所带来的思想遗产，我们仍然不得不一再探讨人文主义的真实含义及其社会功能。在对上述思想潮流的引进与诠释方面，众多的中国知识分子都曾卷入其中。比如，李大钊、陈独秀、蔡和森、瞿秋白主张较为纯正的马克思主义,而毛泽东、李达、艾思奇等人则主张要将马克思主义中国化。包括实证主义和实用主义在内的科学主义则得到了胡适、陶行知、张申府、张东荪、王星拱和丁文江等人的强力支持。李石岑、张君劢、鲁迅、郭沫若和沈雁冰等人曾介绍并翻译了以尼采哲学为代表的人文主义。但这种理解使中国的人文主义发展从此也就走上了复杂、弯曲之路。

20世纪前半期,中西方哲学的交汇引发了中国知识分子对于历史人生观、中国社会性质和中国文化的定位等的严重分歧。在当时中国社会的大环境下,这些学者们对于以下问题的优先性有各自不同的观点:"救亡图存"还是"民族启蒙","问题意识(实用主义)"还是"主义传播(理想主义)",以及"全盘西化"还是"保持中国文化的主体地位"即所谓"中体西用"等。其中大多数人首当其冲地把重点放在了"救亡图存"的问题上,从而形成了"救亡压倒启蒙"的发展潮流。其结果,当今中国仅完成了"救国"这一政治任务,而"启蒙"这一思想解放却还有很长的路要走。当时仅次于救国思想的,则是胡适所提倡的"多研究些问题,少谈一些主义"的观点,但该观点却遭到了中国马克思主义者们尖锐的批判。排在第三位的,是所谓的"东方文化主义",它也遭到了以胡适为首的科学主义者和以陈独秀为首的马克思主义者的坚决反对。然而在这一"西化"的过程中,也出现了文化本土化,或曰"中国化"(Sinicization)的趋势,这在当时一方面体现在胡适、张东荪和金岳霖等对于科学主义的推动,另一方面则体现在中国社会主义者们对马克思主义的宣传和阐释。不过,"东方文化主义"与此同时也得到了强有力的支持,并发展成一种以梁漱溟、张君劢、熊十力、冯友兰和贺麟等学者为代表的"当代新儒家思想"。他们既代表了当代中国文化保守主义的主流,也象征着中国传统哲学现代化努力的一种主要类型。

新文化运动期间,基督教传教事业在中国遇到了重重困难。20世纪20年代出现了令人瞩目的"非基督教运动"和普遍意义上的"非宗教运动"。基督教作为一种传统,遭到了否定与批判,其命运几乎和儒家文化在中国的遭遇如出一辙。但思想自由、言论自由的氛围使得针对宗教问题的探讨和争论得以进行，在华基督教的命运也因为这些争论而受到关注。在文化本土化的过程中，基督教哲学是西方思想中国化的一个重要组成部分。对"多一个基督教徒，少一个中国人"这一论断的质疑，使基督教思想和中国文化的对话往两个方向发展。其一是基督教和儒家思想的重新结合或共存，被称为"孔子加耶稣"。这一努力事实上是要促使传统文化的复兴以及对其潜在价值的探寻。其二则为强调基督教与西方现代化历史过程的关联，推崇基督教对于现代化的贡献与功能以及在社会实践中的运用。

总的来说，中西方哲学思想的交流或对话，由于当时中国社会的复杂性及其在20世纪前半叶受世界形势所影响的政治状况，变成了一项未完成的任务。1949年中国社会主义革命的胜利则是20世纪前半期与后半期的根本转折点。中国和西方之间的政治和意识形态的紧张化也在此期间上升到它的顶点。在此之后将近三十年，中西方哲学思想交流因此而基本处于沉寂阶段。

二　20世纪80年代中国改革开放以来的基督教哲学研究

1972年，美国总统尼克松访问中国。此次访问终于打破了中美关系长达二十多年的僵局，也带来了中西关系的全新发展，此后许多西方国家开始恢复并逐渐正常化其与中国的外交关系。对外局势紧张化的缓解，使得中西方哲学思想的交流与对话也得益于政治关系的改善而重新展开。1976年，一场实为文化浩劫的所谓"文化大革命"的结束，标志着中国内部文化发展紧张局势的消失。国内外局面的根本改善，使得20世纪70年代末的中国业已站在了急速的社会变革和文化复兴的门槛上。这个进程一直持续至今，并且在相对短暂的时间内取得了伟大成就。

与20世纪前半期在中国展开的，对于西方哲学思想无规律、零散的研究不同，自20世纪80年代以来，中国学术界对西方哲学思想展开了真正全面而系统的研究。中国学者们研究、探讨了西方学术史当中几乎每一个哲学流派和哲学家。除了个人研究与专题研究之外，中国学术界还出版了一系列有关西方哲学的多卷本通史性著作。其所取得的进展在此无法一一详细阐述，为此，笔者仅讨论与当代中国有关的基督教哲学与神学研究。

许多人都认为中国的哲学与宗教正在经历一个繁荣发展的阶段。为此，不少中国学者都喜欢用卡尔·雅斯贝尔斯所说的"轴心时代"这一术语来描述现在的状况。所谓"轴心时代"系指公元前8世纪到公元前2世纪人类精神世界的繁荣景象。与此相反，这些中国学者认为，眼下人类的发展已经进入了"第二轴心时代"①。而众多哲学、宗教思想和精神运动的涌现则是这个时代的标志。当然，观察、理解这类发展，我们需要进行全方位的展望和评估。卡尔·雅斯贝尔斯指出，作为中国哲学中的核心类型的道家思想，其特点为"无所不包"（das umgreifendes）。实际上，从当代中国学者为理解基督教所做的努力中可以看出，他们面对西方哲学的研究也恰恰持有一种"无所不包"的态度。②

当代中国对基督教哲学的研究涵盖基督教思想通史、教父学、中世纪史及现当代发展、哲学和神学的关系、西方哲学和基督教思想的关系、基督教思想和中国思想的关系、"汉语神学"（Chinese theology）的构建，以及其他许多有关基督教哲学家、神学家们和形形色色相关问题的专题研究。

首先，"基督教哲学"这一概念存在争议。这种概念是否能够被认可？一些中国学者试图通过解释基督教哲学的内涵来回答这一问题。赵敦华先生认为："基督教哲学不是一个理论体系，甚至不囿于一种学说；毋庸说，它是一种历史传统，即用基督教的观点来处置哲学问题的传统。这一传统即有两个显著的特点：一是从希腊哲学开端的、在中世纪发扬光大的'永恒哲学'（Philosophia perennis）的传统；二是在信仰

---

① 王志成：《走向第二轴心时代》，宗教文化出版社2005年版，第1页。
② 楼宇烈、张西平：《中外哲学交流史》，湖南教育出版社1998年版，第549页。

之中建构哲学。"① 这说明了基督教哲学属于西方哲学传统，但建立在基督教信仰之上。这两种联系使得基督教哲学具有多种类别，例如理性辩护、二元分离性、非理性以及辩证法。在分析这些类别时，中国学者则期望能对基督教哲学的全貌有所了解。

这种研究的目的是让国人也能够从中国人的视角来通读、理解基督教哲学，并为之所用。跨文化研究学习，首要注意的是要弄清楚不同文化、思想及语言体系当中是否存在着互通性、可比性及相容性。尽管基督教思想与中国文化在信仰、民族情感以及意识形态方面存在一些障碍；但是，当代中国学者们相信，他们能够找到促进沟通的前提条件，并且推动中外之间及其信仰之间对话交流的发展。这一做法，同样对中国文化的复兴与发展非常有益且意义重大。对于中国人来说，这项比较研究则可"借他山之石以攻玉"。在当代中国的社会转型时期，对基督教思想研究的兴趣千差万别，譬如有对世界文明历史认识的需求，对西方思想的特性及其与宗教精神联系的好奇，希望有可能将其作为重建中国文化的一大资源，其中亦存在着国人对真理的追求和满足精神需求的必要性，当然也有批判性审视。作为这项研究的结果，中国人可以丰富和提升自己的思辨能力，科学把握理性和辩证的思维方法，获得更加开阔的视野，有着更为活跃的思考。而对基督教哲学的系统认知，也能使国人更加全面深入地了解西方文化，持续推进中西方哲学思想、文化的建设性对话。为了一个更加美好、和谐的世界，这种形式的对话与互相学习是应当受到鼓励，并且坚持下去的。

（原文为英文，由朱沁哲译为中文，刘国鹏、卓新平校对，载卓新平、竺易安主编，刘国鹏执行主编的《当代世界中的基督宗教》，社会科学文献出版社2017年版。）

---

① 汤一介主编、孙尚扬、刘宗坤著：《20世纪西方哲学东渐史——基督教哲学在中国》，首都师范大学出版社2002年版，第150页。

第二十章

基督教神学与哲学研究百年之路

　　基督教神学与哲学研究在当代中国学术界的基督教研究中地位较为突出、影响较为广远、学术成果亦较为丰富。在中国学术界基督教神学和哲学一般被归入基督教思想或思想史的研究范围。虽然从西方学术界和基督教界的学科归类上来看，基督教神学、基督教哲学和基督教思想本有不同的界定；但因三者之间内在的关联和互渗，这种界定在中国学术界仅有相对意义，研究者往往将之视为一个有机整体而不加严格区分。基督教神学与哲学研究的范围包括基督教思想和哲学通史、古代基督教神学和教父学、中世纪天主教经院哲学与神学、近代西方基督教思潮和宗教改革思想、当代基督教神学和哲学，以及现代中国本色神学研究等。现将这一研究领域在20世纪百年发展的基本情况综述如下。

一　研究的发展阶段

　　中国学者在20世纪对基督教神学与哲学的研究大体上经历了三个阶段。第一个阶段主要为1911年至1949年，这一领域的研究多由中国基督教界的神学家、哲学家等学者来展开，以翻译介绍西方神学、哲学著作为主，以中国学者自己的研究为辅。第二阶段1949年至1977年，其间以50年代初至60年代初较为活跃，但基本趋势是由盛到衰。此时中国内地学术机构中的一些教外学者也参与了研究；不过，这一阶段内地学界从总体来看成果不多，而港澳台地区学者则推出了大量著作和译作。第三阶段自 1978 年起，开始进入了系统研究和比较深入的探讨，这一时期教内外学者的研究虽各有侧重却相互补充，形成了中国学界这一领域学术研究上的空前繁荣，取得了前所未有的进展及成就。中国学者在第三阶段的基督教神学与哲学研究乃译、著并重，不仅翻译出版了大量海外基督教神学、哲学思想家的代表著作，而且也逐渐推出了一批中国学者见解独到、视域颇新的研究论著，形成一定研究规模。

1911 年到 1949 年第一阶段为中国学界基督教神学与哲学研究的起步阶段。20 世纪初，基督教在华文教及出版事业得以发展，基督教知识和思想的传播引起中国知识阶层的关注。随着基督教所推动的中西思想文化交流之深入，以及 1919 年五四运动后在中国知识界和教育界等社会领域出现的"非宗教"或"非基督教"思潮，中国基督教内学者的自我意识不断加强，开始注重基督教思想领域的研究，组织翻译、介绍海外基督教神学及哲学名著，以回应社会的批评和挑战，与中国学术界和知识界、教育界的有关人士展开深层次的对话。这一阶段的著译工作作为中国教会学者的本职任务大体可分为教义、神学和哲学、思想这两大类的四个方面。前一类的两个方面基本为宣教、护教之作，对教外学界影响不大；后一类的两个方面则在维护信仰的前提下亦具独立研究的性质，对中国哲学界、思想界颇有吸引力。其中如赵紫宸所著《基督教哲学》（1926）、《基督教的中心信仰》（1934）和《基督教进解》（1947），谢扶雅所著《基督教与现代思想》（1941）等曾有力推动了这一领域的学术进展，提高了其学术水准。此外，20 世纪 20 年代初爆发的"非宗教运动"和"非基督教运动"也曾在这一时期形成思想交锋理论讨论的高潮。中国学术界对基督教本质、意义及其在华作用有着两种截然对立的见解。这些理论分歧和争议从不同层面深化了对基督教思想的探讨和认识。

1949 年至 1977 年第二阶段为中国学界基督教神学与哲学研究的转型和过渡阶段。这一时期在中国内地开始出现基督教思想研究逐渐由教内转向教外学界趋向。20 世纪 50 年代早期教内学者维系了 1949 年之前教界译、著基督教神学、哲学著作之余绪，但从总体来看这一研究已进入其低潮时期，对社会和学界的影响日趋式微。与此同时，港澳台地区的基督教神学、哲学研究却不断升温，学界阵容初具规模，从而与中国内地这一研究的低落形成鲜明对照。在香港、台湾出版的大量基督教神学与哲学著、译作之中，尤值得一提的是从1955年至1976年左右由香港基督教辅侨出版社（现已更名为基督教文艺出版社）出版发行的"基督教历代名著集成"译丛。这套丛书最初于1941年开始设计出版方案，由徐宝谦主持编务，1944年由章文新（Francis Price Jones）重新调整计划，请人出面让美国神学界有关人士参与商议丛书3部53卷的翻译计划，1950年其翻译工作移至美国，并成立基督教历代名著编译所。丛书由章文新任总主编，中国教会的许多著名学者承担了翻译工作，在香港先后由金陵神学院托事部、东南亚神学教育基金会和基督教辅侨出版社联合出版，最终共推出32卷，在中国现代基督教研究领域形成了深远影响。

1978年至今作为这一研究发展的第三阶段是中国学术发展的复兴时期，中国内地和港澳台地区关涉基督教神学和哲学的研究都有明显的进展，其取得的学术成就也前所未有。在这一阶段，中国内地学者将基督教神学、哲学视为思想研究领域的重要组成部分，其研究工作也从零散、随意而转向系统、全面，推出了一批重要著述。例如，中国内地人文学术界出版的基督教神学研究著作包括范明生著《晚期希腊哲学和基督教神学》（1993）、刘小枫著《走向十字架上的真：20世纪基督教神学引论》（1994）、卓新平著《当代西方新教神学》和《当代西方天主教神学》（1998），以及王晓朝著《神秘与理性的交融——基督教神秘主义探源》（1998）等。此外，中国基督教界推出了"神学教育丛书"，中国天主教界亦推出了"神学丛书"，两套丛书发行的著作各达数十种之多。中国内地学术界基督教哲学研究著作则包括尹大贻著《基督教哲学》（1988）、傅乐安著《托马斯·阿奎那基督教哲学》（1990）、唐逸著《西方文化与中世纪神哲学思想》（1992）、李秋零著《上帝·宇宙·人》（1992）、张志刚著《猫头鹰与上帝的对话——基督教哲学问题举要》（1993）、赵敦华著《基督教哲学1500年》（1994）、陈麟书等著《重读马里坦》（1997）等。这一阶段对西方基督教神学与哲学名著的翻译亦达到了高潮，先后推出了多套翻译丛书，其中包括大陆学者刘小枫在香港道风山基督教中心研究部组织编译、由香港道风山基督教丛林出版的"历代基督教思想学术文库"——共分"古代系列""现代系列"和"研究系列"三部分，何光沪组织翻译、由四川人民出版社出版的"宗教与世界译丛"，以及由上海人民出版社组织翻译出版的"西方学术译丛"等。港澳台地区的学者在第三阶段的学术研究也非常活跃，著译颇丰。除了香港出版的"基督教历代名著集成""历代基督教思想学术文库"之外，台湾天主教辅仁大学推出了"辅大神学丛书"和学术专刊《神学论集》，基督教新教界也推出了"宋泉盛神学译丛"和由王崇尧主编的"基督教社会思想丛书"等。港澳台地区的这一研究以基督教界的专家学者为主，据不完全统计，此间港澳台地区的学者出版的基督教神学、哲学著作和译作已达上百部之多。

20世纪中国学者对于基督教神学和哲学的研究主要基于对西方思想文化传统的反思，以及捕捉和分析当代神学的发展，其研究范围包括从古代至中世纪和近现代基督教神学及哲学的发展，在宏观把握中也有微观洞见，产生了不少颇有见地和价值的学术成果。从上述三个阶段的发展沿革来看，中国基督教神学和哲学研究已初具规模，正在建立较全面、系统的研究体系。

二 古代与中世纪基督教神学和哲学研究

对古代与中世纪基督教神学和哲学发展的研究，中国学者的主要兴趣大体在四个方面：一为对古代至中世纪基督教神学和哲学发展历史的系统研究，二为对早期基督教思想的研究，三为对中世纪鼎盛时期基督教神学家或经院哲学家的研究，四为对中世纪后期及宗教改革思想家的研究。

对古代至中纪世基督教神学和哲学发展历史的系统研究总体来看起

步较晚、力量较弱，但在近 20 年左右取得了较大进展，使这一范围的研究工作得以奠立。在第一阶段的译介和研究中，值得一提的著译包括上海广学会出版的由谢颂羔编著的《基督教思想进步小史》（1929）和由彭彼得编著的《基督教思想史》（1936）。第二阶段这一领域的研究基本上为空白。在第三阶段，这种基督教思想历史发展的纵向梳理及其分析研究才真正有了起色。1982 年，车铭洲所著《西欧中世纪哲学概论》出版，此书为大陆学者撰写的较早的一部西欧中世纪基督教思想史著作，从而结束了此前中世纪思想研究仅有为数不多的原苏联著作之译本的历史，具有开创性意义。作者分三阶段论述了西欧封建制度确立、繁荣和解体时期的哲学思想，其内容以基督教神学和哲学为主。但此书观点上创新不多，加之作者后来转向其他领域的研究，因而在学界影响不大。1988 年，尹大贻所著《基督教哲学》出版，内容涉及古代与中世纪基督教神学和哲学的发展，但因全书涵盖面较大，所以对古代和中世纪思想的研究并不突出。进入 90 年代以来，情况发生了根本改观，这一领域的研究成果日渐增多。1990 年，香港学者林荣洪所著《基督教神学发展史：1. 初期教会》出版，其颇为详尽的研究论述使中国学界耳目一新。1992 年，台湾天主教学者张春申所著《神学简史》出版，他从神学、教会学和基督学三方面对基督教思想的发展加以条分缕析，言简意赅颇见功力。这一年内地学者唐逸在台湾出版了其专著《西方文化与中世纪神哲学思想》，尝试从文化视域入手，以新的方法论来探究这一领域。1994 年，内地学者赵敦华的专著《基督教哲学 1500 年》出版，这部著作以较大篇幅系统论述了基督教哲学从古代至近代约 1500 年的发展，其引用资料之详、论述着墨之多都超过了中国学界此前这一研究领域所达到的规模，因而引起了学界的关注和好评。

　　对早期基督教思想的研究在第二阶段才真正开展。这一时期以翻译为主，如内地出版了吴应枫译奥古斯丁名著《忏悔录》（1954）以及周士良重译本《忏悔录》（1963），叶启芳等译考茨基著作《基督教之基础》在 1932 年初版后又于 1955 年重版。此间在香港出版的"基督教历代名著集成"译丛也包括大量古代基督教思想名著，如《基督教早期文献选集》（谢扶雅译，1976）、《尼西亚前期教父选集》（谢秉德等译，1962）、《亚历山大陆学派选集》（朱信等译，1962）、《东方教父选集》（沈鲜维桢等译，1964）、《奥古斯丁选集》（汤清等译，1962）和《拉丁教会文集》（马葆炼等译，1959）等。自1978年以来即在这一学术发展的第三阶段，早期基督教思想研究取得了重大进展。以翻译工作而言，这一阶段出版的早期基督教思想名著包括香港"历代基督教思想学术文库"收入的王来法译克莱门著作《劝勉希腊人》（1995）、包利民译（托名）狄奥尼修斯著作《神秘神学》（1996）、王晓朝等译斐洛著作《论〈创世纪〉——寓意的解释》（1998）和涂世华译德尔图良著作《护教篇》（1999）等。而其研究著作则包括范明生著《晚期希腊哲学和基督教神学》（1993）以及王晓朝著《基督教与帝国文化》（1997）和《神秘与理性的交融——基督教神秘主义探源》（1998）等。从总体来看，中国学者对早期基督教思想的研究仍比较薄弱，研究领域还有待进一步拓宽。

对中世纪鼎盛时期基督教神学及经院哲学的研究则相对活跃，尤其对中世纪经院哲学的代表人物托马斯·阿奎那研究较多。1930年至1932年，利类思所译阿奎那的《超性学要》（即《神学大全》节译本）得以再版。1963年，内地出版了马清槐译《阿奎那政治著作选》；1965年，香港的"基督教历代名著集成"译丛出版了谢扶雅译《圣多默的神学》等。在研究著作中，较为突出的则是内地学者傅乐安所著《托马斯·阿奎那基督教哲学》（1990）和《托马斯·阿奎那传》（1997）等。此外，中国学界也比较注重对安瑟伦、阿贝拉尔等人思想的研究，其译、著还包括徐庆誉等人译《中世纪灵修文学选集》（1964）、李承言译阿贝拉尔等著《亲吻神学》（1996）等。中国学者对经院哲学的研究一般亦与对新经院哲学的研究相结合，尤其注重对托马斯主义和新托马斯主义的比较研究。不过，这种研究观其全貌仍似不足，空白尚多，如对安瑟伦的研究刚刚开始，而对波拉文图拉等人却缺乏系统且深入之探的研究。

对中世纪后期和宗教改革思想家的研究以翻译为主，中国学者的研究专著则不多。中世纪后期基督教思想家库萨的尼古拉颇为中国学界所重视，其译著包括尹大贻等译《论有学识的无知》（1988）、李秋零译《论隐秘的上帝》（1994）等，专著则有李秋零著《上帝·宇宙·人》（1992）等。宗教改革思想家的研究则以马丁·路德和约翰·加尔文为主，但基本上处于译介阶段，包括香港"基督教历代名著集成"译丛所收入的徐庆誉和汤清译《路德选集》（上下册，1957、1959）、徐庆誉和谢秉德译加尔文著作《基督教要义》（上中下册，1955、1957、1959），内地出版的宗教改革研究译著有孔祥民等译林赛著《宗教改革史》（1992）、陆中石等译罗伦培登著《这是我的立场——马丁·路德传记》（1993）和段琦等译阿尔托依兹著《马丁·路德的神学》（1998）等。此外，中国学界还组织力量着手将《马丁·路德全集》译为中文。中国学者专门研究宗教改革思想的专著不多，其中包括李平晔著《人的发现——马丁·路德与宗教改革》（1983）和《宗教改革与西方近代社会思潮》（1992）、郭振铎主编《宗教改革史纲》（1989）等。

三 当代基督教神学和哲学发展研究

当代基督教神学和哲学发展研究以探讨20世纪西方神学和宗教哲学思想为主，在这一领域较具代表性的通论性研究著作包括刘小枫著《走向十字架上的真理：二十世纪神学引论》（1990年香港初版，1994年内地再版时易名为《走向十字架的真：20世纪基督教神学引论》）、何光沪著《多元化的上帝观——20世纪西方宗教哲学概览》（1991）、张志刚著《猫头鹰与上帝的对话——基督教哲学问题举要》（1993）和《理性的彷徨——现代西方宗教哲学理性观比较》（1997），以及卓新平著《当代西方新教神学》和《当代西方天主教神学》（1998）等。较有特色的思想家或理论思潮研究著作则包括黄昭弘著《尼布尔的政治思想——论基督教伦理与政治》（1988）、武金正著《解放神学：脉络中的诠释》（1991）、卓新平著《尼布尔》（1992）、王贞文等编《潘霍华的心灵世界》（1993）、王崇尧著《雷茵霍·尼布尔》（1993）、郑绍光著《终末·教会·实践：莫特曼的盼望神学》（1999）等。关于当代基督教神学的哲学和翻译著作则不断涌现、蔚为大观，其中较为突出的包括"基督教历代名著集成""历代基督教思想学术文库"中的"现代系列""宗教与世界译丛"中的部分译著，以及"西方学术译丛"中部分选译等，限于篇幅，不再一一列举。这些专著和译著的出版，有力推动了当代基督教神学和哲学研究的发展，形成中国学术界这一研究领域的空前繁荣。

在这些研究论著中，虽然有一些乃以"西方宗教哲学"为题，但其讨论的内容在很大比重上属于当代基督教神学与哲学研究的范围。而且，与传统看法不同，这些学者对基督教"神学"的意义还做出了新的分析和评价，认为神学反映了基督教会的思想活动，揭示了在其信仰体系中理论思考的重要性和必要性。神学作为信仰体系中知识精英的理论思索和求知追求，在很大程度上展示了基督教会的精神境界和思想高度，因而在教会生活中起着核心作用和灵魂作用，对教会发展具有指导意义。

基于对基督教神学的这一分析和认识，这些学者指出神学的结构即信仰与理性的关系，二者乃处于一种"紧张关系"，若无理性在信仰思维中的参与则不可能构成神学，但神学中所触及的神秘意义却又超出了理性的推断和界说。因此，神学作为这种"紧张中的统一"乃是"说不可说之神秘"。以其独特的形式，神学乃涵盖了形象思维、意象思维和抽象思维，并促使人们重新审视和评价"形上学"之探的意义及作用。

在分析当代西方神学思潮的发展中，这些学者指出，20世纪西方神学的发展在新教神学领域是以自由主义神学的崩溃与嬗变以及危机神学的崛起为标志，而天主教神学则以现代派神学的衰落和经院哲学的重建来揭开其序幕，天主教神学在20世纪的创新和突破乃是60年代"梵二"会议以后所出现的多元发展。20世纪西方神学与社会的接触更为密切，时代特色更加鲜明，几乎每一大的社会变化都有相应的神学思潮相伴随。例如，第一次世界大战引起了危机神学和辩证神学，第二次世界大战带来"上帝之死"派神学、世俗神学、新正统神学和生存论神学的发展,"冷战"期间曾风行希望神学、普世神学和对话神学,而西方社会的转型和观念重构则使新福音派神学和后现代主义神学格外引人注目。此外,学者强调,当代神学与人文社会科学其他学科乃至自然科学的关系和互渗亦更为明显,不少社会科学的新思潮、新进展在当代神学中都得到相关的呼应或重构。例如,神学对哲学思潮的回应包括存在主义神学、过程神学、神学解释学、神学美学、神学逻辑学的涌现,神学与历史及历史哲学的结合形成了历史神学,神学对人类的关注导致了神学人类学和人格主义神学的发展,神学对语义学的反思构成了神学语言学和叙述神学,神学受未来学影响而促成希望神学的未来展望,神学在政治批判学说的启迪下产生了革命神学、黑人神学、女权神学等,而神学与自然科学相交亦直接关涉到"进化"神学、过程神学、生态神学等形成及发展。当人们为迎接世纪之交、千年之交而进行思想舆论准备时,"走向第三个千年的神学"已成为热门话题。

四 现代中国基督教会本色神学建设研究

关于基督教思想与中国文化的关系问题以及中国教会本色化的路向,20世纪20年代以来中国基督教界和学术界就已展开积极而深入的讨论。当时这方面的著作包括王治心著《中国文化与基督教》(1927)、吴雷川著《基督教与中国文化》(1936)等,以及众多有关"本色化"或"本色教会"的研讨论文。

20世纪50年代以来,港澳台地区基督教界的学者继续这一研究,推出了一批重要研究著作,包括谢扶雅著《基督教与中国思想》(1971)、杨森富著《中国风土与基督教信仰》(1977)、林荣洪著《风潮中奋起的中国教会》(1980)、吴利明著《基督教与中国社会变迁》(1981)、林荣洪编《近代华人神学文献》(1986)、吴明节著《基督教与中国文化的接触点》(1990)、林荣洪著《曲高和寡:赵紫宸的生平及神学》(1994)、邢福曾著《文化适应与中国基督徒》(1995)、梁家麟著《吴耀宗三论》（1996）和邢福增与梁家麟合著《五十年代三自运动的研究》（1996）等。这些研究工作搜集了大量资料，开展了各层面的探讨，但对于20世纪50年代以来中国教会的发展却反映出不同的看法及评价。

中国内地基督教界的研究者则多从20世纪50年代以来教会自身建设之角度来看教会与中国社会相适应的问题。在此，既有历史性回顾，也有未来之展望，但以中国神学建设及其本色化的问题为主，突出"三自爱国运动"以来取得的进展和改革开放以来的"中国神学建设"。这方面的著述较多，其中具有代表性的著作或文集包括《金陵神学文选》（1992）、汪维藩著《中国神学及其文化渊源》（1997）以及丁光训著《丁光训文集》（1998）等。中国内地学术界对这一领域的关注和研究已经起步，除已发表大量研究论文之外，在资料整理出版上也有新的进展，包括张西平和卓新平所编《本色之探——20世纪中国基督教文化学术论集》（1999）等。

围绕如何使基督教与中国社会相适应，尤其与当前社会主义社会相适应这一主题，中国大陆基督教会内外的学者展开了广泛而深入讨论。一般而言，学术界的研究者多从基督教在中国的"本土化""本色化""中国化"或"处境化"这一角度切入。但对中国基督教的发展方向及其适应社会的方式，学者们有不同观点，说法不一。一派认为，中国基督教会及其中国特色神学的真正奠立要靠摆脱近代以来西方传教士及其神学思想、方法和话语的影响，应该进入中国文化境域，以实现其"本色教会"和"本色神学"之目的。另一派则认为："中国化"和"本色化"这种提法本身乃是在理解基督教之本质意义上的一种误识或偏差；在其看来，基督教信仰与信仰者的关系应是一种超越历史、超越文化的纵向关系，而不是一种穿过历史、受文化浸染的横向关系，因此基督教在华并无"中国化"或"本色化"的问题，所谓促成其特色、被其所"化"之说乃有悖于基督教的普世性原则和超越性意义。这些学者由此主张在基督教传播学理解上应基于其整体意义、凸显其信仰的本质特点，并倡导用"处境神学"或"母语神学"来代替"本色化"

之说，而在中国"处境"中则应致力于一种"汉语神学"的构建与发展。但是，针对后面这种观点，一些中国学者则提醒人们不要忘了基督教本身在横向传播和纵向发展上早就充满了"文化披戴"和"文化融入"这种历史事实。他们强调，基督教自西方传入中国，其带来的西方文明色彩也是很明显的。所谓"中国化"和"本色化"正是相对于基督教目前已存有的西方特色而言，而且，"化"之本身涵盖着双向适应之意，旨在共同提高；因此，在中国社会文化语境中，应该旗帜鲜明地凸显基督教"中国化"的历史及现实意义。

回顾总结中国神学之探的漫长历史，这些学者将之分为三个阶段：第一阶段为唐、宋、元三代，其特点是东派教会通过与易经、老子五行等中国文化遗产相结合而在华形成了"生生不息之道"的上帝观，"救赎上帝之所生""成全、完善上帝之所生"的基督观，以及"借助天力，自强不息，以护生为其至善与大德"的人生观。第二阶段为明、清时期，其特点是西派教会通过与儒家思想相会通而达到儒家"内在超越"与基督教"外在超越"的互补和共构，即以上帝的恩佑与基督的拯救来完满儒家的内在道德修养。第三阶段为20世纪上半叶，尤以20年代初为起点，其特点是新教神学家通过基督教与中国传统文化的结合而提出"信知行综合而为一体""超脱于宗派信条之争而直探基督""禀有本国真正传统的中国人学做耶稣真门徒"等具有中国特色的神学命题[①]。按此推理，当代中国神学建设之思则属于中国神学探究史上第四阶段。

有关学者指出，第四阶段的中国神学建设之探一方面乃为第三阶段的延续，另一方面则有着20世纪下半叶，尤其是20世纪80年代以来鲜明时代特色和社会新意。第三阶段中国神学之探的主要代表为吴耀宗、贾玉铭、赵紫宸、谢扶雅等人。而第四阶段已颇有建树的神学理论家则包括丁光训、陈泽民、汪维藩等人。汪维藩认为，建立具有中国特

---

① 参见汪维藩《中国神学及其文化渊源》，南京，金陵协和神学院1997年版，第117—118页。

色神学理论的根本途径是："探求基督教基本信仰同中国优秀传统文化的融会点，本着圣经启示从优秀民族文化中寻觅中国神学的生长处"①。为此，必须从基督教基本信仰的要素和框架这一"法度"中创出"新意"，即"带有东方特色的神学新意，带有中国特色的神学新意""反映中国信徒信仰与灵性实践的神学新意"，以及"与社会主义相适应的神学新意"②。陈泽民则指出，中国神学的建设应"在上帝论上着重于上帝的爱""在基督论上突出宇宙的基督的思想"，在圣灵论上"视圣灵为充满一切的，包罗万有的、全能的上帝之灵"，"在人论上经常讲述和教导'神的形象'的教义""在教会论上……需要发展一个根据圣经的富有活力的而又可行的教会论"。③

丁光训对具有中国特色之神学的构建及发展有着深刻的思考和独特的见解，其"上帝是爱"的上帝观，"宇宙的基督"之基督论以及积极、开放、包容、能动的创造论和人性论，为当代中国神学体系的建立打下了基础。丁光训因突出上帝的"圣爱"而引导了中国教会神学思考重心的转移，使"上帝是爱"成为中国教会神学思考的新的重心和新的出发点。他提倡的神学思考旨在基督教的信仰与中国社会生活的现实相合，旨在基督教的普世性与中国教会的地方性之有机关联。他认为"我们的神学工作理所当然地受到历史的、普世的教会的制约，但它不是模仿，它是中国基督徒针对中国教会自己的问题的思考"④。一些学者为此指出，这种中国特色神学建设的成功，将使中国基督教会不仅在社会、政治层面，而且在信仰、理论层面真正解决与社会主义社会相适应的问题。

综上所述，基督教神学与哲学研究在当代中国学术界属于发展较快、学术研究潜力较大的一个领域。这一领域在20世纪的中国有着明

---

① 汪维藩：《中国神学及其文化渊源》，南京，金陵协和神学院1997年版，第124页。
② 同上书，117页。
③ 《金陵神学文选》，南京，金陵协和神学院1992年版，第134—136页。
④ 《丁光训文集》，译林出版社1998年版，第5页。

显的量之增加和质之突破,在已取得的进展中基督教内与教外学者、中国内地与港澳台学者显示出各有专攻、优势互补的特色。但双方的沟通、对话和深层次交流仍很不够,因而其学术研究尚未构成有机整体。此外,中国学术界在基督教神学史、哲学史和思想史的深入研究中空白仍然较多,在不少方面也缺少与世界其他国家有关专家学者之间的交流。就其研究全貌而言,这一领域在中国仍为一门较新的学科,因而其发展和完善乃有着巨大空间及广远前景。20世纪中国在这一领域的发展及其成就,为其进入21世纪之后更大发展的学术进程奠定了具有重要意义的研究基础。

(原载《中国宗教研究年鉴1997—1998》,宗教文化出版社2000年版。)

第二十一章

宗教与哲学断想

在中西不同的文化语境中,"宗教""哲学"具有多元丰富的内涵。在西方文化语境中,"宗教"既表述了神人关系,亦说明了人的敬神态度;在中国文化儒释道格局中,宗教具有更为复杂的多维意蕴;同时,哲学作为一种理性思维和推断,反映出人类的认知达到了一定的高度。从历史发展来看,"宗教"与"哲学"两者呈现出交融互渗、彼此共构的关系。在一定意义上说,宗教曾是哲学的温床,而现在也仍可被视为哲学的继续,由此则可说明二者的密切关联及不同侧重。从思想史意义上,很有必要深入研究宗教与哲学的关系,并以此展示出"宗教"与"哲学"在不同历史境遇中的价值与功能。

"宗教是什么",这是人们众说纷纭、答案各异的一个典型问题。这一问题会关涉古今中外的学理涵括,并能引发和启迪我们对宗教与哲学发展之旅的追寻与思索。

从认识论的角度来看,宗教反映了对人生意义的询问,对终极关切的表述,以及对神秘存在的敬仰。这些问题当然亦被哲学所反复讨论、多有诘问。不过,西方宗教学创始人之一麦克斯·缪勒对之曾明确指出,"我们称之为哲学的首要问题,就是由宗教提出来的。"[①] 而从存在

---

① [英]麦克斯·缪勒:《宗教的起源与发展》,金泽译,上海人民出版社1989年版,第5页。

论的意义来说，宗教一方面在人与自然及"超自然"的存在关系上表达了一种"究天人之际"的思想意向，对于"异己"存在及其力量，宗教是人之主体性的表现，或为人之自我"对终极（实在）的关切"，或为人之内心充满神秘意味的"绝对的依赖感"，这种充满"灵性"意趣的思绪则很难被基于理性思辨的哲学思考所涵括。宗教在另一方面则是人对"个我"及其"社会"存在关系之探。其中即反映出对"人"及其"社会"存在的"神化"即"神话化"或"神圣化"；在此，既有人的"成圣""成神"，亦有"社会"的"神化"或"象征化"，成为个我赖以依存的"神秘团契"或"神圣联盟"。由此而言，宗教展示了人在认识"存在"上的"诧异""不解"或"神秘"把握。麦克斯·缪勒曾特别强调，"宗教学起源于对宗教存在的诧异"，其"起点"是"对自己无法解释"的现象的"惊讶"。麦克斯·缪勒是从古希腊哲学家的观察眼光而论及此点的。他说，"最初他们对宗教的存在非常吃惊，正如他们对自己无法解释的幽灵显现惊讶不已一样。这就是宗教学的起点"①。这种"惊讶"感是我们理解宗教思维特点的一条重要进路。如果说"信仰"表达了宗教中的顺从、依赖之生存态度，那么"惊讶"则反映出宗教中的询问、探索精神。从这些考虑中，我们可以注意到人类"宗教"及研究这一现象的"宗教学"所展示的侧重和独特之处。

"宗教"在西文中的表述源自拉丁文 religio，其在西塞罗的理解中：一为 relegere，指"关注""集中"或"反复"，亦引申为"选择"及"重新选择"；二为 religere，即"重视""小心翼翼"和"认真考虑"。二者都与敬神崇拜的态度相关。而在拉克汤提乌斯和奥古斯丁那儿则用 religare 来表示"联系""联结""结合"或"合并"，主要用于表达神人之间、神灵之间的联系和重新结合，乃一种"关系"之论。这是西方"宗教"术语的渊源及基本意蕴，它既表述了神人关系，亦说明了人的敬神态度。在中国文化氛围中，对"宗教"的理解则有着与西方不

---

① ［英］麦克斯·缪勒：《宗教的起源与发展》，金泽译，上海人民出版社 1989 年版，第 4 页。

同的发展脉络。尽管当代中国理论话语对"宗教"的理解探索经历了从"政治"认知、经"文化"解释、到回归"宗教"的曲折过程，其概念本源及其演进却更为复杂。中国学术界自20世纪以来对于"宗教"的定义、中国有无"宗教"的疑问以及"宗教"在华的存在价值和作用等一直都处于意见分歧之中，甚至不时发生激烈争论。从其文字渊源而论，中国古代对"宗"与"教"最初乃分开表述："宗"的本意乃"尊祖庙"，从而有着"禋于六宗"之说，初指对日月星、河海岱的自然祭拜，而后则侧重于对祖先、神祇的敬崇等礼仪活动及相关场所；而"教"则基于"教化"的原义而引申为对"神道的信仰"，由此衍生出"神道设教""合鬼与神，教之至也"以及"修道之谓教"等意涵。"宗教"二字一体共表乃为佛教的发明，至少在6世纪左右就已有其合用的记载，如梁朝袁昂（459—540）在为佛教信仰辩论时曾论"仰寻圣典，既显言不无，但应宗教，归依其有"；[①]而隋朝释法经在谈到其修撰佛经的目的时亦强调"毘赞正经，发明宗教，光辉前绪，开进后学"[②]。随之佛教文献《景德传灯录》《续传灯录》等也多有"宗教"之表述的出现。不过，佛教在此对"宗"与"教"的词义理解仍有区别，即多以"教"表述佛陀之言，以"宗"说明佛陀弟子之传，"宗教"共构乃为崇拜佛陀及其弟子的教诲之专门蕴涵。在此基础上，"宗教"才提炼出"人生宗旨、社会教化"的普泛意义。这种作为佛教术语的"宗教"后来因佛教典籍的翻译而传入日本，但其意义却出现微妙转换，因为日本佛教界最初将"宗"理解为语言难以表达的真理，而"教"则是有关这种真理的系统教义及其诠释。这种佛教内的"宗教"理解由此而有中日思想文化之间的玄微差异。

"宗教"这一汉语表述与西文religion的意义关联始于19世纪下半叶。其现代意义的应用在学术界也有"假道日本而入中国"之说。这是因为自1868年起，日本明治政府的文书用语中一般会将西文religion

---

① 袁昂：《答释法云书难范缜神灭论》。
② 释法经《上文帝书进呈众经目录》。

译为汉语的"宗教",此后其通商航海条约、介绍西方情况的著作,如邺田枢文夫的《西洋闻见录》等也多用"宗教"对应翻译 religion 一词。中国学者的这种运用则以黄遵宪的《日本国志》一书影响较大。该书 1887 年完稿,1895 年出版,书中频频出现"宗教"之词。不过,黄遵宪以"宗教"对应西文 religion 之义的做法当时并未获得中国学术界的一致认同。相关争论不仅成为语义上的分歧,而且更深化为"宗教"意义理解上的不同。其实,日本所用"宗教"并非其原创,不过是一种语义转用而已。在 19 世纪末,不少中国学者反对将 religion 译为"宗教",甚至干脆否定其"教"之译。一些人宁愿使用非常别扭的 religion 之汉语音译"尔厘利景",也不同意其"教"之译。这样,religion 从此在消极意义上会被理解为与中国术语中的"巫"相同,"于华文当称为谶纬之学"①;但其在积极意义上则被对应于中国常用之词"道",即表达其神秘莫测却真实存在,超然、超越却"兼涵体用两面"之意。②

从佛教对"宗教"的释义到现代意义上"宗教"与西文 religion 的对应,不仅反映出中西方在语言意义理解上的不同,更乃折射出二者对"宗教"的本质、意义和价值等观念上的分歧。除了对"教"与"学"、"教"与"政"的关联和区分有不同看法之外,中国学术界对于"教化之教"与"宗教之教"、社会规范之"礼教"与敬神崇拜之"宗教",以及突出组织机构的"制度性宗教"与强调文化信仰的"非制度宗教"等,都有着严重的分歧和激烈的争议。甚至有些人在中西宗教思想比较中有着扬西贬中的"教""巫"之辨。其中的困惑与难题甚至已作为"学术存疑"或"文化遗产"而得以流传和积淀。例如,严复就认为"宗教以人鬼为起点",而鬼神之说乃人对不可知之物的探索认知,即"教之精义,起于有所不可知",但人们"不能安于所不知""又往往据己之情以推物变,故物变必神鬼之所为",其"思之而

---

① 此即"尔厘利景"音译者彭光誉在其《说教》中所表达的观点。
② 这是谢扶雅的见解,参见其《宗教哲学》,青年协会书局 1950 年版,第 250 页。

不得其故，遂作为鬼神之说以推之"，此后神权政府"奉鬼神天道，以统治权"。但在宗教的发展中，严复就有抬高西方、贬低中方之嫌，因为他认为"西之宗教，重改过有罪，曰此教徒之天职也"。"至于吾俗，乃大不然。衅之既生，衔者次于骨髓，迁怒及其亲戚，寻仇延乎子孙。""故其民之相遇也，刻熬感愤之情多，而豁达恺悌之风少也""此固宗教使之然耳"。至于"教化"与"宗教"究竟是什么关系，严复曾以西方宗教与西方学术的关系来进行比较，这实质上也触及宗教与哲学的关系。他虽然坚持"西学"与"西教"乃"二者判然绝不相合"，认为："'教者'所以事天神，致民以不可知者也"，而"'学者'所以务民义，明民以所可知者也"；宗教立于"信仰"，基于人的直觉与顿悟，而非逻辑思维，而学术则乃理性思维，须遵守逻辑规则，因而"'教'崇'学'卑，'教'幽'学'显；崇幽以存神，卑显以适道，盖若是其不可同也"，[①]却也承认欧洲历史上二者实际上就曾相混合，况且"形而上学"本身就是让人很难"确知"的"玄学"。

此外，中国关于"儒教"究竟是否为"宗教"之争，亦反映出中国学术界对"宗教"的复杂体悟和心理感受。梁启超曾特别强调孔子是"哲学家、经世家、教育家"，但不是"宗教家"；陈独秀亦坚持"孔教"是"教化之教，非宗教之教"，"绝无宗教之实质"。这里，"宗教"仅被理解为"一神或多神之崇祀"，他们担心宗教信仰会因其"仰"望而有着盲"信"，却忽略了宗教本身也可为"哲思""教化"和"经世"之"学"，也有着"超越"和"升华"的维度。按照宗教所追求的精神境界及其普惠大众的思想，"宗教"其实是无法与"教化""教育"彻底区分开的。

在中国历史上，儒、佛、道曾有"三教"之称，其并列同称自南北朝时期以来就已成定局，形成"三教譬如鼎足，缺一不可"[②]之状。尤

[①] 《严复集》，中华书局1986年版，第52页；以上参见熊乡江《严复宗教思想评析》，《求索》2008年第1期。

[②] 参见任继愈主编《宗教大辞典》，上海辞书出版社1998年版，第634页。

其是"儒教"在"三教"之中曾地位显赫，上下畅通，既可位尊"国教"、宗主正本，亦能"礼失求诸野"，扎根民间。但今天佛教、道教的"宗教"地位保持如往，而"儒教"之"宗教"性却颇为存疑、颇受争议。"儒教"之"文以载道"的文化功能得以承认，但其"神道设教"的宗教意义却已失共识。二者之间明显失衡，在此乃出现了类似"绝地天通"的嬗变，儒者探究"人际关系"之"人文性"得以承认和肯定，而其询问"天人关系"之"宗教性"则被否认或悬置。历史上，肯定"儒教"是"教"的正方，可从"儒教"之学、教并用追溯到以"究天人之际"为使命的司马迁所写《史记》，其中有"鲁人皆以儒教"之论，由此被解释为"鲁人"对"儒"有着如"教"那样的崇敬。而否认"儒教"为"教"的反方，也会以元朝佚名氏所作《道书援神契》为依据，强调"儒不可谓之教，天下常道也"。这些关于"教"之意义和区分的争论，归根结底乃反映出人们对"宗教"本质、意义、价值和作用的不同看法和评价。

我们对"宗教"的描述和分析，不仅应有着对儒、佛、道的历史追寻和理论探讨，以及对西方思想史上宗教理论的系统勾勒和透彻辨析，而且更需有对马克思主义宗教观的研究概括。这样，应该研究马克思主义经典作家"对宗教本质的透析、价值功能的定位及其未来性的理性判断"等，对之进行系统的展示和精辟的论述，使人由此可以获得一种对宗教高屋建瓴的洞观。

而"哲学"作为涉及世界观的学问，自然与宗教有着密切的内在关联。在一定意义上说，宗教曾是哲学的温床，而现在也仍可被视为哲学在信仰领域的某种继续。对于二者这种交融互渗、彼此共构的关系，马克思曾生动地指出，"哲学最初在意识的宗教形式中形成，从而一方面它消灭宗教本身，另一方面从它的各级内容说来，它自己还只是在这个理想化的、化为思想的宗教领域内活动"①。哲学作为一种理性思维和推断，反映出人类的认知达到了一定的高度，正如黑格尔所言，"一

---

① 《马克思恩格斯全集》第 26 卷 I，人民出版社 1972 年版，第 26 页。

个民族的精神文明必须达到某种阶段，一般地才会有哲学"①。宗教反映了人类认识之端，其产生说明人类思维开始具有认识自我及其外在自然的能力，尽管这种认识最初是以虚幻的想象、以神话形式来进行，但"神话"恰是远古人类的"哲学"，宗教的想象为哲学的理性认知打下了基础、提供了条件。因此可以说，宗教就是人类源自远古的并不断发展演变的一种世界观和人生观，它既是古代人类哲学的雏形，也仍然是当今人类哲学认知的一种特殊形态。

西方"哲学"一词源自古希腊思想家毕达哥拉斯，他以 Philosophia 这种表述来说明人类的"智慧之爱"或"趋向智慧的努力"。因此，"哲学"在西方的原初意义即"爱智慧"，而"哲学家"则是"爱智者"，人们亦将之视为大千世界、复杂社会的"观察者"。毕达哥拉斯在创建其哲学时引入了远古宗教的神秘主义，从而使古希腊哲学从一开始就具有某种神性思维及思辨的特色，这一特色后来又贯穿到了整个西方哲学的发展。从一开始，毕达哥拉斯就将神性思维与理性思维相结合，由此达致宗教与哲学在一定程度上的共构。毕达哥拉斯自称是"一个哲学家"即"爱智者"，但同时又进而将这种"爱智"与"爱神"相关联，认为"只有神是智慧的"，因此"人最多只能爱好智慧，也就是爱神"。当然，通过"爱智"与"爱神"，在此已反映出人对世界的沉思、对真理的寻求，即通过追问、究诘现象世界、物质实存而探询那隐匿在感官世界背后的永恒世界，从研究物体之形的"物理学"升华为尝试解说其"形"之"上"的"形而上学"。这样，宗教与哲学就共同形成了西方思想史上形上、思辨和抽象探究的传统。

在西方哲学发展中，宗教起着非常重要的作用。尤其是通过结合古希腊文明和古希伯来文明，基督教在西方哲学的构建中举足轻重。早期基督教的思想家克里索斯托、奥古斯丁等人最初曾把基督教的思想理论体系称为"基督教哲学"，这种宗教哲学体系在欧洲中世纪达到鼎盛，形成"经院哲学"一统天下的局面。由于"经院哲学"实质上即基督

---

① [德]黑格尔:《哲学史讲演录》第1卷，商务印书馆1983年版，第53页。

教哲学，因此，可以说，这种宗教哲学乃是整个中世纪欧洲哲学的主体和基本构成。于是，研究西方宗教与哲学的一个重点，就是对中世纪经院哲学泰斗托马斯·阿奎那等人思想体系的研究。这一研究重点突出，思路清晰，因为阿奎那的哲学已经被立为世界天主教的官方哲学，人们对阿奎那的理论特色故而有着条分缕析和多层面展示。从对这种经院哲学及其托马斯主义在现代发展的追踪，则会进而探讨以马里坦等人为代表的"新经院哲学"和"新托马斯主义"的问题意识和现代视域。尽管西方近现代哲学经历了"世俗化"的过程，传统意义上的"神学"与近现代"哲学"基本上已分道扬镳，再无中世纪那种"神哲学"的共构，但基督教的思想体系仍作为宗教哲学而与整个西方近现代哲学的发展同步，并伴随着这种"世俗"哲学而"与时俱进"，体现出其"跟上时代"的各种努力。而且，在天主教的文化视域中，经院哲学和新经院哲学被作为"永恒哲学"而得到推崇和推广，从而巩固并推动了天主教体系中对于哲学的高度重视。因此，各种形态的宗教哲学体系在当今西方哲学中仍占有较大比重。

中国古代并无"哲学"这种具体表述，与之相接近的术语则有"理学""道学""玄学"等，而后来人们常用的"形而上学"或"形上之道"主要源自《易·系辞》所言"形而上者谓之道，形而下者谓之器"。不过，中国古代文化传统中对"哲"一字的理解也具有"睿智""聪明才智"之意，表示一种敏锐的观察力和深邃的认识水平，而才识卓绝之人亦被称为"哲人"；如"知人则哲""或哲或谋""维此哲人，谓我劬劳""并建圣哲"等意蕴实与西方的"爱智"或"爱智者"颇为接近。

当 16 世纪西方耶稣会传教士来东方传教时，西方的"哲学"概念随之传入。当时 philosophy 一词曾被来华传教士音译为"斐禄所费亚"，或有"学文""理学""理科""性学"和"爱知学"等意译。近代以来日本学术界在引进西学、确立西方重要概念的译名上颇为努力，亦有不少进展和成果。例如，日本学者自德川幕府时期以来对西方"哲学"概念多有揣摩和意译，相关汉字译名包括"鸿儒""硕学的学修""究理""学文""穷理科""物理学""格智""学师""理学""性理论""天道之说""玄学""知识学""熟考知察学""考察学""性理学"等表述。在这种摸索探究的基础上，日本学者西周在19世纪下半叶开始以"希哲学"来对译 philosophy，以表达其"希求哲智之学"的蕴涵。他看到了西方"斐卤苏比"所表述的"明天道""立人极"的核心意义，并运用其对汉字及相关经典文献的把握、理解来求东西哲理之通识。西周于1862年给松冈麟次郎的信中曾将 philosophy 译为"西洋性理学"，后来在其给津田真道《性理论》所作之跋中开始以"希哲""希哲学"来对译 philosophy，据传受中国理学家周敦颐所论"士希贤"的启发。明治三年（1870年）在其东京讲学中正式使用"哲学"一词，如其在《百学连环》中之用，同时亦使用其汉文音译"斐卤苏比"，自明治五年（1872年）开始在其《美妙学说》《生性发蕴》中直接使用"哲学"之译名。而在明治七年（1874年）他出版的《百一新论》中公开将 philosophy 定译为"哲学"，他还进而表明，"把论明天道人道，兼之教法的斐卤苏比译名为哲学"。[①]在西周看来，西方的 philosophy 术语乃有"爱贤、希贤"之义，故可直译为"希贤学"或"希哲学"，而这种"哲学"独具"万事统辖之理"，体现出"百教一致之义"，因此是"诸学的统辖"。此后，新成立的东京大学于1877年在其文学部内正式设立"哲学科"；1887年日本文部大臣森有礼在其发表的《伦理教科书凡例案》中亦正式使用"哲学"一词。这样，"哲学"一词率先在日本作为规范术语而得以通用，不久又随黄遵宪所著《日本国志》一书与"宗教"术语一并"假道日本而入中国"，从而在中国学术界逐渐流行开来。

中国学者关注西方"哲学"，大体始于16世纪以来的"西学东渐"文化思潮流行之时。受来华传教士的译名影响，中国学术界亦多用"理学""心理学"或"心智之学"等表示来说明 philosophy。从介绍、理解西方的"哲学"涵盖，中国学界不仅逐渐弄清了"哲学"在西方

[①] [日]大久保利谦编：《西周全集》第一卷，东京，宗高书房1960年版，第289页。

思想文化传统中的本真含义,而且受其启迪而开始思考、构建中国自己的"哲学"体系。于是,中国哲学由其源自儒家传统、以"人"为基础的"仁学"这一内涵式发展,结合中国本土道家外延式"道学"及受西方天主教影响而出现的外观式"天学",逐步扩大到对宇宙人生之存在的根本"原理"之探,形成了体现"哲学"核心观念的"原理之学"。1903 年在日本东京创刊的《浙江潮》杂志于其第 4 期曾刊登《希腊古代哲学史概论》一文,对当时中国学者的"哲学"理解有如下概括:"哲学二字,译西语之 philosophy 而成,自语学上言之则爱贤智之义也。毕达哥拉士所下之定义,以为哲者因爱智而求智识之学也;亚里士多德亦以为求智识之学;而斯多噶派以为穷道德之学;伊壁鸠鲁学派以为求幸福之学。哲学之定义如此纷纷不一,虽然,希腊人哲学之定义,则以相当之法研究包举宇宙与根本智识之原理之学也,约言之,哲学可称原理之学。"对此,冯天瑜曾评价说,"'原理之学',即探求事物一般规律之学。此说颇能切中'哲学'的本质"[1]。显然,"哲学"正是反映了人类对存在意义的追本溯源及其正确表达。

中国的"哲学"理解及其特色,"哲学"与中国传统思维方式的关系,以及"哲学"与"宗教"在中国思想文化处境中究竟处于何种状况,这些都是值得我们深入研究的问题。尤其当涉及世界本源、终极实在这类"形上"问题时,我们就会发现"哲学"与"宗教"意识的复杂交织和共同关注。所以,研讨"宗教与哲学"这一主题,在其具有关键性和根本性的意义中探询和究诘,自然也会将我们引入其意义之旅,在这种探赜索隐中会有所感触和感慨,激起断想与遐思。在当前社会处境中,我们应该仔细阅读这些当代"智者"们的精彩文笔,领略其闪光思想,我们也会与之一道在这种追根究底的"智慧之爱"中超越自我、共享升华。

(原载《华侨大学学报》2009 年第 1 期)

---

[1] 冯天瑜:《新语探源》,中华书局 2004 年版,第 419 页。

第三编　宗教与伦理、科学

第二十二章

道德意识与宗教精神

　　道德意识基于人的群体共在,乃关涉人之社会关系的"实践理性"。所谓"诚信""仁爱"都是一种关系学说,一种"共在的艺术"。因此,道德意识须为"群体意识",旨在"群体和谐"。这种"理念"或"德性"自古贯今,但其实践史并未达到理想之境。而在"个我道德"得以张扬,伦理的个我性、情感性走向日趋明显的当今世界,"道德"的困惑与危机亦由潜在而逐渐公开。人们在震惊之余重新呼唤"诚信"、倡导"仁爱",但这种呼唤和倡导的根基在哪里?当代道德意识若无某种深入人心的精神理念或信念的支撑能够立足吗?"诚信""仁爱"等道德原则能够真正回归并能坚持吗?在此,我们遇到了实践层面的道德意识是否需要价值层面的精神信念支持、促进的问题。道德的游移不定,反映出其思无所依;道德滑坡的社会现象说明了人的精神世界需要调整、补救。宗教作为人之精神世界的重要组成部分,能否在当代社会道德意识的重建中发挥作用,能否将"道德"问题作为其适应社会、体现其社会关怀的切入点,这对当代宗教本身的存在与发展亦有着深远意义。

一　道德意识之实践性

　　道德意识的维度从其直接性来看乃是实践的、应用的,它指基于

"良心""良知"的行为准则、社会规范和群体共识，而不以"思辨"为特色，不将"形上"做指归。道德意识要求的是其社会应用、人伦规范和行为基准，表达出实实在在的社会倾向、实践意向和生存态度。这种实践性还进而说明道德意识的提出和体现亦非"抽象"的，道德意识本身乃有着明确的、实在的社会、时代、历史、文化、政治、民族和宗教等界定。道德的实践性在此展示出一种普世关联，亦揭示道德作为"能被发现和明确表述的人类理性"而普遍存在。在其多层面的众多表述中，宗教道德意识则指以宗教信仰为依据和基础的、以宗教真理做指导和为前提的道德观念、感觉和意向，由此构成其道德法则和行为规范。这里，宗教道德也是一种在其终极关怀引导下的社会关怀，落实在其社会存在上的实践性和可操作性。因此，道德不纯为一种理论之谈、理想之谈，而更是在一定历史背景和社会氛围中的行动方式，行为准则。正如康德在其实践理性批判中所提到的，道德涉及"我们应该做什么"这一主题，需要的是实践理性、实践智慧。

根据道德意识的实践性，谈论道德及其涉及的社会关怀，我们首先要做的不是对道德意识进行"形上学"的追踪溯源，而是对之加以"现象学"的描述和分析。道德有其理想境界和崇高追求，然而在现实社会生存中，人们呼吁得更多的则是如何能在人类社会共存中力争和守住一种"底线伦理"，持守最基本最起码的道德原则。这也就是说，在复杂多变的现实氛围和人际关系中，我们应该做什么？我们可以做到什么！

在人之社会共在和人际关系中，有着各种人际交往和行为，反映出不同的道德基准和意向。概括来看，这种交往和行为乃介乎"己"（自己）与"人"（他人）之间。其被视为"金规则"或"中庸之道"的为"己之所欲，施之于人"和"己所不欲，勿施于人"。这种以自己的好恶来考虑、顾及他人的好恶之标准乃被称为"道德的核心"，亦有人将之视为道德的"金律"和"银律"。此乃"己"与"人"在积极意义上的平等交往和相互关系。而其消极意义上的平等交往或反应则乃"人施于己，亦施于人"。这种被人视为"铜律"的原则虽有其道德性上的模糊、含混，却以一种"公平""公正"而表达了"己"之"功利"和"人"之"公利"。对这些基本道德的破坏之举，即人们用"铁律"所表达的"己所不欲，施之于人"，①由此产生了非道德和反道德的强迫、强暴和伤害他人。"金律"和"铁律"表现出"己""以德兼人"和"以力兼人"的鲜明对比。

在上述基本道德意识中，"己"乃为社会交往的出发点和社会公平乃至公义之标准，由"己"而有了对"人"的理解、宽恕、包容和友善。这种道德意识虽然显得不如"毫不利己、专门利人"的道德理想境界那样崇高，却让人感到更为实在、更加可行，更有实践性和可操作性。实际上，这种传统道德意识中的"金规则"已为当代"个我道德"的凸显埋下了伏笔、奠定了基础。因此，从其实践意义来看，"金规则"实乃人类共在的底线道德基准。"己"在此"为人"而不"克己"，没有对"自我"的亏欠，亦没有对"自我"的超越。

二 道德意识的精神支撑

为"己"而不损"人"的道德作为"中庸之道"在现实生活中发挥了巨大的作用，对那种"损人而不利己"的极端做法是一种必要的纠正，但"己"之道德若无精神支撑则会出现嬗变和退化。"己"以自我为中心，以其能够接受和忍受的程度为圭臬。随着现代社会"自我"的"发现"，"己"之意识营造起一个"为我"之圈。识"己"之人在自我膨胀时变"大"，"己"成为"巨人""超人"，而群体"他人"则变得模糊，在"己"之眼帘中逐渐隐退、消失。当唯我独尊的"巨人"或"超人"为"实现自我"而不容或不顾他人之存在，视群体为草芥时，自我在无限放大，肉身则变得沉重，其离超越之维却更远更难。随着现代"个我道德"的高扬和"个性"的彰显，传统意义上的"德

---

① 赵敦华在2001年10月北京"中国传统伦理与世界伦理"国际学术研讨会上题为"价值律令与道德导向"的发言论及"金律""银律""铜律"和"铁律"。

性"则因质变而实不存在。道德伦理成为一种随意、从心的生命感觉,人际交往的种种行为乃"随缘"之举。与作为人类文化传统之积淀的非个我性、群体性、社会性和客观性伦理道德标准相对比,个我性道德则是主体的、主观的、内在的,是一种漂浮不定、捉摸不透、把握不住的生命感觉。在此,"伦理就是整饬属己的生命经纬,现代伦理不是像古老的伦理那样,依据一套既定的道德体系来整饬属己的生命经纬,而是依据个人的心性来编织属己的生命经纬"。[①]既然是"跟着感觉走",何不"潇洒走一回"! 于是,"现代性伦理是个体化的,故事当然多起来"。[②] "巨人"们在"争吵","己"之外的世界变渺小。但其尽情独唱却因相互碰撞、抵牾而混成时代的噪音。深陷"自我之爱"、沉醉于"孤芳自赏"的现代"那耳喀索斯"们在"应该做什么"和"可以做到什么"上却做了不该做的、未做应该做到的,甚至"道德"本身亦成为其只说不做、照人不照己的异化之物。正因为"己"没有一种换位思维和对话、倾听的意识,没能从"他者""旁人"之需或之思出发,故社会交往、人际关系出了问题,其沟通出现堵塞,维系其畅通、协调的"诚""信""仁""爱"则流失殆尽。听听当今对"诚信"的呼唤,看看眼前对"仁爱"的寻觅,我们深感以"己"为核心的现代"个我道德"给社会带来的失衡和危机。所以,仅基于"底线伦理"则有可能守不住这一"底线",为实践而实践的道德意识则会出现崩溃、隳沉。

由此可见,道德意识的实践性不能囿于实践本身,它需要一种精神的支撑来指导、指引其实践。这种精神虽能"识己"却要求"克己",既承认"实现自我",更鼓励"超越自我"。因此,道德不是纯粹实践中的玩物或游戏,而是一种精神价值在实践中的体现、弘扬。就宗教道德而言,其实践意义上的社会关怀若无价值意义上的终极关怀为依托和

---

① 刘小枫:《沉重的肉身——现代性伦理的叙事纬语》,上海人民出版社1999年版,第6—7页。

② 同上书,第7页。

作支撑，则不可能真正贯彻实施。

　　人类道德意识的精神支撑复杂微妙，涵盖政治、文化、宗教等层面。它不以"己"之自我功利为鹄的，故能"克己爱人""舍身成仁"。在人类思想史上，对道德意识的精神支撑有过种种揣测、探索，但其结语总是不足的、相对的，给人留下疑问、反诘和遐思。一般而言，人们的道德意识有着"赏善罚恶"等功利主义的精神基准，指望好的道德实践会有好的回报。但《圣经》中的约伯却提出了"为什么好人受罚""善有恶报"的"天问"。约伯提出了问题，却没有答案，在世人不可体悟上主神秘莫测之安排的宣称中哑然失语。而"仁慈、全能的上帝为何允许世上之恶的存在"这类神正论的问题，亦困扰了一代又一代宗教思想家们。约伯提出的问题，康德亦早就试图从其实践理性批判上做出解答。在康德看来，确信上帝的存在乃是以人心中的道德律为基础，人的道德行为与其幸福的获取有机相连乃代表着最高之善。由于现实存在不能确定道德与幸福的这种关联，因此人的道德律必须假设上帝的存在，并将之视为有可能实现最高之善的前提或保障。于是，"上帝"这种预设成为一种"道德概念"，即道德意义上"绝对的实践原则"和"绝对命令"。上帝乃道德意义上"为我"的上帝，人的信仰因将上帝作为道德必然性之所需而变为一种"道德信仰"。这种信仰以超然上帝观和永恒时间观来解决现实世界中未能"赏善罚恶"、道德与幸福并不必然挂钩等问题。在此，康德采取了超越现实时空的另一维度来解说约伯的提问，从而为人的道德实践提供了一种精神支撑。康德并没离开"己"之道德行为需要有"赏善罚恶"之结局这一传统原则，但其原则的确立则已离开"己"而走向"超越"，即以一种"假设"的精神支撑来维护或维持其道德行为的实践性。这一"此岸"与"彼岸"、"今生"与"来世"、"实在"与"超然"之平衡、和谐，便是道德存在所需要的公义和公正。

　　人不可能为道德而道德，其道德意识必须要有精神支撑。这种精神支撑使其道德实践显得充实、踏实。在此，实践性上凸显"己"意的道德主体开始"超越自我"，从"利己"而移情到"利人"，由"自爱"而转变为"爱人",并走向"克己""无己"之道德升华。如此看来,道德意识不只是实践层面上的自我感觉和功利需求,其实践中的安身立命依赖于相关的精神原则。这种精神使道德实践者能守住"底线"并超越"底线",既不囿于"己",亦不毁于"己",而且还能做到先人后己、尊人卑己、克己爱人、不求回报。

三 道德意识与宗教精神

综上所述,道德意识不仅关涉"实践现象学",而且也不可离开"精神现象学"。没有精神作指导和支撑的道德行为是脆弱的、动摇的、可蜕变的,而精神则可为道德实践增添动力、活力和持之以恒的毅力。因此,道德的精神资源极为重要。那么,宗教能为当代道德意识提供什么精神资源和支撑呢?

宗教属于人的精神世界和精神生活,它作为一种社会文化现象而表达了一种以"信"为本的生活态度、世界观念和价值取向。宗教精神则体现出对超越的追求和对终极的关切,其理想境界乃达到真、善、美、圣的升华和完善。鉴于其对人及其世界之有限性的审视,宗教精神力求展示一种"不以物喜、不以己悲"的气质,以"信"来说明其超越自我局限而获得一种对无限整体的领悟、把握和憧憬,由此而有其虔诚和敬拜。当然,其"超越"绝非脱离现实,而仍与人的现实性和实践性密切关联。也就是说,宗教精神旨在以一种"超越"的境界来指导、影响人的现实存在,其超越时空的审视是要引导积极有为的人生而不是让人消沉,而其对人之有限、相对性的洞观则是让人超越自我,防止人自比神明的僭越和自认超人之骄傲。宗教精神要求人的存在和其作为符合那象征宇宙秩序和整体存在的超然"神意","神"表述着超然和超越,由此让人以一种脱尘超俗的精神来推动人类社会达到公义、公平、道德、纯洁和圣化。因此,宗教可以为人的道德意识提供宝贵的精神资源和重要的信仰支撑。在宗教精神影响和引导下的道德意识使人能在其道德实践中表现其与众不同的自觉和自律,这种宗教道德作为沟通永恒与现实、超然与自然的桥梁而使其终极关怀与社会关怀相呼应相关联,真正促进其社会关怀、社会参与和社会实践,有助于人类历史积极、健康的发展。

当然,在现实境域中,这种宗教精神的本真尚未得到充分彰显,其历史的尘封不可忽视。宗教现实存在的嬗变往往使人看不到或不承认这种精神。宗教发展本身亦面临着高雅或低俗、积极或消极、升华或隳沉、进步或保守、与时俱进或故步自封的选择。对于宗教在中国的存在、发展及其命运,当代社会和今日宗教都值得对之反省、反思。当我们在开放社会和开放时代重新需要树立"诚信""仁爱"等道德意识,并有志使其成为社会共识之际,宗教精神的参与和亮相,乃其重现和展示其本真的极好机会。

(原载《基督教学术》第二辑,上海古籍出版社 2004 年版。)

第二十三章

中国传统伦理与世界伦理的关系

伦理是人类维系其社会存在的基本原则之一,亦是宗教中与社会生活最为密切的部分,是其融洽人类生活、适应社会发展的重要保障。伦理作为社会存在的"金规则"首先是人类社会实践的行为准则和具体表述,而绝非抽象的理论说教。伦理作为人类文化传统的积淀,则主要体现在各种宗教精神之中,并为这些宗教所保存和弘扬。当今时代,知识创新和高科技的发展使人们在不断告别传统和抛弃传统,而世界的动荡和社会的危机却又使人们一次次回归传统和珍视传统。在19世纪和20世纪之交,世界宗教界的有识之士聚集一堂,于1893年在芝加哥召开第一次世界宗教议会,呼吁发展宗教之间的兄弟情谊,希望通过宗教达到各民族之间的理解。然而,20世纪的来临并没有使这些美好的理想成为现实,自由资本主义的崩溃和世界大战的打击,曾使整个世界深深陷入社会危机和精神危机之中。目前我们又深陷20世纪和21世纪之交的社会处境,为纪念100多年前的壮举,世界宗教界的6500多人于1993年又一次云集芝加哥召开世界宗教议会大会,并发出了《走向全球伦理宣言》。这样,在这百年历程中,宗教界人士从世界宗教议会走向了全球伦理宣言,使"世界伦理"成为20世纪末的响亮口号。而伦理这一人类文明的古老传统亦再次向世人发出其难以抗拒的超凡魅力。正是在这种时代"处境"中,我们作为中国人而开始关注中国传统伦理与这一"世界伦理"的关系。

第二十三章 中国传统伦理与世界伦理的关系

那么，当今时代的世界形势又怎样呢？从我们时代的特点来看，我们正处于世纪之交、千年更替的时代。20世纪的结束和21世纪的来临，在基督教信仰传统和当前世界通行的纪年中亦意味着第二个千年的结束和第三个千年的降临，可谓赶上了千载难逢的时机，因而比上一个世纪之交更有刺激、更富挑战意义。然而，关于20世纪或第二个千年的结束，人们有着乐观和悲观之两种截然不同的看法。乐观者认为，20世纪的结束意味着世界霸权时代的结束，政治、军事和意识形态冷战的结束，世界旧格局的打破给人们带来了送旧迎新的希望。悲观者却认为：20世纪的结束标志着"后现代"思潮对当今世界"现代性""秩序性"和"真理性"吁求的摧毁、破坏，人们在精神上正面临着自近代启蒙运动以来最大的危机和不安；人们看到了一个旧世界的衰败、没落，却找不到一个新世界崛起的迹象和启示；超级大国争夺世界霸权之对抗虽已平息，冷战的阴影虽已散去，人们却仍生活在动荡不安之中，世界并不安宁，政治、军事、经济乃至话语霸权正在涌现，在超级霸权和集团霸权的崛起中，联合国的权力和影响正被削弱，国际组织的功能出现嬗变；海湾战争的余声和科索沃局势的阴影，亦使人们感到正从一个多事之秋而步入消沉冷酷的严冬；更有甚者已在散布"世界末日""世纪终结之大灾变"的流言，给人们带来了惶惑和恐惧。关于21世纪和第三个千年的来临，人们亦有着种种揣测和企盼。有人认为，21世纪是"东方世纪"或"中国世纪"，它将标志着西方文明及其基督教信仰体系的衰落，从而迎来东方文明及其儒家思想体系的崛起。但最近席卷东南亚的金融、经济和政治危机给这种乐观主义泼了一盆冷水，从而让一部分人觉得西方的强大和繁荣在21世纪仍会延续，西强东弱的格局不会很快发生根本改观，而东方诸国的前途命运却令人感到扑朔迷离、不容乐观，东方人在这一世纪之交走得并不踏实、并不轻松。加之"文明冲突"所凸显的东西方文明对抗，给世界的前途更是蒙上了深深的阴影。至于"中国世纪"乃在17、18世纪曾令世人倾慕，而19世纪以来的衰落则使其当今的复兴仍然是任重道远。在对宗教的看法上，有人指出，社会的"世俗化"和"祛魅"在21世纪会加速进行，宗教的分化、削弱会更加明显；但有人强调"后现代"对现代社会结构的冲击给宗教的复兴带来了契机，20世纪末传统宗教的重新活跃和新兴宗教的不断涌现乃是宗教魅力再现之征兆。在走过20世纪宗教徘徊不前的低谷后，21世纪将是宗教更新发展的"新时代"，罗马天主教教宗若望·保禄二世为此亦曾引用著名西方学者马尔洛（Andre Malraux）之言："21世纪或者会是宗教的世纪，或者它根本就不会来临。"①因此，世纪之交的沉思复杂多样，送旧迎新的时代充满了对过去的回顾、总结和对未来的展望和猜测。但总体来看，悲观情绪要远远大于乐观预感。

　　孔汉思和库舍尔在其所编《全球伦理，世界宗教议会宣言》之序中曾开宗明义："世界正处于这么一个时期，它比以前任何一个时期都更多地由世界性政治、世界性技术、世界性经济、世界性文明所塑造，它也需要一种世界性伦理，对于这一点，今天再没有人去加以怀疑了。……若无一种伦理方面的基本共识，任何社会迟早都会受到混乱或专制的威胁。若无一种全球性的伦理，就不可能有更美好的全球性秩序。"②"全球性""全球化"是20世纪末最为明显的发展趋势。随着信息时代的来临，地球似"变小"，全球意识则加强，"地球村""世界秩序""信息高速公路""知识经济""知识创新""全球一体"或"全球化"已成为时髦语言。"全球化"乃代表着多元、互渗之一体，使你中有我、我中有你，中国亦已不可能走自我封闭之路。这种从世界作为一个整体来考虑问题的风气已影响到政治、经济、军事、社会文化和学术领域等，人们提出了"全球伦理""全球哲学""全球社会学""全球心理学""全球经济学""全球政治学"等概念，好似"全球化"能代表一切、解决一切。但在注意到"全球化"带来的便利、机遇和希

---

　　① [波兰]若望·保禄二世：《跨越希望的门槛》，杨成斌译，台北，立绪文化事业有限公司1995年版，第298页。
　　② [瑞士]孔汉思、[德]库舍尔编：《全球伦理：世界宗教议会宣言》，何光沪译，四川人民出版社1997年版，第1页。

望时，人们亦已察觉到这种"全球化"所引起的问题和可能导致的危险或危机亦会加剧。金融全球化使投机基金可寻找薄弱环节来冲击某一国家或地区的国民经济，使其几十年积累起来的基金和财富能在转瞬之间荡然无存！其抢劫比过去的战争还要残酷、彻底！在国际政治、经济等领域并没有看到"自由、平等、博爱"等原则的凸显，而弱肉强食之景仍惨不忍睹。这一教训令人震惊，使人警醒。由此而论，"全球化"不能朝"绝对一体化"的极端发展，与"全球化"相伴随的乃"多元化""多极化"，这种"多元"使不同民族、地域和文化的特点得到保留和突出，人类"求同"的努力必须建立在"存异"的基础上。

与"世界伦理"之吁求相对立的，则是"文明冲突"之惊呼，二者的较量将影响到全球战略之导向。一种不好的征兆是，全球伦理没有得到多少人的响应，甚至世界宗教界对之也比较冷淡；而文明冲突却已成为时髦话语，并且在西方社会达成共识。从世界战略发展来看，人们所采取的战略大体可分为政治战略、经济战略、文化战略和军事战略。在当今世界，军事战略虽有增无减，却已成为最后不得已的手段，而文化战略的意义则日渐突出。世界冷战结束后，文化、文明的冲突已从深层中逐渐外浮。美国学者塞缪尔·亨廷顿提出的"文明冲突论"之所以引起强烈反响和轰动，正因为这种文化意义上之较量的凸显和公开。在文明发展或文化战略中，宗教被视为最为重要的因素之一。宗教作为一种人类群体和个体信仰现象，涉及人之外在社会和内在心理两大层面，其内在心理乃基于信仰之价值观，而其外在社会则基于信仰之伦理观。所谓文化战略的主要内容即社会战略和心理战略，故直接关涉到宗教的吁求。宗教往往被看作一种文明中非常关键的统一因素，因为它使人达到一种内在的个我统一和外在的群体统一。人的存在包括四个层面：物质存在、个我存在、社会存在和超然存在，其中物质存在求真，反映出人的知性能力和分析、思辨等追求；个我存在求美，反映出人的感性能力和直觉、顿悟之特征；社会存在求善，反映出人的德性能力和对其群体共在之伦理秩序的要求及维系；超然存在求圣，反映出人的灵性能力和对自我的超越，此即人之宗教信仰所追求达到的境界。宗教涉及到人与自我、人与自然、人与社会、人与超然的关系，因而在文化战略、文明发展中成为一个重要话题。宗教伦理及其追求的世界伦理，乃是人之社会存在求善的吁求和行动，所以不可能根本脱离社会政治和文化政治。

世界伦理以世界宗教为出发点，旨在展示"世界诸宗教在伦理方面现在已有的最低限度的共同之处"，力图达到一种伦理方面的"基本共识"，并以此来"邀请所有人，信教者和不信教者，一起来把这种伦理化为自己的道德，并且按照这种伦理去行动"。[①]由此可见，世界伦理从其根本来看并非一种学究意义上的探讨，而是对社会的关切、对人的尊重，是一种崇高的社会实践和行动，即"按照这种伦理去行动"！若把"世界伦理"喊得山响，却不按其基本精神来为人处事并在社会上树立表率，则失去了这种伦理的本真，一切活动亦皆无价值和意义。追求"世界伦理"是体现灵性吁求和精神沟通的行动，若将之变为一种政治游戏、经济炒作和话语霸权，则与其初衷背道而驰。"世界伦理"由宗教界的精英所提出所倡导，因而对宗教本身亦有更高要求。为此，孔汉思曾提出了如下一些被世界所关注的警句："没有信徒与非信徒在相互尊重中的合作，便不会有民主""没有各宗教间的和平，便没有各文明间的和平""没有各宗教间的对话，便没有各宗教间的和平""没有一种世界伦理，便没有新的世界秩序"。[②]在其看来，世界伦理是指由所有宗教所肯定的、得到信徒和非信徒支持的一种最低限度的共同的价值、标准和态度。但要做到这点亦非易事，因而需要从大处着眼、从小处着手，扎扎实实、一步一个脚印地去做，并在其行动中永持一种相互理解、彼此尊重的态度。伦理行为需要一种宽容、一种谦和，这在宗教中尤其如此。所以，宗教界的有识之士亦曾告诫说，自比神明的灵性骄傲是最大的骄傲，"最恶劣的不宽容即宗教的不宽容""最恶劣的自我

---

① ［瑞士］孔汉思、［德］库舍尔编：《全球伦理，世界宗教议会宣言》，何光沪译，四川人民出版社1997年版，第2页。

② 同上书，第170页。

宣传即宗教的自我宣传"。①世界伦理的实现，正是需要宽容谅解的态度、真诚感人的精神、锲而不舍的努力。

世界伦理亦不离人类文化传统。伦理不仅是维系社会存在的基准，亦是促进社会发展的重要因素。韦伯曾在其"世界宗教的经济伦理"研究中谈到了宗教伦理作为一种传统因素而对社会发展产生的影响。其"新教伦理与资本主义精神"的命题已引起世界范围的讨论，但其对儒教和道教伦理及其社会作用的评说则在东方诸国招致种种批评。不同宗教和不同民族的伦理反映其不同文化时空的特色，因而不能以某一种标准来界定和评价。在中国伦理与世界伦理的比较中，亦应注意其相契合的方面与相区别的方面。世界伦理就其实践意义来看不可能真正达到大同或一统，而应是儒家所言之多元中的"和而不同"，共识下的精诚合作。只有这样，我们才能厘清中国传统伦理与世界伦理的关系，发现中国传统伦理对当代世界伦理应有的贡献。

伦理本身关涉人的存在原则及其生存关系，因此，伦理的基本问题就是人与人之间、人与神之间和人与自然之间的关系问题。就人与人的关系而言，伦理问题涉及人之个体、人之群体，以及相互之间的复杂关系，如自我与他人，个人与阶级、民族、社会，以及不同阶级、民族、社会之间的关系问题。正是为了正确处理或调整这些关系，在相关的人类群体中遂形成了与之相应的伦理原则、标准和规范。在这种意义上，蔡元培先生曾说："民族之道德，本于其特具之性质，而成为习惯。"②由此可见，民族伦理道德的形成有其时空存在和文化发展的特色；而这种伦理准则及其规范一旦奠立，就会对其社会群体产生影响和约束力，成为具有其特定人权观念和利群性特点的社会公理，并被作为其文化传统的积淀而得以保存和流传。纵观历史发展，中国传统伦理亦不例外。

从各民族伦理的起源及发展来看，其萌芽往往与宗教观念的在场密

---

① ［美］尼布尔：《人的本性与命运》，汤清译，香港基督教辅侨出版社 1959 年版，第 194 页。

② 蔡元培：《中国伦理学史》，商务印书馆 1987 年版，第 1 页。

不可分，而其确立亦被赋予宗教意义上的神圣性和权威性。但在后来与世俗社会的密切接触和不可分割中，这些伦理大多也获得了政治上的种种意义。中国传统伦理的发展也是沿着这双轨而来。一方面，中国传统伦理思想的诞生离不开具有宗教色彩的天人观念。其人道之立乃基于天道，中国古代宗教中的天之观念、天之公理、天之权威、天之秩序等说，曾为中国传统伦理提供了敬天畏命的重要观念。另一方面，中国传统伦理的发展与中国古代家长制度及宗法传统亦交织在一起，其人伦之定乃为社会统治秩序从政治上提供了理论依据。在中国传统伦理的漫长历程中，其神性之维逐渐淡化，而其人伦范围所涉及的人之道德自主及其社会制约则得以彰显。

中国传统伦理思想始于周代之论"礼"。《左传》中晏子关于"礼"的界定，实乃当时伦理规范的恰切解释。他说："礼之可以为国也久矣，与天地并。君令臣共，父慈子孝，兄爱弟敬，夫和妻柔，姑慈妇听，礼也。"而且，这一"礼"乃"先王所禀于天地，以为其民也"。[①] "礼"本是中国古代宗法制社会关系的反映，但因要强调其权威性而被说成来自"天命"。这里，"礼"凸显了中国古代伦理规范中社会制约的一面，因而乃一种客体性的伦理观。春秋末期，孔子在坚持"克己复礼"的同时，突出了"仁"的意义，从而以对人之道德自主的强调而开始了向一种主体性伦理观的过渡。孔子以"仁"作为最高的伦理原则和规范，并将忠、信、孝、悌、智、勇等都归入仁的范畴，提出了仁即"爱人"的重要思想。孟子发挥了孔子的伦理思想，不仅确定了"仁义礼智""孝悌忠信"等伦理规范，而且提出了以"五教"为具体内容的人伦之论，即"教以人伦——父子有亲，君臣有义，夫妇有别，长幼有序，朋友有信"。[②] 此外，墨子的"兼爱"，老、庄的"返璞归真"，以及荀子关于"尽伦""尽制"的"圣""王"思想等，都是中国古代伦理传统中的重要遗产。

[①] 《左传》昭公二十六年。
[②] 《孟子·滕文公上》。

第二十三章 中国传统伦理与世界伦理的关系

自孔子始,儒家出现"道德政治"之观念的发展,由此有了"道德之我"的"立德"、"认知之我"的"立言"以及"政治之我"的"立功"(正确运用权力)这三者的并联。这种道德政治在"内圣"与"外王",以及以"道德"为"体"、"知识"为"文"、"政治"为"用"等观念上达到充分发展。所以说,中国传统伦理的社会、政治意向极为明显。除了"独善其身""洁身自好"这一个我伦理修养和自我超越之境外,中国民众更注重"公而无私""忠君报国"这一社会伦理之维。可以认为,"忠、孝两种伦理是传统中国政治、社会的两大支柱。事实上,传统中国的政治、社会特质,可说即决定于忠、孝两大伦理思想及其衍生的行为模式"。[①]这一伦理观似一条极为醒目之线而从儒家的"克己复礼""杀身成仁"一直贯穿到孙中山所提倡的"忠孝仁爱、信义和平"之中。孙中山对中国传统伦理精华的提倡及弘扬,亦是基于其政治态度和审视。在其《三民主义 民族主义》的讲演中,孙中山指出,"讲到中国固有的道德,中国人至今不能忘记的,首是忠孝,次是仁爱,其次是信义,其次是和平"。随着封建制度被废除,对君之忠不再提倡,但对民、对国仍要尽忠、尽孝,"国民在民国之内,要能够把忠、孝二字讲到极点,国家才自然可以强盛"。[②]由此可见,讨论中国传统伦理,是不可能回避其民族国家、社会政治之层面的。

中国传统伦理是中国民族文化的固有积淀,而"世界伦理"则为隐而未现的可能"大道"。孔汉思教授提出其"世界伦理构想",亦意味着此乃未尽的理想和事业,需要全世界人民的共同努力。"世界伦理"的提出,说明在全球已发展成为"地球村"的今天,人们已深感人类共存共在的必要,并正在寻找这种共存共在的最佳途径。诚然,"世界伦理"不会凭空产生,因为作为这种伦理的"基础"已经存在,人们坚信"有一种不可动摇的、无条件的准则,适用于一切生活领域、

[①] 刘纪曜:《公与私——忠的伦理内涵》,载《天道与人道》,生活·读书·新知三联书店1992年版,第173页。

[②] 姜法曾:《中国伦理学史略》,中华书局1991年版,第244—245页。

一切家庭和团体、一切种族、国家和宗教。在世界各宗教的教义中，已经存在着一些古老的人类行为规范""存在着一套共同的核心价值"。①但人们在如何对待民族伦理与世界伦理的关系上、如何使本民族伦理与世界伦理相融上仍存有严重分歧。若不解决这些分歧和矛盾，世界伦理之"构想"则只会是一种乌托邦或理想象征而已。

民族伦理是为了维护本民族的存在与发展，中国传统伦理亦是起着维系中华民族之生存、保护其利益的作用。从这一意义上来看，中国传统伦理以其"民族相对性"而与世界伦理"非民族性"或"超越民族之限"的"境界"很难相融。如前所述，中国传统伦理有其鲜明的政治立意和态度，其他民族的伦理体系亦然。各民族伦理对其民族国家利益的保护以及不同民族国家之间的利益冲突，形成阻碍世界伦理构想之实现的政治困难。在宗教历史上，几种较大的世界性宗教都曾试图以其"普世性""大一统"来解决这种困难，即以信仰的合一来克服民族的多元。然而这些世界宗教在其发展过程中所出现的民族化、本色化、地域化、处境化局面，已使人们对这种过于抽象的"普世""合一"产生怀疑。因此，抛弃民族利益的宗教合一和世界伦理之路肯定是走不通的。

在倡导世界伦理的运动中，涉及其倡导者如何对待自己民族国家的利益诉求问题。有人认为，他们必须与其民族国家间的政治行为分割，或与其政治民族利益诉求保持距离。但这种意向或表态势必形成一种悖论：脱离其民族国家利益的伦理已失去其本真和代表性，受制于其民族国家利益的伦理则不能参与构建一种世界伦理！按照这种思路，中国传统伦理以其强烈的民族性和政治性似乎亦与世界伦理无缘。

但从世界现实和社会伦理的实践性来看，世界伦理本身就具有鲜明的时代政治特色，它不可能脱离各民族国家利益及其伦理标准来另起炉灶，而只能在这一实际环境中万丈高楼平地起。按照这一进路，世界伦理必须考虑和承认各民族伦理所关涉的民族国家利益，在此前提下倡导其对世界共同体的责任共负。必须通过各民族伦理的代表来说服或敦促

---

① 《世界伦理宣言 导言》，世界宗教议会于 1993 年 9 月 4 日，芝加哥。

其民族国家的主权者对世界共同体的命运承担道德义务，并在国际社会生活中积极履行这一义务。只有把自己民族、国家的利益与整个世界的利益联系在一起，这种世界伦理才有可能、才显出其力量。因此，作为民族国家中的中层社团的宗教或其他群体，作为其民族之魂的道德价值及伦理精神，在促使其民族主权国家成为世界共同体中的道德主体时，必须承认其民族国家的利益诉求，讲明其与人类世界之整体利益的共同存在、共同发展的关系，并与其民族国家的主权者持积极合作、协商态度。这是一项日积月累、水到渠成的艰巨工程，也是一项有着千丝万缕的联系、牵一发而动全身的复杂工程。那么，其实施者虽然不能对政治家们持过于理想化的期望，却必须争取政治家们的理解、支持和参加。

从后一种思路观之，中国传统伦理则可以与世界伦理相融，因为它本身就可为世界伦理贡献其精华，并由此而成为其必要构成。在此，中国传统伦理可充分体现一切人类道德行为所具有的自觉性、主动性、利他性、利群性，可全力发挥其牺牲精神、表现其理想追求。在世界伦理汇总、提炼各民族伦理因素而达其共融、一体化的过程中，中国传统伦理亦可克服其"民族相对性"而在世界伦理所表现的"多民族精神"及"共同性"中与其他民族伦理求同存异、取长补短、共同发展。也只有这样，世界伦理所倡导、争取的"仁爱""公正""平等""和谐""人道""宽容""信任""忠诚""义务""责任""自我约束""尊重生命"等原则才可能得以彰显、切实可行。在全球社会政治冲突与合作并存的时代氛围中，对这种"世界伦理"的追求不能使之沦为一种没有实际政治效力的论说或一种难以企及之理想的象征，而应成为一项在跨越世纪巨变中精进有成的事业。在这种伟业中，中国传统伦理亦有望达其升华、获其新生。

（原载《宗教比较与对话》第一辑，社会科学文献出版社 2000 年版。）

第二十四章

中国人精神生活中的宗教道德

宗教道德是宗教适应当代中国社会的一个重要方面，它能在中国人的精神生活中获得反响和共鸣，被人们关注和接受。一般而言，道德乃基于人类的群体共在。它作为维系人类生活之社会构建的基本原则而起着关键作用，旨在人世社会的和谐与秩序。因此，道德代表着人类文化发展的"实践智慧"，以确保人类社会结构和群体生活的延续。宗教道德则乃宗教的重要构成，而宗教中的道德原则如忠、信、仁、爱等又依存于宗教的超越追求，即具有其超然之维。这种道德在其宗教精神的指导及影响下能使其信者更好地把握其自我良知，具有更自觉的自我克制，而对社会及他人也会有更多的眷顾。所谓宗教道德乃体现出神圣与世俗、永恒与现实之交汇，它使宗教中的终极关切与日常生活中的社会关切联结起来，于世俗及现实的生活中体现出一种神圣及永恒的追求。就目前中国社会的转型而言，亦亟须确立一定的道德标准，以保证这一社会发展的平稳过渡。以往人们罕言宗教道德在中国当代社会中的作用，亦缺乏对宗教道德的深层次理解。实际上，道德乃强调其实践性，而宗教道德则正是对其道德实践和社会应用加以灵性指导及提供信仰支撑，使道德实践具有升华或超越的意义，得到其可持续发展。既然宗教道德要求人们致力获取正确的社会定位、实践意向和人生态度，它自然会在人的精神生活中彰显这种灵性维度的伦理道德之重要和必要。

一 道德作为"自我"与"他人"之间的关系

按照传统理解,道德是为人类群体生活之中的"共在"而制定的规则,它以人类社会的共同利益为指归。在这一意义上,道德始终应以群体意识来考虑。这里,道德认知与我们作为人"类"的自我认知紧密相连。道德意味着稳固的、合理的人际关系得以奠立的基础。它应为关涉这种人际关系的意识、良知和"金律",而绝非纯然个我之私事或自我的抽象理想。道德从根本上讲乃是指导、制约人之行为和社会实践诸原则的具体而生动的表述。它构成了不同人们之间建立关系、保持接触所不可或缺的桥梁。当然,在人类社会存在和人际关系中,会有各种不同的人际接触和行为方式,而这些接触和行为通常是在"自我"与"他人"之间发生。道德即涉及这种"自我"与"他人"之间的关系。道德在此既不旨在满足或支持"自我"的过度愿望或行为,亦不简单地将"自我"与"他人"相等同。"自我"的边界和限制正是在于对"他人"存在及其利益之面对。而道德的意义恰恰就是指对"自我"的超越和群体利益的实现。

在"自我"与"他人"之关系上,许多人强调一种"底线伦理"之必要。他们希望以这种底线伦理来作为一种"全球"或"普世"伦理的基础。人类历史曾经历了人与人之间残酷的生存竞争,在其弱肉强食的"丛林法则"中,人与人之间的关系是"狼",即一种你争我夺、相互残杀。正是在这种两败俱伤的血的教训中,人类开始意识到"共在"的必要,并尝试找到这种共在的原则,此即道德之诞生。在人类文化传统中,人们对这种可能促成并保持其"共在"的所谓"底线伦理"有不同的表述或态度。例如,"己之所欲,施之于人"在犹太教和基督教传统中被视为"金律"。这种"金规则"在《圣经》中的表述是:"无论何事,你们愿意人怎样待你们,你们也要怎样待人,因为这就是律法和先知的道理。"[①]这显然是一种主动性、施与性的态度,但在

---

① 《新约:马太福音》第 7 章第 12 节。

其实践中亦可能带来将自己的愿望强加于他人之虞。中国传统的道德"金律"则换了一种思路,采取了所谓反向思维,恰如《论语》所言,"己所不欲,勿施于人"。此被视为中国传统道德中的"中庸之道"。上述原则的共同特点是从"自我"的好恶出发来审视、实践对"他人"的态度,即以己为鉴、顾及他人。此外,人际关系中还有一种"人施于己,亦施于人"的道德原则,被看作一种相对正义的"公平原则"。也就是说,它坚持"以善报善、以恶报恶"。在古代希伯来传统中曾有"以命偿命,以眼还眼,以牙还牙,以手还手,以脚还脚,以烙还烙,以伤还伤,以打还打"[①]的人际态度。这种道德原则亦保持至今,在当前的阿以冲突中仍依稀可辨。以色列政府强调对任何恐怖性袭击要加以报复,阿以局势亦已卷入了"以暴复暴"的恶性循环。在中国道德传统中,同样有着"善有善报、恶有恶报"的公理原则,以此维系着社会局势以及人们心态的平衡。而一旦这一原则被打破,就会出现社会和精神诸层面的紊乱及恐慌,如《旧约》记载的约伯因"善有恶报"而愤愤不平的"天问",其问题在此维无解,最后只能借助于具有神秘意蕴的超越之维。正是考虑到这一窘境,所以此后康德提出了"心中的道德律",以内心的道德法则来推出上帝存在、灵魂不死之说,旨在解决上述层面之难题。还必须指出的是,在人际关系中仍有违背上述所有道德原则的"霸道"之存在,此即"己所不欲,施之于人"之表述。这可使我们想起法王路易十五"不管死后洪水滔天"的骇世名言,以及中国古代三国时期之枭雄曹操"宁教我负天下人,休教天下人负我"的惊人之语。这种随心所欲、为所欲为、以霸压世、以力兼人之举遂走向了基本道德的反面,构成了人世间的非道德、反道德和无道德。

概言之,在上述所有道德态度和人际关系上,均以"自我"为其考虑问题的出发点和解决问题的标准。这种"自我"圭臬确有其实用价值,因为在社会实践中道德乃基于"自我"与"他者"的关系,人们靠"自我"来评判其社会关联、社会平等甚至社会公义,以"个我"

[①] 《旧约:出埃及记》第 21 章第 23—25 节。

道德之基准来支撑、维系整个社会道德。然而，其根本问题是，"自我"亦乃有限个体，除了自身的局限之外，"自我"还受到社会的影响，为其社会处境所制约。对此，美国基督新教思想家莱因霍尔德·尼希尔曾在其名著《讲求道德的人与无道德的社会》中描述了"道德之个人"在一个"无道德的社会"中亦难以"洁身自好"的窘境。所以说，"自我"有必要知道其道德行为的"处境"，只有意识其"身临其境"才可能正确作为。在世俗性的现实之中，"自我"首先考虑其处境、地位和本身利益，尔后才表现其对"他人"的理解、宽容、包容和友善。这既被视为合理的，亦被看作必要的。但值得提醒的是，在此并无一种"超越自我"的境界，既找不到体现儒家思想之"仁"道原则的"克己"，亦无基督教最为重要之诫命的"爱人"。而这种超越之维和"忘我"的审视，正是宗教灵性精神的真谛和精髓之所在。的确，若无这种超越的维度，人们仍可以"自我"为出发点，而且在人际道德关系和相关行为上也会有着积极的发展。但它不能从根本上排除或阻止一种消极、否定性发展的可能性。

二 个我道德的堕落和精神生活的虚空

在人生之论中，理想与现实之间的差距太大，其理想实现之遥遥无期往往会使一些人彻底放弃其理想追求及努力。人们在道德上时常谈论一种为"他人"的利益而"自我克制""自我牺牲"之理想，其支撑实际上乃需要一种超越之维、一种宗教精神。就此境界而言：理想是美好的，但其实现对"自我"来说却往往是一个"残酷"的过程；理想与其实现的过程就构成了一种"极乐的痛苦"。这是对宗教之"真精神"的深刻而透彻的体悟。

当然，抛开这一宗教之维，人类历史上亦有许多"忘我""无我"的理想及运动，留下了惊心动魄、可歌可泣的记载。例如，在共产主义运动中，为了群体的利益而鼓励人们勇于"自我牺牲"。这一理想强调其追随者只有彻底解放全人类，才能最终解放自己。其使命的艰巨亦使"解放自己"几乎没有可能,其主线因而只能是"奉献自己""牺牲自己",这是其理想之根本要求。为此,毛泽东主席曾号召人们"毫不利己、专门利人"。但应该承认,这一标准对现实中的普通百姓而言实在太高,离真实生活亦太远。它是一种对"圣人"或其信仰"圣徒"的要求。许多人真正为此而"牺牲",却很难达到这一绝对境界。对于这种"平凡中的伟大",人们最为熟悉的"圣人"形象自然是"雷锋"及其事迹。他曾感动了中国好几代人,其影响迄今犹存,并以电影《离开雷锋的日子》等生动形象的形式而多次再现。但对照"毫不利己"这一绝对标准,亦有人提出苛求和诘问:人们做好事可以不留名,但如何对待自己内心的纠结和惦记?而更为难过的一坎即如何面对做好事而带来的委屈甚至惹火烧身的麻烦!现在不少人学习雷锋而去搀扶跌倒的老人,没有想到却被赖上而吃了官司和赔上巨款。这是当年雷锋的时代所没有的现象。正因为这种处境而使现在社会上的雷锋越来越少。其实,这也属自然。人至少在内心深处,仍会为"己"留下了一块隐秘的领地。人做好事以不伤害自己为前提,纵使必然会伤害自己也不希望自己的名声会受到不利影响。做了好事而伤己、损失名誉,其结果就是做好事的人逐渐罕见,因为其不仅成为不被社会理解的"傻子",更会成为被社会唾弃的"罪人"。这里,人毕竟不是"神",亦很难像耶稣基督那样替他人背上沉重的十字架认罪受死。基督精神的伟大和玄奥也恰恰在此,故而成为宗教中的奥迹。若将人"神化"则失去了人的本质和韵致。对此,沃尔特·本杰明(Walter Benjamin)曾说:"人要活得有声有色,但必得去除头上的光环。"① 从宗教内省之灵修角度而言,明末清初的中国天主教徒李九功就曾记有《慎思录》、题有"自惕箴"。与当时非教徒文人记录"功过格"不同,他强调"天学则记过不记功",因

---

① 转引自[美]林赛·沃特斯著,肖福寿、唐建清译《西方"人文主义"的历史进程》,2007年5月10日,《实践与文本》,南京大学马克思主义理论研究中心,ptext. nju. edu。

为"记过,则常见不足,而生惭生悔;记功,则常见有余而易满易怠"。①谈起历史上的"伟人",无人否认他们在创造历史开辟全新时代上的丰功伟绩。但"伟人"之"私心"和"利己"之举,亦常常被人披露留载历史。有一位西方历史哲学家曾感慨地说,大凡历史上的"伟人"都做过许多"坏事",因此"英名"和"骂名"几乎乃如影随形、不可分离。究其原因,这或许与人"一半为天使,一半为野兽"的特性相关,在国家、民族的对峙甚至战争中,一个国家、民族的英雄,或许却是另一个国家、民族的罪人!人总是会游移于升华与堕落、天堂与地狱、"圣人"与"罪人"之间。对之,傅雷先生感触颇深:"人真是奇怪的动物,文明的时候会那么文明,谈玄说理会那么隽永,野蛮的时候又同野兽毫无分别,甚至更残酷。奇怪的是这两个极端就表现在同一批人同一时代的人身上。两晋六朝多少野心家,想夺天下,称孤道寡的人,坐下来清谈竟是深通老庄与佛教哲学的哲人!"②当"伟人"登高一呼时,其"群体利益"和"自我利益"或许是交织在一块的,有时很难真正分清。纵然有分清者,其在现实中又能做到不媚俗、不臣服的人若不能说没有,也只是寥若晨星、凤毛麟角。在中国当代史上,这种"忘我""利人""狠斗私字一闪念""灵魂深处闪革命"的口号在"文化大革命"之中喊到了最响亮的程度,"群体意识"亦达到其最高峰。但也正是这一时期,"群体观念""毫不利己"出现了最根本的蜕变,它成了空洞的口号,并留下了可怕的后遗症。

"文化大革命"过后,人们在告别"伟人"告别"崇高","群体意识"出现动摇,"集体道德"亦陷入幻灭之境,结果是从一个极端走向另一个极端。而且,与此同时,人们在拨乱反正后的"个性解放"中又出现矫枉过正的趋向。于是,不少人因失去以往那"宏大叙事"之类型的理想而感到其精神生活的空虚,纯世俗性的"个我道德"则

---

① 李九功:《慎思录·自惕箴》第三集,第四十三条。参见钟鸣旦、杜鼎克主编《耶稣会罗马档案馆明清天主教文献》第九册,台北利氏学社2002年版,第223页。

② 《傅雷家书》,生活·读书·新知三联书店1984年版,第255页。

出现嬗变和堕落。由于对"自我"价值和意义的突出与强调，人性的天平出现与以往迥然不同的逆向倾斜。一些人不再钟情于"燃烧自己、照亮他人"的"蜡烛论"。在其看来，对"己"而言，"自己的事再小也是大事，人家的事再大亦为小事"；这一划界可以使自我变为全体和一切，而超出自我范围的整个宇宙都可被视为虚无。"市场经济"及其社会理念带来了人之主观能动性的尽情发挥，但"市场"如"战场"，它亦使人的竞争更为残酷、复杂，使人生命运更加变幻莫测。这样，"己"似乎成为个我唯一得以安身立命之处，成为其心灵栖息的绿洲和人性回归的家园；它对外会成为隐蔽封闭的密室，而对内则乃自我宣泄倾诉的场所。应该说，与以往相对比，这里出现了究竟什么为"人"的迷惑和混乱。对个人"自我"的强调虽仍不特别理直气壮，却在深入人心、被人青睐；对"群体"意识的保留虽仍旧得到主流意识的肯定和支撑，却因其以往所陷误区之阴影而渐被架空，有消解、虚化之危险。"两面人"和"两面观"在暗流涌动，成为社会的"潜规则"，而社会最需要的真诚真实却在无形中被消解，在现实中在消失。其结果，在当今道德意向与传统道德意识之间有着鲜明的对照，群体的观念和集体之关联比以往显弱，人们的社会责任感亦有待重新树立起来。

  不难看出，这种现象的发生乃说明其道德意义之来源出现了重大变化。道德作为实践智慧不可能独立生存，而需要既支持它又超越它的价值意义和理想精神。"个我道德"基于个我的情趣、感觉和意向并不能取代"群体道德"的意义和作用。"道德"按其本真性仍需要向其"群体"意识回归。但这种回归不应是矫揉造作，而有待其返璞归真。因此，传统道德意义并没有根本消失，而应该重新发掘和弘扬。这是人类历史发展的厚重和其思想文化的沉积使然，故不能纵容"薄古"的轻浮和草率。展示道德特征的"德性"本与人类群体密不可分，"德性"即代表着使其群体得以保存并繁荣的那种价值，它为该群体所普遍承认。而且，在多元价值并存的现实中，主流价值形态亦应是开放的、包容的，允许并欢迎其他价值形态的积极合作和参与。仅此而论，历史悠久的宗教道德亦不该排斥，它在中国人的精神生活中曾经起过而且今后仍会起着重要的作用。

三 中国人精神生活中宗教道德的作用

宗教道德明显是一种"群体道德",有着超越自我之维,其推崇的真、善、美、圣绝非个我脱离他人而能达到的。其体现或实现乃在人类群体之中,具有群体意义。也就是说,宗教道德追求其普世意义,旨在人类社会存在的普遍人道化。当然,这种普世性和群体性并不忽视"个我"的存在,亦不否认个人道德的本有价值。但重要的是,宗教强调这种道德应具有超然之维,应获得其灵性支持。若无这种支持,个人道德则会嬗变,其所依存的精神世界则会成为虚空。这种超然之维及其灵性意义不只是指明道德如何去引导行为,更重要的乃是阐明为什么要这样行为。道德行为背后的这一终极之问乃至关重要,它展示了道德向超然之维的敞开,其本身亦成为一种超然的信仰,获得伦理宗教之超越性。道德不应忘却其主体和个我,但这还远远不够。道德需要宗教所表现的超越精神的指导和支持。有了这种宗教精神及其超越境界,人世道德则:不仅具有了"认识自我"的能力,而且也会自觉去"克服自我";不仅能追求"自我实现",而且也会鼓励"自我超越"。由此,道德不再仅为"实践现象",而且更乃"精神现象"。此即宗教精神对道德的独特意义和重要作用。

精神生活乃人类生活中具有决定意义的部分,而宗教正是属于人的精神世界和精神生活。精神使人与动物有别,让人获得"灵"与"肉"之双重存在。其精神存在决定着人类精神文明的发展和人性本真的修养。宗教精神则使人意识到其肉身之限,让人领悟其生活在今世却又要超越今世的真正出路乃一种"信仰的跳跃"。以"信仰"来直面今世,可使人生成为过去、现今和未来的交汇,在此时空"瞬间"悟透大千世界,达到灵性的升华和超越。这里,宗教信仰亦属于人类超越之求的重要象征,它让人一方面对人生有着高屋建瓴般的驾驭,另一方面又在生活中持有那"平常心"带来的宁静。此亦人生"宁静以致远"的抱负。宗教精神与人类精神的这种关联乃说明其"彼岸"追求仍旨在其

"此岸"关怀,这种宗教信仰正是伊利亚德所表述的一种"人类学常数",是人基于"信"而建立的一种世界观和价值趋向,一种具有超越之维的人生态度和生活方式,由此亦发展为一种影响深远的社会文化现象。在此,所谓"信仰"即指人通过对神圣超越的整体把握和对广袤宇宙的本体洞观而达到的一种自我超越,一种突破时空之限的前瞻和预见。人通过信仰以一种神秘奥妙的方式来实现其内在与超越、自我与他人的灵性统一、精神共鸣。

从现实生活层面来看,宗教信仰亦反映了人类的社会心理需求。信仰得以进入社会主要通过受其启迪、感染的道德。宗教道德可以在人的精神修养、灵性生活中发挥重要的作用。面对个人主义尤其是自我中心主义的泛滥,宗教道德的最大特点是鼓励人"回到传统",返归人性。诚然,宗教劝人信奉神灵,其观念和追求按理性之维难免虚妄之处。但宗教反对将人"神化",要求把人"还原"为人。而宗教道德则正是基于且针对人的有限性、相对性和软弱性,它从一种超越之维来看待、审视这种"有限"人性,从而使人对己能有自知之明,对那超然之审视常怀敬畏之心。从这一方面来看,宗教道德作为人类文化传统中的精神遗产对当代社会的稳定与和谐仍有着其意义和价值。正因为如此,今日中国的社会转型亦见证了宗教道德意趣上的复兴。而当代中国人接受宗教价值的最易之途就是通过实现宗教道德的积极作用,发挥其正面功能。这样,人们从"推进传统文化"而会自然走向"承认宗教存在"。传统宗教道德在现代社会精神中得以整合。

在现实竞争的冷漠中,宗教道德尤其是基督教道德给中国人带来一种"爱"的道德,从而使当今社会之"爱"得以扩大和充实。在世俗道德标准和态度中,已有一种"自爱"和"互爱"在发挥作用。而宗教之"爱"则依其超越之维来倡导履行一种"无私"之爱,力求使这种具有"神圣"价值的"圣爱"在人间成为一种"不可能的可能性",给世人带来更为崇高的人生态度,让人们获得"世界能充满爱"的希望。诚然,从整体来看,宗教道德在当代中国人的精神生活中并不占太大比重,其与中国主流思想文化及其道德规范的对话亦仅仅开始。而中国宗教界的榜样典型目前也寥若晨星、似凤毛麟角。但显而易见，宗教道德在中国社会正越来越引人注目，其对不少中国人的精神影响亦正从其潜在而逐渐显露出来。应该承认，在当代中国人的精神生活中，宗教道德有一个如何面对并处理与占主导地位的共产主义和社会主义道德之关系问题。这是极为重要却十分困难的相遇与对话。两种不同维度的信仰与道德在多元化的当代社会中已经"共存"，但能否在多个层面上达到"共识"则仍需要双方的不断努力。这就需要"积极引导"与"积极适应"双向的积极互动。一方面，宗教通过在当代中国社会氛围中的新发展和新解释而应更积极地适应社会，其实践应能适应中国社会主义初级阶段之构建，其信念亦应与中国共产主义之理想展开比较与对话，寻找一个可能共在、共容之平台，避免非此即彼之选择。另一方面，中国当代主流思想意识也应对宗教古今及其信仰和道德加以认真研究、深入了解，通过相互理解而在思想领域亦能化干戈为玉帛，对当代中国的宗教存在及其道德影响有一种积极的态度和宽容的吸纳，以真诚的对话而达到通力合作。若能促成其"共识"，中国人的精神生活则会出现新的影响，中国当代思想文化也会翻开新的一页。

第二十五章

基督教伦理与中国伦理之重建

基督教在中国的发展，很大程度上体现出基督教伦理的作用及影响。伦理按其本质乃体现出人类集体生活之"共在"原则，它作为人类维系其社会存在的基本原则而为人类生活的融洽、社会发展的有序提供了重要保障。因此，伦理反映的是社会群体应共守的"规则"，故有"金规则"之称；伦理亦代表着人际关系的构筑，是维系人与人之间正常交往的重要纽带。基督教以"爱上帝"和"爱邻人"这两条诫命而形成其伦理中的最高原则及其伦理学的核心，乃是以一种"形而上"的精神来指导其"形而下"的实践。从而体现出其"神本主义"向"人本主义"的转移及其二者之间的内在关联和有机共构。这种伦理学以一种信仰的超越精神和超然审视来论述人类道德行为的基本原则，指出道德规范及其判断的最高标准，为人确定了追求至善、达到圆满的目标，因而给置于永恒与现实之间的世人一种警醒、一种告诫和一种希望。在今天，当我们论及世界不同伦理之间有无"可公度性"、谈到中国伦理在社会转型时期将如何重建时，基督教伦理仍引人深思、给人启迪。

一 对基督教伦理的基本理解

这里论及的基督教伦理不是指一种以客观和中立之立场来研究基

督教伦理的学问，而是指以基督教世界观、信仰体系为前提的伦理认知及社会行为准则。伦理关涉人的存在原则及其生存关系，是对人之行为、品性、制度的系统反思。伦理的基本问题乃人与人之间、人与神之间和人与自然之间的关系问题。就人与人之关系而言，伦理即一种社会关系学说，是涉及"人群"之"人伦"。所谓人之个体、人之群体及其相互关系，是指个我在群体中的存在与交往关系，以及群体之间的交往和共存关系。正是为了合适地处理或调整这些关系，才逐渐形成了相应的人伦原则、标准和规范，并被相应人群所公认和遵循。所以说，道德、伦理不是以"形而上"为体系，不是以"思辨"为特色，而是注重实践，是一种社会应用。如果道德乃指基于"良心"的行为规则、标准或"德性"，那么伦理则指相应的人之社会关系学说，其中已有"法"之内容或意义。在此，伦理乃体现出"人伦"之规、社会之法的人类精神。基督教伦理就是指以基督教信仰为依据和基础的这种人伦准则和社会行为规范，是以基督教真理为指导、为前提的道德法则。康德曾指出，伦理作为道德法则乃是能被发现和明确表述的人类理性之普遍存在。伦理既然是一种普遍存在，势必有其种种表述和体系，宗教伦理体系乃属于其中，而基督教伦理则只是宗教伦理体系中的一个子系。基督教伦理作为基督教信仰和思想体系的重要组成部分，正是从基督教信仰和人类理性的双重角度来探究人寻求人生目的时所应遵循的一些基本原则。在此，基督教伦理反映出人在基督教信仰中，或者说基督徒关于自由意志与寻求终极价值之责任感的体认，是人之共存所需的底线伦理或基本伦理与基督教信仰理想或至高境界之结合。就这一意义而言，基督教伦理与基督教神学有着密切关联，是对基督教神学理论的一种社会实现。而就其伦理理论本身来看，基督教伦理即一种伦理神学，是基督教神学的组成部分。

基督教伦理来源于《圣经》传统。基督教伦理学者坎默（C. L. Kammer）指出："全部基督教伦理观在一些重要方面根植于圣经。基督教是一个历史性的宗教，它的起源是与特殊的历史事件相连的。基督教的道德观念是对这些历史上发生的特殊事件的反思。"[1]在他看来,《圣经》乃是基督教道德见解和智慧之源,若否认这一点则不成其为基督教伦理。《圣经》作为基督教伦理之传统根基乃包括"旧约伦理"和"新约伦理"这两大部分。其中"旧约伦理"反映出古代以色列人的伦理观和律法观。在以色列人看来,道德行为与敬拜上帝是不可分开的,因此,人们忠诚地履行其本分和义务亦可获得与敬拜上帝相似的崇高性和神圣性。此外,以色列人在这种伦理中亦表现出对人性的尊重和众人平等的观念,并指出人之伦理行为的最高目的乃与主同行、与神共融。不过,古代以色列人在博爱观和救赎观上的民族局限性和狭隘性却妨碍了其伦理理想的最大限度发挥,故才有此后"新约伦理"的补充及完善。"新约伦理"以耶稣的伦理教诲为核心,展示出一种新的视域和景观,亦使人的伦理境界达到一种升华。在此,耶稣以其叙述、宣讲和故事打通了《旧约》与《新约》的关联,使《旧约》的预表与《新约》的实现连贯一致,让人一目了然。耶稣以宣讲天国而奠定了基督教伦理规范的基础,以其"爱"的诫命而确定了基督教伦理观念的核心,以在基督之爱及其生命中成全了律法和诫命,从而为基督教伦理提供了其本质内容。正因为如此,所以在当代中国基督教神学建设中,丁光训主教率先所倡导的就是"爱的神学"。

然而,按照基督教伦理的理解,耶稣乃是检验《圣经》主张的标准,《圣经》之所以能检验人世生活和人类社会,就在于耶稣的生死及教诲检验着《圣经》,耶稣体现了上帝之道在人的生活、人的社会及人的政治、文化关系中成了肉身,耶稣降世并不代表要以其教诲来超凡脱俗,而乃体现作为历史的启示、在人世处境中的启示。由此可见:基督教伦理对《圣经》的理解乃是一种开放性理解,《圣经》并不对基督教伦理体系加以最终裁决,而是留有充分余地;《圣经》所揭示的是一个正行动着的上帝和处于理解之中,但从未达到完全理解上帝行动之奥义

---

[1] [美]查尔斯·L. 坎默:《基督教伦理学》,王苏平译,中国社会科学出版社 1994 年版,第 49 页。

的世人。《圣经》在基督教伦理之中的理解和使用具有开放性、可变性意义，这种理解必须正视作为古代"犹太人"的耶稣，必须认识《圣经》形成时的历史条件和文化背景，即看到古代以色列群体的个殊性和耶稣故事的个殊性，由此才能对耶稣的教诲加以"处境化"的运用，才能根据不同的社会背景来体会基督教伦理的意义。这里，我们则可由古论今，认识到基督教伦理运用的现实性及时代感。也就是说，我们今天对基督教伦理的评估和实践，已不可能脱离我们赖以存在的现代社会处境。

二 当代伦理认知的危机

伦理认知与对"人"的认知密切相关。在当代社会中，对"人"的认知出现了迷惘。当大写之"人"得以凸显、群体之人的意识逐渐隐退时，唯我独尊的"超人"很难容忍他人的存在或与之相提并论，而人的群体关联及其社会责任感亦随之遭受严重打击。这种"人"的危机自然导向其道德品性和伦理认知的危机，呈现在人们面前的是伦理道德的无序状态和传统道德哲学或伦理学基本构建的坍塌。如上所述，传统所言的伦理观总与人之共同体有着密切关联，"德性"乃体现出维系这一共同体的公认价值。基督教所言之"真、善、美"并非个我与他者无关的洁身自好，而乃作为人类共同体所追求的目标，其体现和实现均在人类群体之中，即人类真正本性所要达到的目的。也就是说，伦理所关注的正是人类社会应得以实行的、具有普遍意义的道德原则。一旦这种客观的、统一的非个人性道德原则不复存在，其社会得以有序共存的价值尺度和大家所公认的绝对性道德权威亦不再存在。如果一切皆相对，那么很可能一切亦虚无！

然而，这种基于社会群体意义的传统道德观和伦理学在当代社会已遇到强大的挑战，甚至在一定程度上已受到致命的打击。正是基于对这种状况的审视和思考，麦金泰尔（Alasdair Mac Intyre）才写下了其震撼当代伦理学界的《德性之后》（*After Virtue*, University of Notre Dame

Press，1984年）这一名著。麦金泰尔深感当代人类道德实践及其伦理学建构所陷入的危机。他指出，传统意义上为一定人类群体所公认、所推崇的"德性"现已出现了质的变化，原来人们所理解的那种"德性"实际上已不复存在。进入现代社会以来，随着个人意义的"自我实现"，原有的那种非个我性的、群体意义的、客观的和公认的道德标准则正在丧失，其结果是人们以各自的道德判断标准为出发点，对其所好的生活方式和社会行为加以选择，对相关事物加以"随心所欲"之评判。而这种纯主观意义或个我情感性的道德判断在社会生活中的运用，在带来多元的同时亦导致了无序和混乱。由于个人道德立场、价值原则和伦理准则的选择乃纯然从"心"而发的主观选择，毫无客观依据可言，自我的个殊性和差异性使普遍的道德原则无法建立和推行，因而社会的现状所能呈现的只能是道德相对主义的盛行和传统上曾得以公认之道德的彻底解体。在"个我道德"这块漂浮不定的化冰上，现代人真能安身立命吗？！

对于这一提问，有些人持模棱两可或不妨"跟着感觉"走的态度。甚至在处于社会转型时期的当代中国，西方思潮蜂拥而至，这种伦理审视和道德观念亦颇有市场，从而对中国传统道德观和伦理学也形成了冲击和威胁。在接受西方"个人主义"和"个性解放"等观念的气氛中，不少中国人尤其是年轻的一代对道德、价值、伦理的认识已出现了嬗变和重构，伴随着有限人生应"潇洒走一回"的流行歌声，一种潜在的伦理危机却正突破其隐匿之状而得以显露。与传统理性主义的伦理或规范性伦理相悖，当代悄然崛起的伦理是情感主义的伦理或生命感觉之伦理。伦理被认为乃基于某种价值观念的生命感觉，故有多少种生命感觉则有多少种伦理。如果说传统理性伦理偏重于人类群体道德的普遍性，那么当代情感伦理则转向自我，关注其个殊性，即所谓叙事伦理学所言的个我生命感觉、具体道德意识和独特伦理诉求等问题。而在后者看来，普遍性伦理原则及其社会规范本身也是站不住脚的，对于社会共存所"应有"的道德原则并不存在某种"普遍解答"。这种现代性个体伦理甚至对传统性群体伦理亦加以解构和摧毁，认为所谓用来整饬社会秩序的既定道德体系或伦理传统归根结底仍是非理性的，并没逃脱情感主义的基点。在其看来，合理性之选择仅为相对而言，对其选择原则的根本回溯，仍不可能彻底摆脱其乃个人意志、个人好恶即个人情感的一种表述。于是，在道德理解中绝对、合理的权威消失了，所谓被认可的伦理权威亦是主观的、相对的，故不可能真正"合理"解决人世间的道德纷争。在这种相对主义的处境中，自我"感觉"之主导性开始侵入伦理领域，公平对话、彼此谦让开始被我行我素，唯我独尊的话语霸权和行为霸权所取代，社会的公义、人类的平等、群体的共存受到了严重威胁。而中国传统文化中曾得以推崇的"克己复礼"亦被作为迂腐之谈而被人嘲笑和抛弃。

当失去超越个我的伦理之维后，社会的共同存在、共同拥有和共同维护已无其得以立足的根基。价值观念和道德准则之紊乱正成为世纪之交的时代病症。面对现代社会世俗化的过程，曾有人乐观地以为，尽管"上帝死了"，但人类"道德尚存"，人的"宗教化"可以向"道德化"转型。然而，萨特等人早已预感到，"如果上帝死了，那么一切都可能发生"。当人世失去了绝对的信仰权威和公认的道德准则之后，的确就会发生各种令人意想不到和难以接受的事情。既然"上帝死了"，那么"道德沦丧"之现象的凸显也就不足为怪了。若无一种为众人所公认的权威之维，则体现其共在关系的道德亦不可能像以往那样"存在"下去。道德公理本与信仰相关，而不是理性推度和精确算计的产物。人若失去信仰，亦会失去道德。伦理作为人类维系其社会存在的基本原则，与宗教精神和宗教生活有着密切关系。伦理并非抽象的理论说教，而乃人类社会实践的行为准则和生动表现。伦理作为以一种超然审视、绝对权威而对人之现实存在和相互关系的指导，往往体现在各种宗教精神之中，并为这些宗教所推行和实践。正因为如此，当代宗教对当代伦理认知的危机忧心如焚，也对伦理理解沦落或嬗变为个我生命感觉或个人情感之随意流露和表述的趋势表示了抗争，希望能以某种"回天"之术而将伦理走向的"个殊性"和"自我性"拉回到本来曾作为其形成之基的"普遍性"和"群体性"之轨上来。

在这种意义上，孔汉思（Hans Küng）等基督教的学者全力呼吁能在伦理认知上达到一种共识，重建一种权威，形成一种"全球伦理"。在他和库舍尔（Karl Josef Kuschel）所编的《全球伦理：世界宗教议会宣言》之中，我们可以体会到这样一种观点：当代社会的个殊性和多元性既与共同性的统一性相对，又有可能两极相通，达到一种辩证的共构关系。正因为个我性造成了多元和混乱，所以就更需要一种大家都须遵守的规则和秩序。在他们看来，"世界正处于这么一个时期，它比以前任何一个时期都更多地由世界性政治、世界性技术、世界性经济、世界性文明所塑造，它也需要一种世界性伦理，……若无一种伦理方面的基本共识，任何社会迟早都会受到混乱或专制的威胁。若无一种全球性的伦理，就不可能有更美好的全球性秩序。"[①]达到伦理方面一种"基本共识"的企求：一方面是要找寻出"世界诸宗教在伦理方面现在已有的最低限度的共同之处"，以此来让大家一起将这种伦理化为自己的道德标准，按照这种标准来为人处世，指导其生活与实践；另一方面则是要体现出对人的基本认识和尊重，是宗教人论尤其是基督教人论的一个重要关切点。

当代伦理认知的危机实质上应是当代社会中人的危机。本来，伦理涉及人的存在原则及其生存关系，伦理的基本问题乃人与人之间、人与神之间和人与自然之间的关系问题。人与神之间的关系乃是说明伦理审视和指导应具有的超验基础。伦理的重点和核心则是以这种基础和人之生存的社会及思想文化条件来考虑人与人的关系，即人之个体、人之群体以及个体与群体相互之间的复杂关系，包括自我与他人、个人与团体、阶级、民族、社会、国家，以及不同团体、民族、社会、国家之间的关系问题。为了正确处理和调整这些关系，在相关的人类群体中就有了相应的伦理标准、道德规范和共在原则，由此形成对人的约束，建立起一定的社会秩序。而一旦这种人际关系被打破，其原有的伦理原则和

[①] ［瑞士］孔汉思、［德］库舍尔编：《全球伦理：世界宗教议会宣言》，何光沪译，四川人民出版社1997年版，第1页。

社会秩序则势必受到冲击。在当代世界和当代中国的社会转型及过渡时期，原有的人际关系正出现重大变化，旧的秩序已经动摇，新的秩序尚未建立起来；因此，在这种处境中出现伦理认知的危机，也就不足为怪了。问题在于，在这种混乱和危机中，应该如何梳理或重构对人的认识、如何建立一种对当代人的共在能起建设性作用的伦理秩序以及基督教的伦理认知对此能起何种作用？

三 基督教对人的认识及其伦理特点

基督教伦理从其神学认识来看，是以基督教的"人论"即"人性论"或"人生观"为基础。基督教对人的认识表现在人之有限和追求超越这种张势中。按照基督教的人论，对人的认识可分为不同层面：首先，人是受造物，其特点是具有时限性，被动、相对、受到束缚和局限、软弱、无能、无法超越自然生命之生长的过程。其次，人乃"上帝的形象"，其特点是在具有受造性的同时亦具有自我超越的能力。因此，人有别于其他自然受造物而亦为精神的产物。其精神独特性可使人在有限中追求无限、在相对中向往绝对，在时空中体悟永恒；这种精神性亦可使人产生基督教信仰所推崇的信、望、爱之美德，从而使人具有灵性之光，成为精神和德性之子。再次，人因其堕落而与上帝疏远，人之自我救助之路从此被堵塞，这就是基督教的原罪观或罪论，它描述了人的存在处境和被动之状，说明了人性之恶和人类社会的罪恶本源。最后，人靠上帝的恩典而能得到拯救，这种救渡之可能在基督论、恩宠论和上帝论中得到了经典表述，人之生命的升华和超越由此而获得一种超然的维度。基督教对人之存在的悖谬性及其本质的双重性有着深刻而独到的体悟，因而提出了人既伟大又渺小、既强健又软弱、既光荣又悲惨、既崇高又卑微的独特人论。

在近现代社会发展过程中，人的地位被不断拔高。费尔巴哈提出从人的本质来理解神的本质，认为"上帝"概念不过是人的"类"之概念的投射而已。从近代人文主义者所倡导的"大写之人"到近现代之交尼采所喊出的"超人",都有以人比神甚至以人来取代神之趋势。这种世俗化及对神的"祛魅"过程正体现出对人的重新理解和一种新的人论之诞生。现代基督教神学的重建,在很大程度上即针对这种挑战而做出的回应,其新的人论在某种程度上乃对过于僭越之人本主义的解构和向神本主义的回归,或二者之间辩证关系的重新调试。例如,现代神学中第一个振聋发聩者卡尔·巴特(Karl Barth)就鲜明地指出:"世界就是世界,而上帝就是上帝",上帝乃"绝对另一体"或与人"全然相异者",由此竭力重新拉开人与神的距离,保持相对与绝对之间的张势。在巴特看来,基督教的根本意义就在于强调人不是神,就在于显现人有罪、有限之本质。人神之间的相异性、距离性和张力关系,正是基督教信仰对人之本质的深刻洞见和看待人际关系、人神关系的基本起点。

基于对人的基本认识和洞察,基督教提出了其基本伦理主张、道德戒律和价值标准。一般而言,基督教伦理的追求表现在三种不同态度或三种认知境界之中。

第一种态度或境界是说强调对具体伦理规范的信守。这一层面乃指导人们可以做什么,不可以做什么。对此,最为典型的表述是《旧约圣经》中的"摩西十诫"。摩西从西奈山下来后按照上帝的吩咐而传"十诫",其内容包括:①除上帝之外,不可有别的神;②不可拜偶像;③不可妄称神的名;④要守安息日;⑤当孝敬父母;⑥不可杀人;⑦不可奸淫;⑧不可偷盗;⑨不可作假见证陷害人;⑩不可贪恋人的房屋,也不可贪恋人的妻子、仆婢、牛驴并他一切所有的。[①]这些道德戒律的规定非常具体,而对人来讲却是必须遵守的"绝对命令"。"十诫"所展示的这些具体内容说明了基督教所理解和倡导的基本人性的伦理学意义。人类的生存与发展依赖于人的一些基本需求能得以满足,但这种满足不是个我性或唯我性的,而乃群体性和相互性的。如果人因满足自我的需要而破坏或否定了其他人的需求,则会导致毁灭性的灾难。所以,"十诫"所体现的一个基本思想就是对他人的尊重、对人类群体的维

---

① 《旧约·出埃及记》,第 20 章第 1—17 节。

系，此即现代人权观念的重要萌芽。对此，基督教伦理学者坎默曾有过精辟的阐述："我们可以把十诫看作是对人的基本需要的部分论述，这些戒律表达了人们对物质安全感的需要、对尊重别人的需要、对稳固的团体照顾的需要。"而这种思想的深入发展和更大展开，遂形成现代社会中一种"更为系统的指导方针，体现在联合国人权条约中，它提供了一系列建立在人性基本结构基础上的人的基本需要。根据这个文件，人具有得到食物、住所、衣服、教育、医疗照顾和工作的权利，具有宗教自由、言论自由、地区变动和自我决定的权利。"①这些具体的伦理规范实际上就构成了人类生存和共在所必需的非常基本的"金规则"。在《新约圣经》中，我们看到了耶稣的如此表述："你们愿意人怎样待你们，你们也要怎样待人，因为这就是律法和先知的道理。"②这里，《圣经》中的金规则与中国先哲孔子所倡导的"己所不欲，勿施于人"③这一中庸之道乃彼此呼应、相得益彰。

第二种态度或境界则不设定具体的道德规范和伦理标准，而体现"追求至善"的道德理想。基督教伦理之理想境界，即将"爱神、爱人"作为统括一切的最大诫命和人生追求的目标及价值。耶稣指出，"要尽心、尽性、尽意爱主你的上帝。这是诫命中的第一，且是最大的。其次也相仿，就是要爱人如己。这两条诫命是律法和先知一切道理的总纲。"④"爱上帝"和"爱人如己"是基督教中具体伦理规则的提炼和升华，它形成了基督教的"博爱"精神和海纳百川的胸襟。正是这种爱的精神和爱的奉献使基督教成为一种"爱的宗教"，使其作为一种伦理性宗教而在世界宗教中得以凸显。在"爱主、爱人"的表述中，基督教以其伦理之维而证明了人在永恒与现实之间的位置。人世之爱通常反映出一种平等、互惠和功利的关系，缺少一种超拔和升华。"爱

---

① ［美］查尔斯·L. 坎默：《基督教伦理学》，王苏平译，中国社会科学出版社1994年版，第138页。
② 《新约·马太福音》，第7章第12节。
③ 《论语·卫灵公》。
④ 《新约·马太福音》，第22章第37—40节。

神"与"爱人"则在基督教中得到有机关联，从而构成一组具有辩证关系的宗教之爱、灵性之爱。在此，"爱神"体现出一种纵向的超越和升华，是人超越自我的努力和追求；而"爱人"则代表着一种横向的关怀和关联，是人与人间的交流和共融。如果没有"爱神"这种超拔境界的指引，"爱人如己"则仅为一种"互爱"而难以成为"圣爱"。互爱按其本质不过是人与人间的互相赠予和互相补充而已，它要求自利及回报，乃以自爱为前提和依据，从而体现出人的真实性和局限性。而"爱上帝"则是人对"圣爱"（Agape）的积极回应，是由"圣爱"而获得的启迪和警示。"圣爱"乃上帝通过耶稣基督而表现的一种神圣之爱，绝对之爱和至高之爱。在"圣爱"中，《旧约》所展示的上帝"创造之爱"与《新约》所呈现的耶稣"受难之爱"得到了集中体现。"圣爱"作为人类道德生活的真正完善和一切人间之爱的绝对标准不可能为人世之爱提炼、升华所致，而乃体现上帝的光明和恩典。通过这种"圣爱"而形成了人追求"爱上帝"的努力，并使"爱人如己"有了超然的指导和监督，从而有可能臻于完善。在"爱神、爱人"的这种境界中，人不再满足于从《圣经》和基督教传统中得到某些具体的道德命令或指示，而是体悟、把握一种在基督教信仰指导下的基本做人的态度，从而以这种理想追求来超越其对最低限度之伦理要求的满足。

第三种态度或境界是旨在建立理想的神人关系。基督教虽然强调"神人不一"，神与人之间有着无限的差异和距离，却仍坚持"人具有上帝的形象"，人有着超越和升华的可能，故应在现实生活中体现其"精神本真"和"灵性超越"。所以，这种态度要求人必须理解人与终极实在的关系，"人并不应如浮萍无根地存活于穹苍之中，切割孤立，而是要透过与终极实在或终极存有的适当关系来安身立命"[①]。也就是说，人必须以这种超然的维度来指导人生，在现实生活中作见证，从而"活出""上帝的形象"来。伦理学作为一种人际关系的学说在基督教

---

① 参见何光沪、许志伟主编《对话：儒释道与基督教》，社会科学文献出版社1998年版，第475页。

中正体现出人与人、人与神的相互联系。"相互联系是完美人性的标记和符号,这是犹太—基督教信仰的中心。"①所谓"关系"反映出一种依存性或相互依存性,在不同人共存共处的社会中,这种关系之需要乃不言而喻的。"犹太—基督教传统并未仅仅停留于提出人类需要相互联系,而且它进一步提出,对关系的需要是人类基本人性的一部分。"②这种关系除了相互依存性之外,还有对应关系、从属关系、平等关系等。尽管基督教所理解的神人关系一般表现为绝对与相对、无限与有限、永恒与现时、整体与局部的对照和对比关系,却也显示了人与神之间充满吸引力的"我"与"你"的关系。对犹太—基督教信仰传统颇有研究的马丁·布伯（Martin Buber）,在其《我与你》一书中曾对"我—你"关系和"我—它"关系进行了深入剖析。这里,"我—它"关系代表着一种疏远、独白和支配关系,而"我—你"关系则为一种相关、相遇和对话关系,表现出二者之间的贴近、亲临之感。在布伯看来,"我—你"关系之发现乃犹太—基督教传统的重要贡献,真正的相互关系只能是"我—你"关系,它不仅体现了人与人之间的平等互补及和谐一致,而且也说明了作为"人"之"我"与作为"神"之"永恒的你"之间得以"沟通"和"契合"的关系。若以这种"我—你"关系所体现的人神关系来观照、指导人际关系,则能在人世间实现真正的善与爱。基督教有关"三位一体"的教义,正是论及神性位格平等、共在和共构之关系的教义,这种"三一"神论正是在其实实在在的"融会契合"之关系中实现了对自身的肯定。在此,"三位一体"的教义使基督教的"人性论"与"本体论"得以贯通,并且凸显出"基督论"的意义。"三位一体"以其独特方式表现了个体与群体的关系,强调了个体与群体之不可分离。"基督论"则以现实中的永恒而揭示出：作为历史人物的耶稣基督就是"上帝的真正形象"。坎默为此指出,基于"三

---

① ［美］查尔斯·L. 坎默：《基督教伦理学》,王苏平译,中国社会科学出版社1994年版,第144页。

② 同上。

位一体"的本质意义,"基督教把对人的完整的要求与实现关系、实现和谐一致的动力结合起来。因为两个人或者更多人之间的真正关系要求每个人都在起作用,都是自主的存在中心,所以每个人都应将自己的完整性奉献于相互关系之中,只有当每个人都尊重其他人的完整性时才有可能产生真正的相互关系",此即"我—你"关系。而犹太—基督教传统又将这种"我—你"关系"进一步扩展成所有人之间的关系。它认为,人们希望生活于与所有其他人,与所有宇宙万物,与最终实在自身的正确关系之中,人们正是在这样的期待中体验到了自己的潜能,潜在人性就是在这种要实现所有存在之间的正确关系的期望和能力中实现自身的。《圣经》关于救世的思想描述了宇宙范围内一切事物之间的浪漫性和谐:人与人之间的和谐、国家与国家之间的和谐、人与自然界之间的和谐,还有最终的上帝和所有存在之间的和谐"①。由此可见,以"我—你"为特征的人神关系乃最高境界的伦理关系,而"这种追求联结、追求关系——根据基督教的语言,是追求和谐——的努力是一种最有意义、最深刻的人的需要。"②

四 基督教伦理与中国伦理的重建

面对当代中国的社会转型和文化重建,伦理认知的创新发展或返璞归真已成为一个非常重要的课题。那种个我性情感主义的伦理或跟着生命感觉随意漂流的伦理既不能挽救西方当代伦理的混乱局面,亦不可能为中国伦理的重建真正有所作为。而论及群体、平等、和谐、博爱的基督教伦理却与中国传统伦理形成了某种交融与会通。或许,基督教伦理能为中国伦理之重建提供某种启迪,二者亦能在这种重建中构成融会契合之关系。

中国传统伦理亦与中国传统哲学认知的人论相关。与基督教结合原

---

① [美]查尔斯·L. 坎默:《基督教伦理学》,王苏平译,中国社会科学出版社1994年版,第146页。

② 同上书,第136页。

罪观而言之人论不同，中国传统主流思想，尤其是孔孟之道乃强调"人之初，性本善"。孟子对人性本善曾如此解释说，"恻隐之心，人皆有之；羞恶之心，人皆有之；恭敬之心，人皆有之；是非之心，人皆有之。恻隐之心，仁也；羞恶之心，义也；恭敬之心，礼也；是非之心，智也。仁义礼智，非由外铄我也，我固有之也。"①仁义礼智乃人之"善端"，从而使人具有向善之心，有可能达到道德完善。这种认知虽曾受到中国文化中"性恶""有善有恶"等人论的调整，其乐观的人生基调都仍与基督教的罪恶人论迥异。一般而论，中国人相信能靠自我修养来臻于道德完善，人生可以由低至高，经历四种境界，即"自然境界，功利境界，道德境界，天地境界"。②但中国传统思想所理解的人之自我修养与基督教中的灵修或神修之说差距颇大，基督教对人性有限性及其罪感意识之体验所达到的人性认知之深度，对中国传统文化的人性观亦带来了强大刺激和警醒。正是对人之有限及罪性的深刻体认，才使中国伦理在重建之际对人的道德修养及其升华的难度或艰巨有了更为清楚的认识。

在伦理观念的构筑中，中国传统思想乃突出一种"群体意识"，即强调为维系、珍视其"群体和谐"而必经建立其共在之秩序。中国传统伦理思想以论"礼"为开端。如《左传》中晏子关于"礼"之界定，也就是对当时社会伦理规范之解释："礼之可以为国也久矣，与天地并。君令臣共，父慈子孝，兄爱弟敬，夫和妻柔，姑慈妇听，礼也。"这种"礼"在中国传统观念中亦有其神圣性和超越性，因为它乃"先王所禀于天地，以为其民也"③。不过，"礼"更突出了中国传统伦理规范中社会制约的意义，个人为达群体所系之"礼"则必须"克己"。"礼"之建立乃对社会群体有着普遍影响和特别的约束力，而其缺陷恰在其"总是为君主立言"，维系一种保守、滞后的社会秩序。中国基督教思想家吴雷川先生曾将儒教伦理与基督教伦理加以比较，在他

---

① 《孟子·告子》。
② 冯友兰：《中国哲学简史》，涂又光译，北京大学出版社1985年版，第376页。
③ 《左传》，昭公二十六年。

看来，儒家思想之"则古昔，称先王"乃"以整理维持社会现状为目的，一切的设施，在当时是适应环境的，是治世的，因而就是有时代性的"。"礼"展示了一种与传统社会的适应和协调，旨在维系和守成。与之相对比，"基督教则是提出最高的原理，以改造社会为宗旨，他的论据，总是不满意于已往和现行的制度，与当时的社会不能调协，以至受人排斥，目为怪异，正是因为他是超出现世的，既是出世，自然就不受朝代的限制（常人认宗教为出世的，都以为是离开现世界，别有一境，我意所谓出世，只是因为他的理想，非当世所能了解容纳，必有待于未来世，所以谓之出世）。所以孔教的伦理，因为时代的关系，有许多部分将要成为陈迹，而基督教的伦理，则不但未成过去，并且到现在总要开始实行。"①这种基督教伦理审视可为中国伦理的重建提供一种动力，使之具有发展和未来的观念，扬弃"礼"之涵盖中的惰性和保守。此外，基督教伦理亦可为中国传统伦理的"群体意识"补充一种"个人"的"觉悟性灵"，使个人的责任感、能动性得以发挥，以个人人格的独立、意志的自由来充实、完善其共在所需的"群体意识"。

对于伦理观念的个我化和自私化倾向，中国伦理亦能以与基督教伦理的"博爱"精神相结合来加以抵制和改变。本来，中国传统伦理已经蕴藏有一种厚德精神和兼爱情怀，这使其与基督教伦理的对话大有可能，而且会取得收获与成效。厚德精神在中国思想传统中源远流长，其经典表述如"坤厚载物，德合无疆"，②以及"地势坤，君子以厚德载物"③等早已脍炙人口。这种胸襟之宽阔和敞开，实质上已体现出一种"爱"的精神。中国伦理精神所倡导的乃一种兼爱、普爱和仁爱，亦包含着"有爱无类"之思想。墨子在论述其兼爱思想时曾如此说明，"何以知天之爱天下百姓，以其兼而明之，……以其兼而有之，……以其兼

---

① 吴雷川：《基督教的伦理与中国的基督教会》，《真理与生命》第二卷，第二期，1927年，第30—40页。
② 《易经·坤象》。
③ 同上。

而食之。"①这表现出的是一种普遍之爱，无亲疏贵贱之别，无高低上下之分。在中国基督徒看来，"中国传统文化中'上天之兼爱与大地之厚德'，使人联想到天父的兼爱与厚德及其在二者上的完全。"②"地之厚德、大德，天之兼爱、兼有、兼食、兼明，无不反映三一上帝之厚恩、大恩、兼恩、普恩。接受厚恩的程度可因器皿之差异而有别，但厚恩本身不受时空所阻、所隔、所限，因其渊源与依托乃在三一上帝之完全。"③这里，对兼爱的理解已与对基督教之"爱"的理解融在一块，并由此使中国思想中"爱"的精神得到一种神圣升华。

孔子在坚持"克己复礼"的同时亦强调了"仁"的意义，并从"克己复礼为仁"的主张走向"仁者爱人"的追求，指出了"仁"即"爱人"的重要思想。孔子以"仁"作为最高伦理原则和标准，将中国传统思想中所推崇的忠、信、孝、悌、智、勇等都归入仁的范畴。不过，孔子以其"仁爱"观念而发展出一套"道德政治"，并且在"内圣"与"外王"以及"道德"为"体"、"知识"为"文"、"政治"为"用"之实践上得以充分发挥。这样，中国传统伦理既有"独善其身""洁身自好"这一个我伦理之维，更有"公而无私""忠君报国"这一社会之维。尤其是其社会之维从孔子的"克己复礼""杀身成仁"一直发展到孙中山所提倡的"忠孝仁爱""信义和平"，成为贯穿中国社会伦理思想史的一条主线。孙中山的社会伦理观既是对中国传统伦理精华的弘扬，也是对基督教"爱"之伦理的结合。他曾指出，"讲到中国固有的道德，中国人至今不能忘记的，首是忠孝，次是仁爱，其次是信义，其次是和平""国民在民国之内，要能够把忠、孝二字讲到极点，国家才自然可以强盛。"④受基督教"爱"之精神的浸润濡染，孙中山将中国伦理思想提炼浓缩，进而以"博爱"二字总结概括，并在中

---

① 《墨子·法仪篇》。
② 汪维藩：《中国神学及其文化渊源》，南京，金陵协和神学院1997年版，第70页。
③ 同上书，第80页。
④ 参见姜法曾《中国伦理学史略》，中华书局1991年版，第244—245页。

国人中加以提倡和推广。虽然这在现实伦理实践中极为困难，却为世人的伦理追求提供了一种理想，展示了一种境界。

面对伦理个我性、情感性倾向，中国传统伦理以其维持的共同性、整体性来抗衡。其伦理取向不赞成随心所欲的"多元化"，而支持以相互谦让包容来实现的"一体化"。它以其具有的自觉性、主动性、利他性和利群性来实施群体道德所必需的仁爱、平等、公正、和谐、人道、宽容、忍让、信任、忠诚、义务、责任以及对自我的约束和对生命的尊重等原则，从而使之获得了超越时空的恒久性。与唯我论或情感主义的伦理观之根本不同，中国传统伦理思考坚持伦理的出发点首先不是个我而乃他人，它并不彰显那种从个人中心主义出发而抬出的唯我独尊，不加旁顾的"人权"，而极力推行那种从集体共存主义出发来强调关心他者、维护群在的"人道"。可以说，中国传统伦理既是集体主义的，也是人道主义的。这种伦理在人欲横流、利己主义肆虐的今日社会，其重建和高扬已属十分必要。不过，中国传统伦理修养过于侧重对个人道德完善之追求，其"洁身自好"虽有一种"潇洒精神"，却似乎少了一些基督教伦理所推崇的"拯救精神"。基督教伦理原则中的"为他人而活着""为他人而受难"对于中国传统伦理乃是极为重要的补充。"基督教认为个人的发展要始于'爱邻人、爱敌人'这一点比个人对道德完善的追求更重要。"基督教关于关心他人比关心自我发展更为重要之理论有着三种认知来源，"第一，我们将尽可能使自己和上帝的形象一致。……上帝关心所有的人，上帝寻找人类的幸福，而不顾人类对他的态度如何。"[1]第二，基督教伦理强调"我们主要关心的不应是我们的正直，而应该是其他人的需要"。把自己看得极为正直的人，往往既没有自我之罪恶，亦没有对他人之宽恕，"个人对善对德行的追求，破坏了人类和谐的可能性"，而这种自以为是的道德仅仅乃表面的，"因为善从根本上是由我们对他人的关心，由我们对所有人的相互依存的认识来

---

[1] [美] 查尔斯·L. 坎默:《基督教伦理学》，王苏平译，中国社会科学出版社 1994 年版，第 171 页。

衡量的。"①基督徒在追求和保持"德性"时必须时刻牢记人永远"既是圣徒又是罪人"。"第三,邻人们需要多于个人的正直的认识,源自于这样一种观点,即认为人类的发展是我们有能力积极地建立与他人、与我们生存的这个世界的关系的产物。"以自我为中心不仅破坏了"真诚地满足其他人需要的能力",而且"也破坏了个人完善的可能性";因此,"基督教教义提出了一种令人吃惊的主张,即认为完善、完整、救赎是在我们关心满足其他人的需要时作为一种礼物而出现的。"②这里给我们的启示是,人在追求善德、公义时,决不可自以为善、自以为义。基督教伦理"爱邻人、爱敌人"的境界可以克服中国传统伦理认知上的"民族相对性"和"狭隘民族性",从而使中国伦理的重建获得更广远的视野、更崇高的境界。

洞观今日世界,人间仍充满了恨,充满了误解、邪恶、残暴和凶杀。让人间充满爱、充满善仍是一个遥远的梦。个我的自私和群体间的敌意使这个社会不得稳定、不得安宁。因此,基督教伦理之践履依然举步维艰、任重道远。而中国基督教亦百废待兴,教会重建及伦理重建的任务都很艰巨。一些基督徒因坚持信与不信的分野而不能做到兼爱、无法进入"完全的爱",从而与基督教"博爱"的主旨及本真相距甚远。为此,中国教会的有识之士开始从宗教的伦理道德作用上、从基督教倡导的"爱到底的爱"之意义上来进行中国教会及其伦理思想的重建。例如,丁光训曾强调中国基督教应体现为"道德的宗教",认为"道德型""服务型"才是宗教在中国应具有的中国特色,而且这一特色也恰与中国崇尚道德的传统文化相一致。他为此提出了"宇宙的基督"之思想,指出"对于中国基督徒来说,认识基督的宇宙性,至关重要。其基本意义在于帮助他们至少明确两个问题:(一)基督的主宰、关怀和爱护普及整个宇宙;(二)基督普及到整个宇宙的主宰以爱为其本

---

① [美] 查尔斯·L. 坎默:《基督教伦理学》,王苏平译,中国社会科学出版社1994年版,第172页。

② 同上书,第173页。

质。……这种爱是上帝的最高属性，是上帝创造宇宙、推动宇宙的第一因，在爱的光照中，我们得以洞察人世沧桑。"[1]基督对世人那种爱到底的爱给人以深刻的印象和巨大的震撼，它昭示"爱是宇宙的第一因素，是创造的第一推动力。一个爱的宇宙正在被创造。爱将充满宇宙"。中国基督徒则必然会"被这位基督非以役人，乃役于人，为人赎价的博大而无上的爱心所带动，去进入世界，发挥光和盐的作用，以造福人群"[2]。以这种"爱"的胸怀和抱负，基督徒在中国文化生长和重建中是大有作为的。从这种"爱"的伦理之提倡和实践，我们看到了人类及其伦理走出危机、超越自我的希望。因此，基督教伦理的现代使命和中国伦理乃至世界伦理的重建已透过"爱"而结合为一体。这就是以"爱到底的爱"之精神来取代个我多愁善感、随遇而发的生命感觉及情绪。以"爱"的"普世主义"来使这个世界真正充满爱，"爱"才能体现人之为人的"人化"及其超越自我的"圣化"，"爱"才能使我们彼此接触、沟通、对话和理解，"爱"才能确立忠、诚、信、善之人生。人类的存在和发展，需要一种"爱的宗教""爱的人生"和"爱的世界"。基督教伦理和中国伦理均有着体认"爱"、弘扬"爱"的悠久传统，二者的更新或复兴亦在于这种"爱"的发掘和高扬。只有以这种"爱"，才能找回世人在现代迷惘中失去的"德性"，才能为我们重立规则、重建秩序。这一使命乃充满困难和艰辛，但我们必须上路。在今天中国社会发展中，我们新时代社会主义伦理观的建设正方兴未艾，在理论及实践等建构层面，对于基督教伦理和中国传统伦理展开系统而深入的研究，对于其基本理论及思路加以科学分析和思考，也应该是颇有价值、充满意义的。

（原载许志伟、赵敦华主编《冲突与互补：基督教哲学在中国》，社会科学文献出版社 2000 年版。）

---

[1] 《丁光训文集》，译林出版社 1998 年版，第 93 页。
[2] 同上书，第 273 页。

第二十六章

中国知识界对宗教与科学关系之论

　　宗教与科学的关系，是当代中国知识界颇为关心的一个问题。自20世纪初，不少中国学者开始将其学术关注的视线投向这一领域，尤其是五四运动以来"赛先生"（Science）为国人所注目，科学的意义和价值受到重视。在这种氛围中，宗教与科学的关系问题在中国学界得到讨论。人们普遍认识到，宗教与科学均为人类文明发展进程中的重要方面，二者影响甚至在一定程度上会决定人类历史之轨迹。

　　这里论及的科学，一般指自然科学及其相关技术。宗教与科技的关系在人类历史上构成了有机、多元的图景。二者在各自的发展上既有相遇与互渗，亦有碰撞与分离，其关系乃错综复杂，充满变动和转化。在中国知识界的视域及其相关把握中，曾有两种截然不同的看法：一种认为宗教与科学完全对立，宗教乃"前科学"现象，随着科学的兴起，宗教则失去其与科学认知相关的意义，而退入人的情感、伦理领域；另一种则相信宗教与科学完全和谐，二者在认识世界和人生上乃珠联璧合，相得益彰。这两种看法在中国现代学术史上得以保存并延续至今。大体而言，在最初阶段的讨论中，前者多为教外学者所宣称，后者则乃教内学者所持守。但随着认知和讨论的不断深入，中国知识界对宗教与科学关系的讨论及评价趋于多元，并出现了多种介乎前两种看法之间却与之颇为不同的观点。其趋势是持非此即彼之观点的学者逐渐减少，而认为二者之间有着多重关系和复杂交织；因此，对宗教与科学关系的讨论正更具开放性、探索性和可调整性,从而为中国知识界在当前全球化走向中参与国际范围的科学与宗教对谈留下了空间,提供了可能。

中国知识界关于宗教与科学关系的讨论自20世纪以来逐渐升温,其认知和见地亦不断深化和提高。这一讨论时断时续,就其历史发展而言基本上可以勾勒为三个阶段。五四运动前后至20世纪70年代为第一阶段。这一历史进程较为漫长,其占主导地位的观点是褒科学、贬宗教,认为宗教与科学截然对立,水火不容。"五四"时代的著名知识分子蔡元培、梁启超等人均持这种观点。蔡元培认为宗教的世袭领地将逐渐被科学所占领,中国需要科学而不需要宗教。梁启超亦曾为中国乃"非宗教"的民族而高兴,却因中国人乃"非科学的国民"而担忧。他认为中国"无宗教""是荣"而"非辱",但"科学精神"则必须"添入",由此使中国文化因获"这有力的新成分"而再放异彩。"文化大革命"结束后中国学术的重新崛起至20世纪90年代为第二阶段。这一时期的特点是拨乱反正,学术思想始现百家争鸣,对宗教与科学的关系之讨论亦重新开始。其观点一是表现为向宗教与科学对立说的传统认识回归,二是开始探讨宗教与科学作为不同范畴而可能具有的不同作用。1982年,《宗教·科学·哲学》论文集出版,其中收有黎德扬《从认识论看宗教和科学的关系》、李文厚《试谈科学与宗教的关系》这两篇文章,其弘扬科学、克服宗教的态度鲜明、清楚。1988年,卓新平出版《宗教与文化》一书,对科学与宗教的关系问题展开了新的审视和思索。1989年,吕大吉主编的《宗教学通论》出版,其中设有专章讨论宗教与科学,包括"宗教与科学的本质区别""自然科学的发展把上帝的影响从一个个领域中清除出去""宗教与科学的对立能调和吗?"这三大内容。1995年,罗竹风主编的《人·社会·宗教》出版,其中亦有专章讨论宗教与科学,包括"宗教和科学的联系""宗教和科学的区别""从操作者系统的角度研究科学家的宗教信仰问题"等内容。20世纪末21世纪初这一世纪之交为第三阶段。中国知识界在这一阶段除了继续保持上述两种看法之外,亦开始了从整体认知宗教与科学关系的新探索。中国内地学者在这一阶段的视野更为开阔,与港澳台地区和海外学者的交流、对话亦不断加强。2000 年，奥地利学者雷立柏在华出版其博士论文《张衡，科学与宗教》，同年出版的《宗教比较与对话》第 1 辑与第 2 辑亦分别刊载了雷立柏的论文《科学史与宗教：雅基博士的观点》和美国学者柏殿宏的论文《宗教与科学：冲突或聚合》。2001 年出版的《宗教比较与对话》第 3 辑又推出了德国学者孙志文的论文《今天论科学与宗教》。2000 年出版的文集《基督教与近代中西文化》中收录了江丕盛的论文《宇宙原始探索与基督教创造观》、苏贤贵的论文《基督教与近代科学的关联》。《基督教文化学刊》在 2000 年出版的第 3 辑刊有胡阳等人的论文《16、17 世纪来华传教士对欧洲近代科学的影响》、安希孟的论文《科学与神学：从冲突到对话》，2001 年出版的第 6 辑亦刊有江丕盛的论文《科学与神学对谈的认识论：以霍金宇宙论为例》。2001 年出版的《对话二：儒释道与基督教》载有李申的论文《从儒教视角看高科技时代》、邓子美的论文《从佛教观点看科学技术》、江丕盛的论文《自然科学与基督教神学对话的知识论意义》。2000 年还出版了李申主编的《高科技与宗教》一书，涵盖科学与各大宗教的关系。2001 年出版的《现代科学技术大众百科·科技与社会卷》则载有卓新平主编的"科技与宗教"篇，内容包括"宗教与近代科学""当代宗教与科学""科学家与宗教""科学与神秘"等。此外，自 20 世纪 80 年代以来亦有一批西人专著在中国大陆翻译出版，包括罗素的《宗教与科学》(1982)、霍伊卡的《宗教与现代科学的兴起》(1991)、巴伯的《科学与宗教》(1993) 等。这些译著亦为中国当代知识界对宗教与科学关系的讨论提供了更多的视角和参照系数。

综合而论，迄今中国知识界对宗教与科学关系的讨论大体包括三个认知层面：一为宗教与科学对立说，二为宗教与科学乃不同范畴说，三为对宗教与科学的整体认知论。现分述如下。

一 关于宗教与科学相对立的论说

认为宗教与科学必然对立，这种观点在中国知识界广有影响，并在一定程度上保留至今。论述宗教与科学的对立，主要是从认识论和世界观这两个方面来展开。当然，这也与持这种观点的中国学者自身对宗教与科学的理解及界定密切关联。在其看来：科学乃"人类对世界发展着的认识"，它基于"事实"而具有实证意义；宗教则为世人"信神"的一种社会现象，它基于"想象"而具有空灵特征，主要是"借助非现实的力量或者用非现实的手段来解决现实问题"[1]。这种认知构成了对科学与宗教的"实""虚"之区别，强调科学乃以实证、实验、实践等"实在"方法来解决人的认识问题，而宗教则是凭借"非现实"的手段，故有"虚""空""幻"之特色。

在认识论意义上，宗教和科学均以人及其世界为其认知对象，并相应提出其对人与世界的解释。这里，持宗教与科学相对立观点的中国学者通常认为二者提供了不同的解答或解释，故而形成了其认识论和解释学上的对立。其中：科学对人与世界的认识乃一种"自然"性质的认识，由此构成了发现事物自然本质及其客观规律的知识体系；而宗教则对人与世界进行了一种具有"灵性"意义的审视和认知，它以"神"的本质来创造、界定人与世界的本质，由此发展出论证神、人、世界三者关系的神学认知体系。这种知识论层面的演进与人类历史的漫长发展关系密切。人类初始的宗教与科学曾被视为交融互渗的原始宗教与原始科学，人类文化特征在当时乃一种宗教文化，宗教可以涵盖一切、包容一切，因而一切科技活动在这种宗教文化氛围中均万流归"宗"，并无此后泾渭分明之区别。对此，这些中国学者以"前科学"的宗教时代来定位，认为严格意义上的"科学时代"尚未到来，一切知识的解答故纯属宗教性的解答。然而，人类社会的进步带来了认知意义上的革命。"迨后社会文化日渐进步，科学发达，学者遂举古人所谓不可思议者，皆一一解释之以科学。"[2] 以往曾由宗教加以解释的认知领域现"皆脱离宗教以外"，这样遂形成科学领域日趋扩大，宗教地盘日渐减少的局面，即因科学的

---

[1] 参见李申主编《高科技与宗教》，天津科学技术出版社2000年版，第2—4页。
[2] 参见桂勤编《蔡元培学术文化随笔》，中国青年出版社1996年版，第75页。

"增"和"显"而导致宗教的"减"和"蔽"。按照上述思维定式,宗教与科学并非共生、共融的关系,而有着一种此起彼伏、消长对应的张力。循其逻辑进路,宗教认知则最终会被科学认知所取代。

视宗教与科学相对立的学者,通常以"科学占有真理,宗教认知谬误"为其认识论上的假设前提,认为科学可以证伪宗教。其价值选择和偏向乃一目了然。为说明并证实其正确,这些学者习惯上会举出哥白尼、布鲁诺、伽利略、达尔文等案例。但值得注意的是,这些学者往往会忽略两个方面的关注:其一,宗教认知亦不是静止的、不变的,而乃与科学认知一样处于不断变化、发展、提高之中;如仅以过去的宗教认知之不足来对应现今科学认知之正确,则会出现历史错位,得不出令人满意的正确解答。其二,科学认知同样为一个不断完善、充实的过程,在历史某一点上的科学认识和解释亦有其缺陷和不足。因此,对历史上发生的科学与宗教的论争及冲突,也应该还原到其本有历史氛围之中去考察、分析,而不能简单地用科学的绝对正确和宗教的绝对错误来归纳、界定一切与之相关的历史事件。

在世界观意义上,宗教与科学的对立在中国知识界亦多被提及。不少中国学者认为,宗教与科学反映了不同的世界观,分属不同的思想体系,由此而有着在世界观层面、意识形态领域上宗教与科学的对立。这种对立亦是彼此排斥的、不可调和的。在这些学者看来,"科学属于唯物主义、无神论的思想体系,宗教信仰则属于唯心主义、有神论的思想体系"。而基于前者的立场,"宗教观念是对客观世界的歪曲了的反映。宗教有关神灵的基本信仰永远也不可能具有科学性"[①]。至于对一些现代科学家仍然信奉相关宗教之现象,其解释亦认为这些科学家的宗教信仰乃受其生存的家庭背景、社会环境、文化传统或思维模式等影响,而与其科学认知并无必然关联。这里可能导致的分歧则涉及对宗教世界观、科学世界观、信仰、神圣观念等的基本界定、理解及诠释。诚然,宗教在其形成中发展出了自成体系的世界观和方法论,并曾对人类社会

---

① 李申主编:《高科技与宗教》,天津科学技术出版社2000年版,第Ⅷ页。

某些社群和某些历史时期产生过根本性影响。但认为宗教与科学在世界观上相对立的中国学者仍坚持科学乃以无神论，以在"自然世界"本身之中探寻其客观规律为其核心精神。因此，在世界观上，他们强调宗教与科学基本上是相矛盾的、是必然冲突的，而几乎不存在什么共同点或有机的对应关系。按照这种理解，科学的产生与发展在世界观意义上则是不断突破宗教世界观的樊篱、摆脱其束缚和局限的过程。

认为宗教与科学相对立、相矛盾的观点，在中国大陆知识界较为普遍。沿着"五四"时代以"科学"取代"宗教"的思维进路，不少中国学者认为科学与宗教乃截然对立，水火不容，他们反对把科学与宗教相提并论，并视这种"并论"乃是对科学的贬低和贬损。在这种"对立论"的思维模式中，这些学者基本上对科学世界观持肯定态度，而否定宗教世界观具有客观或进步意义，将之与谬误及落后相等同。至于近代历史以来宗教对科学发明及进步的认可和运用，则被这些学者视为宗教在实践层面上对科学的"让步"和"利用"，仅为一种"权宜之计"而没有触动其在世界观上、认识论上相对立、相对抗的本质。因此，这种观点强调宗教与科学不可能和谐共融、殊途同归。宗教与科学相对立的观点基本上是20世纪在中国学界占有上风、影响普遍的思维定式。但应该指出的是，对这种流行的观点，亦有一些中国学者认为"对立论"在其论证或阐述中尚缺少对宗教认知本质和宗教思想发展深入、系统、辩证的剖析和研究，而对历史上宗教与科学相冲突的举例及分析亦仅流于表面和泛论，并没有对其复杂的历史实际做深层次、全面的分析和展示。由于对科学与宗教孰是孰非已有一个价值判断和选择，因而人们习以一种想当然的心态而对宗教的论述和解释不屑一顾，缺乏相互倾听和对谈。所以，为了避免对宗教与科学二者的"无知"或"误读"，一种深入、细致的研究和相互沟通、了解，在当今世界已更显必要和重要。

二　关于宗教与科学分属不同范畴的理论

认为宗教与科学相分隔，属于不同的范畴，有着平行、并列之关系，这种观点在中国当代知识界的涵盖面相对较小，且只被一部分教内学者所认可。客观而论，持这种观点的学者旨在缓和宗教与科学的矛盾及对立，以互设边界、各自独立来避免冲突。在此，其对宗教的理解侧重于世界观意义，而对科学的把握则突出其认识论功能。也就是说，这些学者一般认为宗教属于价值信仰，涉及人的社会现象，而科学属于工具理性，涉及人的自然认知；二者乃不同的领域，属不同的范畴，故不能相提并论，互为对比。其相对应的表述即科学真理与宗教伦理，因涉及的对象不同而不相干、各无关联。这样，一些科学家信教的问题则从两种不同维度之审视而得以解答。不过，在论及宗教与科学在其范畴上的分离时，对其功用的认识则存有不同。有些人认为其认知上的分隔势必导致其功用上的毫不相干。有些人则相信这种分离亦可使其在功用上相互补充、相互促进；所以，宗教与科学并非绝无干系、绝无往来。若二者因范畴不同而互不相干，那么谈论宗教与科学的关系就毫无意义。

　　强调宗教与科学毫不相干的典型表述，乃认为"科学涉及事实，宗教关乎价值。科学是事物的陈述，宗教是信念的表达。科学探究物物关系，宗教思索人神（或人人）关系。科学探讨外在、客观的物质世界，宗教却关注内在、主观的心灵世界，科学真理是大众公认的绝对真理，宗教信仰则因人而异，宗教真理只能是个人的、相对的。换言之，科学是理性、知性的活动，宗教则是感性、心性的活动，科学的终极实在是自然，宗教的终极实在是道德"①。因其所涉范畴截然不同，故科学与宗教之间没有对比和对谈的基础。二者虽不相干，却可同时并存，互不影响地在各自领域中发挥作用。按照这种理解，宗教与科学不再必然对立，各自在其既定范围中均是有效的。二者不能以其特有范式来证伪对方，而只可二元并存。尽管这种知识二元论的选择不再贬损、批评宗教，却同时为宗教和科学划定了界限，确立了有限范围和空间。而一旦二者越界闯入对方的领地，其对立、冲突则不可避免。

----

　　① 参见江丕盛《基督教思想与近代科学——三个模式的再思》，《维真学刊》第 8 卷，2000 年第 1 期。

在断言宗教与科学分离、分隔的中国学者中,亦有一部分人认为宗教与科学乃以"分隔"来"分工",它们触及"客体思维"与"主体思维"、"已知世界"与"未知世界"、"实证把握"与"模糊预测"之对比,其结果乃宗教与科学互为补充,平分秋色。与前述宗教与科学互不相干的平行分隔论不同,持二者范畴不同却可互相补充之观点的人们则认为,宗教与科学在其分隔中仍有着其共同存在中的重叠、包容关系。这种认知开始从对宗教与科学关系上的二元分离论走向互动式的二元一体论。如果说宗教与科学对立论的思想进路将越来越大的空间让给不断有所发现和发明的科学,留给宗教的地盘越来越小,那么持宗教与科学可二元一体论的人们则将"局部"留给科学,而将"整体"让给宗教去揣测和把握,从而使宗教的认知空间不会缩小。根据这种看法,人的认识被视为一个圆圈,圈内是已获知识,圈外为未知世界,而人的知识越多,其圆周就越长,接触的未知领域也越大。这里,"人们在科学上每解答一个问题,就会在深层次上遇到更多的新问题;人们越想弄清自然界的本来面目,自然界的回答就越是错综复杂,似是而非"。于是,宗教"将已知世界留给科学,对科学的精确表述加以赞许。但在知识之圈的无限外在空间,宗教却往往用象征的语言来概述这一神秘、未知'整体',……对于科学可知的东西,宗教不再加以反对和干涉;而在科学的范围和限度之外,宗教则提倡信仰的审视和把握"①。与科学认知在局部、具体事物上的精细、准确不同,宗教认知体现对整体的模糊把握和神秘预测。尤其在科学家信教、科学家的上帝观等问题上,其审视和把握已不再限于伦理的维度。而不少宗教思想家则把科学家致力探讨的客观世界之"自然规律的内在联系和逻辑"理解为与人脑思维这种"主体精神"相对应的"客体精神",进而表达了其"个体精神"对这种"世界精神"的敬仰、追求。对此,不少中国学者都习惯引用爱因斯坦的这一经典表述:"我们认识到有某种为我们所不能洞察的东西存在,感觉到那种只能从其最原始的形式为我们感受的最深奥的理性和

---

① 卓新平:《宗教与文化》,人民出版社 1988 年版,第 211 页。

最灿烂的美——正是这种认知和这种感情构成了真正的宗教感情,在这个意义上,而且也只是在这个意义上,我才是一个具有深挚的宗教感情的人。"[1] 这意味着在科学范畴无能为力的地方,宗教范畴作为另一种层面的解答而可以起到补充、代替的作用。所以,"在科学家中间,越是从事宏观世界和微观世界领域科学研究的科学家,越是需要经常深入思索宇宙的本原、世界的本质、生命的意义以及运动的原动力等无法用科学实验手段解决的根本问题,信教者的比例也比较高"[2]。

在第二种理解中,中国学者虽然承认宗教与科学所属范畴乃根本不同,却指出在现实存在中二者的分工、互补,尤其是宗教因不回避科学尚存的一些暂时无法解决的问题,从而提供了另一种选择,并有可能促进和推动科学的发展。如果说视宗教与科学因范畴不同而毫不相干的第一种理解接近宗教与科学矛盾对立说,对宗教做出了消极、限定的论断,那么第二种理解则多有对宗教的肯定,认为宗教范畴的相应补充或替代颇具积极意义,其理论观点因而更靠近对宗教与科学的整体认知论。

讨论宗教与科学的不同范畴,一些中国学者亦观察并分析了科学家的宗教观及其跨越伦理层面的宗教理解。他们指出,同时亦作为虔诚宗教徒的自然科学家对宗教有着极为独特的理解和体认。除了其生活中的家庭宗教背景、社会宗教文化传统及其相关的伦理宗教感之外,这些自然科学家较为典型地表现出一种独特的宇宙宗教感,即对宇宙结构的对称、和谐、美和秩序,对自然规律的严谨、强大和不可抗拒,以及对世界与人生的奥秘和未知之谜的敬畏、赞叹、折服的情感。这里,相关自然科学家主要是将敬畏永恒自然律和追求绝对视为真正的宗教,从而给宗教理解一种新的视域和发展空间。至于宗教对于这种宇宙宗教观是否吸纳或排斥,则有不同的见解和争论。与传统宗教信仰中如施莱尔马赫

---

[1] 参见赵中立、许良英编译《纪念爱因斯坦译文集》,上海科学技术出版社1979年版,第50页。

[2] 李申主编:《高科技与宗教》,天津科学技术出版社2000年版,第Ⅵ页。

所说的对绝对的依赖感不同，这种类型科学家的宗教观主要体现为对绝对的敬畏感。而这种敬畏感也正是科学家探索宇宙奥秘、追求科学真理、献身科学事业的巨大动力。在此，不少科学家并不将上帝视为一个人格化的形象，而是树立起一种敬畏永恒宇宙秩序和奥秘的宇宙上帝观，敬仰上帝即涵盖着对永恒自然奥妙的无限追求，同时亦体悟到人类的探索具有有限性和相对性，因而对宇宙客观整体的把握只能是一种"信仰的把握"。可以说，"自然科学家的这种宗教情感和敬畏心情，反映出有限人生在探究无限宇宙时的自卑、自知和渴求、企盼"[①]。

综上所述，中国学者在讨论宗教与科学分属不同范畴时持有两种不同态度：一种认为二者范畴不同，故彼此平行独立而毫不相干；另一种则认为二者虽然范畴不同而不能相互替代，却可以互补，故有着一定关联，所以不能武断宣称"雅典与耶路撒冷有何相干？科学与宗教有何关联？"一方面，科学技术并不能解决人生与社会的一切问题，因而不可能代替伦理和宗教。另一方面，科学在其探索中也只能断言"是什么"，而不能根本确定"应当是什么"或"为什么"，因而在其领域很难完全排除宗教的维度和思索。同理，宗教亦不可能对科学理性及其理念不闻不问、无动于衷。所以，从不少自然科学家的人生经历和科学经验中可以看出，科学与宗教可通过互补、协调而有机结合，发挥其不同范畴的独特作用，构成一种和谐、有致的合力，由此充分展开宇宙自然和人类社会应有的真善美圣之理想境界。

三 关于宗教与科学的整体认知论

必须指出，关于宗教与科学的整体认知之研讨，即从二者由"冲突论"到"和谐论"的探究，在中国当代知识界仍是一个敏感话题，其分歧较大，争论亦较激烈。可以说，这一讨论的结局如何、能否达

[①] 以上参见卓新平《科学家的宗教观》，载路甬祥主编《现代科学技术大众百科·科技与社会》，浙江教育出版社 2001 年版，第 311—312 页。

到一种基本共识，将从根本上影响到当代中国人对宗教与科学之关系的看法。

虽然在其范畴和方法论上，宗教与科学界线分明，各有所司，但二者之间仍存有明显的相互关系和依存性。在世界观和认识论上，宗教与科学往往涉及相同的对象、有着相同的话题，二者作为人的整体认知乃相辅相成，难加分离。人类在认识宇宙和人生上，既需要科学的维度，亦不离宗教之参照。对此，一些中国学者对怀特海所言"宗教符号赋予人们生命的意义，科学模式赋予人们改造环境的能力"感触颇深。而爱因斯坦关于"科学没有宗教就像瘸子，宗教没有科学就像瞎子"的经典表述亦常被中国学者所引用。根据这种整体认知论，不少中国学者亦认为宗教与科学在世界观和认识论上乃有着同一认知对象，即人及其赖以存在的宇宙。在认知对象相同的前提下，宗教与科学所借助的认知方法乃有着不同的视野、角度、路径和手段，如科学基本上借助于实验和理性逻辑推理，宗教则多采用象征和比喻形式。但二者作为一个整体认知的不同侧面，则有必要在其不同域中找到共同点，获得彼此沟通的中介，以避免其对立或隔绝。而且，在这种整体认知的范围内，宗教与科学亦可认真面对彼此间不可避免的挑战，并对之做出积极的回应。

对科学而言，在认识自然的一些根本问题上，如宇宙的本原、世界的本质、物质的规律、时空的界定、生命的意义等，都不可能排除或回避宗教之维度。此外，有限人生与无限宇宙相对应，人们还必须正视这一事实：人的认识是有限的，却又要面对一个无限的宇宙；人的活动是局部的，却又受到一种整体的关联；人的存在是相对的，却又感触到时空本身之绝对存在；人的生命是短暂的，却领悟到一种超越生命的永恒意义。这样，当以有限对无限、局部对整体、相对对绝对、短暂对永恒时，科学所依靠的理性认知作用就并非是万能的。科学理性的精确和严密虽然有利于局部的分析和研究，但对宇宙宏观整体和微观瞬间的把握上则颇显不足。所以，科学亦有必要关注宗教信仰的认知进路，因其特点乃希望从有限而达到无限，从局部而把握整体，从相对而追求绝对，从短暂而憧憬永恒。宗教信仰的惊奇情感、形象手法、象征符号等在表达其对无限整体的把握时可曲径通幽，其前瞻性和模糊性亦可给科学思维带来启迪和补充。正是基于此点，当代科学家贾斯特罗才有如此感叹："科学家已经攀越许多无知山脉，即将准备征服那最高的顶峰。正当他扒着最后一块岩石攀身而上时，迎面而来的却是一群神学家。原来在数世纪前他们早已经在那里等待了！"①

在对自然世界的研究上，以及对这种研究中主体与客体之关系的理解上，大体包括如下三种不同的认识：其一，认为人可以"绝对"认识和理解其研究的客体对象，获得"纯客观"的、"绝对可靠"的真理，其研究成果不带主体性、不含主观色彩。其二，认为人对外在客体"原则上"不能给予确定的回答，自然世界及其规律从根本而言不能把握，它乃捉摸不透的"物自体"或"自在之物"；人类主体只能根据自己的"具体经验"和"偶然发现"而对之做出相应的"表态"或"揣摩"，但其所获并非客体的真正本质，故不能将这种认知绝对化或规律化。其三，认为人对世界客体可以认知，但这种认知只有"相对"的意义，它虽有效却为其使用的理论和方法所限，其研究成果仍值得进一步"商榷"和不断"完善"，不排除今后对之重加"检验""补充"和"纠正"的可能，因而其"真理"一旦越出其界线则会成为"谬误"。一般而论，人们比较普遍接受第三种认识。在此，科学"真理"与绝对"真实"仍有区别，真理体现了人的主体探讨，是主、客体的一种结合，而真实则体现为客观实在，此即"真理的形式乃主观的。真理的内容乃客观的"之言。第三种认识中有一个突出特点，即承认并强调人们在认识客观事物及其自然规律时必然会采取某种理论和方法，通用一定的试验手段，其研究成果故受这些理论、方法和手段的影响与制约，带有其主体特色和理论预设之痕迹。由此可见，科学认知自然的理论亦有其

---

① 参见江丕盛《科学与神学对谈的认识论：以霍金宇宙论为例》，载《基督教文化学刊》第6辑，宗教文化出版社2001年版，第72页。

"形而上学假设",而这种形而上学之"前提"或"起点"按其本质则与哲学和宗教范畴类似,二者故有相通之处,可以整体而论。这种思路恰如胡适"大胆假设,小心求证"之言,"假设"即有宗教的信仰精神,而"求证"则体现出科学的理性精神。

对宗教而言,科学的发展和成就亦不应该也不可能被忽视。随着现代科学的飞速发展,宗教亦开始承认研究客观自然的意义和价值,从而不再回避科学的命题和成果。从整体认知的角度来看,宗教宣称自然科学的研究亦是宗教信仰者的责任,因为通过深入研究自然世界则可从上帝创造物中看到上帝的存在及其伟大。所以,科学也是一项"宗教任务",是"对上帝展现在宇宙中的令人叹为观止的作品的揭示"。按照宗教思维的逻辑进路,有限世人不能直接认知上帝的无限、绝对、永恒,而只能通过上帝创造的宇宙自然来间接推论,也就是说,应把自然世界作为"上帝之书"来对待。在基督宗教的传统中,15 世纪库萨的尼古拉早就根据其对上帝的理解而提出宇宙无限的观点。他认为宇宙乃上帝的"缩影"和"复写",上帝是绝对的无限、极大和统一,宇宙乃相对的无限、极大和统一在"蕴藏"状态中的一切是上帝,而这种蕴藏中的上帝本质和内容一旦处于"展开"状态,便是人们所感知的宇宙。宇宙乃以其最大的可能性来再现上帝之绝对极大。宇宙作为"上帝之书"为世人提供了对上帝的"间接的可知性",因此探索宇宙自然即是对"上帝"本身的间接感知和把握。这种探究虽有其相对性,却充满意义。通过这种整体关联,宗教实质上亦是以"神学"的语言、用"象征"的形式来探讨宇宙、探索人生,从而并未与科学彻底分道扬镳。宗教对科学认知的承认和吸纳,宗教自身蕴含的科学探究之隐秘使命,乃被视为宗教与科学的异曲同工、相得益彰。在这种解释中,我们看到宗教认知与科学认知的关联,认识上帝与认识自然的协调,宗教与科学于此遂回到其"合命题"。

在当代宗教与科技发展中,这种促进宗教与科学和谐对话的整体认知观亦出现了重要嬗变。20 世纪初古典物理学的崩溃使其传统所依的朴素实在论、还原论和决定论被抛弃,新物理学不再承认科学理论乃对自在自然的"如实描述",而强调了"可描述性的丧失"和"对观察者涉入的承认"。此外,天文学关于"宇宙起源""时间开端"的理论正引起人们对宗教"创世论"的联想,而生物学"克隆"技术所带来的"克隆人"之热门话题,亦与"神创人说"有着种种牵扯,并引发出与宗教伦理相关的争议。由于科学探究中的"确定性"概念被"不确定性"解释所取代,科学理性主义和宗教神秘主义的距离和差别似乎在缩小。以象征性、隐喻性和模糊性表述来理解、把握宇宙整体的宗教神秘认知获得更多肯定,现代自然科学与宗教神秘传统再次"相遇"。对此,"新时代"运动在"物理学之道"或"物理学宗教"的鼓噪中主张现代自然科学与东方神秘主义的关联,企图提供一幅科学与宗教"两极相通"的图景。而"后现代"思潮则提出"科学的返魅",主张科学研究应注意物质与精神、事实与意义的"整合"与"统一"。人们面对眼花缭乱的"新科学""新宗教"之涌现而目瞪口呆,中国知识界对之亦有所困惑和迷茫。但"伪科学""伪宗教"的相继现形使人警醒,进而更为关注宗教与科学在现代文化氛围中的发展。应该承认,在中国知识界方兴未艾的对宗教与科学关系之整体认知中,人们因种种干扰而有着新的疑虑和顾忌。但是,在谈论宗教与科学的关系中,注重科学、精神和社会秩序之相互依存的思路正在形成。人们从科学与宗教关系之探,而开始深刻反思自然科学与人文科学的有机结合、融合和整合。

长期以来,宗教与科学势必对立这一观点在中国知识界似已成定论。因此,从一种新的视域来重新开始对二者关系的探究与讨论,自有种种困难和不便之处。然而,近几十年国际学术界关于宗教与科学关系的讨论明显升温,故而对中国知识界颇有感染和影响。为了克服在这一领域的可能"无知"和"误解",中国学者开始突破相关的理论禁区和盲区,对之展开大胆探索。在此期间,这一研究虽以体现"拿来主义"的译介为主,却也时有中国学者独特、敏锐的思想火花在闪现,使人耳目一新,且备受振奋。但应该承认,对宗教与科学关系的理解,与对宗教本身的理解密切相连,二者在认知上的突破乃一体性的。从谈论宗教与科学的对立到谈论宗教与科学的对话，这一转变在中国知识界意味深长。当然，要真正讲清宗教与科学的关系，尚待中国学者在宗教理解及其理论上有全新的突破。

（原载泰德·彼得斯、江丕盛等主编《桥：科学与宗教》，中国社会科学出版社2002年版。）

第二十七章

论科技与宗教

综　述

　　科学技术与宗教的关系表现出人类文明发展进程的一个重要方面。世界上的各种宗教在其形成后，均有自成体系的世界观和方法论，这种观念和方法在人类历史进入近代发展之前，曾对整个社会产生了深远甚至决定性的影响。因此，在宗教文化的氛围中，一切科技活动往往亦万流归"宗"，在宗教认知理解和实践活动的范围之内展开。这最明显地表现在基督教占统治地位的欧洲。在长达千年的欧洲中世纪，科技认知的范围被局限在《圣经》所描绘的世界范围内，哥白尼、布鲁诺、伽利略等人则为此付出了巨大甚至生命的代价。但同时，宗教在很大程度上也曾为科学技术的发展提供过条件和各方面的准备。例如，欧洲中世纪犹太教、基督教对手工工艺的重视，天主教修道体制中对实验科学的支持及对天体观察活动的肯定等，曾为近现代科学思想的革命和实验科学的兴起提供了必要的温床。此外，伊斯兰科学在一定的历史时期乃阿拉伯世界的主要科学代表，而中国的道教、佛教对于中国的化学和医学等学科的发展亦发挥过重要作用。因此，宗教对于科技的态度，乃受当时流行的宗教思想之影响。

　　这里，将尝试分为四个层面来研讨科学技术与宗教的关系：第一，宗教与近现代科学的发展；第二，当代宗教对科学的态度；第三，科学家的宗教观；第四，科学与神秘信仰。这四个层面在时序上和逻辑上均有相互关联，它们构成了科学技术与宗教关系的有机、多元图景。科学技术与宗教在各自的历史发展上既有相遇之处，亦有分离之时，两者之间有着错综复杂、变动不居的关系。因此，对之展开深入而系统的研究，乃是科技发展史和宗教史领域的重大任务。而科学技术与宗教之间所形成的现代关系，亦是它们相互接触、交流、碰撞、冲突、和解及融合之历史的延续或最新突破。所以说，对这一复杂关系的研究虽以现代为主，却仍不能离开其历史的积淀和基础。

宗教与近现代科学的发展有着密切的联系。近现代科学革命和突破最早出现在西方，尤其在西欧各国。这些国度均有着浓厚的宗教，特别是基督教背景。而其他国家和地区中近现代科技的发展，也多少不离与伊斯兰教、佛教、道教等世界宗教或民族宗教的联系。近代科学技术的形成和发展在这种宗教社会氛围和世界观中，必然会与宗教发生种种关系。一方面，近代科学技术是在一个宗教世界中展开的，自然要寻求其宗教的认可和理解、支持，但其新发现、新突破又势必打破传统观念的束缚和禁锢，因而会与社会上的宗教发生矛盾和冲突，受到后者的误解、抑制和反对。另一方面，宗教作为西方世界包罗万象的世界观、价值观和认识论，也必然关注、研究科学技术的新发展、新成就，对之加以检验和评价。这一过程反过来又促进了宗教对新生事物的认知和对其传统观念的反省及修正，因此也推动了宗教作为其世界观和社会存在的发展、演变。宗教与近现代科学发展的复杂关系，正是从这两个方面得以充分展开。

科学技术与宗教沟通、碰撞、妥协、冲突的辩证过程，为两者之间的现代理解打下了基础。在当代社会，宗教对科学的态度已发生了与其传统有很大不同的变化。这表现在当代宗教与科学的对话，对科学的了解、认识和研究，以及对科技成果的表态和应用等方面。随着科学技术在当代的突破和遇到的新问题，科学家对宗教的认识亦不断改变和深化，这样亦构成了当代宗教与科学双向互动、彼此补充的新型关系。

科学家的宗教观有着其社会背景和认知背景。一些现代科学家对宗教的某些肯定在一定程度上是受到了其生存的家庭或社会环境、文化传统和思维模式等方面的宗教影响。但不少现代科学家对宗教的认识已达到一种新的升华和超越。他们把对科学真理的追求和献身视为一种宗教的精神和激情，因而发展出一种与其社会思想文化传统全然不同的宇宙宗教感情和对宇宙秩序或奥秘的敬仰。与此同时，宗教对宇宙、对社会、对真理，以及对人类自我的解释或界说亦不断调整、适应和改进，从而对现代科学家的信仰话语有着积极的回应。在这种对应与回应中，人们对科学、宗教、宇宙、真理的认识获得不断深化。

当代社会思想文化的一大发展，是科学认知对传统哲学、宗教认知的重新关注、解释和应用。这在现代科学与现代神秘主义尤其是东方神秘主义的关联上得到最为典型和醒目的体现。在20世纪下半叶出现的"新时代"运动和后现代思潮中，科学与宗教的重新调和及合一得以提倡，不少人亦喊出了"科学的返魅"等口号。这种关联一方面说明了人类认识世界之途的复杂、漫长，另一方面则在科学体系和方法论上预示着自然科学与人文科学在更高层次上的重新整合与统一。

科学技术与宗教的关系与整个人类社会的发展紧密相连，它从一个重要侧面反映出时代的进步和人类认识上的突破，为我们研究科学技术与社会的关联及协调提供了有益的启迪和思路。当然，科技与宗教的关系涉及人类社会的不同层面，各种因素错综交织，而且正处于动态发展之中，故不易对之加以全面把握和做出准确的判断。因此，这里对科技与宗教关系之探索只是作为一种颇有意义的尝试而具有开放性、能动性，其论述并非做出某种结论，而是提供一种思考、开启一种讨论。

一　宗教与近现代科学

（一）宗教与近现代科学发展

近现代科学思想的深刻革命和现代科学体系的创立最早发生于16和17世纪的欧洲。当时在欧洲包罗万象、统摄一切的世界观乃是基督教的世界观。欧洲文明及整个西方文明从主体上来看是希腊文明和希伯来文明的有机结合，信仰和理性在其中都占据有重要位置。这两大因素在欧洲近代宗教改革和科学革命中都得以继承和弘扬，从而在形成近代科学家的世界观及自然观上发挥了能动作用。所以，西方近现代科学的兴起及迅猛发展并没有脱离其思想精神环境中的宗教因素。西方自近代宗教改革与自然科学的突破性发展以来，人们对上帝和理性这两个观念都有了新的认识。马克斯·韦伯指出，基督教新教伦理把人世的节俭勤奋理解为上帝的召唤，成为帮助资本主义兴起的潜在精神力量。而人的解放则促成了西方近代人文主义及人道主义的发展。19世纪末在自然科学领域出现的全新突破更是使人们对科学的认识发生颠覆性的巨变。牛顿的自然世界景观则迅速转变为爱因斯坦之"相对论"的全新宇宙观。正是基于这一西方思想文化传统，所以在其科学精神中交织着信仰和求真这两种因素，西方不少著名的科学家因而同时又是虔诚的宗教徒，看似悖论之在于此达到奇特的统一。

具体来看，西方近现代科学的兴起在历史背景上与近代欧洲宗教改革尤其是其"清教"革命直接相关，而在科技手段、工具、条件等方面的积淀上则得益于欧洲中世纪在基督教信仰范围之内不断发展的天文观察和实验工作。当科学家们以其最新发现而突破传统基督教会观念之限时，这些科学家及其成果受到了来自教会的冷落、指责甚或打击。不过，其突破性的成果及其理论学说最终亦导致了教会内部的改革和创新，使基督教得以走出中世纪的封闭状态，开始其近现代的发展。在近现代社会中，基督教等现代宗教在其发展的总趋势上是采取寻求与现代科学调和，并利用科学发现来不断修正、完善其信仰体系等方式，旨在使宗教与现代科学发展相适应或同步，并力图使这种发展能为其信仰服务。

（二）西方科学发展的宗教背景

西方近现代科学的兴起与其基督教的社会文化背景有着密切的联系。其近代科学的萌芽在于欧洲中世纪的学术文化活动，这些活动绝大部分是在基督教会创办的大学和教会各个修会的修道院中展开的，中世纪的科学家一般也由基督教会的神职人员和教徒所组成。如英国实验科学家罗吉尔·培根、德国思想家及科学家库萨的尼古拉、波兰天文学家哥白尼、意大利科学家伽利略等人的科学研究都是在基督教的修道院中进行的。西方近代科学在天文学、数学、物理学等实验科学的发展，以及其运用的方法论，都不同程度地受到基督教思想观念的影响。

西方天文学从古代到近代都与基督教的宇宙观及其僧侣团体的学术活动相联系。早期基督教在形成自己的科学体系时将2世纪由埃及亚历山大城著名天文学家托勒密创立的"地球中心说"作为科学依据，并将之与其《圣经》信仰相结合，从而产生了对西方天文学长达千余年的影响。约6世纪时，一个托名狄奥尼修斯的基督教僧侣在其《天阶体系》中提出九级天使执掌九个天层的运动之说，认为较高天层的天使指挥着较低天层的天使，九层天下才是地球，上帝则在九层天阶之上的净火天。这种说法对托勒密体系的重要修正，就是从宗教观念上指出天层越高越神圣。《天阶体系》之说后被13世纪的神学家阿奎那所承袭，在意大利文艺复兴时期著名诗人但丁的《神曲》中得到形象的表述。16世纪初，在波罗的海边的佛劳恩堡担任天主教神职的哥白尼通过长时期的观察、研究而提出太阳中心说，开始了近代天文学上的革命。哥白尼不再认为处于最高层的宇宙原动天最重要，而强调太阳在万物的中心统率着包括地球在内的其他星体。此后，天文学家开普勒进一步补充、完善了哥白尼的太阳中心说。但他在对太阳系的天文学解释中注入了他的宗教理解，即认为太阳是宇宙的统治者，"只有太阳才配得上上帝居住"。他还从基督教三位一体观念上来解释宇宙，指出圣父是中心，圣子是环绕这一中心的星球，而圣灵则代表着宇宙间的复杂关系。伽利略对哥白尼的新理论亦极力推广和宣传。他在出版其名著《关于托勒密和哥白尼两大世界体系的对话》时曾征得佛罗伦萨宗教法官的许可，后因受到教会内部保守派的坚决反对才遭到宗教法庭审讯，被判宣传异端之罪。此外，早在哥白尼创立太阳中心说之前，15世纪库萨的尼古拉根据其对上帝的理解而提出宇宙无限的观点。他认为，宇宙乃是上帝的"缩影"和"复写"，它以其最大的可能性再现出上帝之绝对极大，上帝之中所蕴藏的内容展开即为宇宙。所以，上帝是绝对的无限、极大和统一，而宇宙则是相对的无限、极大和统一；作为"上帝之书"的宇宙无边无际、无固定中心。欧洲历史上有一幅木刻画曾描绘了这一情景：一位好奇的研究者从围绕地球布满太阳、月亮和星辰的天穹探出头往外张望，看到了天际之外壮观、无限的宇宙。但库萨的尼古拉关于宇宙无限的见解因缺乏严格的科学论证，超越了其时代的认知而在当时不被人们关注，后来重提宇宙无限论的布鲁诺因此曾为其叹惜不平。由此可见，西方天文学从中世纪到近代的过渡并没有根本脱离当时流行的宗教观念。

　　实验科学的诞生是科学史上的重要里程碑。但实验科学之萌芽与古代方术活动和宗教实践亦有复杂的关联。中国道教的炼丹术曾对化学和医药学的发展有过重要的促动，而西方实验科学则与欧洲中世纪基督教修道院或民间炼金术等实践活动有着密切的联系。两者的交融在欧洲13—17世纪的历史发展中极为明显。随着中世纪修道院的兴起，基督教会开始了宗教信仰与生产实践的结合。6世纪创立的本笃修会号召"读经与生产""祈祷与劳动"，第一次把宗教信仰的精神力量引向经济生产和科学实验的世俗领域。修士们治病救人的需求开始了医学和药物学的实验研究。教会宗教礼仪对葡萄酒的要求则促进了欧洲酿酒业的发展和对酒精的研究。欧洲实验科学的先驱罗吉尔·培根本为基督教方济各修会的修士，他反对当时经院哲学所风行的空言争辩，而主张靠实验来弄懂自然科学、医药、炼金术和天上地下的一切事物，认为只有实验方法才能给科学以确定性。他对光学、磁铁、机械、火药等的研究基本上都是在修道院中进行的。他虽因这些科学实验而受到教会的监禁、迫害，但其研究在很大程度上也得到过教会的支持，如其《大著作》《小著作》和《第三著作》就是受教宗克莱门特四世之命而对其研究成果的总结。此外，中世纪与科技相关的实验活动也曾受到当时基督教神秘主义观念的深刻影响。欧洲实验科学正是伴随着这种修道院实践活动才得以起步，并发展出归纳、求证的科学方法。西方中世纪兴起的新研究方法和对宇宙、人世的新看法孕育出西方近代早期的科学革命，启动了西方近现代科学的发展。

在近代数学的发展中，笛卡尔和帕斯卡尔曾有过杰出的贡献。笛卡尔对数学的理解及其推行的演绎方法，却与他的基督教信仰理解直接相关。他觉得能为数学性质的演绎方法提供可靠出发点的只有"直观给予"的观念，即"运动、广延、上帝"。这里，"上帝"观念是他所有认知的关键所在，"因为上帝创造了广延，并把运动放进宇宙"，而"给我运动和广延，我就能构造出世界"。笛卡尔根据《圣经》信仰而认为上帝是通过太初时确定的"自然规律"来统治宇宙；上帝创造宇宙后，就不再干涉其进展，因为运动乃上帝在创世时一下子赋予宇宙的。按此习称为自然神论的理解，他相信宇宙中的运动总量应是常量，并由此推论出其动量守恒原理。其对"自然规律"的理解亦源自犹太教、基督教关于上帝乃宇宙的神圣立法者这一观念，尤其深受宗教改革时期产生的加尔文神学的影响。这样，此后对科学感兴趣的加尔文教派也对笛卡尔的学说产生过强烈共鸣。笛卡尔靠其信仰中不可怀疑之确定原理来加以数学性质的论证，旨在演绎出自然界的一切特征。他推崇的这种演绎方法在近代西方科学发展中得以普遍应用。

帕斯卡尔则是具有唯灵主义倾向的虔诚基督徒，曾针对笛卡尔的理性思维而提出其超越理性的"优雅精神"及"心之理性"。他复活了古代基督教思想家奥古斯丁的观点，根据其信仰承认宇宙本身结构中有着一种根本性机遇因素和其论及"信仰之赌"的具体公式而提出了近代概率论的天才设想。基于对人与世界的信仰分析，帕斯卡尔还形成了极限概念，指出在一个连续变量中有无尽不同之蕴度，其间存在如点和线一样相互影响的蕴涵关系，有尽之量乃无尽量的合成，无尽量作为初量则是有尽的。他以"一切是一，一切是变"来归纳这种关系，并提出轨迹线之说，从而为近代微积分学奠立了基础，对莱布尼茨的系统思想提供了重要启迪。从这些科学分支的发展来看，若无当时社会和科学家们的宗教体认及其观念变化，近代科技不会凭空而起。

(三) 欧洲科学革命中的基督教

欧洲近代科学革命与基督教的密切关系，主要体现在新教改革运动对科学革命的积极意义和直接推动上。从欧洲近代科学发展来看，其科学家中新教徒人数要远比天主教徒为多，新教占优势的国家一般在科学发展上也强于以天主教为主的国家。据德·堪多1885年的研究记载，"从巴黎科学院于公元1666年建立以来的两个世纪内，有92个外国人当选为该科学院的成员，就他们的宗教信仰而言，其中71人是新教，16人是天主教，其余5位是不定的或者是犹太教"。[①] 当时在除法国以外的西欧人口中，天主教徒与新教徒人数之比是6∶4，而巴黎科学院的外籍成员却形成天主教徒与新教徒人数之比6∶27的局面。此外，1663年的英国皇家学会有62%的成员为新教徒，而当时新教徒的人数在全国人口中的比例极小。新教徒之所以能在欧洲近代科学革命中发挥重要作用，乃有如下关联。关联之一是欧洲科学革命与新教改革都以相似的方式来破除传统权威、展开各自的革新，从而达到重大突破。新教倡导的神学观念与近代科学革命的早期理论在当时曾出现所谓"新教义"与"新知识"的重合。宗教改革提出以《圣经》的权威来拒斥天主教会的权威，以"唯信称义"来自由找寻其灵性真理。近代涌现的新一代科学家亦不囿于传统观念的框架，而以自己的实践经验来寻求科学真理，根据自己的新发现、新理解来重新解释世界。此外，宗教改革消除了人们对外在权威的顾忌和担心，在其占主导地位的国度中取消了宗教法庭，从而使自然科学研究工作有了思想精神上的保障和良好的社会外部环境。

欧洲近代科学革命与基督新教的另一大关联，则是新教提倡的人世禁欲主义为发展经济、研究自然提供了一种精神力量和信仰保证。按照加尔文宗关于上帝之选召的预定论学说，新教徒以在俗世的禁欲主义来

---

① 引自［英］斯蒂芬·F. 梅森著《自然科学史》，上海外国自然科学哲学著作编译组译，上海人民出版社1977年版，第162页。

勤奋工作、潜心钻研，把由此取得的经济发展和科学发现视为"上帝的荣耀"。这种新教伦理与资本主义精神及近代科学精神的挂钩，在客观上为近代欧洲科学革命提供了强大动力。新教神学中的上帝预定论在其体系上也对近代自然科学中的机械决定论有着直接影响。这种关联还表现在新教改革主张以科学来达其宗教目的。其对科学的利用实际上也为科学革命开了绿灯。新教改革鼓励基督徒热心于科学文化，认为"探求真理的欲望"乃人类"堕落"后仍在"继续发光的火花"之一，肯定科学探究是"有益的事情"。其对研究自然的倡导使科学探讨与新教信仰达成一种融洽关系，结果直接推动了欧洲近代科学革命的发生。当时的科学家因在天主教国家中受限制和迫害而大多逃往新教国家，从而带来科学活动中心的转移。在近代全新科学理论的宣传推广上，新教也起了积极的作用。如哥白尼的太阳中心说曾在路德宗教改革的中心维滕贝格大学得到最早的传播，该校数学教授莱蒂克斯于1540年就推出了关于哥白尼学说的第一次书面论述；该校天文学教授赖因霍尔德1551年发表的《普鲁士星表》是按照哥白尼学说而制成的第一个天文表。哥白尼的《天体运行论》也是由路德宗新教徒俄西安德于1543年率先公布。新教改革对传统神学世界观的摧毁为其在自然科学上的破旧立新打下了基础。新教改革动摇了中世纪世界观中的神学部分，其带动的科学革命则瓦解了这一世界观中的自然哲学部分。旧的神学观和世界观被宗教改革所打破，在这种条件下兴起了新的世界观和科学观，它们最初仍带着明显的宗教痕迹，只是随着新观念的不断完善和自成体系，其宗教的痕迹才逐渐退隐、消失。

（四）伊斯兰科学

伊斯兰科学基于伊斯兰教信仰传统，是《古兰经》的启示精神和人类各种科学传统相结合的产物。穆斯林学者深信，《古兰经》启示可预示一切，其中包括人类的科学活动，故以真主启示为伊斯兰科学的本源。此外，《古兰经》提倡掌握知识，造成了一种有利于科学发展的气氛，影响了一代代的穆斯林文化学人，为之提供了灵感和精神力量。伊斯兰科学有其独特的宗教根源，更有其人类共同的科学传统的综合基础。

从这一更广阔的视域观之，伊斯兰科学继承了伊斯兰教产生前的人类多民族的科学传统，其中包括古埃及的医学和数学、古希腊的自然科学知识、巴比伦的数学和天文学、波斯的医学和天文学、印度的数学和医学，以及中国的造纸术等古代科技发明。穆斯林民族吸收了人类文明的各种科学成果，并在实践中丰富和发展了这些成果。因此，渊源多样与地域分布广阔便成为伊斯兰科学的特点，使之成为世界性而非区域性的科学文化。伊斯兰科学的内容主要分为自然宇宙观、理论科学与应用科学。

伊斯兰自然宇宙观包容了宇宙论、地理学、自然史、地质学、矿物学、植物学和动物学。宇宙论被视为科学的"理论"或哲学基础，它可分为宇宙学和宇宙志两部分。伊斯兰宇宙学与《古兰经》启示和神秘主义直接相关，为世人提供的是宇宙的幻象，其典型例子为先知穆罕默德一夜之间从麦加到耶路撒冷，然后升霄面见安拉的升霄图，以此亦有金顶清真寺的出现。这一传说不仅使耶路撒冷成为伊斯兰教的第三大圣地，而且使随后建立的阿克萨清真寺有了"远寺"之称。加兹维尼等人撰写的《创造的奇观》为宇宙志代表作，这类著作大多以天使国为开端，最后以植物和矿物为终结。依靠宇宙论可将各学科的知识与真主启示精神联系起来，从而创造出具有伊斯兰教特征的科学。早期伊斯兰地理学集大成者首推10—11世纪的比鲁尼，他成为定量描述地理学和文化地理学的先驱。他不仅改进了测定经纬度的方法，还提出了测量山峰高度的巧妙办法，对大地测量学的发展做出了杰出贡献。比鲁尼曾对印度恒河平原做过广泛考察，撰写了地质学名著《印度史》，认定恒河平原为沉积平原。他对恒河平原的观测堪称穆斯林自然史中最杰出的地质观测。伊斯兰教的沿海扩展，亦使穆斯林航海家在海洋地理学方面也卓有建树，西方海洋气象学术语"台风"（typhoon）和"季风"（monsoon）便分别来自阿拉伯语"吐番"（tufan）和"毛辛"（mawsim）。穆斯林对植物学产生兴趣，主要是出于农业和医学的实际需要。

以游牧民为主的穆斯林民族同动物王国有与生俱来的不解之缘。穆斯林特别重视对马的研究，因为游牧民对马是特别钟爱的，甚至会给马加封圣誉。最著名的穆斯林动物学著作当属达米里于 14 世纪所撰《动物生活总论》，它实为伊斯兰世界现存的动物学著作中最完整最系统的经典之作。穆斯林通过对动植物的研究，不仅了解了动植物世界，也深化了对人类自身的认识。

穆斯林在理论科学方面的贡献，主要表现在数学、天文学和物理学等领域。在数学领域，阿拉伯数字约于 10 世纪由伊斯兰世界传入欧洲。到 11 世纪，10 进位制的计算方法已在伊斯兰世界广泛应用，后经马格里布传入欧洲，对西方人的生活和思维，包括从纯数学到商业贸易等方面都产生了深远影响。阿拉伯数字实际上是经波斯穆斯林之手从印度数字借用来的，最早向西方介绍阿拉伯数字的著作是穆萨·花拉子密的《印度算术加减法》。英语中的算法（algorithm）一词便是花拉子密（al-knwarazm）的谐音词。此外，三角学可以说完全是由穆斯林学者创立和发展起来的。代数学实际上也是穆斯林学者创建起来的学科之一，从英文"代数"（algebra）一词源自阿拉伯文的 al-jiabr 便可看出它的起源。观天象是伊斯兰天文学最重要的内容之一。生活在沙漠中的阿拉伯游牧民很早就有观测太空的传统，习惯于靠星辰来断定游牧和旅行的方向，他们对恒星和星座的了解，甚至超过受过教育的现代城市居民。1259 年建成的波斯马拉盖观象台是天文学史上最早的专事天文观测的科研机构。穆斯林科学家还将数学尤其是正弦原理等三角学知识应用于天文学，成为研究天体的一种新方法。穆斯林学者在物理学上也多有贡献，伊本·西那提出了力学上的倾角概念，借以解释抛体运动，而这正是亚里士多德物理学的薄弱环节。10 世纪的伊本·海赛姆最先证明了折射第二定律，成为光学史上欧几里得与开普勒之间最重要的人物。

在应用科学领域，穆斯林的贡献突出表现在医学和水利建设方面。9—10 世纪的拉齐被公认为最伟大的穆斯林医生，其百科全书式的医学著作《哈威》为其最重要的代表作。拉齐的医学成就在伊斯兰医学史上具有里程碑意义。10—11 世纪的另一位医学大师伊本·西那（拉丁名阿维森纳）的医学巨作《医典》有中世纪"医学宝典"之称，伊本·西那由此被誉为"医圣"。由于伊斯兰世界大部分地区属于干旱地区，因此穆斯林极其重视水源的利用，采取了筑坝拦河、兴修水渠（包括四通八达的高架水渠网）、掘井（包括波斯人发明的"坎那"地下竖井供水系统）、造戽水车和挖运河等办法，以满足城市和农村的用水需求。水利建设成为伊斯兰科学中最发达的一个应用技术领域。

（五）佛教与科学

佛教作为宗教是社会意识形态，但其面对社会广大信众的需求时则会有其实践层面公共应用方面的发展。在中国古代历史中，佛医、道医的发展就非常典型。道教的外丹之炼曾促进了化学的发展，而其内丹学则与医学产生了直接关联。而佛教医学更是有着广泛的影响，其治病、用药的观念及实践既有中印之联系，又在中国与中医包括藏医、蒙医等形成密切的交织。佛教在其掌握的"五明"中就有"医方明"，此即佛教的医学和药学。佛教的修行和禅定等宗教实践也对佛教医学的发展有着明显的推动。而作为佛教思想重要基础的"四谛"说，也对人体医学有着独特的理论解释和广泛的实践指导。其中："苦"谛作为佛教人生观的基础，讲人生之苦的本质，以"八苦"来揭示人生生老病死等各种痛苦；"集"谛则分析带来人世间这些苦恼的根本原因，以此解"业"释"惑"；"灭"谛是指断灭世俗诸种苦恼得以产生的原因，根绝一切"业"与"惑"；"道"谛是指超脱"苦""集"的世间因果关系，通过"知善，断集，证灭，修道"而达到"涅槃"寂静之境。其解脱途径与佛医的治病救人有着惊人的相似之处，如以苦谛作为对病人所患疾病诊断的现象说明，以集谛来分析各种病因，以灭谛作为治病救人之有效实施，从而达到病好、解脱之理想道谛。与西医学把人的机体视作一台机器，治病即对机器出现故障之处加以局部修理不同，佛教医学强调把人的身体视为一个有机整体来看待，实施综合性治疗。而且，佛教医学治病中还强调人的生命包括物质和精神两个部分，具有"色""受""想""行""识"五种因素（"五蕴"），因此追求灵与肉的有机统一、全身协调。此外，佛教的禅修、气功、素食、斋戒等实践，也为保健医学的发展提供了许多实践积累和宝贵经验。佛教科学在建筑学、农学、园艺学等领域也有许多建树。

（六）基督教对中国近代科技的影响

中国传统科学在数学、天文、历法、机械、化学和医药学等领域有过辉煌的发展，至宋元时期曾达鼎盛，但自明代起开始衰落，而新的科学革命之崛起则与明清间西方基督教传教士尤其是耶稣会士带来的西学直接相关。西方传教士根据自己当时所接受的科学教育而向中国士大夫传播天文学、数学、地理学、物理学、水利学、解剖学和医药学等方面的科学知识。这些与中国传统科学体系迥异的西学带来了观念和方法上的创新，对中国科技界产生了巨大影响和促动，由此引发了中国传统科技领域内的革命，形成中国近代科技发展的起点。

在数学领域，中国传统数学以实用计算的《九章算术》为经典，而传教士则引进了西方数学，使中国接触到具有严密公理体系的西方数学理论。耶稣会士利玛窦与中国学者徐光启合译了欧几里得的《几何原本》。这部著作1607年的刊印标志着中国数学研究进入一个全新阶段，亦是中国近代科技革命开始的重要信号。此外，传教士与中国学者还合作编译出版了《测量法义》《测量异同》《勾股义》《圆容较义》《大测》《割圆八线表》和《天步真原》等，为中国数学的近代发展奠定了基础。

在天文学领域，原来从属于编纂历法之需的中国传统天文学亦受到突出宇宙论的西方天文学的冲击。传教士于17世纪上半叶开始引入调和哥白尼与托勒密两大体系的西方天文学第谷·布拉赫体系，并利用其先进理论和制作的天文仪器参与观测天象、修改历法，引发了对中国传统天文历法体系的革命。耶稣会士汤若望、南怀仁先后主持钦天监，参与修订历法，编写天文历法著作，并组织制作天文仪器，使当时中国天文历法领域面貌一新。例如，汤若望负责编纂的《崇祯历书》翻开了中国修历的全新一页。这部历书后为清初颁布的《时宪历》打下了基础，经增订后被康熙赐名为《西洋新法历书》。汤若望著述的《新法表异》《历法西传》和《新法历引》对当时中国天文历法界亦产生了广泛影响。南怀仁还著述了《灵台仪象志》，并将汤若望的《百年恒表》加以扩编而成《康熙永年历》。传教士出面制作的浑天仪、日晷、星球仪、地平仪、望远镜、地屏、各种经纬仪、纪限仪、象限仪和天体仪等，大大改进了天文观察、计算的条件和手段。

在地理学领域，传教士介绍的西方地理学和地圆说等理论，使中国人传统上持有的"天圆地方"说得到修正。传教士带入或主持测绘完成的各种地图开阔了中国人的视野，突破了传统观念给人以耳目一新之感。例如，《山海奥地图》《万国图志》不仅给中国人带来了新的世界地图，而且注入了一种新的世界理解。由传教士主持测绘完成的《皇舆全览图》开以先进科技手段实地勘测、精确绘制全国地图之先河。在明清之际，传教士撰写的《天主实义》《乾坤体义》《职方外纪》《西方要纪》等著作也使西方地圆学说、地理知识、风土人情及测绘技术等为中国人所获知。

此外，传教士引入的物理学、水利学、建筑术、机械制作、火炮铸造等科技理论及方法均对中国近代科技的发展产生了影响，打破了中西科技领域互不相关、彼此隔绝的封闭局面。李约瑟为此曾分析指出，在耶稣会传教士进入中国之前，中国的科学是孤立、封闭性的内涵式发展，而耶稣会士入华后，中国科技则和全世界的科学汇成了一体，真正进入了世界科技体系。这种中西科技交往的打通和科技思想的汇通，使中国科技界得以系统全面地学习借鉴西方科技理论和经验，中国科技史从而开始了从古代传统科学到近代科学的重大转折和质变。

二 当代宗教与科学

（一）当代宗教对科学的态度

宗教与科学的关系同人类的认识史紧密相连。在古代社会的宗教世界观中，科学活动通常被视为宗教世界的一部分，故其实践亦受到宗教世界观的指导和制约。但随着近代以来科学的发展突破传统世界观的约束，宗教与科学的关系趋于复杂。人们不再以宗教世界观作为其科学研究的认识前提或理论指导，而认为彼此之间存在差距，两者分属人类思想文化和认知思维的不同层面。不过，许多人仍承认宗教与科学在研究方法和理论学说上的异同也起着互补的作用。

随着近现代人类认知的发展，当代宗教对科学的态度已趋于多元。诚然，有少数宗教或教派因囿于其传统世界观而仍对当代科学发展持抵触态度，但大多数当代宗教界人士对科学都采取了认真研究、对话交流和运用合作的态度。面对现代科学日新月异的发展，许多宗教都开始公开承认研究自然的意义和价值，强调这种研究乃宗教信徒的责任，并认为通过深入研究可从上帝的创造物中看到上帝的神圣庄严，在增长人们利己和利人技能的同时扩大其对上帝的爱戴。宗教一方面希望人们通过自然科学研究而增强其宗教信仰，另一方面则相信人们深沉的宗教感作为人类的主要冲动也会激发其深入研究自然的热情。从当代影响最大的基督教来看，不仅新教思想家认为在冥冥天道中可体会上帝的运行，在自然规律中可察觉上帝的作用，在科学发现中可看到上帝的光耀，而且天主教会对科学的态度也发生了巨变。1936 年，教宗庇护十一世将罗马教廷 17 世纪初组建的猞猁科学院更名，正式建立罗马教廷科学院，以加强自然科学研究。1951 年，教宗庇护十二世发表《从现代自然科学来看上帝证明》的演讲，其内容涉及宏观和微观宇宙、电子和原子核、热力学第二定律和天文学中的"红移"现象等自然科学问题。他认为自然科学、哲学和宗教这三种认识方式就如同一个太阳的不同光芒那样都是认识真理的工具。1979 年，教宗约翰-保罗二世亦进而敦促全世界神职人员钻研科学，以达到真正的科学训练和世界水平的专门知识。当代宗教对科学的这种态度，使两者之间的关系发展到一个新的阶段。

（二）宗教与科学的对话

宗教与科学的对话是当代宗教研究中的一个热门话题，它反映出两者之间关系的发展变化。在传统神权统治时期，宗教权威的至高无上曾要求一切科学对之无条件服从，结果导致宗教与科学的冲突。在近现代社会发展过程中，宗教在很大程度上接受或吸纳了科学研究的成果，从而开始与科学对话，以及对科学研究的理解与支持。对于新旧时代过渡期间宗教与科学的冲突，宗教界亦有着反省和表态，如当代天主教思想家孔汉思曾指出，天主教会过去对伽利略的地球围绕太阳运动的学说和达尔文进化论的迫害与反对，是当时教会犯下的"大错"，但他同时认为科学与宗教属于不同的认知范畴，科技不能解决人生与社会的一切问题，不能代替伦理和宗教。因此，不少当代思想家把宗教和科学视为"影响人类的两股最强大的普遍力量"，指出它们的认知乃采取了不同的视野、角度、路径和方式，如科学借助于实验，宗教则采用象征和比喻的形式等。基于这种看法，不少人主张宗教与科学的真诚对话，以便在这两个不同领域中找到共同点，避免宗教与科学的对立或隔绝。这种对话一方面保留了科学对宗教进行批评的权利，另一方面也使宗教能对科学的社会意义和伦理意义加以关注和监督，对科学认真研究和充分运用。

（三）基督教的科学观

基督教关于科学有过相应的自我看法和理论陈述。早期基督教的科学观主要体现在基督教神学体系中的自然神学部分，其中论及对自然万物的认识和研究，涉及自然科学领域中的一些根本问题，如自然的性质、自然的发展过程，以及自然的规律和体系等。近现代以来自然科学的迅猛发展突破了传统自然神学的框架，基督教的科学观亦逐渐发展为一种开放性体系。不过，基督教的科学观与其对《圣经》理解和诠释密切相关，这种信仰传统决定了基督教对自然的基本态度，以及对世界的创造、发展和本质的理解。其对自然的肯定态度基于《圣经》信仰，但在历史上教会曾因拘泥于《圣经》字面意义而对地球及人类的形成和发展做出了过于僵化的解释，由此引起宗教与科学在创世论与进化论、地心说与日心说等问题上的论争。随着近代《圣经》评断学的兴起和发展,以及人们在认识自然上的不断深化,基督教承认《圣经》表述方式所特有的时代性和民族性,从而突出这种表述的象征意义和隐喻特色,使基督教对自然的科学认识趋于正确和精确。

基督教的科学观包括对科学理论和科学方法的探究的表态。前者论及上帝与自然、精神与物质、意识与生命、实在与过程、渐进与突变、规律与不确定性、目的与无定向、整体与局部等理论探讨。后者则关涉归纳与演绎、主体与客体、观察与实验、理性推究与灵性直觉等方法。这种观念在不同的历史时期亦有发展演变,形成了创造论、有机论、目的论、机械论、经验论、唯理论、预定论、顺应论、进化论和过程论等差异。

(四) 基督教对研究自然的态度

基督教对研究自然持一种积极的态度,其研究自然的角度和方法则受其信仰的指导和影响。巴伯在《科学与宗教》一书中指出,基督教认为上帝创造的世界本是完好的,研究自然旨在为"上帝的荣耀和世人的利益"服务,是"对上帝展现在宇宙中的令人叹为观止的作品的揭示"。因此,科学也是一项"宗教任务"。对自然的揭示和研究遂成为传统自然神学的重要内容之一。基督教在研究其信仰的上帝时,不少神学家强调上帝的无限、绝对、永恒不能直接认知,而只是通过上帝创造的宇宙自然来间接推论,由此出现了各种宇宙设计论或目的论的证明,主张通过研究自然来认识上帝,把自然作为"上帝之书"来对待。这种见解在牛顿《光学》中曾得到典型体现:"自然为何无处不具有目的性?我们所目睹的世界上的一切秩序和美又产生于何处?动物的躯体何以呈现出如此精妙的构造?它们的各种器官为何目的而生?眼睛难道不也是一种符合光学原理的精巧技艺的产物?""这一切现象难道不清楚地表明,宇宙间有一种非物质的、有生命的、智慧的……存在吗?"[①]

[①] 引自伊安·G. 巴伯著《科学与宗教》,阮炜等译,四川人民出版社1993年版,第48页。

在对自然的研究上，一般有三种不同的认识。第一种认识坚持自然规律绝对可以弄清楚，其研究成果亦为纯客观的、绝对可靠的真理。第二种认识坚持自然规律从根本而言不能把握，它乃捉摸不定的"物自体"或"自在之物"；人们的认识只是根据自己的偶然发现或具体经验而做出的相应"表态"，故并未触及自然的真正本质和规律。第三种认识则认为对自然规律可以认知，但这种认知是相对的、有待进一步完善的；人们在认识自然规律时必然采用某种理论和方法，运用一定的试验手段，其研究成果受这些理论、方法和手段的制约，亦带有其特色。这种认识强调研究自然乃主、客体的结果，所谓纯客观的研究根本不存在。基于上述认知，基督教亦突出研究自然中信仰的指导，认为宗教信仰一方面可为研究者带来研究的激情，另一方面则可使其研究不断向真善美接近。

（五）信仰在认识中的作用

在人的认识中理性与信仰之间存有一种辩证关系。自欧洲近代理性时代以来，不少人认为科学靠理性精神，宗教靠信仰精神，两者是对立而不相容的。这种观点在近现代思想认知发展中被不断修改或纠正，并逐渐形成宗教中有理性认知，而科学认识中并没有根本排除信仰这一共识。

在认识自然上，宗教信仰的作用仍显而易见。按照宗教的视域，人的认识是有限的，理性的作用也并非万能的。理性在解说无限整体时可能会陷入康德所言"二律背反"的窘境，这是理性在超越其所属范围时所显出的局限性。所以，宗教认为理性的精确和严密有利于微观局部的分析和研究，但在对宇宙宏观整体的瞬间把握上则捉襟见肘。与理性认知对比，宗教认为信仰的特点就是想从其有限而达到无限，从其局部而把握整体，从其相对而追求绝对，从其短暂而憧憬永恒。在此，信仰运用了理性之外的形象手法，用象征语言，借助于想象、情感和意志之力来表述无限整体。在宗教看来，科学上的假设和猜想按其本质特征亦为一种信仰的表述或具有一定的信仰成分。与经验论或演绎论的唯理思维不同，信仰在认识中属于一种浪漫思维，它不可能给认知带来精确答案，却可为其提供启迪和灵感。

（六）关于创世论和进化论的讨论

在世界及人类起源问题上如何理解创世论和进化论，是近现代基督教关于宗教与科学之间关系问题讨论上的焦点之一。传统基督教会曾根据《圣经》中上帝六天创世，于第七天安息的字面意义而简单推算地球及人类的年龄，形成与之相关的创世论。传统创世论突出上帝对各物种目前形态一劳永逸的创造，而反对物种演变和进化之说。这种理论在看待上帝与自然的关系上强调对自然的设计，并与自然神学的基本思路相吻合。19世纪的自然神学家为此曾撰写《物理神学》《昆虫神学》和《水神学》等著作来说明科学发现所展示的上帝"为达到目的而对手段所做的仁慈设计"。为了体现创世论在《圣经》中的确切依据，一些基督教神职人员和信徒曾对世界和人类被创造的时间加以推算。例如：14世纪罗马教宗格里高利十一世曾按《圣经》人物世系而推断上帝于公元前5129年创造出亚当；19世纪英国基督徒第特福特亦曾宣称地球年约6000年，而人类"始祖"亚当被造时间则被其"精确"到公元前4004年3月22日上午9时；乌色尔大主教亦从亚当后裔之寿命而推算出上帝创世发生在公元前4004年。但随着天文学、地质学、生物学等领域的新发现，基督教开始对上帝"六天"创世加以隐喻性、象征性解释，如认为这六天实际上代表地质史上的六纪等。

1859年，英国生物学家及神学家达尔文经过长时期旅行考察，深入研究后出版了《物种起源与自然选择》一书，提出著名的进化论学说。1871年，达尔文在其《人类的遗传》中进一步论述了人类乃是在自然选择过程中从类人猿缓慢进化而成的观点。由此，近现代神学界和自然科学界就创世论和进化论展开了激烈的争论。达尔文的进化论在上帝与自然关系问题上对传统设计论提出了挑战，他认为自然乃动态发展的过程，充满演变和进化。不过，达尔文亦承认物种起源虽有偶然性而不为设计所定，其进化所依循的规律却仍属上帝的创造，这种规律性乃作为创造万物的"第二性手段"而起作用，从而不与上帝是"第一因"的观念相悖。按照这种对第一因的持守，达尔文宣称自己仍是有神论者。反对达尔文进化论的人则指出，这种理论一方面因强调自然选择、进化而向上帝对自然的设计提出了疑问，另一方面因提出从猿到人之说而向人类的尊严提出了挑战；此外，这些人认为进化论还因与《创世纪》的论说相差甚远而未尊重《圣经》的权威。20世纪初，美国基督教出现了具有保守色彩的基要主义思潮，其特点之一就是对进化论的攻击。这一攻击在1925年7月美国田纳西州对戴顿城教师斯寇普斯讲授进化论之案的审讯而达到高潮。后因公众对保守主义思潮的反感和对科学革命的开放之态，对进化论的攻击才逐渐衰弱。

在创世论与进化论的讨论中，不少人曾将进化论作为一种假设。由于科学家对进化论的意见亦非全体一致，所以许多人仅将进化论看作一种"尚未被证明过的理论"，并不承认其为"事实"。不过，进化的思想亦启发了现代基督教思想家重新理解和诠释创世论，开始了将进化论融入创世论的探讨，并形成现代"进化主义神学"。19世纪后期，美国新教神学家比彻和艾波特等人都认可进化论的观点，认为上帝是在宇宙之内、通过连续不断的发展过程来起作用，而不是以"干预"或"创造"为其神性特征。法国天主教神学家戴亚尔·德·夏尔丹（中文名"德日进"）亦为典型的进化论者。他曾组织并参加了对北京周口店北京猿人的发掘、研究工作，因而对从猿到人的进化发展有着直接了解和第一手研究。他在其神学理论中认为上帝的创造支配着进化的全过程，这种创造并非一劳永逸而是持续进行，世界的进化即"神圣的超自然渗透到美的自然中"。此外，当代影响较远的基督教过程神学也体现出进化论的创意。

基督教会对进化论的认识经历了从反对置疑到部分承认和运用的过程。与伽利略的遭遇不同，达尔文并未被教会正式定罪，其理论亦得到一定程度的容忍。早在1886年达尔文铜像在其葬地揭幕时，出席揭幕典礼并发表演说的英国国教会多培莱大主教就曾宣布进化论与《圣经》教义并无冲突。1950年，教宗庇护十二世发表有关人种起源的通谕，把人是由动物转化而来的理论作为一个可以讨论的假设。而在 1995 年 11 月，教宗约翰-保罗二世亦公开在罗马教廷科学院论及"进化已不仅是一种假设"。由此可见，进化论已渗入到当代教会及其神学本身，基督教一方面强调上帝的创造乃体现在自然进化的全过程，另一方面则在承认人在肉体上从其早期动物形态演化而来的同时，仍坚持人的灵魂是由上帝赋予，故保持着其作为精神实体的独特性。在其看来，世界和人类的起源可分为"起始"和"根源"这两个层面，世界及人类的进化有其起始，其根源则来自上帝的创造，因而有一种神性精神弥漫着整个世界，这一神性意义上的创造仍在继续之中。基于这一理解，创世论与进化论的冲突得以化解。

（七）自然科学涉及的上帝问题

随着近现代神学发展中出现的自然神论、泛神论、万有在神论（亦称"超泛神论"）、存在神论和过程神学，上帝的观念已与传统信仰中的人格神观念有所不同。这样，关于上帝问题的讨论亦与自然科学中探讨的一些基本问题挂上了钩。

首先，近代自然科学中牛顿、伽利略等人在力学、物理学方面的探讨以机械世界体系为前提，他们把世界和人理解为机器，认为其运行如同一架被启动后的精巧时钟，它会独立走完其机械的过程。不过，在这种动力论中涉及动力因链条的最初环节问题，即牛顿力学中物体运动的"第一推动力"或传统哲学命题中"第一因"的问题。牛顿把这一问题与当时流行的自然神论挂钩，将上帝理解为"第一推动力"或"第一因"，即发明并启动这一世界之钟的神圣制造者，从而形成其物理学—神学体系。此外，基督教的泛神论对牛顿等人的宇宙观、时空观亦深有影响。与宇宙即神的泛神论理解相似，牛顿以其机械泛神论的观点把上帝理解为永远而且到处都存在者，并宣称宇宙中静止和不动的实体即上帝，上帝以其永远和普遍存在构成时间和空间。这种时空观在现代超泛神论和存在神论中得以保存和发挥，并进而与现代自然科学的讨论相呼应。

其次，生物进化的观念扩大为整个宇宙形成、演进的思想，对其进程及规律的认知在现代神学的上帝观中亦得到反映。这里，自然的规律、宇宙的本质被神学家解释为上帝的意志和存在，由此形成一种内在论的进程神论或外在论的宇宙神论。

再次，天文学的发现、"大爆炸"宇宙论的提出，以及热力学第二定律（增值的熵）的物理学证据等，对传统时空观、宇宙观有了新的认识和修正，从而亦为现代神学中的上帝论及其理解留出了余地。针对天文学的证据，"瞬间创世"说被重新肯定，宇宙在时间跨度上的有限亦成为对上帝在永恒时间中创造无限空间的证明。不少当代科学家和神学家在时间无始无终、宇宙空间有始有源的看法上达成共识。最后，宇宙天体的对称、和谐，自然世界的规律、秩序，也被一些具有宗教信仰背景的自然科学家视为理解上帝观念的途径。如巴基斯坦理论物理学家萨拉姆关于对称性原理的解说、犹太科学家爱因斯坦对宇宙秩序与法则的赞叹等，都是现代意义上的神学理解。

（八）现代天文学中的神学话题

在现代天文学发展中，随着人们发现超密态的宇宙物质、类星体、爆发星系，提出了称为"黑洞学说"的恒星演化理论、解释"红移现象"的大爆炸宇宙学，以及主张宇宙膨胀的稳恒态宇宙论，一些现代思想家开始将神学中的上帝论和创世论等话题重新与天文学相关联。

传统上帝论对上帝存在方式和场所的探讨被视为天文学研究的重要方面。根据《圣经》中耶稣基督死后复活上升到天上某一天体而与天父相聚之说，基督教曾把最高天层即宇宙的边缘作为上帝的住所。当太阳中心论得到公认后，近代基督教亦曾有人将太阳视为宇宙天体中最完美、最光荣、最神圣的部分，断定上帝必然住在太阳上，而太阳亦被看作上帝的本体。随着现代天文学及宇宙学的发展，传统超然神论又将上帝存在的场所设想到某个未知的宇宙中心，认为上帝是从这个中心来直接统摄整个宇宙。但在这一时期，天文学对无数遥远天体和星系的发现，使宇宙无限的观念逐渐形成，上帝在宇宙中心的住所等表述逐渐被上帝存在的方式等议题所取代。人们开始从宇宙的秩序、对称、和谐、壮观来看待上帝存在的表露，认为时间、空间、引力、运动、质量、光速，以及它们之间的关联体现出无形上帝的旨意和方针。这种上帝观在许多具有宗教背景的科学家们所表现的宇宙宗教感上得到典型体现。

现代哲学将无限无界的整体宇宙作为其研究对象，而作为自然科学的天文学则主要是靠其掌握的科学仪器和手段来观测其能力所及的"我们的宇宙"。在这种自然科学的宇宙概念中，现代宇宙学提出了开放宇宙模型和闭合宇宙模型的选择，而大爆炸宇宙学则以其"有限无界"的模型做出了宇宙有限的结论，提出其观测得到的宇宙乃有一个开端，即时间上的起点问题或宇宙的"特异点"（singularity）之说。这种"大爆炸"理论所蕴含的"瞬时创生"被当代神学视为与创世论相吻合，因而被发挥到作为上帝创造宇宙（而不仅仅为创造地球）的明证。基督教创世论强调世界乃上帝所创造，被创造的世界故有一开端。尽管世界的不断膨胀说明其三维空间具有无限的体积，乃无边无界，但世界在时间中的开始则意味着其时间性上的有限。此即世界有限无界这种说法的认知根据。创世论叙述了上帝在永恒时间中从虚无创造出世界。"大爆炸"理论则指出任何宇宙天体的年龄都应短于宇宙温度下降至今天这段时间（约 200 亿年），而在天体产生之前宇宙只是类似"虚无"的、密度极大的中子、质子、电子、光子和中微子等基本粒子形态的物质。因此，宇宙天体创生之前的"原始原子核"状态在神学理解中可等同于上帝创世之前的"虚无"，以此为起点而开始了物质的"连续创生"，形成了有形世界。创世论的现代诠释将这种"大爆炸"现象理解为上帝瞬间创造的作为，以世界有始的创生宇宙论来取代物质不灭的稳态宇宙论，其起源学说按其本质并非讨论世界的起源，而是要说明世界与上帝之间所存有的基本关系。

（九）对伽利略案件的平反

16—17 世纪的伽利略是意大利近代著名天文学家和物理学家，因支持和宣传哥白尼的"日心说"而被罗马宗教法庭判为"涉嫌信奉异端"。这一指控直至20世纪下半叶才得以平反。伽利略作为天文学家很早就是哥白尼太阳中心说的拥护者,他在1597年曾私下表态说自己"多年以前就已经拥护哥白尼的学说"。伽利略用自己发明制造的天文望远镜,进行了长时期的天体观察,并发表了许多支持哥白尼学说的见解。这些突破传统的理论遭到当时教会人士的反对,伽利略亦于1615年受到罗马宗教法庭的传讯。在高压之下,他被迫表面上声明与哥白尼的学说决裂。哥白尼的著作亦于1616年被列入禁书目录。此后伽利略并没有放弃对哥白尼体系的研究,他于1632年在征得佛罗伦萨宗教法庭法官的许可后出版了《关于托勒密和哥白尼两大世界体系的对话》一书,驳斥传统中的错误见解,向《圣经》中有关地球永不移动之论挑战。1633年初,他在写给朋友的信中说道:"为了理解世界的各部分,何以一定要从研究《圣经》开始,而不能从研究上帝所创造出来的事物开始?它所创造的事物是否就应当不如它的话那样受尊重?如果有人认为,说地球在运动便是异端,而后来实验和证据都向我们表明情况确实如此,教会怎么不会遇到很大困难呢!相反,如果事物和《圣经》一旦不相吻合,我们就要认为《圣经》是第二位的,这对它并无妨害,因为它经常被修改来迎合民众,常常把虚妄的东西归之于上帝。所以我一定要问,何以我们一谈起太阳或地球时,就坚持认为《圣经》是绝对不会有错的呢?"[①] 此信写出后不到半年,伽利略又被押到罗马宗教法庭受审。1633年6月22日,伽利略在高压下被迫"招供",宣布"接受宗教法庭的命令,完全放弃我认为太阳是中心并且不动这一虚妄的观点,决不以任何方式坚持、辩解和教授上述荒诞无稽的学说"。[②] 但据说伽利略在招供认错后仍以注目小狗摇动尾巴的方式而倔强地自语:"无论如何,它(地球)仍在运动"。伽利略这次被罗马宗教法庭判了宣传异端罪,此后被禁闭在佛罗伦萨附近的阿西曲村舍,其

[①] 引自[美]乔治·伽莫夫著《物理学发展史》,高士圻译,商务印书馆1981年版,第51页。

[②] 同上书,第51—52页。

著作在意大利亦被禁止出版。1642年1月8日，伽利略在其遭拘留之地郁郁而终。

　　随着近现代科学的高度发展，天主教开始积极寻求与自然科学发现及成就的协调，对科学的意义和价值加以承认和肯定。如1936年罗马教廷科学院的成立和1966年《禁书目录》的取消，使自然科学与天主教信仰之间曾有过的互不信任有可能解除，从而亦为伽利略案件的澄清创造了历史条件。1979年，罗马教廷纪念爱因斯坦100周年诞辰，当时登基不久的新任教宗约翰-保罗二世借此机会表示，希望研究伽利略受审遭禁这一给科学家带来莫大痛苦亦使罗马教廷的声誉因此而受到损害的案件。1979年11月10日，罗马教廷宣布撤销1633年对伽利略的谴责，并重新调查这一事件。教宗在教廷科学院表示要设立特别委员会来深入探讨伽利略案件，以得出客观、公正的结论。此即给伽利略案件平反之始。1981年，由波帕德枢机主教负责的特别委员会在教宗的亲自指示下成立，专门调查伽利略案件。经过十余年的调查，特别委员会于伽利略逝世350周年的1992年向罗马教宗提交了委员会的调查报告。波帕德在报告中指出，当年审判伽利略的法官虽有着坚定的信仰，却未能把信仰与陈旧的宇宙观分开，因而"犯了主观判断的错误"，即对伽利略的问题出现了"判断上的错误"。

　　教宗约翰-保罗二世在审阅特别委员会报告后表示接受这一调查结果，并于1992年10月31日在罗马教廷科学院发表讲话，正式宣布为17世纪坚持日心说的伽利略平反、恢复名誉，并承认这一案件是"悲剧性的互不了解"所导致的结果，教会当时对伽利略的谴责是错误的，"这宗令人悲痛的误会现在已成过去"。教宗在讲话中还指出，伽利略案件带给教会有关"科学本质与信仰讯息"的重要教训，当今教会必须随时留意科学的发展，从而反省其训导是否需要修改。他承认，在伽利略时代，科学的发展及其研究方法上的提高，曾迫使教会反省其释经方法，但其神学家们大多不知所措，而伽利略则指出对《圣经》的阐释必须超越其字面意义，从而表现出比反对他的神学家更为深刻的洞见。教宗表示，教会今后在面对类似伽利略事件时必须具有"真正的勇气"，应对自己的领域"熟悉并警觉，明白其局限"，避免做出过缓或过急的判断。为了重建科学与信仰之间的融洽关系，教皇声称启示真理与科学真理虽有区分，却无矛盾，两者显现出真理的不同层面，因而可在彼此了解的情况下达到整合。教宗还承认罗马教廷1633年对伽利略的谴责反映出教会在当时的认识水平和局限，并为此提醒当代教会："复杂性论题的出现可能标志着自然科学史进入了一个重要的阶段。人们可以从伽利略案件中吸取对今天出现的或明天可能出现的类似情况仍具有现实意义的教训。除了两种偏见的和截然不同的观点以外，今天还有一种包括和超越了这两种观点的更开阔的见解。"[1] 随着罗马教宗的这一表态，伽利略的案件得到彻底平反。

（十）罗马教廷科学院

天主教曾建立了研究科学的机构，即直属于天主教教宗名下的自然科学研究院，亦称教宗科学院。1936年由教宗庇护十一世定名，这一年被视为目前的罗马教廷科学院正式成立之年。该科学院的前身为猞猁科学院，其名称来自当时所用的徽章上的猞猁标志。

罗马教廷建立各种科学院的尝试可追溯到17世纪初欧洲人文主义风行的时代。1603年，猞猁科学院成立；1847年，教宗庇护九世将其改组为罗马教廷新猞猁科学院；1870年，意大利军队和加里波的志愿兵占领罗马，新猞猁科学院一度被收归意大利国有，后又还给罗马教廷。历史上先后建立的罗马教廷科学院还包括1718年由教宗批准、1956年重建的罗马教廷神学科学院，1801年成立的天主教科学院，1810年创立、1829年归属罗马教廷的罗马考古科学院，1879年由教宗利奥十三世创立的罗马教廷圣托马斯·阿奎那科学院，以及1946年成立的罗马教廷国际圣母科学院等。而具有罗马教廷教会科学院之称的学术机构实际上指罗马学院，并非严格意义上的科学院。1934年罗马教

---

[1] 教宗约翰-保罗二世1992年10月31日在教廷科学院的讲话，引自《世界宗教资料》1994年第1期，第57页。

廷圣托马斯·阿奎那科学院与天主教科学院合并。此外，罗马教廷于1994年初宣布成立罗马教廷社会科学院，公布了其第一批31位院士的名单。

真正研究自然科学各领域的教宗科学院仅为在猞猁科学院基础上重建的罗马教廷科学院。1922年，庇护十一世将位于梵蒂冈花园的庇护四世别墅定为该科学院所在地，并于1936年将其改称今名，宣称建院目的是尊重纯科学、支持并促进自由研究。1965年，罗马教廷科学院从世界各国著名自然科学家中选出70名院士，此外还设有名誉院士和编外院士，从而构成当时世界上唯一的一个跨越国界的科学院。它从其院士中选出院长，并任命4名院士共同构成科学院委员会。所有院士均同天主教主教一样享有"阁下"的尊称。

1976年，罗马教廷决定扩大其科学院的研究范围，并设立"庇护十一世奖"。此后，罗马教廷科学院每年授予一些科学家金质奖章和奖金，以鼓励自然科学领域的尖端研究。1993年，罗马教廷科学院终身院士人数增至80名，其中有25人为诺贝尔奖获得者。这些院士的当选并不以天主教信仰为前提，教宗承认其科学院院士应以才能和知识水平为最高选择标准，并不要求他们必须是天主教徒。这些院士中包括穆斯林和犹太人，4位女院士中有3位是犹太人，其中1人公开宣称自己为无神论者。罗马教廷科学院表示，教宗的学者不属于教宗，而首先是属于科学，这些学者乃是代表科学而给教廷带来最新知识，因此，只要态度认真，即使其知识理论与教会教义相矛盾也没有关系。1994年4月，教宗约翰-保罗二世又任命4位科学家为罗马教廷科学院院士，包括3位院士和1位荣誉院士，3位院士中有美籍华人杨振宁博士和张德慈博士。

罗马教廷科学院不定期举行国际性科学学术会议、组织有关科学问题的讨论周和工作会议，其讨论的主题有"预防核战争""人工延长生命和确定死亡的精确时间""农业和生活质量""科学的责任"和"热带森林与品种保护"等。从1949年至1990年，其组织召开的国际学术会议已有59次。

三 科学家与宗教

(一) 科学家的宗教观

许多自然科学家同时又是虔诚的宗教徒，他们对宗教有着极为独特的理解和体认。现代物理学家普朗克在其《宗教与自然科学》一文中曾说："宗教和自然科学是珠联璧合、相得益彰的。[①] 其最直接的证据大概要算这样一个史实：所有时代最伟大的自然科学家，诸如开普勒、牛顿、莱布尼茨，对宗教无不抱着笃实虔诚的信仰。"普朗克揭示的这些自然科学家信教现象，除了他们生活中的家庭、社会宗教文化传统及与之相关的伦理宗教感之外，较为典型的则是自然科学家的宇宙宗教感，即对宇宙结构的对称性、美和秩序等奥秘敬畏、赞叹的情感。这些科学家主要是将敬畏永恒自然律和追求绝对视为真正的宗教。

与传统宗教信仰对绝对的依赖感不同，科学家的宗教观通常体现为对绝对的敬畏感。这种敬畏感是他们探索宇宙奥秘、追求科学真理的巨大动力。在他们看来，上帝不是一个人格化的形象，而为永恒的宇宙秩序，追求上帝遂为对这一自然奥秘的无限探索。古希腊思想家曾将上帝视为一位绝妙的数学家，强调上帝乃以"数统治着宇宙"。开普勒认为宇宙规律是上帝创造世界所采用的确定计划。牛顿亦把上帝理解为宇宙和谐、绝妙之安排，相信上帝给予了宇宙运动的第一推动力。莱布尼茨以认识上帝为己任，认为上帝按数学法则来构建宇宙使宇宙拥有"预定和谐"。康托尔则把无限数列视为宇宙秩序的象征，相信它们都为永恒、都具有"神性"。法拉第也将世界的终极和谐作为其宗教信仰之所依。

在当代自然科学的发展中，科学家信徒现象仍很普遍。英国科学家爱丁顿曾说："现代物理学决不是使我们远离上帝，而是必然地使我们更接近上帝。"法国科学家萨巴第认为："只有那些没有受过良好教育

[①] 参见伊安·G. 巴伯著《科学与宗教》，阮炜等译，四川人民出版社1993年版，"代中译本序"第2页。

的人，才把科学同宗教对立起来。"美国科学家康普顿强调："科学与宗教远不存在什么冲突，科学愈来愈成了宗教的盟友。我们对大自然理解得越深，我们对大自然之神也就认识得越清。"德国科学家玻恩承认，"正像教徒的虔诚信仰或艺术家的灵感一样，科学家在科学研究上的冲动，表示人类在这万物的急旋中渴望找到某些固定的东西，安静的东西，那就是上帝、美和真理"。出生于巴基斯坦的科学家萨拉姆也指出伊斯兰教在其科学观中占有一席重要地位，并解释他研究对称性原理的热情乃其"伊斯兰教的天性所致"，"因为造物主创造的宇宙正好体现了美、对称性与和谐；体现了规律性和秩序等观念"。这种推动科学家忘我投身于探究宇宙奥秘的宇宙宗教感在当代大科学家爱因斯坦、普朗克等人身上也得到极为典型的体现。

现代自然科学家的宗教观在另一方面则表现了其对科学与宗教关系的思考。他们认为，科学与宗教不能相互替代，但可互补。当代基督教思想家孔汉思在论及"宗教与科学"时曾强调"科技不能解决人生与社会的一切问题，不能代替伦理和宗教"。爱因斯坦亦承认，科学只能断言"是什么"，而不能确定"应当是什么"。[①] 因此，他们把真正的宗教作为伦理道德的基础和价值意义的尺度，认为科学真理与宗教真理可通过互补、协调而有机结合，由此使宇宙自然和人类社会的真善美得以充分显现和发挥。

（二）爱因斯坦的宗教观

爱因斯坦在其宗教观中表示了对宇宙神论的信仰和对人格神论的否定，这是科学家的宇宙宗教感的典型表述。爱因斯坦对其是否有宗教信仰之问曾明确表态："我信仰斯宾诺莎的那个在存在事物的有秩序的和谐中显示出来的上帝，而不信仰那个同人类的命运和行为有牵累的上帝。"[②] 在他看来，宗教的理解和体认经历了恐惧宗教、道德宗教和宇

[①] 以上引文引自路甬祥主编《现代科学技术大众百科·科技与社会卷》，浙江教育出版社2001年版，第312页。

[②] 同上。

宙宗教感情这三个阶段的发展，前两个阶段的宗教是对拟人化上帝的信奉，第三阶段的宇宙宗教感情则无这种拟人化的上帝观，而是对宇宙中神圣、奥秘之秩序及其因果律之普遍作用的深深信仰和敬畏。他指出，这种宇宙宗教情感和信仰对于科学家的献身精神和孜孜追求至关重要，"那些我们认为在科学上有伟大创造成就的人，全都浸透着真正的宗教的信念，他们相信我们这个宇宙是完美的，并且能够使追求知识的理性的努力有所感受。如果这种信念不是一种具有强烈感情的信念，如果那些寻求知识的人未曾受过斯宾诺莎的对神的理智的爱的激动，那么，他们就很难会有那种不屈不挠的献身精神，因为只有这种精神才能使人达到他的最高成就"。① 爱因斯坦把上帝理解为理性在宇宙自然的体现，视上帝为"自然规律的内在联系和逻辑"。因此，他信仰宇宙的和谐，认为宇宙的井然有序、和谐统一体现出美的感受和宗教的意境。从这种信仰出发，他全身心地探求科学基本概念的完整、简明，曾通过狭义相对论和广义相对论来论及自然规律中的相同、等价性质，并试图用统一场论来对"和谐的宇宙"加以概括。他宣称，在当代社会中，只有严谨的科学工作者才是深信宗教的人，其宗教感情所采取的形式即对自然规律的和谐所感到的狂喜和惊奇。爱因斯坦在表白这种认信时明确地指出："我们认识到有某种为我们所不能洞察的东西存在，感觉到那种只能从其最原始的形式为我们感受的最深奥的理性和最灿烂的美——正是这种认识和这种感情构成了真正的宗教感情；在这个意义上，而且也只是在这个意义上，我才是一个具有深挚的宗教感情的人。"② 爱因斯坦的宗教信仰不是传统意义上具有宗教社团或群体归属的信仰，而是在探究宇宙奥秘时充满激情和向往的宇宙宗教感。

（三）普朗克的宗教观

普朗克（M. Planck）作为提出量子假说、发展热力学定律和非平

---

① 引自路甬祥主编《现代科学技术大众百科·科技与社会卷》，浙江教育出版社2001年版，第312页。

② 引自《纪念爱因斯坦译文集》，上海科学技术出版社1979年版，第50页。

衡态理论的现代科学家,其宗教观是强调科学和宗教相互补充、珠联璧合,反对科学与宗教截然对立之说。普朗克在其晚年的哲学之思中曾发表过许多关于科学和宗教应相调和的论文。在他看来,"各个时代和各族人民的历史极其令人信服地证明,宗教给生气勃勃的信徒灌输一种纯真朴实、专一坚毅的信仰,从中迸发出一种无比强大的力量,激励他们去取得辉煌的创造性成就,在政治领域内是如此,在艺术和科学领域内同样是如此"。[①] 普朗克认为自己是"一个具有深沉宗教气质的人",但强调其宗教信仰体现在其毕生对世界秩序、对绝对(例如在自然科学中发现一些普适常数)的追求。他觉得找寻那些适用于具有独立性的绝对东西的规律乃是其科学生涯的最美好使命,而在这种追寻中,科学和宗教则具有互补性。他说:"在追问一个至高无上的、统摄世界的伟力的存在和本质的时候,宗教同自然科学便相会在一起了。……它们不仅不矛盾,而且还是协调一致的:首先,双方都承认有一种独立于人而存在的、理性的世界秩序,其次,双方都承认这种世界秩序的本质永远也不能被直接认识,而只能被间接认识,或者说只能被臆测到。为此,宗教需要用上它那独特的象征,精确自然科学则用的是以感觉为基础的测量。所以,任何东西也不能阻止我们把这两种无处不在起作用和神秘莫测的伟力等同起来,这两种力就是自然科学的世界秩序和宗教的上帝。"[②] 普朗克认为自然界能量守恒等原理的神圣庄严乃体现出一种神性。他虽然反对爱因斯坦等人所主张的宇宙和谐之说,却把微观世界、量子现象所体现的"测不准""非平衡"等宇宙之谜看成上帝的"奥秘"和"绝妙",指出上帝乃是科学探索的无限目的,自然科学研究在此即意味着"朝上帝走去"。普朗克还分析了科学与宗教的互补关系,认为科学和宗教都承认存在着一个独立于人类、合乎理性的宇宙秩序,

---

[①] 参见路甬祥主编《现代科学技术大众百科·科技与社会卷》,浙江教育出版社 2001 年版,第 313 页。

[②] M. Planck, *Religion und Naturwissenschaft*, 1958. 中译文引自钱时惕著《科学与宗教关系及其历史演变》,人民出版社 2002 年版,第 157—158 页。此处中译文稍有改动。

都强调人的认知对这种宇宙秩序之本质只具有间接性和渐进性。普朗克指出，科学与宗教的区别，在于两者在追求同一永恒目标时选择的道路不同、方法各异和语言有别。自然科学突出其精确性，采用测量、演绎、实验等方法和科学概念、原理、定律等表述来不断地、无限地接近宇宙秩序及其本质；而宗教则突出其象征性，采用宏观把握、象征表述和神秘体验等方式来展示人对这一宇宙秩序及其本质的敬慕、信仰、崇拜等主观情感和心态。所以，普朗克认为科学与宗教之探反映了人之认知的不同层面和路向，但其追求的目标却揭示出两者殊途而同归的事实。

（四）德日进论宗教与科学

德日进是法国天主教耶稣会士戴亚尔·德·夏尔丹的中文名字，他不仅是当代著名哲学家、神学家，也是颇有建树的地质学家和古生物学家，曾参加北京周口店古生物化石的发掘、分析和研究工作，在其宗教与科学的探究中提出了"进化的趋同性"等思想。德日进试图把宗教有关上帝与世界关系的思想同某种涉及进化过程的科学体系相联系。为此，他发展出一种包摄自然与人、物质与精神、宇宙与上帝内在关联的、具有趋同方向和连续发展性质的进化理论。他把"进化"视为一种普遍状态和宇宙秩序，并从宇宙论和人类学两个层面来具体阐述。

在宇宙论意义上，德日进认为宇宙代表着一个巨大而能动的进化过程，其动力即这一发展过程中的某些基本能量，它们由简到繁、朝着更为复杂的能量系统运动，由此构成其进化过程，如从基本粒子到原子、从原子到分子、从分子到细胞、从简单细胞到多细胞的有机体。生命与意识在这一持续发展的流程中会随着物质构成日趋复杂而彰显。宇宙的进化是一个没有中断的单一过程，是一种具有连贯性和连续性的统一发展。在这一过程和发展中虽有层次或阶段，它们之间却彼此衔接，每一层次或阶段的根源都存在于更早层次或阶段中，两者之间并无任何截然的界线。不过，德日进亦承认在进化过程中存在着体现出"新奇性"或"突变"的"转折点"或"临界点",它们代表着达到新层次或新阶段的突破。德日进宣称宇宙的进化已显示出三个阶段或"临界点",即前生命阶段、生命阶段和思想阶段。其中前生命阶段指宇宙生成,如银河的演化、地球的形成等。他认为宇宙生成以原始原子大爆炸为起点,大爆炸抛出的物质逐渐变冷而形成星系,随之构成原子和分子的排列。地球的进化即地质生成,代表着前生命到生命阶段的过渡。地球表层经过长期冷却而固化为地壳,出现无机物质,其表面又逐渐产生活性的水与盐的溶液,从而为其形成复杂分子和生命的最初形式创造了条件。生命阶段指生物生成即生命的出现,此乃地球"生物化"之始。生命经过长期进化而形成覆盖地球表面的"生物圈",使地球有了生命之膜。思想阶段则指人类生存或心智生存。地球生物进化过程中的重大突破即随着动物大脑的进化而出现了人类,这种生命的"人化"和人之思维的发展又为地球增加了一层精神性外壳,此即"心智圈"或"精神圈"的出现,它为地球增加了人类社会这层重要的人文景观。德日进把人的出现视为"从零向一切的突破",以其"心智圈"作为宇宙进化过程所达到的顶峰,认为它象征着人的精神这一"超生命阶段"已在趋向其进化终点即万物在上帝之中的超人格统一。在此,科学和宗教从认识论意义上来看则达到了进化向终点的趋同。

在人类学意义上,德日进主张一种进化论的新人道主义,把人作为宇宙进化的核心来理解。人既是观察宇宙的中心,又是宇宙本身之结构中心。人作为这一核心并非静止或无目的的存在,而代表着宇宙进化的轴心和方向。人的出现使宇宙进化不再盲目,而成为有价值、有目的、有意义的发展。德日进把人的现象视为认识宇宙进化的关键之处,又进一步指出人的进化乃以上帝之爱为动力,这种进化之终点"欧米伽点"则已通过基督在人世的存在而在进化过程中得以反射。在宇宙论和人类学这两个方向上,德日进的进化论采用了现代科学理论的最新成果,但其对宇宙进化及人的进化之总体或整体把握,则为一种具有基督教特点的宗教体认。

四 科学与神秘

(一) 科学与神秘信仰

20世纪初,自然科学理论发生了巨大突变。古典物理学的崩溃和现代物理学的崛起,使不少对自然世界持可知性和确定性之乐观态度的自然科学家失去信心和心理平衡。现代科学的这些突破和发展,导致一种正视世界不确定性和人类认知相对性的新的自然观或世界观的产生。这种观念则与现代世界神秘信仰的形成和流传有着极为复杂的联系。

在当代自然科学发展中,古典物理学所依据的朴素实在论、还原论和决定论被新物理学的视域所抛弃。这种新物理学不再接受科学理论乃对自在自然"如实描述"之说,其认知的特点即凸显了"可描述性的丧失"和"对观察者涉入的承认"。因此,自然科学研究不再被视为对自然纯客观的观察和描述,人们承认在这种研究中主体和客体已很难明显分开。但主体如何参与,其涉入时所采用的观念和方式是什么及为什么等问题则使人们感到困惑不解。这里,"或然性"及"神秘性"的话题重被提出,不少人进而认为"新物理学"为形而上学的观念论提供了证据,或者甚至为"唯灵论宇宙观"提供了证据。其论点:一是认为"观察者的新作用"具有精神高于物质之意;二是认为现在的物质并无"实体",一切形式的物质都可"非物质化"为能,而动态能量作为整个物质世界的本质基础则揭示出"富于创造性的圣灵"在起作用;三是认为现代物理学具有"数学的特征",由此推定实在基本上是精神性的。这些见解一方面强调自然科学的局限,另一方面突出自然研究中的精神性,从而为种种神秘信仰留下了空间。

现代物理学以把时间和空间相结合的方式来看自然世界,否定古典物理学关于物质乃无活力之实体的集合,其在空间可重新排列而自身不会发生任何变化等认知,而强调物质是与时间之流密不可分的一连串事件;现代物理学还否定古典物理学关于时间乃独立变量、在本质上外在于空间关系之说,而坚持空间与时间的融合,承认自然界只存在"时空关系",而无纯粹空间或纯粹几何的关系。在这种时空结合中,自然世界的不确定性遂成为科学家所关心的问题。在爱因斯坦和波姆等人看来,不确定性只是人类的暂时无知,自然世界的精确规律终将会被人类所发现。波尔等人认为,不确定性是人在实验时或观念上固有的局限所致,它反映出人类认识能力的根本性局限。而提出"测不准原理"的海森堡则坚持,不确定性乃由自然本身的无法确定所造成,它反映出自然界的一种客观属性;在可观察的自然事件之间并无精确的因果联系,人的测量行为只是在于从现存的物质分布中提取这种分布所包含的许多可能性中的一种,"观察者的影响"就在于使许多现存可能性中的一种现实化,这种从"可能性"到"现实性"的转化就发生在观察活动之中,而物质世界本身存在着可供选择的种种潜在性。这样,人们在观测中所获得的"现实性"乃实在的、客观的,但并非决定性或具有普遍规律性的,它只是众多可能性中的一种"实现"。当人们把这种不确定性视为一种本体论的实在时,对其把握或理解则容易演化为一种具有神秘意义的把握或理解,从而滑入某种神秘信仰。例如,在当代科学家中流行的宇宙宗教感亦包含着这种神秘信仰的因素。针对爱因斯坦对"和谐宇宙"的信仰,量子力学的重要代表海森堡、普朗克等人对宇宙的秩序、和谐及具有严格规律的观点加以质疑,指出物质世界中微观物体行踪多变、无法测定的事实。但他们在反对宇宙和谐之说的同时却把量子现象所体现的"测不准""不确定"等视为上帝的"奥秘"和"神奇",从而进入一种具有现代特色的神秘信仰之中。神秘信仰在现代科学与哲学、宗教的对话中,在东西方思想和智慧的现代接触中,以及在20世纪下半叶兴起的"新时代"运动和"后现代"思潮中,表现得尤为突出。

(二) 科学与神秘主义

在科学与宗教的关系上,科学强调对世界局部的精确观察和描述,宗教则突出对世界整体的模糊把握和预测,从而形成科学理性主义和宗教神秘主义的对应。神秘主义体现了宗教信仰的典型特色之一,这种神秘认知通常以一种象征性、隐喻性或模糊性的表述及体认来理解、把握和界说宇宙整体及其本质，因而体现出与自然科学研究迥异的认知进路。神秘主义在认识世界中是基于某一有限角度来对无限整体加以模糊把握，其用"不可说"来言说自然，缺乏精确性和科学意义上的"可公度性"，给人以语焉不详、底蕴不清之感。但在人类认识历史上，人的认识好似一个圆圈：人们以科学理性来解答其认识问题，但解答的问题越多，碰到的新问题亦更多；人们越想清楚、精确地认知自然的本来面目，自然界给人的印象却越来越错综复杂、神秘莫测。自然科学在其历程上取得一个又一个进展，同时亦遇到一个又一个挑战。自然科学的解答往往是具体的、相对的、局部的，其相对性使人感到自然的本质仍藏在其神秘面纱之后，人对之好似有所触及，却还是捉摸不透。正是在这种状况中，宗教的神秘认识和体验得以留存和延续。一般而论，现代宗教发展通常会将已知世界留给科学，对科学的精确表述和解答加以肯定及赞许。而在科学认知之圈的无限外在空间，宗教则往往用其象征的语言来概述这一神秘、未知的"整体"，以此形成与科学互为补充、相得益彰的局面。对于现代科学已知或可知的东西，宗教不再加以反对和干涉，而在科学的范围和限度之外，宗教神秘思维所体现的信仰审视和把握则仍然活跃。因此，只要对自然世界的认识尚未达到真正"祛魅"的程度，这种神秘主义的体认就仍会存在和发展。

（三）神秘膜拜现象引起的科学反思

科学对各种宗教中神秘膜拜现象的关注和解读，已形成科学与宗教关系上的一个重要方面。在对原始宗教的研究中，不少学者认为，在宗教形成之前，人类曾经历过一种"法术"时期。这种与神秘膜拜相关联的"法术"指原始人幻想以某种特定动作或行为来影响、控制某种客观对象。"法术"的特点即用相似或模仿等特定动作以求达到事先设想的效果。如：狩猎前的神秘膜拜及其相关舞蹈仪式，乃是模拟所欲取动物的各种动作；而为呼风唤雨所进行的吹气、洒水等膜拜礼仪亦是一种象征行为。这种"法术"故被视为一种原始的理性，或被解释为原始社会中的一种"准科学""前科学"或"伪科学"行为。

原始神秘膜拜中的"法术"一般包括"接触性"和"类似性"这两大类型。其"接触"或"类似"实质上体现出原始人的"交感"观念，它揭示出原始人在这种神秘模糊的思维中已具有对世界万物的直观联想和互渗意念。在"法术"的后期阶段，一些原始人可能已注意到"法术"并不能达到预定目的，但因其经验和思维尚不足以提供理想的解决之途，从而只能求助于这一幻想，由此想象有某种灵性本质能对其给予帮助。这种从简单的"法术"思维到"超自然力"观念的形成，就代表着"法术"到宗教的过渡。随着人们认识到"法术"求助于神灵仍为幻想，遂产生出从经验实践来解决问题的全新方法此即经验科学的肇端。

在现代社会中，随着"通神"说和"神智"论的重新流行，新的神秘膜拜现象相继出现。其特点是突出其宇宙交感和心灵治疗的功效，从而对物理学、天文学、生物学、心理学和医药学等自然科学提出了新的挑战。与古代"法术"不同，这些现代神秘膜拜及其相应的"巫术"行为往往会以现代"科学"的语言或实验来表述，如"超常智能""超感知觉""意念奇效""信息遥感""特异预知"之说，以及"人体科学"的提出和关于"特异功能"的"实验报告"等。但事实证明，这些多为披上科学外衣、利用现代科技还不能解决的一些"问题"，从事骗人害人勾当的"邪说"。对此，自然科学一方面强调对科学不同领域、学科的范畴、界定应加以厘定，以防止科学概念被歪曲和科学实验被滥用，另一方面则是以其科学理论和研究手段来客观分析各种神秘膜拜或类似现象，以还其本来面目。

此外，随着现代科学中相对论的出现、量子力学的建立和基本粒子理论的提出，传统自然科学中的朴素实在论在一定程度上解体，人们对世界的观念出现了根本改变，而对世界的神秘感亦重新抬头。在现代科学和哲学中兴起的新实在论，其提倡的系统观和整体观被现代宗教神学接受和发挥，从而也产生了对神秘主义的解析和诠释。这种状况使科学与宗教的对话及对应进入一个新的阶段，而科学对人类神秘膜拜现象的反思和分析亦达到了一种更高的层次。

（四）现代物理学对东方神秘之道的关注

现代社会发展和科学理论的多样化及多变性，使一些西方科学家转向东方神秘主义和宗教哲学，提出现代物理学与东方神秘主义的比较对照，从而形成"物理学之道"或"物理学宗教"之说。其主要代表为美国物理学家卡普拉和托尔博特。

卡普拉受海森堡启发而走上了"探索现代科学观"之路，著有《物理学之道》（早期中文编译本名为《现代物理学与东方神秘主义》）、《转折点·科学·社会和正在兴起的文化》等。在他看来，现代物理学的哲学背景与东方神秘主义之道有着许多相似之处，如对世界各种事物之统一性、平行性和对称性的认识，对事物对立两极相互超越的理解等，两者均给人一种异曲同工、殊途同归的印象。卡普拉论及的"东方神秘主义"乃指印度教、佛教和道教的宗教哲学。他认为这些东方宗教的世界观具有同样的基本性质，而"现代物理学引导我们去观察世界的方法与所有古代及传统的神秘主义都很相似"[1]。他说他写《物理学之道》一书的目的"就是要探索现代物理学的概念与东方的哲学和宗教传统中的基本思想之间的联系"[2]，因为"20世纪物理学的基础量子理论与相对论——迫使我们观察世界的方式与印度教、佛教或道教信徒观察世界的方式极为相似"[3]，体现其相似性的诸多论述"几乎无法区别它们究竟是物理学家还是东方神秘主义者说的"[4]。这些迹象

---

[1] 本处引自卡普拉著《物理学之道》（Fritjof Capra: The Tao of Physics. An Exploration of the Parallels between Modern Physics and Eastern Mysticism, London: Wildwood House, 1975）第一章；朱润生所译中文本［美］F. 卡普拉著《物理学之"道"》（北京出版社，1999年，第5页）译为："近代物理学把我们引向一种与古往今来各种传统的神秘主义宇宙观相同的观念。"

[2] 同上书，朱润生中译本（第4页）译为："是要探索近代物理学概念与远东哲学和宗教传统中的基本观念之间的这种联系"。

[3] 同上书，朱润生中译本（第4-5页）译为："二十世纪物理学的两个基础——量子理论和相对论——如何迫使我们差不多用印度教徒，佛教徒或道教徒的眼光来观察世界。"

[4] 同上书，朱润生中译本（第5页）译为："几乎难以分辨出它们究竟是由物理学家还是由神秘主义者作出的。"

说明现代科学之探已呈现出返璞归真、回归传统的趋势。卡普拉宣称，现代物理学如今已把人类引向一种本质上为神秘主义的世界观，从而以某种方式返回到2500年以前的起点上。不过，他也承认这种回返乃螺旋式的进化，因为现代认知并非仅靠直觉，而要依赖高度精确的复杂实验和严格一致的数学表述。

托尔博特在其《神秘主义和新物理学》一书中则把藏传佛教关于转世、多身的信仰与现代物理学相联系，以"并协性原理"来说明认识物质世界的意识形态具有神秘性，从而提倡神秘主义与物理学的汇合，认为现代物理学论及的"测不准"原理正是这一汇合的"桥梁"。由于现代物理学能够给宗教提供独特的"科学基础"，所以科学与宗教"两极相通"的结果往往表现为一种"物理学宗教"的存在及发展。

卡普拉和托尔博特的理论在物理学界和宗教界都引起了尖锐的争论。在经过最初的惊奇和轰动之后，这两大领域均有对"物理学之道"或"物理学宗教"的冷静分析和明确表态，而且大多对这种不太成熟的理论持批评或否定态度。因此，卡普拉和托尔博特等人的学说之主要是在20世纪兴起的"新时代"运动中找到了自己的位置。

（五）科学与"新时代"运动

"新时代"运动是20世纪70年代以来在西方兴起的思想文化运动，是西方当代文化危机和社会开放所导致的精神产物。它尝试超越西方科学、思想与宗教的悠久传统和固定模式，给过去的发展打一个问号和句号，从而寻求人们在观念、灵性和宗教上的革新。它标志着对以伽利略、牛顿为代表的西方科学传统的扬弃、超越，与以亚里士多德、阿奎那和笛卡尔为代表的西方哲学传统的分道扬镳，以及对强调上帝启示、基督救赎之道的西方宗教传统的疏远、异化。

"新时代"运动在科技界的理论代表为卡普拉、格罗夫和贝特逊等人。卡普拉在其著述中向人们展示了当代的"社会危机"和"专家失效"现象，认为这场危机的本质即人们认知观念上的深刻危机，是运用传统"还原论"方法而导致的失灵和碰壁。他根据库恩《科学革命的结构》中"范式转换"的思路来建构其新的理论体系,提出一种新的实在观,包括新物理学在基本粒子研究中形成的有关时间、空间和物质的新概念,有关生命、精神、意识和进化的新系统论,以及有关心理学、生理学、人类学、生态学等理论的新整体观。他还基于世界文化内在的"统一"精神而倡导其"趋同现象之道",强调东、西方智慧,阴、阳模式的"互补"原则。卡普拉的"新时代"革新理论大体包括四个方面。

其一,他认为传统和现代物理学有关物质的基本理论与古代尤其是东方神秘主义的精神观念惊人相似,物理学的理性洞见与神秘论的直觉智慧之间异曲同工及趋同巧合使"新时代"以"寻找智慧的时代"为特色,而这主要体现在西方人对东方神秘智慧的找寻,涉及印度教、佛教、中国传统易学和玄学、道家和道教,以及中、日禅宗等。

其二,他强调"新时代"即自然、人文和社会科学更新、旧范式转换的时代,现代物理学、生物学、医学、心理学、生态学、经济学、社会学和神哲学等领域出现的巨大转折促使人们对以往的旧观念、旧理论加以检讨和清算,而随之产生的新观念和新理论则对人们理性认知的"确定性"有了怀疑和动摇。

其三,他坚持宏观世界和微观世界、科学世界和人生世界是统一整体,其间存有复杂、多变、交织、发展的网络关系。在他看来,传统静态思维和单向思维在认识这个关系网上已经失效,而需要有一种主观客观协同共进的动态思维和多向思维来取代,因为世界整体不是二元对立而是趋同融合。

其四,他提倡一种包罗万象的系统体系,以捕捉、认清现实存在这一复杂、奥秘的关系网络,这一系统体系强调综合与实用、重叠与共融,为此亦坚持宇宙精神与上帝精神的等同。卡普拉的这些观点对传统科学的唯理论提出了挑战,却又陷入了一种新的唯灵论和神秘论。

格罗夫以其"超人格心理学"来解说人与宇宙的内在关联,认为人具有一种"宇宙意识"或"超意识"。他指出,超人格意识的发现对"新时代"的意义,就在于它抛弃了牛顿物理学范式和笛卡尔哲学范式中物质与精神的截然区分，重新肯定了两者的整合与统一。格罗夫强调人的意识结构包括自我记忆、出生构成和超越人格这三个层面，其最高层面可使人的自我意识超越自我及时空之限，由此便出现了宗教中轮回转世的经历，物我合一、天人感应的体验，化入宇宙整体的感受，以及与神鬼灵交的意会。其理论的前提即在于对宇宙的整体性、整合性或全息性认识。宇宙的整合、全息和统一，说明世界的同一结构及其事物的普遍关联。而人们以这种"宇宙意识"来超越其人格之限，遂可达到如中国传统哲学所言的"天人合一""知行合一""情景合一"，以及"天人一体""万物同源"之境。

贝特逊亦以《精神生态学进程》《精神与自然》和《精神生态学》等著述来界说作为"系统现象"的精神，提出精神即那些起着共同作用的各组成部分或其成分的一种集合，从而以人之精神来推及物之精神和宇宙精神。他认为精神并非这些物质成分或其组成部分本身，而是在它们中存有的某种内在组织及相互作用。他以这种"精神生态学"概念来对人类学、心理学、生物学、物理学等重加解释，提倡运用一种整体的世界观念和系统论、控制论的认知及研究方法。

这种"新时代"运动对科学的重新诠释和界定在当代社会引起了巨大反响和激烈争论，其在科学认知中所突出的宗教信仰因素亦受到人们的关注。不过，在"新时代"运动中涉及的对科学与宗教关系的判断及结论是否客观正确，迄今仍褒贬不一。

（六）后现代科学与宗教

后现代科学针对现代科学的"祛魅"意向和由此导致的"世界的祛魅"现象而提出"科学的返魅"，主张科学研究不应将物质与意识相分离，不应将事实、意义及其价值相割裂，从而与宗教的认知重新挂钩。这种主张"科学魅力再发现"的后现代科学世界观亦称建设性后现代主义，以格里芬、伯姆、费雷和科布等人为代表，其思想标志着后现代理论、当代科学认知和基督教世界观的一种结合。

现代性的特点正如西方社会学家韦伯所言是"世界的祛魅"。格里芬为此指出，"这种祛魅的世界观既是现代科学的依据，又是现代科学产生的先决条件，并几乎被一致化为科学本身的结果和前提。"[1] "在祛魅的自然中，关于自然的现代科学导致了自然本身的祛魅，关于自然的机械论的、祛魅的哲学最终导致了整个世界的祛魅"[2]，这种"祛魅"则"意味着否认自然具有任何主体性、经验和感觉。由于这种否认，自然被剥夺了其特性——即否认自然具有任何特质"[3]，否认自然具有任何主体性经验和感觉。科学的"祛魅"使其失去了宗教意义和道德价值，表现为对物质自然主义、决定论、还原论乃至虚无主义的推崇；由此，一切皆相对的、机械的，故无自由、终极意义可言。但这种"祛魅"导致了世界的"无意义"，具有祛魅性质的现代科学最终亦作为一种祛魅的科学而解构，失去其根本或终极意义。在这种情况下，一种"反向运动"开始在科学、哲学、历史学、心理学等领域出现，并在20世纪下半叶获得突破。此即"后现代科学"的问世，"它割裂了科学与祛魅之间的联系，为科学的返魅开辟了道路"。[4]

后现代科学作为"建设性或修正的后现代主义"在格里芬等人看来"是一种科学的、道德的、美学的和宗教的直觉的新体系""它并不反对科学本身，而是反对那种允许现代自然科学数据单独参与建构我们世界观的科学主义"。[5] 它强调"真理和美德"是科学不可分割的部分，认为科学认知必然涵盖客观性、意义性、价值性、责任性，以及人与自然一致、整合的宇宙统一性等因素，因而与宗教认知及宗教世界观并行不悖。

后现代科学对现代性的"超越"主要体现在两个方面：其一，它反对近现代以来哲学及自然科学世界观中的二元论和还原论，反对伽利

---

[1] 引自[美]大卫·雷·格里芬著，马季方译《后现代科学——科学魅力的再现》，中央编译出版社2004年版，第1页。

[2] 同上书，第2页。

[3] 同上书，第2页。

[4] 同上书，第11页。

[5] 同上书，"英文版序言"，第21页。

略、笛卡尔等人将自然作为"空洞的实在"来加以机械分析的方法，而提倡一种"整体有机论"的世界观和方法论。它所理解的宇宙整体乃"完整的整体"或"流动的整体"，整个宇宙主动地包含在它的每一部分之中，其各个部分亦以某种形式包含于每一部分之中，由此构成宇宙内部有机而普遍的联系。其二，它反对人类中心论及其相关的"人是自然的主人"等观念，主张将人置于整个自然界的生物系统之中，让人在自然生态的平衡发展、有机共构中体现其价值，即达到与自然的同一和统一。这样，它进而倡导一种整个生物和自然完整、稳定和美好的"全球伦理"或"宇宙伦理"。对人的重新认识导致对思维与存在、精神与物质之关系的重新思考，即看到人与自然之间的互通和共融，将两者视为不可分割的整体。

后现代科学提倡一种新的科学、新的精神和新的方法，注重科学、精神和社会秩序三者之间的相互依存关系。这种建设性后现代科学世界观的倡导者多为当代科学家和宗教思想家，其认知上的相遇和相同从一个侧面揭示出当代自然科学与人文科学在研究理论、方法等方面重新开始结合、融合和整合的发展进程。

（原载路甬祥主编《现代科学技术大众百科·科技与社会》，浙江教育出版社2001年版。）